Handbuch Einsatznachsorge

Titel der Originalausgabe:
Critical Incident Stress Debriefing
An Operation Manual for CISD,
Defusing and Other Group Crisis Intervention Services,
Third Edition
Jeffrey T. Mitchell, Ph.D., CTS
University of Maryland
George S. Everly, Jr., Ph.D., CTS, F.A.P.M.
John Hopkins University
Loyola College in Maryland

Erschienen bei:
Chevron Publishing Corporation
5018 Dorsey Hall Drive
Suite 104
Ellicott City, MD 21042 (USA)

Die Deutsche Bibliothek - CIP-Einheitsaufnahme

Critical Incident Stress Management - Handbuch Einsatznachsorge;
Psychosoziale Unterstützung nach der Mitchell-Methode /
Hrsg.: Joachim Müller-Lange;
Edewecht; Wien: Stumpf und Kossendey,
2., völlig neu bearbeitete und erweiterte Auflage 2005
ISBN 978-3-932750-91-5

Titelfoto: Markus Leitner, BRK-Pressearbeit
Satz: Gerken Concept, Wiefelstede
Druck: M.P. Media-Print Informationstechnologie GmbH, 33100 Paderborn

Jeffrey T. Mitchell, George S. Everly

Critical Incident Stress Management Handbuch Einsatznachsorge

Psychosoziale Unterstützung nach der Mitchell-Methode

Deutsche Ausgabe,
2., völlig neu bearbeitete und erweiterte Auflage

Herausgeber und Übersetzer: Joachim Müller-Lange
Textbearbeitung: Ingeborg Schiwek
Fachliche Beratung: Oliver Gengenbach,
Joachim Häcker
Autoren der Originalausgabe: Jeffrey T. Mitchell, George S. Everly

S+K

Verlagsgesellschaft Stumpf & Kossendey m.b.H., Edewecht · Wien · 2005

Inhaltsverzeichnis

Vorwort zur amerikanischen 1. Auflage

»Unser Dank gilt ...« – Bei Danksagungen passiert es leicht einmal, dass wichtige Beiträge bedeutsamer Menschen nicht ausreichend gewürdigt werden. Um dieses Risiko weitgehend zu umgehen, wollen wir Autoren an dieser Stelle sagen, dass dieses Buch niemals entstanden wäre ohne die kontinuierlichen Rückmeldungen von über 400 CISM-Teams aus zwölf Ländern.

Tausende von mündlichen oder schriftlichen Einzelinformationen wurden verarbeitet, um die Kapitel dieses Buches zu gestalten. Ein paar der Anregungen stammen von Teilnehmern an CISM-Kursen. Andere von Mitgliedern in CISM-Teams, Einsatzkräften aus Feuerwehr, Rettungsdienst und Katastrophenschutz, Ärztinnen und Ärzten, Psychologen, Pflegepersonal, Pädagogen, Sozialarbeitern, Seelsorgern, Priestern, Mitarbeitern von psychologischen Beratungsstellen, aus dem Strafvollzug und der Industrie. Diese Leute und noch viele mehr trugen mit ihren Rückmeldungen aktiv und engagiert zu diesem Werk bei und halfen so, eine neue Richtung, ja mehr noch eine ganze Bewegung der Stressbearbeitung nach belastenden Ereignissen zu schaffen. Sie waren es, die dazu beigetragen haben, dass dieses Werk verfasst werden konnte. Jeden einzelnen von ihnen zu nennen und für jeden Beitrag zu danken, ist eine solch unlösbare Aufgabe, dass wir nicht einmal den Versuch dazu unternehmen.

Jeder von Ihnen, der uns mit seinem Beitrag geholfen hat, sei herzlichst versichert, wie sehr er geholfen hat. Wir danken Ihnen von Herzen und wissen alles, was Sie uns und der Stressbearbeitung nach belastenden Ereignissen gegeben haben, zu schätzen.

Wir bedanken uns für Ihre Unterstützung und Ihre Loyalität.

Jeffrey T. Mitchell und George S. Everly

Vorwort des Autors zur 1. deutschsprachigen Auflage

Bis zur Veröffentlichung dieses Buches in deutscher Sprache war die Arbeit mit dem Programm der Stressbearbeitung nach belastenden Ereignissen im deutschsprachigen Raum schwierig. Die Anwender waren sehr auf ihre englischen Sprachkenntnisse angewiesen, um das in den Vereinigten Staaten entwickelte Verfahren des *Critical Incident Stress Management (CISM)* zu erlernen und anzuwenden. Diese Übersetzung ermöglicht jetzt allen Interessenten im deutschsprachigen Raum einen unkomplizierten Zugang zu CISM.

Das Buch versteht sich als »Handbuch« und beschreibt ein erprobtes sowie differenziertes Maßnahmenpaket, das es ermöglicht, verantwortet, strukturiert und bedürfnisorientiert mit psychisch traumatisierten Menschen zu arbeiten. Die CISM-Nachbesprechung (Debriefing) wird ebenso detailliert beschrieben wie andere Maßnahmen sowie Angebote für Opfer und Angehörige von Einsatzkräften.

Immer wieder hat sich gezeigt, dass es für eine erfolgreiche Arbeit mit psychisch traumatisierten Menschen Programme mit mehreren Komponenten braucht. Das CISM-Programm wird auf diese Weise nicht nur dem individuellen Erleben der Betroffenen, sondern auch den sehr unterschiedlichen Rahmenbedingungen belastender Ereignisse gerecht.

Die vielen engagierten CISM-Mitarbeiter und die gute Arbeit, die in den USA tagtäglich im Bereich der CISM geleistet wird, empfinde ich als großes Kompliment. Umso mehr freut es mich, dass unser Programm auch in vielen anderen Ländern erfolgreich angewandt wird.

Ich fühle mich wirklich geehrt, dass mein Werk jetzt in deutscher Sprache vorliegt. Ich hoffe, dass Ihnen dieses Buch die Informationen und Hilfestellungen gibt, die Sie brauchen, um Ihren Freunden, Kollegen und den Menschen in Ihren Organisationen, die mit traumatischen Ereignissen konfrontiert wurden, wirksam helfen zu können. Die Erfahrung hat gezeigt, dass eine entsprechende Ausbildung und die richtige Anwendung der Maßnahmen viel bewirken können: Kollegen tun auch nach schwerwiegenden Erfahrungen weiter ihren Dienst, Beziehungen gehen trotz großer Belastungen nicht in die Brüche, und Menschen, die sich schon aufgegeben hatten, finden eine neue Perspektive für ihr Leben.

Das Leid anderer Menschen zu lindern ist ein sehr edles Lebensziel. Für diese wichtige und herausfordernde Aufgabe wünsche ich Ihnen von Herzen alles Gute. Im Interesse aller Betroffenen möchte ich mich zudem für Ihre Arbeit, die Sie im deutschsprachigen Raum bislang geleistet haben und noch leisten werden, bedanken.

Jeffrey T. Mitchell, Ph.D.
Präsident der International Critical Incident Stress Foundation (ICISF)

Vorwort zur 1. deutschsprachigen Auflage

Verkehrsunfall – zwei Personen eingeklemmt, mehrere schwer Verletzte, Reanimation am Straßenrand ... – Wohnungsbrand im vierten Stock – Personen eingeschlossen, bei Ankunft der Einsatzkräfte springt eine Person auf den Gehweg ... – Badeunfall – bewusstloses Kind, eine 8jährige wird im Beisein ihrer Mutter reanimiert, die Reanimation bleibt erfolglos ... – Flugzeugabsturz am Ortsrand – zehn Tote – Leichenbergung über zwei Tage ...

Einsätze, mit denen haupt- und ehrenamtliche Helfer jederzeit konfrontiert werden können. Einsätze, die professionelles Arbeiten und schnelle kompetente Hilfe erfordern. Einsatzkräfte haben neben ihrer Ausrüstung, modernem Gerät und einer entsprechenden Ausbildung auch persönliche Kompetenzen, um diese herausfordernden Situationen erfolgreich für sich zu bewältigen.

Doch es gibt Grenzen. Die Auseinandersetzung mit Tod und menschlichem Leid geht an Einsatzkräften nicht spurlos vorüber. Einsätze werden von Einsatzkräften immer wieder als belastend erlebt. Dies bedeutet allerdings nicht, dass Helfer, die Belastungen an sich wahrnehmen, nicht für ihre Aufgabe geeignet sind, es zeigt vielmehr, dass Einsatzkräfte eben auch Menschen sind.

Bei der Stressbearbeitung nach belastenden Ereignissen geht es nicht um die Frage nach »geeigneten« oder »nicht geeigneten« Helfern, sondern um die Grundannahme, dass Einsatzkräfte gerade nach schwerwiegenden Einsätzen psychische Belastungen entwickeln können. Das vorliegende Buch beschreibt das *Critical Incident Stress Management* als ein Konzept für Einsatzkräfte aus Feuerwehr, Rettungsdienst und Polizei, die für sich selbst und für Kollegen Möglichkeiten zu einer verantworteten psychischen Ersten Hilfe kennen lernen und vertiefen möchten.

Das Buch stellt den standardisierten Ansatz des *Critical Incident Stress Managements* – in der deutschen Übersetzung *Stressbearbeitung nach belastenden Ereignissen* – vor, der von den amerikanischen Psychologen J.T. Mitchell und G.S. Everly entwickelt, seit 1974 angewandt und laufend ausgewertet wurde. Psychotraumatologische Grundlagen, Forschungsergebnisse und die CISM-Interventionsangebote werden ebenso beschrieben wie die Arbeitserfahrungen sowie die organisatorischen und strukturellen Rahmenbedingungen für eine konsequente und verantwortete Arbeit mit Einsatzkräften.

Auch in Deutschland gewinnt die Auseinandersetzung um eine differenzierte Sicht einsatzspezifischer psychischer Belastungen mehr und mehr an Bedeutung. Wir hoffen, dass der CISM-Ansatz die Arbeit in diesem Bereich unterstützt, Impulse für Einsatzkräfte, Personalverantwortliche und psychosoziale Fachleute liefert und zu einer fruchtbaren Diskussion über Chancen und Möglichkeiten der Stressbearbeitung nach belastenden Ereignissen beiträgt.

Andreas Igl   Joachim Müller-Lange

Vorwort zur 2. deutschsprachigen Auflage

Einsatznachsorge nach belastenden Ereignissen ist inzwischen bei vielen Einsatzkräften bekannt. Nachdem die Grundlagen der Stressbearbeitung nach belastenden Ereignissen mit der ersten Auflage dieses Handbuches erschienen waren, hat sich nahezu ein Paradigmenwechsel ergeben. Als professionell gilt heute nicht mehr die Einsatzkraft, die so tut, als könne sie »alles wegstecken«, als professionell gilt es inzwischen, schwerwiegende Erfahrungen bei belastendem Geschehen bei Einsätzen angemessen zu bearbeiten.

Zwar begegnet mir auch heute noch oft der Satz: »Das haben wir schon immer so gemacht, dass wir nach dem Einsatz darüber reden.« Gemeint ist damit zumeist die einsatztaktische Nachbesprechung – manchmal sogar geknüpft an die zugespitzte Frage, an wem es denn gelegen hat, dass der Einsatz nicht geklappt hat. Anstatt angemessen entlastet zu werden, bekommt der belastete Kollege »noch eins oben drauf«. Aber wie gesagt, die Philosophie »erst kümmern wir uns um unsere Mitarbeiter, dann um unser Gerät und danach schauen wir, wie wir den nächsten Einsatz optimieren können«, greift immer mehr um sich.

Bundeswehr und Bundesgrenzschutz haben bundesweit Strukturen aufgebaut, um mit der Methode des *Critical Incident Stress Managements*, der Stressbearbeitung nach belastenden Ereignissen, nach Jeffrey T. Mitchell, der in den USA Professor für Psychologie und Feuerwehrmann ist, ihre Einsatzkräfte nach Einsätzen mit psychischen Belastungen bestmöglich zu unterstützen. Verschiedene Landespolizeien, Berufs- und Freiwillige Feuerwehren sowie Hilfsorganisationen haben die Stressbearbeitung nach belastenden Ereignissen für sich als Standard angenommen. Allein die *Bundesvereinigung Stressbearbeitung nach belastenden Ereignissen* hat inzwischen über 1.500 Personen ausgebildet, und vierzig regionale Gruppen bieten für ihre Einsatzkräfte die entsprechende Unterstützung an.

Eine gewisse Verunsicherung trat ein, als in der Fachliteratur reißerische Artikel verbreitet wurden, die die Methodik anfeindeten. »Ist das Debriefing schädlich?« fragte z.B. Lüdke in der Internet-Zeitschrift »Psychotraumatologie«.

Heute ist die so genannte »Debriefing-Debatte« endgültig aus den USA über den Atlantik nach Europa geschwappt. Ausgelöst durch A.C. McFarlane (1988) und später J.A. Kenardy (1996) wurde die Effektivität von *Debriefings* in Zweifel gezogen. Und ausgerechnet zum 11. September 2002, dem ersten Jahrestag der Terroranschläge auf das World Trade Center und das Pentagon in den USA, schaltete sich Irene Meichsner mit einem groß aufgemachten Artikel im Kölner Stadt-Anzeiger »Falsche Versprechungen – Angebot für Trauma-Opfer macht möglicherweise krank« in die Diskussion ein. Während gerade an diesem Tag eigentlich hätte erwartet werden können, dass es Erfolgsmeldungen über gut funktionierende Traumatherapien gibt, wurde stattdessen versucht, die Prävention in Misskredit zu bringen.

Nach Jeffrey T. Mitchell ist ein *Debriefing* ein siebenphasiger Gruppenprozess, der durch psychosoziale Fachleute geleitet und von Peers – das sind qualifizierte Mitarbeiter z.B. aus dem Rettungsdienst, die als so genannte kollegiale Helfer auftreten (siehe dazu unten) – unterstützt wird. Die Studien von McFarlane und Kenardy konnten dahingehend entlarvt werden, dass es sich bei den untersuchten Maßnahmen keinesfalls um Debriefings nach Mitchell handeln konnte, sondern stattdessen um Nachsorgemaßnahmen, bei denen nur das Wort »debriefing« adaptiert wurde. Dennoch lösten beide Studien eine wahre Lawine von weiteren Untersuchungen aus. Diese bewirkten schließlich, dass die Stressbearbeitung nach belastenden Ereignissen mit über 40.000 Einsätzen weltweit nicht nur zu der gebräuchlichsten Form der Krisenintervention nach belastenden Ereignissen gehört, sondern heute auch die am besten erforschte Methodik ist.

Der norwegische Psychiater Atle Dyregrov, der die Nachsorge nach dem Estonia-Unglück 1994 maßgeblich geleitet hat, entlarvt die *Debriefing*-Debatte als standespolitische Diskussion: »Meiner Meinung nach ist die Diskussion um das *Debriefing* nicht nur eine wissenschaftliche, sondern auch eine politische Debatte. Sie belegt Macht und Positionen in der therapeutischen Welt. Als eine Technik stellen die *Debriefings* eine Bedrohung der psychiatrischen Elite dar. Sicherlich ist die *Debriefing*-Kontroverse darum wohl am wenigsten in ihrer Begrifflichkeit begründet.«

In dem vorliegenden Band ist den Studien zum *Debriefing*, vor allem aber den Studien zum Gesamtkonzept der Stressbearbeitung nach belastenden Ereignissen ein eigenes Kapitel gewidmet, in dem die Wirkmechanismen und die Frage von Effektivität und Effizienz der Einsatznachsorge ausführlich dargestellt sind. Mögen sich die Kritiker endlich dem wissenschaftlichen Diskurs stellen, anstatt die alten, längst widerlegten Argumente immer wieder aufzuwärmen! Ein erster Schritt in die richtige Richtung ist diesbezüglich getan: Das Bundesministerium des Innern hat einen Forschungsauftrag vergeben, in dem die Methodik der Stressbearbeitung nach belastenden Ereignissen in Deutschland in Zusammenarbeit mit den Anbietern analysiert wird. – Schon in wenigen Jahren werden die Ergebnisse dieser Studie vorliegen.

Das vorliegende »Handbuch der Einsatznachsorge« stellt eine völlig neue Überarbeitung der ersten Auflage dar, die mit dem Titel »Stressbearbeitung nach belastenden Ereignissen« eine Übersetzung des amerikanischen Originals »Critical Incident Stress Debriefing« von Jeffrey T. Mitchell war.

Im Hinblick auf die zunehmende internationale Bedeutung dieser Methode haben wir uns entschlossen, die international gebräuchlichen englischsprachigen Begriffe verstärkt zu nutzen und zur Klarstellung die deutschen Begriffe mit der Abkürzung für das Gesamtsystem der Methode CISM zu vereinheitlichen.

Innerhalb des Gesamtwerkes sind die einzelnen Elemente der Stressbearbeitung nach belastenden Ereignissen nun chronologisch geordnet in eine Reihenfolge gebracht. Auf diese Weise wird am besten deutlich, dass Einsatznachsorge niemals eine Einmalveranstaltung sein kann, sondern immer ein Maßnahmenbündel darstellt, das individuell für einen belastenden Einsatz geschnürt werden muss. Der sich weiter entwickelnden Bedeutung der Seelsorge in der Krisenintervention wird mit einem eigenen Kapitel über die pastorale Krisenintervention entsprochen.

So ist dieser Band als Handbuch konzipiert. Sicherlich ist es ein Gewinn, es von vorne bis hinten durchzuarbeiten. Die einzelnen Kapitel stellen aber auch jeweils eine eigene, abgeschlossene Einheit dar, anhand derer der Benutzer ein spezielles Thema nachlesen oder sich mit einer bestimmten Intervention der Stressbearbeitung nach belastenden Ereignisse beschäftigen kann.

Der Anhang mit einem Kapitel über die Teamentwicklung, die Ausbildung in der Stressbearbeitung nach belastenden Ereignissen im deutschsprachigen Raum von Oliver Gengenbach und der Organisation psychosozialer Unterstützung bei einem Großschadensfall von Joachim Häcker vervollständigen diesen Band.

Eine ganz neue Entwicklung in Deutschland setzte jüngst mit dem Seebeben in Südasien ein, bei dem eine Vielzahl von Einsatzkräften in die betroffenen Krisenregionen gesandt wurde, darunter Soldaten der Bundeswehr sowie Mitarbeiter des Deutschen Roten Kreuzes und des THW. Da die Einsatzkräfte in einem Umfeld zu arbeiten hatten, das potenziell traumatisierend sein konnte, schalteten die deutschsprachigen Gesellschaften der Mitchell-Methode, die Bundesvereinigung Stressbearbeitung nach belastenden Ereignissen, die Malteser und die Deutsche Gesellschaft für Posttraumatische Stressbewältigung erstmals eine gemeinsame Hotline für Einsatzkräfte. Es wurde ein zentrales Einsatznachsorgeangebot für alle rückkehrenden Einsatzkräfte vorgehalten, und die Einsatzmaßnahmen wurden zentral koordiniert. Damit hat die Mitchell-Methode wieder einmal eindeutig gezeigt, dass sie bei guter Organisation dazu in der Lage ist, ein Präventionsprogramm für eine Vielzahl unterschiedlicher Einsatzkräfte anzubieten. Das lässt hoffen für Großschadenslagen, vor denen wir auch in Deutschland auf Dauer nicht gefeit sind.

Schließlich möchte ich meinen Dank jenen Teams aussprechen, die mit ihrer Arbeit dafür gesorgt haben, dass die Einsatznachsorge in Deutschland einen immer wichtigeren Stellenwert bekommt – und das nicht nur nach Katastrophen, die mit Ortsnamen wie Eschede, Erfurt, Überlingen, Landstrichen wie beim Elbe-Hochwasser oder gar mit globalen Regionen wie bei einem Seebeben in Südasien verbunden sind, sondern vor allem auch nach den zahllosen täglichen Maßnahmen, die in keiner Pressemeldung stehen und dennoch viel Gutes bewirken.

Niederkassel, im Dezember 2004
Joachim Müller-Lange

1 Einführung in das Critical Incident Stress Management

Stressbearbeitung nach belastenden Ereignissen

1.1 Einführung

Dieses Handbuch wurde für den praktischen Gebrauch geschrieben, um die wichtigste Ressource zu bewahren und zu vergrößern, die eine Organisation besitzt: Die Ressource Mensch. Diese Aufgabe ist heute im 21. Jahrhundert schon unter den normalen »Stressbedingungen« und Belastungen schwer genug. Die Herausforderung wird umso größer, wenn Menschen sich ständig wiederkehrenden Risiken und Arbeitsbedingungen aussetzen müssen, die weit außerhalb des üblichen Rahmens liegen. Sofort kommen verschiedene Berufsgruppen in den Sinn: Einsatzkräfte von Feuerwehr, Rettungsdienst, Polizei und Katastrophenschutz, Sicherheitskräfte, Ärzte und Pflegepersonal. Jeder weiß, dass sie sich in ihrem bezahlten oder ehrenamtlichen Dienst täglich Situationen aussetzen, die besonders sind: stressbeladen, höchst riskant und potenziell traumatisierend. Aber das Risiko einer Traumatisierung ist längst nicht mehr begrenzt auf »Hoch-Risiko-Karrieren«. Es scheint, dass wir alle gewissen Risiken ausgesetzt sind. So wird geschätzt, dass in den USA ca. 90% aller Erwachsenen während ihres Lebens mit einem traumatischen Ereignis konfrontiert werden.

Terroranschläge wie der am 11. September 2001 auf das World Trade Center in New York, Flugzeugabstürze, Amokläufe an Schulen, Straßenraub, Gewalt am Arbeitsplatz, Flugzeugentführungen, Verkehrsunfälle, Zugunglücke und Gewaltkriminalität gehören zu den Faktoren, die dazu beigetragen haben, dass sich ein wachsendes Interesse am Aufbau von psychosozialen Initiativen entwickelt hat. So wurden in den letzten Jahren in Deutschland insbesondere der Krisenintervention, der Notfallseelsorge, Notfallnachsorge und Notfallpsychologie besondere Aufmerksamkeit geschenkt.

Bedeutende Fortschritte konnten in den letzten Jahren in der Behandlung von berufsbedingtem Stress und ***P**ost-**T**raumatischen **B**elastungsstörungen* (englisch: ***P**ost **T**raumatic **S**tress **D**isorder,* ***PTSD,*** siehe Everly und Lating, 1995, im Folgenden stets ***PTBS*** abgekürzt) erzielt werden. Alle Bemühungen zielen darauf ab, berufsbedingtem Stress und Posttraumatischen Syndromen bei Berufsgruppen vorzubeugen, die – wie zuvor aufgeführt – dafür exponiert sind (Butcher, 1980; Kentsmith, 1980; Mitchell und Bray, 1990). Das ***C**ritical **I**ncident **S**tress **M**anagement, (CISM)*) ist in seinem Prozess und seinen Methoden darauf ausgerichtet, der Entwicklung von Posttraumatischen Belastungsstörungen bei Einsatzkräften und anderen Risikogruppen weitestgehend vorzubeugen oder sie zumindest abzumildern. Das vorliegende Buch bietet einen Leitfaden zum Verständnis des inzwischen größten und weltweit genutzten Kriseninterventionssystems, der Stressbearbeitung nach belastenden Ereignissen, als einen entscheidenden Zugang zur Krisenintervention mit seinen am häufigsten benutzten Interventionen:

1. *Debriefing* (CISM-Nachbesprechung),
2. *Defusing* (CISM-Kurzbesprechung),
3. *Crisis Management Briefing* (CISM-Informationsveranstaltung),
4. *Demobilization* (CISM-Einsatzabschluss).

Von gleicher Bedeutung sind die Behandlung der Themen der Stressbearbeitung nach belastenden Ereignissen in der Aus- und Fortbildung und die individuelle Krisenintervention.

1.2 Anstelle eines Glossars

Einer der Gründerväter der psychosomatischen Medizin, George Engel, machte darauf aufmerksam, dass der vernunftgemäße Diskurs in der Wissenschaft abhängig ist von dem übereinstimmenden Gebrauch der Begrifflichkeiten. Um den Leser angemessen durch die folgenden Kapitel zu leiten, beginnen wir daher mit einer kurzen Einführung in die immer wiederkehrenden Begriffe, die eine wesentliche Grundlage für das Verständnis der Prinzipien der Stressbearbeitung nach belastenden Ereignissen und der ihr folgenden Gruppenkriseninterventionen darstellen:

Stress ...
ist eine Reaktion, die physische und psychische Unruhe hervorruft. Stress ist die direkte Folge von jeglichen Belastungen oder Anforderungen, denen ein Organismus ausgesetzt ist. Je höher die Anforderung ist, desto intensiver ist die Stressreaktion. Es gibt durchaus auch positiven Stress. Leichte Stressreaktionen können hilfreich sein, weil sie uns motivieren, positive Veränderungen herbeizuführen sowie Ziele zu erreichen. Wenn Stress hilfreich ist, so wird er anregender Stress oder *Eustress* genannt. Dauern Stressreaktionen dagegen länger an oder sind exzessiv, so können sie Schaden anrichten. Dieser als Anspannung oder als Belastung empfundene Stress wird *Distress* genannt. Stress lässt sich gut umschreiben als der »totale Verschleiß an sich« (Selye, 1956, 1974).

Stressor – Stressverursacher ...
ist jedes Ereignis, das bei einer Person, Gruppe oder Organisation Belastungen auslöst. Leichte Stressverursacher bewirken leichte Stressreaktionen; starke Stressverursacher rufen starke, exzessive Stressreaktionen hervor. (Mehr über Stress und Stressverursacher finden Sie in Kapitel 2.)

Überbeanspruchung des Zielorganes ...
ist ein heimtückischer Effekt von Stress auf Körper und Seele. Er lässt sich beschrei-

ben als der Verschleiß somatischer und psychologischer Systeme. Die Überbeanspruchung des Zielorganes kann aus exzessivem und intensivem akuten Stress und/oder exzessivem chronischen Stress (Everly, 1989) resultieren.

Belastendes Ereignis
ist ein Geschehen, das eine Krisenreaktion hervorruft oder von ihr begleitet wird, also ein Ereignis, bei dem die normalen Bewältigungsmechanismen versagen (Everly & Mitchell, 1999). Die schlimmsten Formen belastender Ereignisse können als traumatische Ereignisse erachtet werden.

Stress durch ein belastendes Ereignis (amerikanisch: *Critical Incident Stress*) ...
ist die Stressreaktion, die eine Person oder eine Gruppe nach einem belastenden Ereignis entwickelt. Sie ist charakterisiert durch eine Vielzahl von physischen, kognitiven und emotionalen Anzeichen und Symptomen, Verhaltensänderungen und dem Verlust von grundlegenden Glaubensüberzeugungen sowie der Weltanschauung. Die meisten Menschen erholen sich innerhalb von wenigen Wochen von Stress, der durch ein belastendes Ereignis hervorgerufen wurde.

Krise ...
ist eine akute Reaktion auf ein Ereignis, wodurch das psychologische Gleichgewicht (Homöostase) zerbrochen wurde, die üblichen Bewältigungsmechanismen fehlgeschlagen sind sowie die Anzeichen und Symptome von Distress, Fehlfunktionen oder Beeinträchtigungen auftreten (Caplan, 1961,1964).

Kognitive Beeinträchtigungen in Krisen ...
können häufig beobachtet werden; Personen legen in einer Krise akute kognitive Fehlfunktionen an den Tag. Auf dieses Phänomen wird Bezug genommen mit den Begriffen kognitive Verzerrung und kortikales Hemmungssyndrom (cortex = Großhirnrinde). Der Volksmund beschreibt das Phänomen mit dem Ausdruck: »Es hat ihm wohl die Sprache verschlagen ...«. Dies mag als Erklärung für die vielen irrationalen und unlogischen Dinge dienen, die Menschen in einer Krise tun. Primäropfer unterliegen häufig dem kognitiven Irrtum, dass sie die Konsequenzen ihres Handelns während der akuten Krise weder erkennen noch verstehen können. Menschen in einer Krise handeln häufig impulsiv und schädigen sich dadurch mitunter selbst. In ähnlicher Weise erleben diejenigen, die mit Sekundäropfern wie Rettungskräften, Polizeibeamten, Feuerwehrleuten, Notärzten oder Katastrophenhelfern arbeiten, immer wieder, dass diese einem zweiten kognitiven Irrtum bzw. einer mangelhaften Selbstbeschreibung erliegen. Die Helfer machen sich Vorwürfe, wenn ein positives Ergebnis trotz ihrer Bemühungen nicht eingetreten ist, obwohl eine solche Selbstwahrnehmung – unter rationalen Gesichtspunkten – nicht angemessen ist.

Trauma ...
ist ein Ereignis außerhalb der üblichen menschlichen Erfahrung, das bei jedem Stressreaktionen auslöst. Nach der jüngsten Version des Diagnostischen und Statistischen

Manuals der Mentalen Störungen – der so genannten *DSM-IV*, 1994 herausgegeben von der Vereinigung der Amerikanischen Psychiater (APA) – ist ein Trauma als der Zustand definiert, der eintritt, wenn ein Mensch erheblichem Leiden ausgesetzt ist. Dies kann bedeuten, dass er entweder selbst schwere Verletzungen oder Erkrankungen erleidet oder dem Anblick von schweren Verletzungen, Erkrankungen oder Tod ausgesetzt ist. Daher muss ein Trauma bei einer Vielzahl von belastenden Ereignissen angenommen werden.

Posttraumatische Belastungsstörung (PTBS) ...
ist die förmlich festgestellte psychiatrische Erkrankung, die sich ergeben kann, wenn ein Mensch einem traumatischen Ereignis ausgesetzt war (APA, 1980,1987,1994). Die posttraumatische Belastungsstörung wird festgestellt durch drei charakteristische Symptomgruppen:

1. intrusive Wiedererinnerung des Traumas,
2. physiologische (Über-)Erregung,
3. emotionale Taubheit/Rückzug/Vermeidungsverhalten.

Das traumatische Geschehen ist gekoppelt an drohende oder tatsächliche schwerste Verletzungen, Lebensgefahr oder einer Todeserfahrung und ruft intensive Furcht, Schrecken oder Hilflosigkeit hervor (APA, 1994).

Krisenintervention ...
ist die schnelle und akute psychologische Unterstützung im Sinne der emotionalen oder seelischen Ersten Hilfe. Eine Krisenintervention hat folgende Merkmale:

1. Unmittelbarkeit (frühzeitige Intervention),
2. Nähe (Interventionen geschehen in direkter örtlicher Nähe zum belastenden Ereignis),
3. Erwartung (sowohl die Personen im Stress als auch die Helfer erwarten, dass die Intervention direkt und zielgerichtet der Stabilisierung und Linderung der Symptome dient, nicht aber der Heilung),
4. Einfachheit (einfache, unkomplizierte konkrete Interventionsstrategien, die komplexe, an einer Psychotherapie orientierte Vorgehensweisen vermeiden),
5. Kürze (die Dauer der Intervention ist kurz, typischerweise aus ein bis drei Kontakten bestehend).

Die Ziele der Krisenintervention sind:

1. *akute Stabilisierung der Symptome und Anzeichen der Stressbelastung und Fehlfunktionen (es wird verhindert, dass die Belastung schlimmer wird),*
2. *Symptomverringerung (die Intervention zielt auf die Verminderung der akuten Stressbelastung und der Fehlfunktionen),*
3. *Wiederherstellung der selbständigen Existenz eines akuten, angepassten und unabhängigen Funktionierens (erfolgreiche Verminderung der Beeinträchtigungen),*
4. *bei Bedarf Unterstützung auf der Suche nach einer weiterführenden und kontinuierlichen Hilfe (Caplan, 1961, 1964; Everly & Mitchell, 1999).*

Critical Incident Stress Management,
Stressbearbeitung nach belastenden Ereignissen...
ist ein umfassendes, integriertes vielteiliges Kriseninterventionssystem (Everly & Mitchell, 1999; Flannery, 1998). In den USA, Australien und in Fernost wird dieses Kriseninterventionssystem von der Beruflichen Sicherheits- und Gesundheitsverwaltung (Occupational Safety and Health Administration, OSHA) empfohlen. Es wird von zahlreichen Organisationen eingesetzt: von der U.S. Luftwaffe, der U.S. Marine, der U.S. Küstenwache, der Pilotenvereinigungen, dem Bureau of Alcohol, Tobacco and Firearms (ATF), dem FBI, der Australischen Marine, dem Australischen Heer, der Krankenhausbehörde von Hong Kong, dem Militär von Singapur. Die Stressbearbeitung nach belastenden Ereignissen kommt des Weiteren zum Einsatz in vielen Strafvollzugseinrichtungen, Feuerwehren, Schulen, Unterstützungs-Programmen für Arbeitnehmer sowie in Krankenhäusern in Nordamerika, Skandinavien, Europa, Australien und Asien (vgl. Everly & Mitchell, 1999).

Vorbereitung auf ein belastendes Ereignis ...
lässt sich als eine Art *psychologische Immunisierung* beschreiben. Das Ziel der Traumaprävention besteht darin, die psychologische Resilienz – also die Erholungs- und Widerstandskraft – bei Personen zu steigern, die dem Risiko von psychischen Krisen und psychischer Traumatisierung ausgesetzt sind. Ein wichtiger Aspekt der Vorbereitung auf ein Ereignis ist die Bereitstellung von Informationen.

Sir Francis Bacon sagte einst: »Die Information selbst ist Macht«. Viele Krisen und Traumata entstehen dadurch, dass – mangels Informationen – Hoffnungen verletzt werden, wenn diese nicht oder anders als erwartet erfüllt werden. Realistische Erwartungen dienen jedoch zum Schutz vor verletzten Annahmen. Die Vorbereitung auf ein belastendes Ereignis beinhaltet andererseits die Einübung von angemessenen Reaktionen im Ernstfall. Es gilt, sich mit gewöhnlichen Stressoren und mit der Erziehung im Stressmanagement vertraut zu machen sowie sich in Stress-Widerstands-Trainings und Krisen-Milderungs-Trainings zu üben.

Kriseninterventionsprogramme für Katastrophen oder Großschadensereignisse ...
beinhalten CISM-Einsatzabschlüsse (*Demobilization*), Beratung des Stabes und der Einsatzleitung sowie Angebote für Opfer z.B. in Form der CISM-Informationsveranstaltung (*Crisis Management Briefing, CMB*). Der CISM-Einsatzabschluss ist eine Gelegenheit für schnelle psychologische Entspannung, unmittelbar nachdem man einem belastenden Ereignis ausgesetzt war. Er ist besonders für Einsatzkräfte entwickelt worden. So beinhalten die Kriseninterventionsprogramme psychologische Beratungsgespräche für die Einsatzstäbe aus Rettungsdienst, Militär und Katastrophenschutz sowie für Führungskräfte in Wirtschaft und Industrie. Die CISM-Informationsveranstaltung bezieht sich auf eine Vier-Phasen-Intervention für große Gruppen von mehr als 300 Betroffenen. Die CISM-Informationsveranstaltung ist ideal als erste Reaktion auf terroristische Anschläge, Amokläufe in Schulen, Krisenereignisse in Wirtschaft und Industrie, Gewaltkriminalität sowie Großschadensereignisse (vgl. Everly, 2000a; Newman, 2000)

CISM-Kurzbesprechung (*Defusing*) ...
ist eine dreiphasige, kleine strukturierte Gruppenintervention von nur maximal 45 Minuten Dauer, die bereits wenige Stunden nach dem Ereignis stattfindet. Das Ziel der CISM-Kurzbesprechung besteht darin, die Belastungen einzuschätzen, eine Art psychologische Triage für die optimale weitere Unterstützung durchzuführen und eine Abmilderung der akuten Symptome zu bewirken.

CISM-Nachbesprechung (*Critical Incident Stress Debriefing, CISD*) ...
ist die von Jeffrey T. Mitchell entwickelte Bezeichnung für ein besonderes Modell, mit dessen Hilfe man sich psychotraumatologisch informieren kann und Unterstützung findet. Die CISM-Nachbesprechung ist eine siebenphasige strukturierte Gruppenintervention, die normalerweise ein bis vierzehn Tage nach dem Ereignis angeboten wird. (Bei Großschadensereignissen können auch mehrere Wochen vergehen, bis das *Debriefing* einsetzt). Sie zielt darauf ab, nach einem belastenden oder traumatischen Ereignis einen psychologisch fundierten Abschluss zu erreichen oder als ein Forum für eine psychologische Triage zu dienen, um den Zugang zu einer höheren Stufe fachlicher Unterstützung zu erleichtern. Das bedeutet, dass auf diese Weise nach einem Trauma die Wiederherstellung eines psychischen Gleichgewichts und eines angemessenen Verhaltens mit einsatzmäßigen Mitteln erleichtert wird.

Die CISM-Nachbesprechung ist für den Gebrauch mit kleinen Gruppen von vier bis fünfundzwanzig Personen geschaffen; ideal ist eine Gruppengröße von acht bis zehn Personen. Durchgeführt wird das *Debriefing* von zwei bis vier Mitgliedern eines speziell trainierten CISM-Teams, das aus Psychosozialen Fachleuten und kollegialen Helfern, so genannten »Peers« besteht.

Die CISM-Nachbesprechung beginnt mit einer *Einführung*, in der das Setting erläutert wird und die Regeln für den Umgang miteinander aufgestellt werden, zudem werden die Teilnehmer motiviert, den Gruppenprozess anzunehmen und mitzuwirken. Die zweite Phase ist die *Tatsachenphase*, in der die Teilnehmer beschreiben, was während des Ereignisses geschehen ist. In der dritten Phase, der *Gedankenphase*, werden die Teilnehmer gefragt, was ihr erster oder bedeutsamster Gedanke bei dem Ereignis war. Als vierte Phase folgt die *Emotionsphase*. Darin besprechen die Teilnehmer herausragende Elemente der Situation. Die Signale und Anzeichen von Stress, die während oder nach dem belastenden Ereignis aufgetreten sind, werden in der fünften Phase, der *Reaktionsphase*, beschrieben. Während der sechsten Phase, der *Informationsphase*, nehmen sich die Teamleiter und Peers (siehe dazu unten) viel Zeit, um Informationen weiterzugeben und Anregungen, die zur Verminderung der Auswirkungen des Stresses hilfreich sein können. In der siebten, der *Abschlussphase*, werden Fragen der Teilnehmer beantwortet und noch offene Themen abgeschlossen. In dieser letzten Phase nimmt das Team noch einmal die wichtigsten Punkte des Gespräches auf, versucht, einen Abschluss herzustellen und reagiert auf möglicherweise übrig gebliebene Befürchtungen.

Die CISM-Nachbesprechung wird häufig verwechselt mit anderen psychologischen *Debriefings* ohne Standardisierung, die damit jedoch falsch bezeichnet sind (Dyregrov, 1997, 1998,1999; Everly & Mitchell, 1999). Die CISM-Nachbesprechung bleibt gegenwärtig die einzige beständig validierte Form von psychologischen Gruppen-Debriefings (Everly & Boyle, 1999; Everly & Piacentini, 1999; Watchorn, 2000; Deahl et. al., 2000)

Ihrer Struktur angemessen, dauert die vollständige CISM-Nachbesprechung zwei bis drei Stunden. Das Debriefing wird manchmal auch nach der CISM-Informationsveranstaltung und nach der CISM-Kurzbesprechung eingesetzt. Jedem *Debriefing* folgt eine Intervention auf individueller Basis bei den Personen, die weitere Unterstützung wünschen. Eine Vermittlung an weitere psychosoziale oder therapeutische Unterstützung folgt dort, wo sie nötig erscheint.

Obwohl die vorgenannten Punkte folgerichtig erscheinen, hat es in der Vergangenheit einige Verwirrung gegeben, was das Wesen der CISM-Nachbesprechung betrifft. Bereits 1983 hat Mitchell den Ausdruck *Critical Incident Stress Debriefing (CISD)* als einen Oberbegriff für eine bestimmte Herangehensweise an die Krisenintervention benutzt, die vier Elemente enthält:

1. individuelle oder Gruppeninterventionen während des Ereignisses (»*on-scene crisis intervention*«),
2. kleine Gruppeninterventionen als *Defusings*.
3. formale 6-phasige Gruppenintervention *(formal-CISD)*
4. Folgeangebote.

Der Terminus »*Critical Incident Stress Debriefing (CISD)*« führte sowohl als Oberbegriff als auch als Ausdruck für den strukturierten Gruppenprozess bereits zu einer begrifflichen Verwirrung. Später wurde der Begriff »*Critical Incident Stress Management (CISM)*« als Oberbegriff eingeführt (Everly & Mitchell, 1999). Heute haben sich die Termini »*Critical Incident Stress Debriefing (CISD)*« und CISM-Nachbesprechung für die Sieben-Phasen-Krisenintervention als eine Art psychologischer Abschluss nach einem belastenden oder traumatischen Ereignis für Primär-, Sekundär- und sogar für Tertiäropfer etabliert.

Das CISM-Einzelgespräch oder Einzelberatung (*One-on-one crisis intervention / counseling*) ...

besteht aus ein bis drei Kontakten mit einer Person, die sich in einer akuten Krise befindet. Diese psychologische Unterstützung umfasst den gesamten Bereich des Krisenspektrums und gehört zu den gebräuchlichsten CISM-Interventionen. Ein Kontakt kann zwischen 15 Minuten und 2 Stunden dauern. Die Dauer hängt davon ab, wie die Krise geartet und wie schwer sie ist. Auch wenn es flexibel und effizient gehandhabt wird, fehlt dem CISM-Einzelgespräch der Vorteil eines Gruppenprozesses. Da es eine extrem kurze Intervention ist, ist es beim CISM-Einzelgespräch besonders wichtig, paradoxe Interventionen, Interpretationen unbewusster Vorgänge und Konfrontationstechniken zu vermeiden. (vgl. Everly & Mitchell, 1999).

Pastorale Krisenintervention (*pastoral crisis intervention*) ...

bezeichnet die Integration von seelsorgerischen Unterstützungsdiensten durch einen Geistlichen in die traditionelle Krisenintervention. Die pastorale Krisenintervention ist damit mehr als ein kirchlicher oder pastoraler Dienst. Zusätzlich zum Handwerkszeug der traditionellen Krisenintervention wendet die pastorale Krisenintervention Bibelarbeit, persönliche, gemeinschaftliche Gebete und Fürbitten, Rituale und Sakramente an. Dazu kommt das einzigartige Ethos und Weltbild eines Geistlichen, der die Krisenintervention durchführt. Diese spezialisierte Form der Krisenintervention ist sicher nicht für alle Personen und jegliche Umstände geeignet. Dennoch stellt sie eine wertvolle Ergänzung zu den umfassenden CISM-Angebote dar. (Die pastorale Krisenintervention ist bei Mitchell in den letzten Jahren erheblich aufgewertet worden, was sich in Kapitel 15 widerspiegelt. Sie ist aber nicht direkt vergleichbar mit der Notfallseelsorge im deutschsprachigen Raum, sondern entspricht den Frömmigkeitsstilen der jeweiligen christlichen Religionsgemeinschaften in den USA.)

Familien-Krisenintervention oder Organisations-Beratung ...
stellt die Krisenintervention auf der Ebene von Systemen dar. Familien-Krisenintervention und Organisations-Beratung beinhalten sowohl proaktive wie reaktive Elemente. Sie sollen das jeweilige System Familie oder Organisation auf belastende Ereignisse vorbereiten und nach einem belastenden Ereignis angemessen unterstützen.

Debriefing ...
ist der Oberbegriff für den von Jeffrey T. Mitchell entwickelten Prozess des *»Critical Incident Stress Debriefing (CISD)«*. Neben dieser Bedeutung hat sich der Terminus auch für die Beschreibung einer Vielfalt von psychologischen Interventionen etabliert, die nach Krisen angeboten werden. Dies hat zur Folge, dass im Bereich der Krisenintervention nicht exakt gearbeitet werden kann. Das vorliegende Buch macht es sich daher unter anderem zur Aufgabe, die Begriffe präzise zu formulieren – so wird der Terminus »Debriefing« mit großem Anfangsbuchstaben ausschließlich als Synonym für das CIS-Debriefing nach Mitchell genutzt.

Spezielle Debriefings ...
werden bereitgehalten für Personen außerhalb des normalen Verantwortungsbereiches eines CISM-Teams, das für Einsatzkräfte ausgebildet wurde. Der Schwerpunkt in einem solchen Debriefing liegt stärker auf den informativen Aspekten als auf den analysierenden Aspekten der psychologischen Triage.

Peers ...
sind die ausgebildeten Mitglieder eines CISM-Teams. Sie sind Angehörige von Rettungsdienst, Feuerwehr, Polizei, Militär, Strafvollzug, Leitstellen, Stäben oder dem Schulwesen. Darüber hinaus haben in den letzten zehn Jahren zahlreiche Unternehmen und Organisationen so genannte *Kollegiale Helfer* ausgebildet, da es für die Stress-Intervention bei Berufsgruppen sehr sinnvoll ist, mit geschulten Kollegen zu arbeiten. Auf der anderen Seite verlassen sich aber auch zahlreiche Unternehmen auf die Hilfe von psychosozialen Fachleuten, ohne eine eigene Krisenintervention aufzubauen. Gelegentlich nutzen diese Organisationen Arbeitnehmer-Unterstützungs-Programme oder den eigenen arbeitsmedizinischen Dienst für die Traumainterventionen.

Stressbearbeitung nach belastenden Ereignissen – Hauptelemente (nach Everly und Mitchell, 1999)

	Intervention	Zeitpunkt	aktiviert durch	Ziel	Zielgruppe
1.	Vorbereitung auf eine Krise	vor einer Krise	Erwartung einer Krise Kennung der Sb*E*	Aufbau von Erwartungen Verbesserung der Stressbewältigung	Gruppen Organisationen
2a.	CISM-Einsatzabschluss und Beratung für Einsatzkräfte	Einsatzende jederzeit	Ereignis	Information Beratung Ermöglichung psych. Entlastung	Großgruppen Organisationen
2b.	CISM-Informationsveranstaltung für Bevölkerung, Schulen, Betriebe	jederzeit	Sb*E* Ereignis		
3.	CISM-Kurzgespräch nach der Krise	innerhalb12 Std. Symptome	Anzeichen psych. Abschluss möglich psych. Triage	Linderung der Symptome	Kleingruppen
4.	CISM-Nachbesprechung nach der Krise 3–4 Wochen nach Großschadenslagen	1–10 Tage Symptome Kriterien belastendes Ereignis	Anzeichen Linderung der Symptome psych. Triage	Ermöglichung eines psych. Abschlusses	Kleingruppen
5.	Individuelle Krisenintervention (1:1)	jederzeit überall	Anzeichen Symptome wenn nötig	Linderung der Symptome Wiedererlangung der Einsatzfähigkeit Vermittlung weiterer prof. Hilfe,	Einzelpersonen
6.	Pastorale Krisenintervention	jederzeit überall	rel. Bedürfnisse	Angebot spiritueller Unterstützung Vergewisserung im Glauben	Einzelpersonen Gruppen
7a.	CISM für Angehörige (von Einsatzkräften)	jederzeit oder Ereignis	Anzeichen Symptome	Förderung der Kommunikation und Unterstützung untereinander	Familien
7b.	Beratung für Organisationen	jederzeit			Organisationen
8.	weitere Nachsorge Vermittlung	jederzeit	Symptome	Einschätzung des psych. Status Vermittlung weiterer prof. Unterstützung Behandlung, wenn nötig	Einzelpersonen Familien

Nach: Everly, G. & Mitchell, J. (1999), Critical Incident Stress Management (CISM): A new Era and Standard of Care in Crisis Intervention. Ellicott City, MD: Chevron Publishing

Abb. 1.1

Psychosoziale Fachleute ...
sind im Gegensatz zu den ehrenamtlichen oder nebenberuflichen Peers hauptamtliche Mitarbeiter in der Krisenintervention. Es lassen sich zwei Kategorien unterteilen: zum einen die psychosozialen Fachleute, wie Psychologen, Sozialarbeiter, Psychiater oder Pflegepersonal in der Psychiatrie, zum anderen die geistlichen Seelsorger. Beide Gruppen verfügen über spezielle Kenntnisse: Die Mitarbeiter aus den psychosozialen Berufen, die in der Regel eine akademische Ausbildung haben oder aber über eine andere formale Anerkennung lizensiert und zertifiziert sind, müssen Erfahrung im Bereich der klinischen Psychologie nachweisen. Die Geistlichen in der Krisenintervention sind ordiniert oder berufene Pfarrer mit ausgewiesener Ausbildung und Erfahrung.

Organisationsübergreifendes CISM-Team ...
ist ein Konzept für die Aufstellung eines CISM-Teams für Einsatzkräfte. Für zahlreiche Dienststellen bei Feuerwehren, Rettungsdiensten, Krankenhäusern, Justizvollzugsanstalten, Leitstellen, Katastrophenschutzhelfern und Schnell-Einsatz-Gruppen gibt es CISM-Teams. Verschiedene Dienststellen oder Organisationen bilden ihre CISM-Teams gemeinsam. Die Teams stellen ihrerseits das passende Personal, um die Dienststellen oder Organisationen nach traumatischen Ereignissen zu unterstützen. Dazu unterliegen sie ständigem Training, Supervisionen, Fallbesprechungen, Unterstützungsdiensten sowie Team-Entwicklungs-Programmen. Aufgrund dieser Struktur hat jede Berufsgruppe ihre eigenen Teams: Wenn der Rettungsdienst Unterstützung benötigt, werden Rettungsassistenten ausgewählt, brauchen Feuerwehren Unterstützung, werden Feuerwehrleute ausgesucht, sind Krankenschwestern betroffen, werden Krankenschwestern eingesetzt. Außerdem mindern gemeinsame CISM-Teams die Kosten für die Ausbildung, und es ist eine effizientere Methode, die wenigen psychosozialen Fachleute, die zur Verfügung stehen, für verschiedene Organisationen einzusetzen. Die einzelne Dienststelle muss also nicht unbedingt ihr eigenes Personal für ein CISM-Team vorhalten, um den Mitarbeitern nach einem traumatischen Ereignis eine Krisenintervention bereitzustellen. Es gibt dafür aber noch einen anderen Grund: Man hat herausgefunden, dass psychologische Unterstützung, die man durch persönlich sehr vertraute Personen erfährt, weder für den Empfänger noch für den Anbieter erfolgreich sind.

Es muss an dieser Stelle festgehalten werden, dass ein gemeinsames CISM-Team die Organisationen nicht von der Notwendigkeit enthebt, einen Psychologen, einen Pfarrer oder einen anderen psychosozialen Dienst vorzuhalten. CISM-Teams sind eine Ergänzung zu regulären psychosozialen Diensten, niemals jedoch ein Ersatz!

CISM-Einsatzbegleitung (*On-Scene Support Services*)
Wenn ein direkter Unterstützungsdienst während des Einsatzgeschehens bei einem traumatischen Ereignis vorgehalten wird, nennt man diesen Dienst CISM-Einsatzbegleitung.

Es gibt nur drei Angebote der CISM-Einsatzbegleitung:
1. Kurze Kriseninterventionen bei Einsatzkräften, die offensichtliche Anzeichen von Belastung zeigen.

2. Beratung der Führungskräfte und
3. Unterstützung der Opfer, Überlebenden und Familienmitglieder, die direkt in das Geschehen involviert sind.

An dieser Stelle muss jedoch daran erinnert werden, dass Gruppenangebote nur äußerst selten während des Einsatzes vorgehalten werden. In der Regel ist die CISM-Einsatzbegleitung für Einsatzkräfte auf Einzelgespräche begrenzt.

Partner- und Angehörigen-Unterstützung ...
Mit dieser Unterstützung werden auch die Partner und die Angehörigen der Einsatzkräfte erreicht. Dies ist deswegen notwendig, weil die Unterstützung für Einsatzkräfte unzulänglich wird, wenn sie nicht besondere Unterstützungsdienste für die Angehörigen, im Speziellen für enge Familienmitglieder, beinhaltet. Die Angehörigen können durch die gleichen traumatischen Geschehnisse, die die Einsatzkräfte angreifen, indirekt betroffen sein. Viele CISM-Teams haben deswegen Angehörige von Einsatzkräften in das Programm mit aufgenommen, um nach einem traumatischen Geschehen im Sinne der oben beschriebenen »berufsgruppen-spezifischen« Betreuung auch engen Angehörigen von Einsatzkräften besser helfen zu können. Inzwischen existieren viele spezielle Programme zur Unterstützung von Angehörigen. Dazu gehören Lehrprogramme, Debriefings nach traumatischen Ereignissen, Selbsthilfegruppen, Trauerseminare und Familienfreizeiten.

Weitere Nachsorge ...
Wann immer eine CISM-Einsatzbegleitung, ein CISM-Einsatzabschluss, eine CISM-Kurzbesprechung oder eine CISM-Nachbesprechung angeboten wird, ist es notwendig, dass diese Angebote nicht singulär bleiben, sondern dass Folgeangebote stattfinden. Jede Intervention, angefangen vom Einzelgespräch bis hin zu einem formalen Debriefing, sollte ein solches Folgeangebot nach sich ziehen. Das können beispielsweise Anrufe sein, Besuche auf der Wache oder am Arbeitsplatz, seelsorgliche Kontakte, Gelegenheitsbesuche, kleine Gruppentreffen, Kontakte mit Führungskräften, Peer-Besuche, Einzelgespräche, Familienkontakte können sich ebenfalls an eine Betreuung anschließen.

Folgeangebote und Vermittlung von weiterführenden Angeboten (Therapie) ...
Kein Kriseninterventionssystem ist vollständig ohne die Erkenntnis, dass einige belastende Ereignisse von ihrem Wesen her so toxisch sind, dass sie intensivere und formalisierte Interventionen notwendig machen, möglicherweise sogar die Verabreichung von Psychopharmaka indizieren. Daher ist es von erheblicher Bedeutung, in jedes Kriseninterventionssystem Richtlinien für Folgeangebote einzubauen und einen Leitfaden für eine psychologische Triage zu definieren, damit die bestmöglichen angemessenen Interventionen eingesetzt werden können (vgl. Everly, 1999).

Die Stressbearbeitung nach belastenden Ereignissen (Everly & Mitchell, 1999; Flannery, 1998) ist das am weitesten verbreitete Kriseninterventionssystem der Welt und wurde sowohl durch Fragebogenerhebungen auf der Grundlage von Selbstaussagen (Everly & Mitchell, 1999; Everly, Flannery & Mitchell, 2000; Flannery & Everly,

2000) als auch durch empirische Untersuchungen evaluiert (Flannery, Everly & Eyler, 2000; Everly, Flannery & Eyler, im Druck). Gemessen am hohen Umfang seines Gebrauchs und dem Grad seiner empirischen Validität darf angenommen werden, dass CISM sich als der Standard in der Krisenintervention auch in Zukunft noch weiter etablieren wird.

In einer Zeit, in der Krisenintervention und -prävention sowie der Umgang mit schweren traumatischen Ereignissen immer mehr ins Interesse der Forschung rücken und das Handeln in der Praxis bestimmen, müssen Anwender vorbereitet sein, den diskutablen Standard zu verwenden – oder sich zugestehen, dass sie anerkannte Standards nicht befolgen. Die Praktiker in der Krisenintervention seien ermutigt, diese hier vorgestellte Herangehensweise zu nutzen, die ebenso aktuell und umfassend wie vernünftig ist.

CISM-Gruppenkriseninterventionen

Name	Zielgruppe	Zeitpunkt	Phasen
CISM-Informations-veranstaltung	Großgruppen Opfer, Betroffene (keine Einsatzkräfte)	während des Ereignisses und/oder nach dem Ereignis Dauer 45-75 Min.	Versammlung Information Reaktionen Bewältigungs-strategien/Ressourcen
CISM-Einsatzabschluss	Großgruppen von Einsatzkräften	unmittelbar nach Einsatzende (endgültigem) Dauer 10-20 Min.	Einführung Imformation Erfrischung/Imbiss
CISM-Kurzbesprechung	Kleingruppen von Einsatzkräften	6-12 Std. nach dem Ereignis Dauer 20-45 Min.	Einführung Austausch Information
CISM-Nachbesprechung	Kleingruppen von Einsatzkräften bis 20	1-10 Tage nach dem Ereignis 3-6 Wochen nach Katastrophen Dauer 1–3 Std.	Einführung Tatsachen Gedanken Emotionen Reaktionen Information Abschluss

Abb. 1.2

1.3 Wer ist Betroffener?

Häufig gestehen sich Einsatzkräfte nur ungern ein, dass sie selbst oder ihre Familien Betroffene von psychischen Belastungen geworden sind. Einsatzkräfte retten, sie werden nicht gerettet! Und doch können sie und ihre Familien aufgrund ihres äußerst risikoreichen Berufes eines Tages Opfer von Stress und Traumatisierung werden. Tatsächlich ist der bedeutendste aller bekannten Risikofaktoren für das Entstehen von posttraumatischer Belastung die direkte oder indirekte Konfrontation mit einem psychisch traumatisierenden Ereignis. Posttraumatische Reaktionen entstehen nach einem besonders belastenden Ereignis (*Critical Incident Stress, CIS*). Trotzdem werden Opfer unterschiedlich definiert. Je nach Art der Konfrontation mit dem traumatischen Ereignis, werden Betroffene in drei Gruppen unterteilt:

1. *Primäropfer*: Menschen, die unmittelbar von einer Krisensituation, einer Katastrophe oder einem Trauma betroffen sind. Sie werden auch direkte Opfer eines Traumas genannt.
2. *Sekundäropfer*: Menschen, die unmittelbar mit den psychischen Traumatisierungen der Primäropfer konfrontiert sind. Dazu gehören Einsatzkräfte und Augenzeugen.
3. *Tertiäropfer*: Menschen, die von dem Trauma mittelbar betroffen sind, so zum Beispiel, wenn sie erst später am Einsatzort eintreffen oder mit dem Trauma der Primär- oder Sekundäropfer zeitlich verzögert konfrontiert werden. Tertiäropfer werden nicht mit den direkten Auswirkungen der traumatisierenden Situation konfrontiert. Sie werden dem Ereignis nicht ausgesetzt. Familienmitglieder der Opfer oder Einsatzkräfte sind Beispiele für diese Gruppe der Betroffenen.

In diesem Buch geht es primär um die Prävention und Reduzierung von posttraumatischen Belastungen bei Einsatzkräften, Krankenhauspersonal und Sicherheitskräften. Sie sind dem Risiko ausgesetzt, Sekundäropfer zu werden. Gelegentlich werden Einsatzkräfte und verwandte Berufe zu Primär- oder Tertiäropfern. Die Stressbearbeitung nach belastenden Ereignissen mit ihren Möglichkeiten der Intervention ist dann wertvoll für Sekundäropfer, für Primär- und für Tertiäropfer, wenn sie von ausgebildeten Fachleuten angewandt wird. Bevor wir uns den verschiedenen Interventionen im Detail zuwenden, muss zunächst in die Grundlagen eingeführt werden.

Die Stressbearbeitung nach belastenden Ereignissen, so wie wir sie heute für Einsatzkräfte anwenden, wurde erstmals 1983 vorgestellt in dem Buch »When disaster strikes … - The Critical Incident Stress Debriefing«, (»Wenn die Katastrophe zuschlägt ... - Die Stressbearbeitung nach belastenden Ereignissen« von Jeffrey T. Mitchell). Hier wird die Entstehung der Stressbearbeitung nach belastenden Ereignissen beschrieben. Die unterschiedlichen CISM-Angebote haben sich aus der CISM-Nachbesprechung (Critical Incident Stress Debriefing) entwickelt. Das Kürzel CISM steht für ein zusammenhängendes »System« von Interventionen, die ungünstige psychologische Reaktionen bei Einsatz- und Sicherheitskräften verhindern und/oder lindern sollen. CISM-Interventionen sind besonders dafür geeignet, posttraumatische Stressreaktionen zu reduzieren. Die Stressbearbeitung nach belastenden Ereignissen besteht aus:

- Stressprävention und Programmen zur psychologischen Trauma-Immunisierung,
- Kursen zum Umgang mit Stressbelastungen und Traumata
- Krisenintervention in der Einzelberatung,
- CISM-Nachbesprechungen,
- CISM-Kurzbesprechungen,
- CISM-Einsatzabschlüssen,
- CISM-Informationsveranstaltungen,
- Unterstützungsprogrammen für Angehörige,

- Unterstützungsprogrammen für Peers,
- CISM-Einsatzbegleitungen,
- informellen Gruppengesprächen,
- weitere Nachsorge,
- anderen Programmen nach Bedarf.

CISM ist weit mehr als nur ein Verfahren. CISM ist ein System aufeinander abgestimmter Interventionen. Die Stressbearbeitung nach belastenden Ereignissen beruht auf dem Wissen um die Bedeutung und den Wert des Menschen – an sich – und als entscheidender Faktor im Arbeitsprozess.

1.4 Einführung in die CISM-Nachbesprechung

Die CISM-Nachbesprechung (Critical Incident Stress Debriefing) bezieht sich auf eine Form der strukturierten psychologischen Arbeit in Gruppen. Sie wurde von dem Autor des Erstwerkes (Jeffrey T. Mitchell) als ein direkter, handlungsorientierter Gruppenprozess entwickelt. Sie wurde speziell darauf zugeschnitten, traumatischen Belastungen vorzubeugen oder sie zu reduzieren. Selbstverständlich gibt es neben der CISM-Nachbesprechung auch andere Angebote. Die CISM-Nachbesprechung ist eine bekannte und verbreitete Methode (Meichenbaum, 1994).

Die CISM-Nachbesprechung wurde ursprünglich für Einsatz- und Sicherheitskräfte und Soldaten konzipiert. Sie ist aber für alle Bevölkerungsgruppen, auch für Kinder, geeignet, wenn sie durch ein erfahrenes Interventions-Team angewandt wird. Die CISM-Nachbesprechung ist ein formalisiertes und strukturiertes Angebot aus einer ganzen Palette psychologischer Interventionen, die als Stressbearbeitung nach belastenden Ereignissen zusammengefasst sind.

Betrachten wir diese Modelle genauer: Heutzutage wird die CISM-Nachbesprechung nach ungewöhnlich belastenden Einsätzen in vielen Bereichen standardmäßig eingesetzt, so zum Beispiel bei Feuerwehren, Rettungsdiensten und der Polizei, in Krankenhäusern, im Strafvollzug und anderen Organisationen der öffentlichen Sicherheit. Allein in den USA gibt es mehr als 400 CISM-Teams und mindestens 350 weitere in allen Teilen der Welt, unter anderem in Australien, Kanada, Deutschland, Großbritannien, Schweden, Neuseeland und Norwegen.

Eine Vielzahl von Einsatzkräften konnte bereits von der Hilfe dieser Spezialteams profitieren. Oft trifft man auf Menschen, die bereits mit einer oder mehreren CISM-Nachbesprechungen zu tun hatten: Ärzte, Polizisten, Feuerwehrleute, Sanitäter, Pflegekräfte, Notärzte, Katastrophenschutzkräfte, Beamte im Strafvollzug, psychologische Berater, Mitglieder der Wasserwacht aber auch Gruppen aus Schulen oder der Wirtschaft. Dieses Handbuch will ein Angebot an alle Helfer sein.

1.5 Katalytische Sequenzen *(Catalytic Sequences)*

Der letzte Abschnitt dieses Kapitels wendet sich an das wichtigste Thema in dem CISM-Modell der Krisenintervention: die Katalytischen Sequenzen. Dieser Ausdruck bezieht sich auf die Art und Weise, in der die vielfältigen Bestandteile der Stressbearbeitung nach belastenden Ereignissen zusammengefasst oder aneinander gereiht werden, um den effektivsten Nutzen zu zeigen. Der Ausdruck Katalytische Sequenz wurde von Theodore Millon geprägt (Millon, Grossman, Meagher, Millon & Everly, 1999). Er bedeutet soviel wie: sinnvoll aufeinander aufbauende Interventionen. Millon untersuchte die Bedeutung von aufeinander folgenden und sich potenzierenden und/oder beschleunigenden Sequenzen von verschiedenen psychotherapeutischen Interventionen. Im Kontext des vorliegenden Buches zur Stressbearbeitung beziehen wir uns zwar nicht auf die Formen der Psychotherapie, sprechen jedoch die Art und Weise an, mit der die verschiedenen Bestandteile der Stressbearbeitung nach belastenden Ereignissen am besten miteinander kombiniert werden können, um auf diese Weise eine ideale Reihenfolge zu erreichen. Solange es noch keine konkrete Herangehensweise für eine sich beschleunigende (katalytische) Reihenfolge von Interventionen in der Stressbearbeitung nach belastenden Ereignissen gibt, kann man sich folgende Grundsätze in Erinnerung rufen:

1. CISM-Informationsveranstaltung und CISM-Einsatzabschlüsse gehen immer einem Debriefing voraus;
2. CISM-Kurzbesprechungen werden eingesetzt, wenn sie innerhalb von 8-12 Stunden organisiert werden können; wird weitere Unterstützung erkennbar notwendig, folgt immer ein Debriefing;
3. das CIS-Debriefing wird niemals als alleinige Intervention eingesetzt;
4. Einzelgespräche sollen wie andere Interventionen immer in Betracht gezogen werden nach CISM-Informationsveranstaltungen, CISM-Einsatzabschlüssen, CISM-Kurzbesprechungen und CISM-Nachbesprechungen;
5. CISM-Einsatzbegleitungen verlangen immer Folgeinterventionen.

Eine Möglichkeit, auf die effektivste katalytische Folge von Interventionen der Stressbearbeitung nach belastenden Ereignissen zuzugehen, besteht darin, die drei Kriterien *Zielgruppe*, *Interventionsart* und *Zeitpunkt* präzise zu analysieren und entsprechend zu nutzen. Eine *Zielgruppe* ist jene Gruppe, für die die CISM-Interventionen zielgerichtet angewandt werden sollen. *Interventionsart* bezieht sich auf die Auswahl der speziellen CISM-Intervention, die auf die Zielgruppe ausgerichtet ist. Der *Zeitpunkt* fixiert die aktuelle Zeit und Reihenfolge, in der die CISM-Interventionen entwickelt und angeboten werden.

Ein weiteres wesentliches Kriterium ist der *Kontext* der Intervention zur Stressbearbeitung: Die Umgebung und Begleitumstände des kritischen Ereignisses sollten beachtet werden, wenn die Zielgruppen identifiziert und die Wahl der Interventionen und ihre spezielle Anwendungszeit getroffen sind. Der Kontext entscheidet mit über das Ergebnis und über den Grad der Unterstützung oder des Widerstands durch

Führung und Verwaltung bei der Einrichtung von CISM-Angeboten. Wenn Kriseninterventionsdienste geplant werden, ist es von erheblicher Bedeutung, ob die Gefahr, die die Betroffenen bedroht, noch andauert. So ist es beispielsweise ein erheblicher Unterschied, ob ein Täter in Haft genommen werden konnte, nachdem er einen Polizeibeamten erschossen hat, oder ob der Verdächtige noch auf freiem Fuß ist. Die Interventions-Teams müssen also soweit wie möglich sicherstellen, dass das belastende Ereignis abgeschlossen ist. Auch sollten die zu betreuenden Gruppen in Bezug auf die Einwirkung durch das traumatische Geschehen homogen sein. Die Begleitumstände des Geschehens haben einen substanziellen Einfluss darauf, wann und in welcher Form Interventionen durchgeführt werden können.

1.6 Zusammenfassung

Die Stressbearbeitung nach belastenden Ereignissen entwickelte einen Standard der Einsatznachsorge. Ihre Herangehensweise ist ein umfassender, integrierter Zugang zur Krisenintervention. Die Fertigkeit in der Stressbearbeitung nach belastenden Ereignissen beruht nicht nur auf dem Verständnis, auf welche Weise die vielen verschiedenen CISM-Interventionen ausgeführt werden können, sie beruht auf einem Verständnis davon, wie die Interventionen am besten kombiniert in eine hilfreiche Reihenfolge gebracht werden können.

2 Stress

2.1 Einführung

Bevor wir näher auf die Methodik der CISM-Interventionen eingehen, ist es notwendig, sich mit den Themen Stress und Traumatisierung zu befassen. Gäbe es weder krankmachenden Stress noch psychische Traumatisierung, wäre für Stressbearbeitung nach belastenden Ereignissen kein Bedarf. So aber wurde die Stressbearbeitung nach belastenden Ereignissen als Antwort auf die Tatsache geschaffen, dass extreme Belastungen und psychische Traumatisierung ebenso dienstunfähig machen können wie eine körperliche Verletzung.

2.2 Definitionen von Stress

Das so genannte Hook'sche Gesetz aus dem Jahre 1676 beschreibt ein Phänomen aus der Physik: Eine »Last« oder physischer »Stress« übt eine physische Belastung auf anderes Material aus. Im Jahr 1926 entdeckte der österreichische Endokrinologe Hans Selye etwas, das seiner Meinung nach ein starres Muster von Geist-Körper-Reaktionen war. Er nannte Stress eine »unspezifische Reaktion des Körpers auf jegliche Anforderung« (Selye, 1974, S. 14). Später bezog sich Selye auf dieses Reaktionsmuster und beschrieb es als den totalen »Verschleiß des Körpers« (Selye, 1976). Am Anfang seiner beruflichen Laufbahn wurde Selye einmal zu einer Diskussion über dieses Thema an das College de France eingeladen. Auf der Suche nach einem Wort, das die

Reiz-Reaktions-Mechanismus

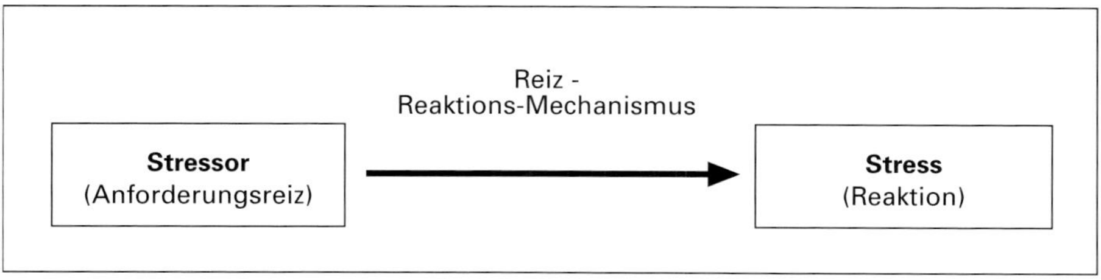

Abb. 2.1

genannten Gedanken am besten beschreiben könnte, lieh er sich das Wort »Stress« aus der Physik. So wird der Begriff »Stress« – dank Selye – heute noch definiert als »unspezifische Reaktion des Körpers auf jegliche Anforderung, der er ausgesetzt wird«.

Stressverursacher – Stress-bedingte Krankheit

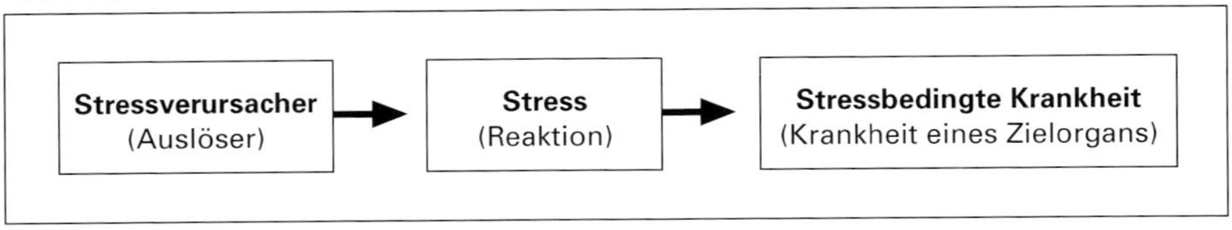

Abb. 2.2

Als nun ein neues Wort für diese Reaktion gefunden war, musste auch der Auslöser einen Namen erhalten. So wurde für den Reiz das Wort Stressor geprägt. Diese Beziehung stellt Abbildung 2.1. dar.

Manche Autoren beziehen sich auf »mentalen Stress« im Gegensatz zu »physischem Stress«. Dies führt immer wieder zu Unklarheiten und entspricht nicht der Definition Selyes. Diese besagt, dass Stress die Reaktion auf einen Stressor sei. Nun kann ein Stressor sowohl mentaler als auch physischer Natur sein. Trotz des historischen Bezuges bleibt eine Unschärfe hinsichtlich dessen, was wir heute unter dem Begriff Stress verstehen.

Anstatt unzählige Definitionen des Begriffes Stress zu diskutieren, schlagen wir deswegen eine Definition vor, auf deren Basis der Begriff »Stress« in diesem Buch gebraucht wird: Stress ist eine Reaktion von Körper und Geist, die durch den Stressor mit der stressbedingten Krankheit eines Zielorgans in Beziehung bringt (siehe Everly und Sobelman, 1987; Everly, 1989). Stressoren können dabei sowohl konditionierte

Eustress und Disstress

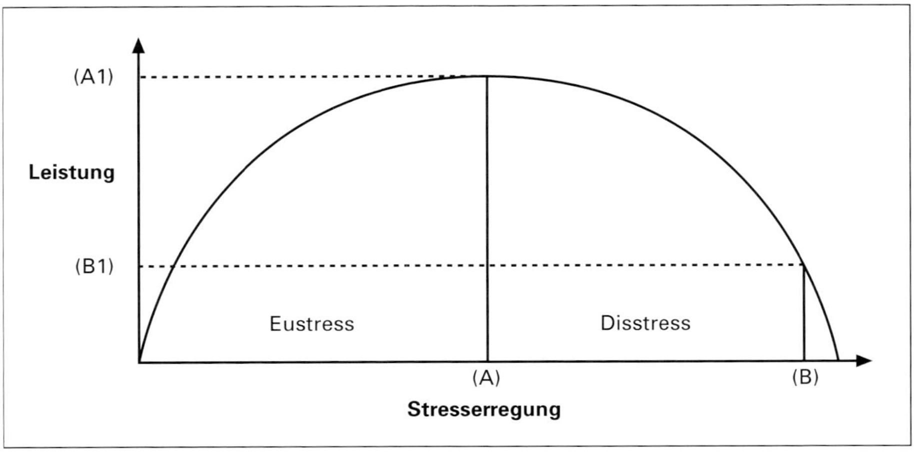

Abb. 2.3

Reize als auch psychosoziale Ereignisse sein. Abbildung 2.2 beschreibt dieses Verhältnis.

Die Stressreaktion ist, wie Abbildung 2.2 zeigt, ein Vermittler. Dies erklärt, wie stressverursachende Reize mitunter stressbedingte physische Krankheiten verursachen. »Schwache« Organe sind hierfür prädestiniert: der Stress »sucht sich ein Zielorgan«. Allerdings sind nicht alle Arten von Stress negativ oder unerwünscht. Dies wird in Abbildung 2.3 aufgegriffen.

In Stresssituationen steigt die Leistungsfähigkeit eines Menschen zunächst proportional zu der Belastung, die ein Stressor verursacht. Deshalb feuern Trainer ihre Mannschaften an, während andere Menschen sich vor einer Situation, die volle Leistung erfordert, selbst aufputschen. In Abbildung 2.3 zeigt (A) jenen Punkt auf der Stresserregungs-Achse, an dem eine Situation optimal bewältigt werden kann. Der Leistungszenit, den ein Mensch in diesem Augenblick erbringen kann, ist hier auf der Vertikal-Achse mit (A1) eingetragen. Mit zunehmendem Stress fällt die Leistungsfähigkeit bis auf ihren niedrigsten Punkt (B1) ab. Basierend auf diesem Schema wird der positive, motivierende Stress als *Eustress* (=anregender Stress) bezeichnet; Stress hingegen, der zu Leistungsminderung und Krankheit führt, nennt man *Distress* (=aufregenden Stress) (vgl. Selye 1974). Das bedeutet also, dass Stress nicht immer negativ ist. Folgerichtig hat Selye auch behauptet: »Das völlige Fehlen von Stress bedeutet Tod.«

In den 40er, 50er Jahren und Anfang der 60er Jahre des 20. Jahrhunderts wurden stressbedingte Krankheiten als »psychosomatisch« bezeichnet. Bei diesen Erkrankungen traten organische Gewebeveränderungen auf, die durch außergewöhnliche Belastungen hervorgerufen wurden. In den USA veröffentlichte die American Psychiatric Association 1968 die zweite Ausgabe ihres »*Diagnostic and Statistical Manual of Mental Disorders*« *(DSM-II)*. In diesem Handbuch, das Begriffe und Diagnosen aus der Psychiatrie katalogisiert, wurden stressbedingte Krankheiten den *»psychophysiologischen Krankheiten«*, also Krankheiten mit psychischen Ursachen und körperlichen Krankheitssymptomen, zugeordnet. Gleichzeitig wurden neurotische Störungen, also psychische Störungen, die sensorische oder motorische Funktionen beeinträchtigten, aber keine wirkliche Schädigung des organischen Gewebes verursachten, als *»Konversionsstörungen«* oder *»hysterische Störungen«* bezeichnet. Psychosomatische Störungen wurden oft mit Konversionsreaktionen verwechselt. Stressbedingte psychosomatische Störungen sind »real«. Sie führen zu Gewebeverletzungen und können lebensbedrohlich verlaufen. Konversionsreaktionen dagegen sind Anpassungsstörungen, die nicht lebensbedrohlich sind.

1980 überarbeitete die American Psychiatric Association ihr diagnostisches Handbuch und gab eine dritte Ausgabe, das *DSM-III*, heraus. In diesem Handbuch mit diagnostischer Nomenklatur werden stressbedingte Krankheiten nicht mehr »*psychophysiologisch*« genannt, sondern stehen unter dem diagnostischen Oberbegriff der *»psychischen Faktoren, die physische Krankheiten verursachen«*. Durch diese Änderung finden stressbedingte Krankheiten mehr Beachtung. Neurotische Konversionsstörungen wurden unter einen umfassenderen Oberbegriff gestellt: *somatoforme Störungen*. Diese Taxonomie wurde im *DSM-IV* (APA, 1994, deutsch: 1996) beibehalten.

In den vorangehenden Abschnitten wurden Grundlagen thematisiert, die für das Verständnis von Stressreaktionen bedeutsam sind. Nun gilt es, das Puzzle zusammenzufügen und zu erklären, warum Ereignisse in der eigenen Umgebung mit psychosozialer Bedeutung sich körperlich auswirken können.

Stressreaktionen werden in einem mehrdimensionalen Modell erklärt. Abbildung 2.4 zeigt ein solches detailliertes Modell der Stressreaktion bei Menschen. Dieses »Stressmodell« stellt eine Zusammenfassung der Arbeiten von R. Lazarus und S. Folkman (1984), Hans Selye (1956), George S. Everly (1989) und K.J. Smith und George S. Everly (1992) dar. Betrachten wir die einzelnen Bestandteile:

2.3 Stressoren

Stressverursacher fallen in zwei Kategorien:
1. biogenische Stressoren,
2. psychosoziale Stressoren.

Die erst genannten Stressoren verursachen Stress in biochemischen Abläufen des menschlichen Körpers. Trotz der Kenntnisse über diese Substanzen bleiben sie als Stressoren wirksam. Beispiele von *biogenischen Stressoren sind:*
1. Koffein,
2. Amphetamine,
3. Nikotin,
4. Phenylpropanolamin,
5. Theophyllin.

Koffein ist enthalten in Kaffee, Tee, vielen Erfrischungsgetränken und in einigen Arzneimitteln. Eine Tasse mit ca. 150 ml aufgebrühtem Kaffee enthält ungefähr 150 mg Koffein. Tee, der 5 Minuten lang gezogen ist, enthält ungefähr 50 bis 60 mg Koffein. Ein koffeinhaltiges Erfrischungsgetränk enthält bei ca. 330 ml zwischen 30 bis 65 mg Koffein. Ein Schokoriegel von 25 g hat einen Koffeingehalt von etwa 40 mg. Außerdem enthalten gebräuchliche Medikamente z.B. Kopfschmerzmittel 32 bis 140 mg Koffein.

Amphetamine sind suchterzeugende Mittel. Im Drogenjargon werden sie als »Speed«, »Brownies« oder »Ice« bezeichnet. Zu nennen sind aber auch Medikamente, die Müdigkeit unterdrücken, das Schlafbedürfnis verringern und die Konzentration verbessern sollen. Sie können als Tabletten eingenommen, gespritzt oder geraucht werden.

Theophyllin, 1,3-Dimethylxanthin, kommt in geringen Mengen in Tee vor, regt die Herzmuskulatur an und wirkt auf das Zentralnervensystem ähnlich wie Koffein.

Ungeachtet ihres Vorteils, dass sie anregen sollen, rufen biogenische Stressoren Stressbelastungen hervor. Bei einer Dosierung von 200 bis 300 mg Koffein, verteilt über drei bis sechs Stunden, sind starke Auswirkungen auf den Menschen zu beobachten, die sogar zu Angstzuständen oder stressbedingten Symptomen wie Schlafstörungen, Konzentrati-

Reaktionen auf Stressoren

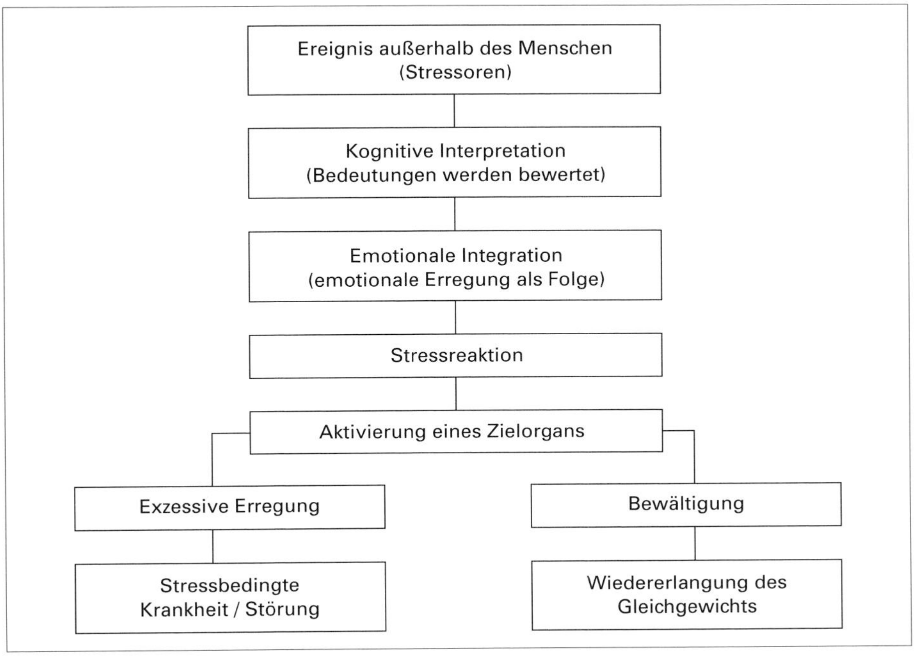

Abb. 2.4

onsschwierigkeiten, Fahrigkeit, Nervosität sowie Angst- und Spannungszuständen führen können (Greden, 1974; Girdano, Everly und Dusek, 1993).

Die zweite Kategorie von Stressverursachern sind die *psychosoziale Stressoren.* Im Gegensatz zu den biogenischen Stressoren verursachen diese Stressoren den Stress und seine Symptome nicht unmittelbar. Vielmehr bereiten sie den Boden für Stressreaktionen, die erst durch langfristige Vorgänge im Menschen ausgelöst werden. Damit verhält es sich fast so wie mit der Schönheit – sie liegt im Auge des Betrachters. Jeder empfindet sie anders. Die psychosozialen Stressoren werden in ihrer Wirkung subjektiv wahrgenommen: Zwar können viele psychosoziale Situationen potenziell Stress verursachen, jedoch nur, wenn sie tatsächlich als herausfordernd und bedrohlich empfunden werden; erst dann werden sie tatsächlich zu psychosozialen Stressoren. Dies führt zu der zweiten Stufe des Modells, das in Abbildung 2.4 wiedergegeben ist, zur *kognitiven Interpretation.*

2.4 Kognitive Interpretation

Der antike Philosoph Epiktet (etwa 50-140 n. Chr.) prägte den Satz: »Die Menschheit wird nicht von Dingen gestört, sondern von der Sicht, die sie dazu hat.« Hans Selye meint dasselbe mit seiner Feststellung: »Es kommt nicht darauf an, was einem Menschen zustößt, sondern darauf, wie er damit umgeht«. Schließlich bemerkte die Neurophysiologin Magda Arnold hierzu: »Die bloße Erfahrung von Ereignissen um uns herum kann keine Reaktion verursachen, wenn nicht das Geschehen auf uns gerichtet ist, es uns betrifft.« (Arnold, 1984, S. 125).

In jedem Augenblick ereignet sich etwas in unserer psychosozialen Umgebung. Diese Ereignisse führen nicht zu Stress, es sei denn sie werden als bedeutsam oder als potenziell herausfordernd und bedrohlich bewertet oder interpretiert. Die Tendenz, Situationen zu bewerten oder zu interpretieren, ist tief im Menschen verankert. Neuere Untersuchungen von Smith und Everly (1992) haben sogar gezeigt, dass hauptsächlich der Interpretationsvorgang verantwortlich ist für die Entstehung von berufsbedingtem Stress und Krankheit.

2.5 Emotionale Integration

Magda Arnold hat festgestellt: »Unsere Emotionen werden durch die Bewertung der psychosozialen Situationen unserer Umwelt verursacht.« I. Rosenman war ebenfalls der Ansicht, dass Emotionen viel mehr durch die Interpretation einer Situation verursacht seien als durch die Situation an sich. Die Auffassung, dass Emotionen von kognitiven Interpretationen verursacht werden, wird als *kognitives Primat* bezeichnet. In der Fachwelt besteht allerdings bislang keine Übereinstimmung darüber, ob Emotionen tatsächlich grundsätzlich durch Interpretation einer Situation hervorgerufen werden. Die Experten sind sich jedoch darüber einig, dass Emotionen und Stresserregung in dieser Weise funktionieren und dass der kognitive Primat eine funktionale und pragmatische Realität ist.

Die Welt ist voll von Stressoren. Wie bereits festgestellt werden konnte, lösen die meisten dieser potenziellen Stressquellen nur dann Stress aus, wenn sie – willkürlich oder weil es so erlernt wurde – als herausfordernd, bedrohlich oder aversiv interpretiert werden. Solche Bewertungen rufen Emotionen hervor. Bis zu diesem Punkt wirkt sich die Stressreaktion noch nicht physiologisch aus. Aufgrund der emotionalen Erregung setzt das Gehirn chemische Botenstoffe – so genannte Transmitter – ein, um psychische Bewertungen in somatische Gegebenheiten umzuwandeln. Diese greifen dann die physische Gesundheit an. Diese Umwandlung wird durch das limbische System, das die mit jeder emotionalen Erregung verbundenen vegetativen Regulationen vornimmt, gesteuert. Je mehr man Stresssituationen ausgesetzt ist, desto mehr wird dieser limbische Kreislauf neurologisch »hypersensitiv«, d.h. er wird nach und nach schon bei geringster Stimulation immer leichter ausgelöst.

2.6 Die Stressreaktion

Durch neuroanatomische und endokrinologische Studien konnte gezeigt werden, was bei der Stressreaktion passiert. Die Stressreaktion selbst besteht nach George S. Everly aus drei großen Bahnen oder Achsen (Everly, 1989):

Stressreaktionsachsen

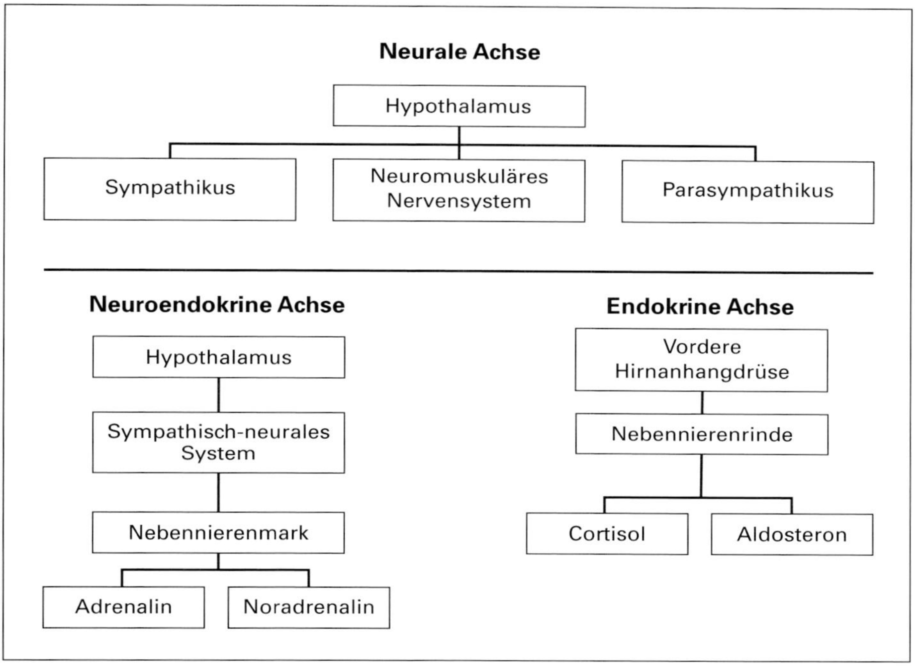

Abb. 2.5

1. neurale Achse,
2. neuroendokrine Achse,
3. endokrine Achse.

Zwar sind diese Funktionen in der menschlichen Physiologie immer aktiviert, doch werden die drei Achsen bei Stress und Krankheit besonders bedeutsam, wenn sie in solchen Situationen überstimuliert werden und ihre Aktivität gesteigert ist (vgl. auch die Darstellung in Abbildung 2.5).

Die *neurale Stressreaktionsachse* besteht aus dem Nervensystem des Sympathikus, des Parasympathikus (zusammen das autonome Nervensystem genannt) und dem neuromuskulären Nervensystem (den Nerven der Skelettmuskeln).

Die *neuroendokrine Stressreaktionsachse* besteht aus dem sympathischen neuralen System mit dem Nebennierenmark. Die Stimulation dieser Achse bewirkt die Ausschüttung der Hormone Epinephrin (Adrenalin) und Norepinephrin (Noradrenalin) aus beiden Teilen des Nebennierenmarks. Diese Achse ist verantwortlich für die so genannte »fight or flight«-Reaktion (»Kampf oder Flucht«), die von Walter Cannon Anfang der 30er Jahre des 20. Jahrhunderts untersucht wurde.

Die *endokrine Stressreaktionsachse* besteht aus der vorderen Hirnanhangdrüse (Hypophyse) und den Funktionen ihrer Nervenendorgane, wie zum Beispiel der Neben-

Übliche Zeichen und Symptome von außergewöhnlichen Belastungen/exzessivem Stress

Kognitiv – gedankliche Verwirrung – reduzierte Entscheidungsfähigkeit – Konzentrationsschwierigkeiten – Gedächtnisschwierigkeiten – Reduzierung der höheren kognitiven Funktionen	**Körperlich** – starkes Schwitzen – Sprachstörungen – Herzrasen – erhöhter Blutdruck – schnelles Atmen
Emotional – emotionaler Schock – Wut – Trauer – Depression – Gefühl, überwältigt zu sein	**Verhaltensmäßig** – Änderung der vertrauten Verhaltensmuster – verändertes Essverhalten – Vernachlässigung d. Körperhygiene – Distanz zu anderen Menschen – längeres Schweigen

Abb. 2.6

nierenrinde, in der die drei Hormongruppen der Mineralkortikoide, Glucokortikoide und Androgene/Östrogene ausschüttet werden. Genauso können sich der Östrogen-, Progesteron- und Testosteronspiegel unter Stress verändern.

2.7 Erregung eines Zielorgans und die Symptome

Zielorgane sind diejenigen Organe des Menschen, die zum somatischen »Ziel« der Stressreaktion werden. Nimmt man die drei zuvor beschriebenen Stressreaktionsachsen als gegeben, so ist die Anzahl von Zielorganen, die von starkem Stress betroffen sein könnten, sehr groß. Abbildung 2.6 fasst einige der typischen Zeichen und Symptome an Zielorganen unter exzessivem Stress zusammen.

2.8 Theorien zu stressbedingten Krankheiten

Abbildung 2.4 zeigt, dass die krankmachende Stresserregung durch Bewältigungsstrategien abgeschwächt werden kann. Greifen die Bewältigungsstrategien dagegen nicht, werden die Zielorgane weiterhin in hohem Maße erregt. In diesem Falle ist es eine Frage der Zeit, bis eine Schädigung und Erkrankung eintritt. Die entsprechenden Zielorgane verlieren unter andauernden Belastungen sogar ihre Funktionsfähigkeit.

Im Folgenden werden verschiedene Theorien vorgestellt, wie und warum Stress zu bestimmten Krankheiten oder Störungen führen kann:

2.8.1 Theorie von der Veränderung des Lebens

Die Theorie von der Veränderung des Lebens (*Life Change Theory*) beruht darauf, dass jede Veränderung eine Anpassung bewirkt. Die Anpassung bedeutet Stress. Zu weitreichende oder zu einschneidende Veränderungen bewirken, dass der Körper überfordert wird. Damit entsteht eine stressbedingte Krankheit. Diese Theorie wurde zunächst auf bedeutende Veränderungen im Leben bezogen, z.B. Umzug, Scheidung, Universitätsabschluss (Holmes und Rahe, 1967). Sie wurde modifiziert und beinhaltet nunmehr auch die Auswirkungen kleinerer »Ärger« (Lazarus und Folkman, 1984). Die Theorie der Lebensereignisse kann nicht exakt benennen, wie die Veränderung schließlich zur Krankheit führt. Sie besagt lediglich, dass ein Zielorgan durch Stress geschädigt wird.

2.8.2 Theorie der Organschwäche

Die Theorie der Organschwäche (*Weak Organ Theory*) beruht darauf, dass jeder Mensch entweder mit einem sehr empfindlichen Zielorgan geboren ist oder ein höchst verletzliches Organ entwickelt. Wenn wir unter Belastung stehen, wird diese vom Organsystem zunächst getragen. Je mehr eine Person unter Stress steht, desto größer ist die Belastung auf das schwache Zielorgan, bis es schließlich zusammenbricht und erkrankt. Der Schlüssel zum Verständnis der Erkrankung liegt in der Überforderung des Zielorgans aufgrund ständiger Beanspruchung.

2.8.3 Theorie vom Versagen des Gleichgewichts

Die Theorie vom Versagen des Gleichgewichts (*Homeostatic Failure Theory*) wurde zwischen 1960 und 1970 von Psychophysiologen aufgestellt. Danach werden durch Belastung nicht alle Organe in gleichem Ausmaß betroffen. Die Folge ist ein Versagen der Regelungsmechanismen z.B. von Kreislauf, Körpertemperatur, Hormonhaushalt, des pH-Werts oder des Wasser- und Elektrolythaushalts. Einige Organe werden bei Stress stärker belastet und benötigen mehr Zeit, um wieder auf ihre normale Funktionsebene zurückzukehren. Durch exzessiven Stress erkranken diese Organe, wenn er nicht schnell genug zur normalen Erregungsebene zurückkehrt (Sternbach, 1966).

2.8.4 Theorie von der Störung des Erregungsniveaus

Eine der neuesten Theorien für die Erklärung stressbedingter Krankheiten, ist die Theorie von der Störung des Erregungsniveaus (*Disorders of Arousal Theory*) (Everly, Benson,1989). Diese besagt: Wenn ein Mensch außergewöhnlichen Belastungen ausgesetzt ist, seien diese chronisch oder von großer Intensität, so werden die Stresserregungszentren im Gehirn hypersensibel. Diese Hypersensibilität führt zu einem

Zustand, in dem Stressreaktionen zu schnell ausgelöst werden. Nach dieser Theorie werden also alle stressbedingten Krankheiten durch intensive oder chronische Erregung verursacht, die im Gehirn und seinen Wirksystemen abläuft. Die Zielorgane erfahren eine übermäßige Belastung und brechen schließlich zusammen oder sind in ihren Funktionen gestört.

2.8.5 Theorie von der hypokinetischen Krankheit

Diese Theorie von der hypokinetischen Krankheit (*Hypokinetic Disease Theory*) wurde von den Kardiologen Kraus und Raab 1961 aufgestellt: Stress ist danach ein normaler Vorgang, der Menschen auf physische Anstrengung und Druck vorbereitet. Krankhaft wird der Stress erst durch die Unfähigkeit, die Stressreaktion körperlich abzureagieren, jedoch nicht schon durch ihr bloßes Auftreten. Daraus folgt: Stress, der nicht durch körperliche Aktivität abgeführt wird, wird mit großer Wahrscheinlichkeit im Laufe der Zeit pathologisch.

2.9 Stressmanagement

Das vorliegende Buch kann und soll keine vollständige Abhandlung von Techniken für das Stressmanagement sein (siehe Mitchell und Bray, 1990; Girdano, Everly and Dusek, 1993). Es seien lediglich einige Schlüsselpunkte hervorgehoben.

2.9.1 Stressbewältigungsstrategien

Insbesondere vier grundlegende Strategien bewähren sich unter unzähligen Möglichkeiten, Stress zu bewältigen und mit ihm umzugehen:

1. Stressverursacher vermeiden

Eine effektive Form des Umgangs mit außergewöhnlichen Belastungen liegt darin, die Ursache des Stresses zu vermeiden oder zumindest eine Verminderung der Berührungspunkte mit solchen Stressoren anzustreben. Problemlösungsstrategien und Zeitmanagement sind hilfreiche Interventionen. Je mehr Stimulanzien eingenommen werden (z.B. das dem Koffein verwandte methylierte/denaturierte Xanthin), desto weniger stabil sind die Nervenzellen des Limbischen Systems und des Sympathikus (Everly, 1989). Außerdem: Je instabiler diese Nerven werden, desto höher steigt das Risiko bei Einsatzkräften oder anderen Menschen, exzessiven oder traumatischen Stress mit seinen entsprechenden Folgen zu entwickeln.

2. Kognitive Neubewertung

Auch wenn kein Zweifel besteht, dass das wirksamste Mittel zur Stressbewältigung im Auslöschen des Stressors liegt, so ist dies doch bei vielen Stressoren nicht möglich. Aber wie schon gesagt: Stressoren liegen – genau wie die Schönheit – im Auge des Betrachters. »Es gibt keine guten oder schlechten Dinge, es sind die Gedanken, die sie dazu machen«, lässt Shakespeare seinen Hamlet sagen. Kognitive Therapien für Depressionen, Stress und Angststörungen haben sich als wirksame, vielleicht sogar als die flexibelsten Mittel erwiesen, um Stress zu bewältigen (Beck und Emery, 1985; Ellis, 1973). Kognitive Stressbewältigung (*Reframing*) beruht auf der Erkenntnis, dass bei einer veränderten Bewertung oder Interpretation eines belastenden oder traumatischen Ereignisses der negative Einfluss dieser Erfahrung auf das psychische Wohlbefinden drastisch abgeschwächt werden kann. Kognitive Bewältigungsstrategien funktionieren nach folgenden Schemata: Etwas »Gutes« im Stressverursacher sehen, »Versagen« als »Erfolg« umwerten, den Stressor benutzen, um eine »wertvolle Lehre« daraus zu ziehen, sich »glücklich schätzen«, dass der Stressor nicht noch stärker war, oder vielleicht auch den Stress als eine Erfahrung von Wachstum ansehen, die den »Charakter stärkt«.

3. Erregung vermindern

Das Hauptmerkmal von Stress ist Unruhe (Selye, 1974). Das Gegenteil von Stress ist demzufolge das, was Herbert Benson die Entspannungsreaktion (*Relaxation response*) nennt (Benson, 1975). Untersuchungen belegen die gesundheitsfördernden Effekte, wenn die Stresserregung durch die Entspannungsreaktion vermindert wird (Benson, 1983; Benson, Alexander, Feldman, 1975; Everly und Benson, 1989; Everly 1989). Sie kann definiert werden als ein Status, in dem die Stoffwechselfunktionen »auf Sparflamme« laufen. Sie kann durch eine Vielzahl von Techniken gefördert werden, so zum Beispiel durch Meditation, Biofeedback als klinisches Anwendungsgebiet der operanten Konditionierung, Atemtechniken, Hypnose und neuromuskuläre Entspannungstechniken (z.B. die Methode der progressiven Muskelrelaxation nach Jacobsen) (siehe Everly, 1989. Dort ein Überblick und praktische Anleitungen).

4. Stressreaktionen ausdrücken.

Das Verbalisieren von Stressreaktionen ist eine weitere wirksame Bewältigungsmethode (Roemer und Borkovec, 1994). Zwei wichtige Techniken sind: Katharsis (geistig-seelische Läuterung) und Bewegungsübungen. M. Kahn entdeckte bereits 1966, dass das Ausdrücken von Gefühlen die Reduzierung psychophysiologischer Anzeichen von Stress fördert. Außerdem hat J.W. Pennebaker aufgezeigt, dass das verbale Ausdrücken von Gefühlen hilft, Traumata zu bewältigen und Stress zu verringern (Pennebaker, 1985, 1990). Darüber hinaus konnte belegt werden, dass Bewegungsübungen das Wohlbefinden erhöhen und Stress vermindern, vorausgesetzt, diese Methoden werden auf eine angemessene Art und Weise umgesetzt (de Vries, 1981; Weller und Everly, 1985; Sinyor et al., 1983). H. Kraus und W. Raab haben in ihrer 1961 aufgestellten Theorie zur »hypokinetischen Krankheit« postuliert, dass eine Stressreaktion dann pathologisch zu werden droht, wenn der betroffene Mensch unfähig ist, sie körperlich auszudrücken.

2.9.2 Inadäquate Formen der Stressbewältigung

Gelegentlich kann auch Folgendes auftreten: Menschen, die besonderen Belastungen ausgesetzt waren, entwickeln vermeintliche Selbstschutzmechanismen, die jedoch die Gesundheit beeinträchtigen und keinen positiven Effekt haben. Dazu zählen erhöhter Alkohol- und Drogen-Konsum, Gewaltexzesse, Jähzorn oder vollständiger Rückzug aus der sozialen Gemeinschaft. In der Langzeitwirkung von falscher Stressbewältigung werden Probleme erzeugt, die weit über die durch Stress unmittelbar erzeugten negativen Faktoren hinausgehen.

2.10 Zusammenfassung

In diesem Kapitel wurden mögliche menschliche Stressreaktionen detailliert analysiert. Die wichtigsten Gesichtspunkte seien hier nochmals zusammengefasst:

1. Stress beschreibt die unspezifische Reaktion des Körpers auf jegliche Anforderung, der er ausgesetzt ist, das »*wear and tear*«, den totalen Verschleiß. Er ist der Mittler zwischen Stressor und den Auswirkungen auf die Zielorgane eines Menschen.
2. Stress ist nicht nur negativ, sondern kann bis zu einem gewissen Grad die Leistungsfähigkeit unterstützen. Wird der Stress zu groß, macht er den Menschen krank.
3. Stressoren sind Ereignisse in der Umgebung, die Stressreaktionen entweder verursachen oder für diese den Weg ebnen. Man unterscheidet biogenische und psychosoziale Stressoren. Biogenische Stressoren sind Stimulanzien, die physiologisch auf den Körper einwirken (z.B. Koffein); psychosoziale Stressverursacher sind Ereignisse in der Umgebung einer Person, die Stressreaktionen hervorrufen. Die eigene und individuelle Bewertung oder Interpretation dieser Ereignisse als bedeutend und potenziell herausfordernd, bedrohlich oder aversiv führt zur Stressreaktion.
4. Entscheidend für die meisten Stressreaktionen ist der kognitiv-affektive Bereich. Die subjektive Wahrnehmung eines Ereignisses als Stress bewirkt emotionale Unruhe, die sich in einer physiologischen Stressreaktion äußert.
5. Die physische Stressreaktion resultiert aus einer Überstimulation (kognitiv-affektiv) von drei Hauptachsen: der neuralen Achse, der neuroendokrinen Achse und der endokrinen Achse. Eine länger anhaltende Aktivierung dieser Achsen bewirkt Krankheitssymptome an den Zielorganen.
6. Bewältigungsstrategien können den Einfluss der Stressreaktion auf Zielorgane lindern. Diese Strategien sind der Versuch, mit außergewöhnlichem Stress und dessen Begleiterscheinungen umzugehen.
7. Das Auftreten von Stress in Kombination mit erfolglosen Bewältigungsstrategien führt unweigerlich zur Schwächung der Zielorgane und/oder zu Funktionsstörungen. Zielorgansysteme, die von Stress betroffen werden, sind das neurologische System, das Herz-Kreislauf-System, das Magen-Darm-System, das neuromuskuläre System, das Immunsystem oder das Atmungssystem.

3 Psychotraumatologie

3.1 Einführung

Posttraumatische Belastungsstörungen (PTBS) können sich in einer Vielzahl von Krankheitsbildern zeigen. Diese Erscheinungen können kurze psychotische Episoden sein, dissoziative Störungen, Anpassungsstörungen, akute Belastungsstörungen (APA, 1994) und in manchen Fällen latente Persönlichkeitsstörungen (z.B. in Form des Borderline-Syndroms, Herman und van der Kolk, 1987).

Das bekannteste Syndrom ist die posttraumatische Belastungsstörung, PTBS (APA, 1994).

Ursprünglich wurde vermutet, dass PTBS ausschließlich durch die Teilnahme an militärischen Kampfhandlungen verursacht wird. Im Gegensatz zu dieser traditionellen Auffassung kann PTBS jedoch durch eine Vielzahl von Ereignissen verursacht werden. Im Folgenden seien weitere Beispiele für PTBS-auslösende Ereignisse genannt:

1. schwere Unfälle,
2. Zerstörung des Lebensumfeldes,
3. Katastrophen, Großschadenslagen,
4. Terrorismus, Attentate,
5. Naturkatastrophen,
6. Vergewaltigungen,
7. Straftaten / Gewalttaten,
8. Bedrohung der eigenen Person oder
9. Zeuge der Bedrohung einer anderen Person,
10. eigene Körperverletzungen oder
11. Zeuge der Verletzung einer anderen Person werden (APA, 1987; WHO, 1992; APA, 1994).

Im Gegensatz zu einem häufigen Vorurteil tritt PTBS in einer Größenordnung auf, die erschreckend hoch ist. Hier einige Beispiele:

1. Etwa die Hälfte aller Patienten, die an örtliche Traumazentren überwiesen werden, erleiden zusätzlich zu ihrem physischen Trauma eine PTBS. Weitere 31% dieser Patienten erleiden eine schwächere Variante der posttraumatischen Belastungsstörung (Norman und Getek, 1988).

2. Die Lebenszeitprävalenz von PTBS bei Personen, die traumatischen Ereignissen außerhalb von Gefechtseinsätzen ausgesetzt waren, liegt bei 23,6% (Breslau, et al., 1991)
3. Bei etwa 80% aller Vergewaltigungsopfer und bei Opfern mit lebensbedrohlichen Verletzungen treten PTBS-Symptome von unbestimmter Dauer auf (Kilpatrick et al., 1989).
4. Etwa 16% des Personals von Feuerwehren unterliegen dem Risiko, im Laufe ihrer Berufsausübung eine PTBS zu erleiden (Corneil, 1992).
5. Bei einer hohen Dunkelziffer der an PTBS erkrankten Menschen wird diese Krankheit weithin unterschätzt (Brett und Ostroff, 1985).

Aus den Bereichen Feuerwehr, Rettungsdienst und Katastrophenschutz liegt kein gesichertes Zahlenmaterial zu PTBS-Fällen vor, weil man sich lange vehement geweigert hat, die Existenz psychischer Störungen anzuerkennen. Es wurde befürchtet, dass der offene Umgang mit PTBS zu einer Abwendung der ehrenamtlichen Kräfte führt. Die Illusion der Unverwundbarkeit wäre entlarvt. Dies irritiert, weil Fälle von »Schwäche« oder »Verletzlichkeit« zwar bekannt sind, aber aus diesen Gründen nicht zur Diagnose kommen. In Deutschland ist inzwischen eine Sensibilisierung von Führungskräften und Einsatzkräften für die Problematik deutlich zu spüren. Die Forschung steckt aber auch noch völlig in den Kinderschuhen.

3.2 Definition von Psychotraumatologie

Der Begriff »Psychotraumatologie« wurde bei der Erforschung des psychischen Traumas geprägt. Dabei bezieht sich die Psychotraumatologie auf die Erforschung der Prozesse und Faktoren, die

1. einem psychischen Trauma vorangehen,
2. das psychische Trauma ausmachen,
3. sich in der Folge des psychischen Traumas entwickeln (Everly und Lating, 1995; Everly, 1993a).

Der Begriff steht im Gegensatz zum Ausdruck »Traumatologie« (Donovan, 1991). Die Traumatologie umfasst allgemein die Erforschung von Verletzungen und ist eng verbunden mit der Allgemeinmedizin (siehe Schnitt, 1993).

Die Verwendung des Begriffes Psychotraumatologie in der vorgeschlagenen Definition soll dazu beitragen, die begriffliche Unschärfe zu beseitigen und die Entwicklung dieser Spezialisierung zu fördern (Everly und Lating, 1995). Da die PTBS die verbreitetste und bekannteste Form von posttraumatischem Stress ist, spielt sie eine wichtige Rolle in der Psychotraumatologie.

3.3 PTBS-Hintergrund

Die posttraumatische Belastungsstörung (PTBS) ist der meistgebrauchte diagnostische Begriff zur Erklärung der psychologischen Folgen, die nach einem traumatischen Ereignis eintreten können.

Gut dokumentierte Aufzeichnungen über posttraumatische Stress-Syndrome datieren aus dem Jahre 1666 anlässlich eines Großbrandes in London (Trimble, 1981). So wurde dort z.B. beobachtet, dass nicht nur die direkt Betroffenen unter den Folgen litten, sondern die gesamte Bevölkerung beeinträchtigt wurde. Viele historische Aufzeichnungen zum posttraumatischen Stress finden sich in Kriegsarchiven. Ärzte im Militär verwendeten Begriffe wie »Granatschock«, »Kriegsneurose« und »posttraumatische Neurose«, um gefechtsbedingten posttraumatischen Stress zu beschreiben, der in medizinischen Aufzeichnungen, die bis zum amerikanischen Bürgerkrieg zurückreichen, dokumentiert wird. Anhand des Ersten Weltkrieges, des Zweiten Weltkrieges und des Koreakrieges wurde das Phänomen des posttraumatischen Stresses erforscht. Aber erst der Vietnamkrieg zwang die moderne Psychiatrie dazu, posttraumatischen Stress als formale psychische Störung offiziell anzuerkennen. Diese Störung wurde *posttraumatische Belastungsstörung* genannt (APA, 1980, 1987, 1994). Die PTBS ist heute allgemein als mögliche Folge von jeder Art traumatischer Erfahrung anerkannt und nicht mehr beschränkt auf militärische Konflikte. Sie ist im Folgenden unter der Diagnoseschlüsselnummer des DSM IV dargestellt:

3.3.1 PTBS (309.81) – Diagnostische Kriterien

Zum ersten Mal fand die PTBS im Jahre 1980 in der psychiatrischen Klassifizierung (***D****iagnostic and* ***S****tatistical* ***M****anual of Mental Disorders: DSM*) der *American Psychiatric Association* (APA, 1980) Erwähnung. In den folgenden Ausgaben des DSM wurde die PTBS genauer beschrieben, besonders im DSM-III-R (APA, 1987) und DSM-IV (APA, 1994). Wir wollen die vier spezifischen Diagnosekriterien untersuchen:

1. traumatisches Ereignis,
2. wiederholtes Erleben des Ereignisses,
3. Vermeidung und emotionale Abstumpfung,
4. Symptome eines verstärkten Erregungsniveaus.

3.3.2 Das traumatische Ereignis

Unerlässlich für die Diagnose einer PTBS ist das Vorhandensein eines Verursachers für traumatischen Stress. Es wird diskutiert, was genau ein Ereignis zu einem traumatischen macht: Nach DSM-III-R wird ein traumatisches Ereignis definiert als »jenseits der üblichen menschlichen Erfahrung liegend mit deutlichen belastenden Auswirkungen auf nahezu jeden Menschen«. DSM-IV (APA, 1994) beschreibt ein traumatisches Ereignis als »... unmittelbares Erleben oder Zeuge sein von Tod oder lebensbedrohlichen Situationen oder schweren Verletzungen sowie das Erleben einer Bedrohung der eigenen körperlichen Unversehrtheit oder der körperlichen Unversehrtheit eines anderen Menschen«. Weiter heißt es im DSM-IV, dass die Reaktion des Einzelnen als »Furcht, Hilflosigkeit oder Grauen« charakterisiert sein muss. Damit wurde im DSM-IV die Definition des traumatischen Ereignisses eingegrenzt und orientiert sie stärker an der Person als dies im DSM-III-R der Fall war. DSM-IV unterstreicht die komplexe Bedeutung der Wahrnehmung und Interpretation eines traumatischen Ereignisses.

Allerdings wurde in DSM-IV versäumt, Umwelt- oder ökologische Katastrophen zu erwähnen, die nicht unmittelbar eine Bedrohung für das Leben darstellen.

Die Weltgesundheitsorganisation (WHO) formuliert in ihrer weltweit gültigen Klassifizierung von Krankheiten (**I**nternational **C**lassification of **D**iseases (ICD), 10. Ausgabe, WHO, 1992) eine Definition von traumatischen Ereignissen. Sie definiert diese als »außerordentlich bedrohlich oder katastrophal«. Weiter heißt es, dass prädisponierende Faktoren der Persönlichkeit, also Faktoren, die schon vor dem belastenden Ereignis bestanden, die Schwelle für PTBS heruntersetzen können, diese allein aber weder notwendig noch ausreichend für die Entstehung sind. Schließlich beschreibt die ICD-10, dass eine PTBS chronisch verlaufen und als direkte Folge des traumatischen Stressors zu einer dauernden Persönlichkeitsveränderung, einer »traumatisierten Persönlichkeit«, führen kann. Im Folgenden sind die wesentlichen Faktoren genannt, die ein psychisches Trauma auslösen können.

Relevante Faktoren für die Entstehung einer psychischen Traumatisierung

- schwere Körperverletzung, Entstellung, Verstümmelung oder Behinderung,
- Angst vor schwerer Körperverletzung, Entstellung, Verstümmelung, Behinderung,
- Todesangst,
- Folter,
- Angst vor Folter,
- sexueller Übergriff,
- Angst vor sexuellen Übergriffen,
- Miterleben des plötzlichen Todes einer Person. Mitansehen, wie eine Person starke Schmerzen oder psychische Verletzungen erleidet,
- Sorge, in der Verantwortung versagt zu haben, mit der Folge von Personenschaden,
- Eindruck, betrogen worden zu sein,
- Tod oder Verletzung von Kindern,
- Überzeugung, in der Verantwortung versagt zu haben und dadurch anderen Schaden zugefügt zu haben,
- Überzeugung, ungerechtfertigt überlebt zu haben oder geflohen zu sein und dabei körperlichen Schaden davongetragen zu haben,
- Überzeugung, jemanden oder etwas verraten zu haben
- Verletzung von oder Widerspruch gegen Grundüberzeugungen (Gott, Freundschaft, Loyalität, Fairness, Gerechtigkeit, Treue oder Kompetenz),
- Schamgefühl in Verbindung mit anderen als den vorgenannten Faktoren,
- Schuld in Verbindung mit anderen als den vorgenannten Faktoren
- Krieg,
- Umwelt- oder ökologische Katastrophen.

Merke: Es ist davon auszugehen, dass Erschöpfung, Wasserentzug, Hitze, Kälte oder chemische Substanzen das Risiko erhöhen, durch die vorgenannten Faktoren eine psychische Traumatisierung zu erleiden.

3.3.3 Wiederholtes Erleben des Ereignisses

Es drängen sich bei dieser Symptomgruppe immer wieder die individuellen Erfahrungen in Form von imaginären Bildern, Gerüchen, Geräuschen oder Tastempfindungen auf. Es kommt zu »ständig wiederkehrenden und höchst quälenden Erinnerungen an das Ereignis«, »ständig wiederkehrenden Albträumen«, »Gefühlen von nochmaligem Durchleben der Erfahrung«, »intensivem psychischem Stress, wenn man einem Geschehen ausgesetzt ist, das das Ereignis symbolisiert oder ihm ähnelt« oder zu »psychischen Reaktivierungen, wenn man einem Geschehen ausgesetzt wird, das Auslöser für das traumatische Ereignis war« (APA, 1994, S. 428).

3.3.4 Vermeidung und Abstumpfung

Betroffene vermeiden konsequent Dinge, die mit dem traumatischen Ereignis in Verbindung stehen. Mitunter wird bei den betroffenen Personen auch eine emotionale Abstumpfung festgestellt, sie fühlen sich emotional »wie in Watte gepackt«.

3.3.5 Ständige Alarmbereitschaft des Körpers

Es treten Symptome auf wie verstärkte Unruhe oder Erregung, die vor dem traumatischen Ereignis nicht zu beobachten waren. Außerdem können sich Schlafstörungen, Gereiztheit, Wut, Zorn, gesteigerte Wachsamkeit und übertriebene Schreckhaftigkeit bei betroffenen Personen zeigen.

3.4 Akute Belastungsstörung (308.3) – Diagnostische Kriterien

Eine PTBS kann nur diagnostiziert werden, wenn die Symptome über einen Zeitraum von mindestens einem Monat auftreten. Die Diagnose einer akuten Belastungsstörung nach dem Diagnoseschlüssel der DSM IV (308.3) füllt das zeitliche Intervall zwischen Ereignis und den folgenden vier Wochen (APA, 1994). Das bedeutet, dass die Dauer der Symptome einer akuten Belastungsstörung maximal einen Monat beträgt, nach diesem Zeitraum wird eine PTBS diagnostiziert.

Die akute Belastungsstörung erschien in der amerikanischen Klassifikation zum ersten Mal im DSM-IV (APA, 1994). Die Weltgesundheitsorganisation WHO spricht in diesem Zusammenhang von der akuten Belastungsreaktion (WHO: ICD 10, F 43.0). Der Begriff »Reaktion« kennzeichnet im Gegensatz zu »Störung« eine zunächst normale und physiologische Reaktion auf ein unnormales Ereignis. Im Hinblick auf die Psychodynamik des Traumas erscheint diese Unterscheidung der WHO angemessen.

Hauptmerkmal für die Diagnose ist die Entwicklung von typischen Belastungen, Dissoziationen, sich aufzwängenden bildhaften Erinnerungen sowie von Abgestumpftheit und innerem Rückzug, so wie er auch bei PTBS auftritt. Die Störung kann bereits diagnostiziert werden, wenn die Symptome zwei Tage andauern.

3.5 Eine integrierte Theorie der posttraumatischen Belastungen

George S. Everly (1993a und 1993b) wollte den oben aufgeführten diagnostischen Kriterien der PTBS eine größere phänomenologische Bedeutung zukommen lassen und unternahm den Versuch, fundierte klinische Einblicke zu diesen Störungen zu bekommen. Er hat ein Modell entworfen, das die verschiedenen Bestandteile der Störung integriert und die relevanten Faktoren für die Entstehung einer psychischen Traumatisierung darstellt (s.o).

Sehen wir uns diese Interpretation von posttraumatischem Stress kurz näher an: Wie schon erwähnt, liegt die Voraussetzung für eine PTBS im traumatischen Ereignis selbst, das als widriges Ereignis außerhalb der üblichen menschlichen Erfahrung liegt, die Möglichkeit des Betroffenen zur Integration überfordert sowie Selbstschutzmechanismen überwältigt. Wie bereits der Traumatologe Pierre Janet Ende des 19. Jahrhunderts behauptete, bewertet das Opfer durch seine eigene Interpretation die psychische Toxizität des traumatischen Ereignisses (Everly,1994, s.u.). Diesem wesentlichen Aspekt sollten Mediziner große Beachtung schenken, da in der Arbeit an der Interpretation eine wichtige Ressource für den Genesungsprozess liegt (Everly, 1994).

Das Modell der posttraumatischen Belastung beschreibt die sich periodisch (stündlich, täglich etc.) aufdrängenden Wiedererinnerungen an das Trauma in Verbindung mit chronischen und intensiven Erregungszuständen (Everly, 1990). Diese stellen die Kernelemente der PTBS dar. Die dritte Reihe von Symptomen wird als sekundär und als Reaktion auf die ständig wiederkehrenden Erinnerungen und die innere Unruhe angesehen. Man kann also davon ausgehen, dass die Rückzugssymptome als Folge der Schwere der Interaktion zwischen den ständig wiederkehrenden Erinnerungen und der inneren Unruhe auftreten.

Schließlich stellt das Modell weitere Symptome jenseits der PTBS dar. Es können auch weitere Störungen durch ein Trauma bedingt sein. PTBS, Panikattacken, Gedächtnisstörungen und Drogenmissbrauch sind durch das Trauma hervorgerufene Syndrome. Genauso können das Borderline-Syndrom, die reaktive Depression und andere multiple Persönlichkeitsstörungen die Folgen von traumatischem Stress sein. Die möglichen psychophysiologischen Reaktionen oder Störungen, die durch ein Trauma ausgelöst werden können, sind nahezu unbegrenzt.

Eine exakte Diagnose von PTBS wäre wünschenswert, weil eine erfolgreiche Therapie davon abhängt, wie präzise die Diagnose ist. Eine beginnende PTBS zeigt folgende Anzeichen und Symptome, die als »Frühwarnsignale« gelten:

Frühe Zeichen einer beginnenden PTSD

- Flashbacks (sich plötzlich aufdrängende gedankliche Rückblenden),
- traumatische Träume (Albträume mit Bildern aus dem traumatischen Ereignis),
- Gedächtnisstörungen,
- Selbstmedikation (z.B. Alkoholmissbrauch),
- Wut, Gereiztheit, Aggressivität, die nur schwer kontrollierbar sind,
- anhaltende Depression, Rückzug,

- Benommenheit, Abstumpfung,
- Panikattacken,
- Phobien

Es wurde bereits erwähnt, dass PTBS nicht die einzige psychiatrische Symptombildung posttraumatischer Belastungen darstellt. Wahrscheinlich gibt es zahlreiche Opfer, die an den krankmachenden Auswirkungen von posttraumatischem Stress leiden, jedoch nicht alle Diagnosekriterien der PTBS erfüllen. Hier seien verschiedene potenzielle Symptome von posttraumatischem Stress aufgelistet:

Potenzielle Syndrome posttraumatischer Belastung
- Akute Belastungsstörung,
- Posttraumatische Belastungsstörung (PTBS),
- Krampfanfälle,
- Anpassungsstörungen,
- Depression,
- Selbstmedikation oder Drogenmissbrauch,
- Persönlichkeitsstörungen (Borderline, asoziales Verhalten, multiple Persönlichkeit, schizoides Verhalten),
- Panikattacken,
- instabile Arbeitsleistung,
- Gedächtnisstörungen ohne traumatische Amnesie,
- Gedächtnisstörungen in Zusammenhang mit der Traumatisierung,
- nahezu jede psychophysiologische medizinische Störung

Schließlich kann als Folge von psychischer Traumatisierung eine Vielzahl stressbedingter (psychophysiologischer) physischer Krankheitsbilder auftreten. Zum Beispiel Bluthochdruck-Episoden, Entzündung des Magen-Darm-Systems, Spannungskopfschmerzen, Migränekopfschmerzen usw. Aus diesem Grunde ist eine enge Koordination zwischen allgemeinmedizinischer Therapie und Psychotherapie bedeutsam.

3.6 Zwei-Faktoren-Theorie des posttraumatischen Stresses

Das Erkennen und Einordnen der Anzeichen und Symptome von einer PTBS stellt das Grundgerüst für das Verständnis der Störung dar. Um die Störung effektiver vermeiden und behandeln zu können, müssen wir sie auf einer »tieferen« Ebene verstehen lernen. Wenn wir unsere Interventionen gezielt anwenden wollen, müssen wir nach den Ursachen und ihrem eigentlichen Kern suchen. In einer phänomenologischen Analyse der PTBS hat George S. Everly (Everly, 1993a, 1993b) beschrieben, dass diese Störung aus einer Zwei-Faktoren-Disposition besteht: 1. aus der neurologischen Hypersensibilität und 2. aus der psychischen Hypersensibilität.

3.6.1 Neurologische Hypersensibilität

Traumatischer Stress steht in einer langen Reihe neurologischer und endokriner Entwicklungen, die neurologische Prozesse beeinflussen. Zum Beispiel resultiert die Physiologie des traumatischen Stresses nicht nur daraus, dass weit mehr Neurotransmitter verfügbar sind als normalerweise, sondern die Physiologie kann auch ansonsten normale Neuronen verändern oder beeinflussen, sodass diese den Zustand phasischer Hyperaktivität oder tonischer Hyperaktivität erreichen. Dieser Zustand wird als neurologische Hypersensitivität bezeichnet.

Es ist anzunehmen, dass die neurologische Hypersensitivität, die als Teil der PTBS beschrieben wird, aus einer verminderten Depolarisationsschwelle innerhalb der Nervenzellen der Amygdala und der hippokampalen Regionen besteht (Everly, 1989; Everly und Benson, 1989). Es treten verschiedene Mechanismen auf, die der neurologischen Hypersensitivität bei der PTSD potenziell zugrunde liegen:

1. Verfügbarkeit einer funktional erhöhten Zahl reizender Neurotransmitter am synaptischen Spalt;
2. ein funktionaler Mangel der hemmenden Neurotransmitter Gammaaminobuttersäure (GABA);
3. mikromorphologische Veränderungen der Neuronen selbst, die dazu führen, dass störende neurale Reizungen möglich werden, z.B. ein Ansteigen in den Rückenmarks-Dendriten und ein Abstieg der alpha-2-hemmenden Rezeptoren (siehe Everly, 1993a und 1993b bei Überarbeitungen vorheriger Forschungen).

R. Post stellte 1992 sogar die Behauptung auf, dass die Biochemie bei starkem Stress die Transkription des genetischen Codes ändern kann, indem ein Zustand genetisch bedingter, neurologischer Hypersensibilität entsteht, der für unbestimmte Zeit fortdauert.

George S. Everly und A.M. Horton belegten 1989 eine sofortige Kurzzeitgedächtnis-Störung bei PTBS-Patienten. Diese Störung war inhaltlich nicht spezifisch für ein Ereignis, eine Aufgabe oder ein Thema. Sie fanden heraus, dass starker Stress nicht nur einen Zustand neurologischer Hypersensitivität hervorruft, sondern auch Gehirnzellen zerstört, indem exzitotoxische Mechanismen, also Erregungsvorgänge, toxische Substanzen freisetzen (Sapolsky, Krey, McEwen, 1984; Olney, 1978; McGeer und McGeer, 1988). Eine Beseitigung der neurologischen Hypersensitivität hängt von der Verminderung des Niveaus der Erregung ab, die der Betroffene erfahren hat. Medikation und Techniken der Muskel-Entspannung, z.B. progressive Muskelrelaxation, haben sich hier als hilfreich erwiesen.

3.6.2 Psychische Hypersensibilität

Die bei PTBS anzutreffende psychische Hypersensibilität wird dadurch hervorgerufen, dass einige Aspekte der Weltanschauung des Opfers in gewisser Weise zerstört wurden. Das Trauma fügt sich nicht in das »Lebenspuzzle« eines Geschädigten ein. Der Begründer der holistischen Psychologie Abraham Maslow zeigte 1970, dass nicht das Bedürfnis nach physischem Überleben, sondern das Bedürfnis nach Sicherheit das größte aller menschlichen Bedürfnisse ist. Um eine komplexe und ansonsten undefinierbare Welt sicherer zu machen, neigen Menschen dazu, eine überladene schematische Weltanschauung zu entwerfen, auf deren Basis Lebenserfahrungen erklärt werden sollen: Wenn sich ein schockierendes Ereignis einstellt, das nicht in das Schema passt (z.B. ein Trauma), dann resultiert als Effekt posttraumatischer Stress. Die eigene Welt ist nicht mehr sicher, und sie wird es erst dann wieder sein, wenn sie Stimmigkeit und Vorhersagbarkeit wiedererlangt (Everly, 1993a, 1993b, 1994). Auf dieser Basis kann die psychische Hypersensibilität gut durch eine der folgenden drei therapeutischen Interventionen aufgelöst werden:

1. Einbindung des Traumas in die bestehende Weltanschauung,
2. Schaffung einer Weltanschauung für »Ausnahmefälle«,
3. Revision der alten Weltanschauung und Schaffung einer neuen Weltanschauung (Everly, 1994).

PTBS und damit in Verbindung stehende posttraumatische Belastungssyndrome können die Biographie eines Menschen im wahrsten Sinne des Wortes zersetzen. Der Wiederholungszwang dieser Störungen (das heißt, dass das Ereignis immer wieder durchlebt wird) ist der potenziell nie endende Versuch, Sinn im Leben und in der Welt zu finden – und dies angesichts der traumatischen Wahrheit, dass die eigene Weltanschauung nicht adäquat war und somit keinen Schutz mehr bietet. M. Horowitz nannte 1976 diesen Aspekt des posttraumatischen Stresses die »Neigung zur Vervollkommnung« (Horowitz, 1976). Jede therapeutische Intervention orientiert sich an diesen beiden Faktoren.

3.7 Ein Programm zur psychischen »Trauma-Immunisierung«

Seitdem PTBS und mit ihr verwandte posttraumatische Syndrome offiziell anerkannt wurden und zu diagnostizieren sind, hat man enorme Fortschritte gemacht, diese Probleme zu verstehen und mit ihnen umzugehen. Eine PTBS bedeutet heute nicht mehr Ende des beruflichen Werdeganges. Die überwältigende Mehrheit derer, die eine PTBS entwickelt haben, können häufig sogar sehr schnell in ihren Berufsalltag zurückkehren. Hilfskräfte müssen nicht einmal kurzzeitig ihren aktiven Dienst aussetzen.

Der Schlüssel zur erfolgreichen Behandlung ist dabei eine frühe, intensive Behandlung durch einen fachlich anerkannten Psychotraumatologen (z.B. aus den Berufsfeldern der psychosozialen Fachleute), der eine spezialisierte Ausbildung auf dem Gebiet der psychischen Traumatisierung abgeschlossen hat und sich auf diese Therapie spezialisiert hat. Auf der anderen Seite – so lehrt der gesunde Menschenverstand –, ist es statt einer Therapie mitunter sinnvoller, intensiv an der Prävention der PTBS und der damit verbundenen Syndrome zu arbeiten: So sind unterstützt durch Peers, Kriseninterventionen, CISM-Kurzbesprechungen oder CISM-Nachbesprechungen Strategien entwickelt worden, um PTBS und anderen stressbedingten Syndromen vorzubeugen oder sie zu reduzieren. Diese Möglichkeiten können heute in ein Programm zur psychischen Trauma-Immunisierung integriert werden.

3.7.1 Orientierungskurs

Bevor neue Mitarbeiter in den Einsatz gehen, sollten sie die Gelegenheit bekommen, an einem Orientierungskurs oder einer Schulung über die psychischen Aspekte ihres beruflichen Werdegangs teilzunehmen. In dem Orientierungskurs sollten Videos und Fotos gezeigt und Tonbänder vorgespielt werden, die den Kursteilnehmer zur Arbeit hinführen und ihm einen Eindruck der Aufgaben vermitteln, denen er sich künftig widmen wird. Dabei dürfen diese Eindrücke nicht selbst potenziell traumatisierend wirken, d.h. die Bilder sollen auf keinen Fall die Funktion haben, den neuen Mitarbeiter abzuhärten. Ein Orientierungskurs zur Vorbereitung auf Stress, Angst, stressbedingte physische Krankheiten, Anzeichen und Symptome von starkem Stress und Psychotrauma sollte obligatorisch sein. Auch PTBS und ihre Folgen müssen in einem solchen Kurs thematisiert werden.

Die Teilnehmer sollten eine Grundausbildung in Stressbewältigungstechniken erhalten, wie sie in Kapitel 2 des vorliegenden Buches vorgestellt wurden. Jede der adaptiven Techniken der Stressbewältigung, die dem Wohlbefinden förderlich sind, kann wertvoll sein und das Risiko verringern, exzessivem Stress vor, während oder nach traumatischen Ereignissen oder Katastrophen ausgesetzt zu sein.

Alle Einsatzkräfte sollten auf der Anfahrt zu einer Großschadensstelle kurz vor dem Eintreffen in die Situation eingeführt werden. Sie müssen auf das Ereignis vorbereitet werden. Videos und Fotos der Schadensstelle können zur ersten Orientierung hilfreich sein. Man sollte ihnen vor dem Einsatz auch nochmals die Anzeichen und Symptome von außergewöhnlichen Belastungen und exzessivem Stress und Trauma ins Gedächtnis rufen. Diese Vorgehensweise ist selbstverständlich dann nicht realisierbar, wenn es keine Gelegenheit gibt, sich vorzubereiten. Dennoch empfehlen wir dieses Vorgehen gerade bei Großschadensfällen.

3.7.2 Krisenintervention am Einsatzort

Alle Einsatzkräfte sollten ermutigt werden, Stressmanagementtechniken (siehe Kapitel 2) als kontinuierliche Mittel zur Stressbewältigung umzusetzen – bei besonders anstrengenden Schichten, überlangen Einsätzen, die mehr als zwölf Stunden dauern, oder Großschadenslagen.

Zu diesem Zweck müssen die allgemeinen Gegebenheiten gut vorbereitet sein: Man sollte alles unternehmen, um sicherzustellen, dass die Einsatzkräfte ausreichend Nahrung zu sich genommen haben, dass ihnen ausreichende Sicherheit geboten ist, dass sie ausgeruht sind und dass sich schwierige und weniger schwierige Aufgaben abwechseln. Sie sollten unter ständiger Beobachtung stehen, indem sowohl auf die physiologischen als auch auf die psychischen Auswirkungen von traumatischem Stress Rücksicht genommen wird. Es sollten Einsatzbegleiter verfügbar sein, die flexibel Einzelberatungen zur Verminderung der traumatischen Auswirkungen von Stress anbieten (Mitchell und Bray, 1990). Das Team der Einsatzbegleiter kann sich aus psychosozialen Fachleuten und Peers zusammensetzen. Für nähere Informationen zur akuten Krisenintervention lesen Sie bitte Kapitel 6.

3.7.3 Einsatznachsorge

Auf ein belastendes Ereignis oder eine Großschadenslage folgen die CISM-Kurzbesprechungen oder CISM-Nachbesprechungen. Eine frühe Intervention verbessert dabei die Befindlichkeit der betroffenen Person. Auch unterstützt sie die Wiederherstellung einer tragfähigen Weltanschauung nach dem Ereignis. CISM-Nachbesprechungen und CISM-Kurzbesprechungen wurden im Speziellen zu diesem Zwecke konzipiert. Die frühe Intervention reduziert die Unruhe und die Tendenz, das Trauma zu »verinnerlichen«, so wie es im Folgenden noch ausgeführt werden soll. Außerdem können grundlegende Techniken der Stressbearbeitung hilfreich angewendet werden, wenn sich Einsatzkräfte von einem belastenden Einsatz oder von einer Großschadenslage erholen. Auch hier erweisen sich die Grundlagen der Methoden des Stressmanagements zum individuellen Umgang mit Belastungen als wertvoll.

Modell zu posttraumatischen Belastungen

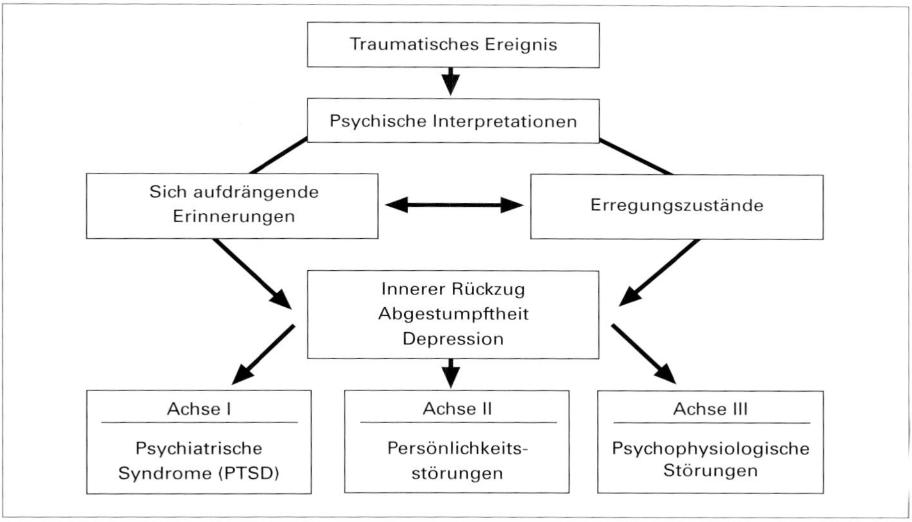

Abb. 3.1

Die gleichen Techniken können bei einer Familienbetreuung für alle Familienangehörigen angewendet werden. Etablierte Angebote von Programmen zur Familienbetreuung sind wertvoll. Sowohl die strukturierten Angebote als auch die informellen Gruppen zur Unterstützung von Familien werden hier in Betracht gezogen. Einige Formen der strukturierten Nachsorge, wie die der Familien-Krisenintervention, und der informellen Nachsorge, wie die der Partner- und Angehörigen-Unterstützung, werden Einsatzkräften bei Bedarf empfohlen. Es bleibt außerdem die Möglichkeit, sich psychosozialen Fachleuten anzuvertrauen. Die psychische Trauma-Immunisierung beinhaltet folgende Grundzüge:

Grundzüge der psychischen Trauma-Immunisierung

1. *Prävention*
   a. vor dem Einsatz
   b. Schulung am Arbeitsplatz
   c. Einweisung vor dem Einsatz
2. *Einsatzbegleitung*
   a. Unterstützung durch psychosoziale Fachleute
   b. Unterstützung durch Peers
   c. Pausen, Essen, Zuständigkeiten ändern und Konfrontation mit dem Ereignis begrenzen
   d. kurze Einzelberatungen für Einsatzkräfte, die offensichtlich unter einer Belastung leiden
   e. Beratung für Vorgesetzte, falls notwendig
   f. begrenzte Unterstützung für Opfer, Familienmitglieder und Beteiligte nach Bedarf
3. *Nachsorge*
   a. CISM-Kurzbesprechungen
   b. CISM-Nachbesprechungen
   c. Familienbetreuung
   d. weitere Nachsorge
   e. Vermittlung weiterer Angebote

3.8 Zusammenfassung

In diesem Kapitel wurden die schwerste Form menschlichen Stresses behandelt: der posttraumatische Stress. Der Begriff Psychotraumatologie wurde eingeführt und definiert als die Erforschung der psychischen Faktoren vor, während oder nach dem Trauma. Bezug wurde auf die anerkannten Varianten des posttraumatischen Stresses, die posttraumatische Belastungsstörung (PTBS) und die akute Belastungsstörung aus den Beschreibungen im DSM.IV und ICD-10 genommen. In diesem Kapitel wurden zudem neuere Erkenntnisse bezüglich der Beschaffenheit, der Vorbeugung und der Behandlung von PTBS angeschnitten. Dank dieser Erkenntnisse sind wir in der Lage, das destruktive Potenzial und die langfristigen Belastungen zu verringern, die diese Störungen bei Einsatzkräften hervorrufen können. Es erscheint an dieser Stelle angemessen, den Punkt zu wiederholen, der schon anfangs in Kapitel 2 erwähnt wurde: Die Stressbearbeitung nach belastenden Ereignissen hat sich deswegen als probates Mittel etabliert, weil Einsatzkräfte dem Risiko ausgesetzt sind, Störungen aufgrund starker Belastungen zu entwickeln, insbesondere eine PTBS.

Wir halten es mit Leonardo da Vinci: »Erst lerne die Wissenschaft, dann praktiziere die Kunst«: Die Basis für erfolgreiche Programme zur Prävention und Intervention ist das Verständnis für die Probleme. Mit Kapitel 2 und 3 wurde eine Einführung in die wissenschaftlichen Erkenntnisse zu stressbedingten Traumata gegeben, um auf diese Weise zu ermöglichen, dass die »Kunst« der Stressbearbeitung nach belastenden Ereignissen effektiver angewendet wird. Kapitel 2 und 3 verstehen sich als Einführung, nicht als vollständige Abhandlung. Es wäre daher wünschenswert, sich umfassender mit dieser »Wissenschaft« in diesen beiden Kapiteln zu befassen, bevor man sich den Interventionen der Stressbearbeitung nach belastenden Ereignissen widmet.

4 Geschichte und Hintergrund der CISM-Angebote

4.1 Einführung

In allen wissenschaftlichen Disziplinen ist es in der Regel für das Entwickeln von Theorien und das Erlangen von Erkenntnissen unabdingbar, die historischen Wurzeln und Entwicklungsprozesse zu ergründen. Erkenntnisse bauen aufeinander auf, und vieles kann durch einen Blick auf Erfahrungen, Fehler und Erfolge, die in der Vergangenheit gemacht wurden, gelernt werden.

Wenn heute eine Kompetenzsicherung auf dem relativ neuen Wissensgebiet der Stressbearbeitung nach belastenden Ereignissen erreicht werden soll, so sind aus diesem Grunde die Lehrstunden aus der Vergangenheit unbedingt notwendig. Auf diese Weise wird CISM-Teams geholfen, die richtigen Schritte zur Unterstützung von Einsatzkräften zu unternehmen. Eine genaue theoretische und historische Grundlage kann zudem als Schutz vor schwerwiegenden Fehlern bei Angeboten der Stressbearbeitung nach belastenden Ereignissen dienen, besonders bei dem komplexen Gruppeninterventionsprozess, der als CISM-Nachbesprechung bekannt geworden ist.

Dieses Kapitel gibt daher einen Überblick über die historischen und theoretischen Voraussetzungen der Stressbearbeitung nach belastenden Ereignissen und ihre bekannteste Komponente, die CISM-Nachbesprechung.

4.2 Wichtige Einflüsse für die Entstehung des Critical Incident Stress Managements

Das System der Stressbearbeitung nach belastenden Ereignissen und die CISM-Nachbesprechung sind vor dem Hintergrund entwickelt worden, dass belastende Ereignisse, die seit jeher die Geschichte der Menschheit begleitet haben, auf den einzelnen Menschen als bedeutende Erfahrungen, Traumata und Katastrophen Einfluss nehmen und einen Wendepunkt in seiner Biographie bedeuten. Grundsätzlich neigen Menschen dazu, mit Lösungen auf Probleme zu reagieren, statt vorausschauend aktiv und präventiv zu handeln. In der Geschichte gibt es daher zahllose Beispielen für Katastrophen, die das Denken und Verhalten von Menschen unter diesem Gesichtspunkt verändert haben. Wenn Menschen unter Konflikten und Not leiden, verändern sie ihr

Verhalten. Tragödien sind und waren daher andererseits auch immer Quelle neuer Ideen, Entdeckungen und neuer Technologien. Der heutige Wissensstand in den Bereichen traumatischer Stress, CISM-Nach- und Kurzbesprechungen hat seinen Ursprung in den Konflikten und der Not der Vergangenheit.

Vier Haupteinflüsse auf die Entstehung der Stressbearbeitung nach belastenden Ereignissen können dabei identifiziert werden:

1. Krieg und militärische Auseinandersetzungen,
2. Katastrophen und ausgedehnte Großschadenslagen,
3. Entwicklung der präklinischen Notfallmedizin, der Brandbekämpfung und der stationären medizinischen Versorgung sowie
4. die Psychologie im Strafvollzug.

Jedes dieser Felder als Bereich menschlicher Erfahrung hat die Grundlage für die modernen Konzepte der Stressbearbeitung nach belastenden Ereignissen und der Unterstützungsdienste geschaffen. Die Vergangenheit vermittelt uns das Verständnis und motiviert uns, heute schon effektiver für eine gesündere Zukunft zu arbeiten.

4.3 Der Einfluss von Kriegen

Stress war Teil der menschlichen Erfahrungen schon seit dem Anbeginn der Zeit. Niemand könnte ohne ihn überleben. Im günstigsten Fall ist er eine kreative, vorantreibende Kraft, die Menschen zum Überleben motiviert, Glück finden und große Dinge erreichen lässt. Im ungünstigsten Fall ist er eine zerstörerische Kraft, die den Menschen Glück, Gesundheit, Vernunft, Beziehungen zu anderen Menschen und sogar das Leben selbst zerstört (Selye, 1980). Unter den vielen Stress auslösenden Faktoren, die die Menschheit in Mitleidenschaft ziehen, gibt es nur wenige, die so zerstörerisch und psychisch schwächend sind wie der Krieg. Krieg ist eine Ansammlung der stärksten und zerstörerischsten Stressfaktoren, die die Menschheit kennt. Niemand, der den Terror des Krieges miterlebt hat, widerspricht dem Satz von General William T. Sherman zum amerikanischen Bürgerkrieg: »Jeder Krieg ist die Hölle« (Holmes, 1985). Mit wenigen Ausnahmen hat nahezu jede Generation das Trauma des Krieges erleben müssen. Die Opfer der Kriege sind unzählbar. Krieg hinterlässt psychische Narben bei fast allen, die in ihn verwickelt waren und selbst bei den meisten, die ihn aus der Ferne miterlebt haben. Der Stress des Krieges hat die Macht, einzelne Menschen, ja ganze Gesellschaften für immer zu verändern.

Kampfstress, die Auswirkungen von Kriegsereignissen auf das Militär, hat man schon seit dem Jahr 603 v. Chr. beobachtet und schriftlich festgehalten.

Vor der Schlacht bei Waterloo beschrieb Generalleutnant Sir Thomas Picton Lord Wellington, dem Kommandanten der Britischen Einheiten, seine Belastungen durch die Kriegsereignisse wie folgt:

»Lord, ich muss aufgeben. Ich bin so nervös geworden; jedes Mal, wenn irgend ein Dienst getan werden muss, fängt es an, in meinem Gehirn zu arbeiten, sodass es mir unmöglich ist, des Nachts Schlaf zu finden. Ich kann das auf keinen Fall aushalten, ich sehe mich gezwungen, aus dem Militärdienst auszuscheiden.« (Holmes, 1985).

In dieser Zeit verstand man noch wenig von traumatischem Stress und fast ebenso wenig von dessen Behandlung. Tatsächlich blieben in der Zeit vor dem Ersten Weltkrieg Stressreaktionen unbehandelt. Man machte sich über belastete Soldaten lustig, steckte sie ins Gefängnis, und nicht selten wurden sie von ihren Kriegskameraden umgebracht, da diese dachten, sie wären krank, ihnen fehle es an Moral oder sie wären Feiglinge oder Verräter (Holmes, 1986; Nakanomiya, 1975).

Werfen wir einen weiteren Blick auf die historischen Zusammenhänge, die die Wurzeln der modernen Stressbearbeitung in den durch kriegerische Auseinandersetzungen entstandenen psychischen Belastungen verdeutlichen: Die Kriegsführung erlebte zwischen dem amerikanischen Bürgerkrieg und dem Ersten Weltkrieg einen dramatischen Wandel. Technologie und Taktik der Kriegsführung hatten sich geändert. Das Ergebnis war, dass es einen neuen, weitverbreiteten und »hinterhältigen« Feind gab, der in den Kriegen des zwanzigsten Jahrhunderts immer häufiger sein Unwesen trieb: Zum ersten Mal in der Geschichte wurden bei vielen Soldaten »seelische Verwundungen« festgestellt. So wurden im amerikanischen Bürgerkrieg noch bei 2,34 bis 3,3 Promille der Soldaten psychische Schäden diagnostiziert. Im Ersten Weltkrieg stieg die Anzahl festgestellter psychiatrischer Fälle bereits auf 4,0 Promille. Einige Kampfeinheiten, die länger im Einsatz standen, hatten noch mehr psychische Opfer zu verzeichnen (Holmes, 1985).

Um siegreich zu sein, musste eine Armee möglichst in ihrer gesamten Kampfkraft erhalten bleiben. Es war wichtig, die verletzten Soldaten und diejenigen, die unter einem so genannten »Granatschock« litten, so schnell wie möglich wieder an die Front zurückzubringen. Im Ersten Weltkrieg testete man daher neue Verfahren, um eine höhere Rückkehrerquote zu erreichen. Dazu gehörten eine bessere medizinische Versorgung und psychologische Interventionen. Durch Granatschock traumatisierte Soldaten wurden in Feldlazaretten nahe der Frontlinien behandelt und nicht in entfernten Krankenhäusern. Ungefähr 65% derjenigen, die eine sofortige Stressbehandlung erhielten, konnten an die Front zurückkehren. War die Stressbehandlung verzögert und wurde sie erst dann angewandt, wenn die Soldaten ein Hospital erreichten, konnte nur ein wesentlich geringerer Prozentsatz von ihnen an die Front zurückkehren (ca. 40%) (Holmes, 1985; Brown und Williams, 1918; Salmon, 1919).

Die meisten Interventionsmaßnahmen im Ersten Weltkrieg wurden als psychiatrische Einzelberatungen ausgeführt. Nur wenige Gedanken verschwendete man auf Gruppeninterventionen. Bis Mitte des Zweiten Weltkriegs hatte sich daran nichts geändert. Fast 10% aller Schädigungen durch den Fronteinsatz im Zweiten Weltkrieg hatten eine psychische Ursache. Einige Einheiten wie die *US 2nd Armored Division*, die 1944 in Italien 44 Tage lang ununterbrochen in Kampfeinsätze verwickelt war, mussten bis zu 54% an psychischen Opfern verzeichnen (Holmes, 1985; Appel, Beebe und Hilger, 1946). Erst Mitte 1944, ungefähr zur Zeit der Invasion der Alliierten auf dem europäischen Festland, hatte das Militär gelernt, dass die Anwendung von bestimmten grundlegenden psychologischen Interventionsprinzipien einen enorm positiven Einfluss auf Opfer von Kampfstress hatte. Tatsächlich verminderte sich die Rate von 20% zu Beginn der Invasion in Europa (Juni und Juli 1944) auf 8% im April und Mai 1945 (Holmes, 1985; Appel et al., 1946).

Auch heute werden dieselben Methoden bei militärischen Programmen zur Stressbewältigung angewandt. Sie sind entscheidende Bestandteile moderner einsatzbegleitender Unterstützungsdienste sowohl im militärischen Bereich als auch für die Arbeit von Einsatzkräften von Feuerwehr, Rettungsdienst, Polizei und Katastrophenschutz. Die Prinzipien sind:

1. Einfachheit,
2. Innovation,
3. Kürze,
4. Pragmatismus,
5. Unmittelbarkeit,
6. Nähe,
7. Berechenbarkeit.

In der Krisenintervention, wozu die Stressbearbeitung nach belastenden Ereignissen zu zählen ist, scheinen die *einfachsten* Interventionen die erfolgreichsten zu sein. *Innovation* ist lebensnotwendig für den Bereich der Krisenintervention. Nicht jeder Umstand wird in der Fachliteratur umrissen. Jedes Mal, wenn Dienste der Stressbearbeitung nach belastenden Ereignissen bereitgestellt werden, müssen sie kurz sein. Es gibt nicht ausreichend Zeit für lange, komplizierte Interventionen, wenn Menschen akut schmerzhafte Erfahrungen gemacht haben. *Pragmatismus* ist ebenfalls wesentlich. Jede zu theoretische Intervention wird unmöglich zur Anwendung kommen können und ist von vornherein zum Scheitern verurteilt. *Unmittelbarkeit* bedeutet, dass die Unterstützungsdienste für die Geschädigten so schnell wie möglich nach dem traumatischen Ereignis angewandt werden sollten. *Nähe* meint, dass die Intervention dem Schauplatz so nah wie möglich stattfinden sollte, allerdings nur dort, wo Sicherheit und Kontrolle gewährleistet werden können. Ein Rückzug in entferntere Gebiete sollte nur dann stattfinden, wenn die Umstände es notwendig machen oder wenn die Stressfolgen einer Person so gravierend sind, dass eine effektive Intervention nahe dem Einsatzgebiet nicht möglich ist. *Berechenbarkeit* wird in diesem Fall schließlich verstanden als die Vorstellungen und Hoffnungen der erkrankten Person, die durch die Andeutungen der Helfer entstehen. Wenn eine Person glaubt, sie werde ihre Gesundheit wiedererlangen und in der Lage sein, ihre normalen Pflichten und gewohnten Lebensaktivitäten wieder aufzunehmen, nachdem die Stressreaktionen abgeklungen sind, ist es wahrscheinlicher, dass sie auf diese Ziele hinarbeitet.

Die ersten rudimentären Nachbesprechungen wurden während der Invasion am 6. Juni 1944 an den Stränden der Normandie durchgeführt. Sie hießen noch nicht Debriefings und hatten noch keine feste Struktur. Der Neuropsychiater Glenn Srodes, der am Strand »Psychische Erste Hilfe« anbot, saß mit den Soldaten zusammen und ließ sie von ihren traumatischen Erlebnissen während der Invasion erzählen. Er stellte fest: Wer sein Angebot wahrnahm und über Erlebnisse und Gefühle erzählte, war am nächsten Tag in einem besseren Zustand und stand zum Einsatz zur Verfügung. Dieses Vorgehen sprach sich in den letzten anderthalb Kriegsjahren in den psychiatrischen Einrichtungen herum. Psychiater sammelten Erfahrungen mit diesen noch recht unstrukturierten Nachbesprechungen. Sowohl die Behandelnden als auch die Behandelten selbst waren schnell der Auffassung, dass diese unstrukturierten Sitzungen hilfreich seien. Einheiten, denen diese Form der Unterstützung nicht zur Verfügung stand, hatten wesentlich mehr Opfer von Kampfstress zu beklagen. Je mehr Zeit verstrich, bis die Intervention durchgeführt wurde, desto geringer war die Aussicht, dass die Soldaten wieder in den Einsatz zurückkehren konnten (Appel, 1966).

Bis Ende der achtziger Jahre wurden die Interventionen der Psychiater bei Kampfeinheiten kaum modifiziert. Trotz der Erfolge mit Gruppenprozessen zum Ende des Zweiten Weltkrieges und während des Koreakrieges blieben psychologische Interventionen überwiegend Einzelberatungen. Die US Navy entwickelte Ende der 70er Jahre und Anfang der 80er Jahre das sogenannte »SPRINT-Programm«. Die Abkürzung steht für »Special Psychiatric Rapid Intervention Team« (Spezialteam für schnelle psychiatrische Interventionen). Verschiedene dieser Teams wurden in Krankenhäusern der Navy aufgebaut. Sie kamen zum Einsatz, wenn Armeeangehörige unter negativen Auswirkungen besonders belastender Ereignisse litten. Psychiater leiteten diese Teams, zu denen auch Mitarbeiter der Fürsorge gehörten, die die Psychiater unterstützten. Die Arbeit der SPRINT-Teams war hilfreich, ihr Schwerpunkt lag allerdings weiterhin auf der Einzelgesprächstherapie. In den letzten zehn Jahren haben die Gruppen ihren Namen in »Special Personnel Rapid Intervention Teams« umgeändert und sind nach dem CISM-Ansatz ausgebildet, um traumatischen Stress bei Marinepersonal zu bearbeiten. Nach dem Terroranschlag auf die USS Cole im Jemen im Oktober 2000 wurden sowohl Einzel- als auch Gruppeninterventionen mit der Methodik der Stressbearbeitung nach belastenden Ereignissen durchgeführt (Kennedy & Hartiens, 2000).

Bei US-Kampftruppen wurden während des Vietnamkrieges einige wenige Gruppeninterventionen durchgeführt, jedoch blieben sie bis zum Ende des Vietnamkrieges unstrukturiert. Zu diesem Zeitpunkt waren formalisierte Nachbesprechungen im außermilitärischen Bereich (Mitchell, 1983) bereits etabliert. Auch die israelische Armee hat eine strukturiertere Form der Gruppenintervention bei ihren Truppen entwickelt. Peers, die ihre Kameraden unterstützten, kamen erstmals während des Libanonkrieges 1982 zum Einsatz. Von den 600 Soldaten, die wegen psychischer Probleme von der Front abgezogen wurden, beantragten nur 60 eine weitere Behandlung, und keiner von ihnen brauchte eine Langzeittherapie. Insgesamt verringerte der Einsatz von Unterstützungsdiensten für Kampftruppen die psychischen Störungen im israelischen Militär um 60% (Holmes, 1985; Breznitz, 1980; Solomon, 1986).

So sind dem israelischen Militär erste seriöse Forschungsprojekte zur Effektivität psychischer Erster Hilfe und zur Anwendung von Gruppeninterventionen bei Kampftruppen zu verdanken. Die gründlichen Studien und ausführlich dokumentierte Ergebnisse bilden eine solide Grundlage für das CISM und den Prozess der CISM-Nachbesprechung (Pugliese, 1988).

4.4 Die Auswirkungen von Großschadenslagen / Katastrophen

Katastrophen ereignen sich seit Menschengedenken. Die massiven negativen psychischen Auswirkungen auf die Opfer wurden jahrhundertelang vernachlässigt. So gab es bis in das zwanzigste Jahrhundert keine offiziellen Studien über die Auswirkungen von Katastrophen. Wie auch in Kriegen, blieben psychische Folgen für die Betroffenen vor dem zwanzigsten Jahrhundert unbehandelt. Man wusste wenig über die psychischen Auswirkungen von Katastrophen auf Einzelne oder auf die Gesellschaft. Die Psychiatrie war eine relativ neue Wissenschaft, die zu dieser Zeit noch keine effektiven Maßnahmen gegen psychische Traumata nach Katastrophen entwickelt hatte (Raphael, 1986).

Ein markantes Ereignis im Jahre 1943 bereitete den Boden für die Entwicklung der Theorie und Praxis von Krisenintervention. Bei dem Großbrand im »Cocoanut Grove Night Club« in Boston kamen mehr als 400 Menschen ums Leben. Eine Konsequenz davon war zunächst die Verbesserung der Feuerschutzverordnungen in den USA und in vielen anderen Ländern weltweit. Die Katastrophe hinterließ aber auch in der Psyche der Überlebenden und Hinterbliebenen wie auch der amerikanischen Bevölkerung tiefe Narben. Fachleute aus dem psychosozialen Bereich versuchten, dem Chaos und seinen Auswirkungen einen Sinn zu geben. Die Arbeit von Gerald Caplan und Eric Lindemann für die Überlebenden und die Hinterbliebenen wurde zum Meilenstein und zur Grundlage der modernen Krisenintervention. Diese Erfahrungen bilden bis heute theoretisch wie praktisch den Kern der Stressbearbeitung nach belastenden Ereignissen und ihrer Methodik (Caplan, 1964; Lindemann, 1944).

Der Akzent der Krisenintervention nach Caplan und Lindemann sowie anderen lag auf der direkten Betreuung von Opfern bei Großschadenslagen. Literatur und Forschungsberichte zu Katastrophen beziehen sich hier auf die Not und ihre Auswirkung auf die Opfer (Cohen und Ahearn, 1980; Gist und Lubin, 1989). Spezifischen Belastungen von Polizeibeamten, Feuerwehrleuten, Rettungsdienstpersonal, Pflegepersonal, Leitstellenpersonal, Ärzten und anderen Katastrophenhelfern wurde nur wenig Beachtung geschenkt. Caplan und Lindemann nahmen an, dass die Ausbildung an sich ausreiche, um die Belastungen durch den Einsatz in einer Katastrophe zu bewältigen. Das *American Psychiatric Association's Committee on Civil Defense* veröffentlichte 1954 ein Papier mit dem Titel »Psychological First Aid in Community Disaster« (Psychische Erste Hilfe bei Katastrophen), in dem Einsatzkräfte darauf aufmerksam gemacht wurden, dass Katastrophen sich negativ auf ihre Psyche auswirken können. Die gleiche Warnung fand sich in der überarbeiteten Fassung dieses Dokuments von 1964. Diese Gefahr wurde allerdings im anschließenden Absatz heruntergespielt, in dem es hieß: »Die Ausbildung an sich, die Sie als Katastrophenhelfer durchlaufen, wird, wenn es soweit ist, Schutz vor Stress sein.« (American Psychiatric Association, 1964).

Eine gründliche Sichtung der Literatur zu Katastrophen zwischen 1900 und 1975 gab nur wenig Aufschluss darüber, wie diese sich auf die Einsatzkräfte ausgewirkt haben. Erst 1975 tauchten einige Hinweise auf, dass Rettungsdienstpersonal durch den Einsatz bei Großschadenslagen eventuell psychischen Schaden erleiden können (Kliman, 1975). Beverly Raphael aus Sydney gehörte zu dem kleinen Kreis derer, die die Unterstützung des Rettungsdienstpersonals nicht vernachlässigten. Ende der 70er Jahre wandte sie bereits erste selbst entwickelte debriefingartige Methoden der Stressbearbeitung an (Raphael, 1986).

Zwei tragische Unfälle, die die Bevölkerung bewegten, machten darauf aufmerksam, dass sich Unglücke sowohl bei Opfern als auch beim eingesetzten Rettungsdienstpersonal negativ auf die Psyche auswirken. Das erste Unglück war der Absturz eines Flugzeuges der Pacific Southwest Airlines in ein Wohngebiet von San Diego 1978. Der zweite Vorfall war ein weiterer Flugzeugabsturz nahe Chicago im Jahr 1979. Beide Unfälle waren der Auslöser für intensives Interesse am Umgang mit traumatischen Belastungen. Bei beiden Abstürzen waren sowohl die Rettungskräfte vor Ort als auch die Krankenhausbediensteten erheblichen Belastungssituationen ausgesetzt. Die daraus resultierenden Stressreaktionen waren ein Jahr nach den Unfällen noch immer nicht vollständig bewältigt (Graham, 1981a, 1981b; Mitchell, 1982; Duffy, 1979; Freeman, 1979).

Schließlich gab eine weitere Flugzeugkatastrophe den Anstoß für die Entwicklung der CISM-Nachbesprechung. Am 13. Januar 1982 erreichte eine Maschine nach dem Start vom National Airport in Washington nicht die ausreichende Flughöhe. Das Flugzeug schlug in eine Brücke ein, und 76 Menschen verloren ihr Leben. Das Rettungsdienstpersonal erhielt keine sofortige psychologische Unterstützung. Innerhalb von drei Wochen traten erhebliche Stresssymptome auf. Man entschied sich, eine CISM-Nachbesprechung durchzuführen. Die CISM-Nachbesprechung war damals noch nicht etabliert, obwohl sie acht Jahre vor dem Absturz bereits bei unbedeutenderen Vorfällen angewendet worden war (Mitchell, 1976, 1981). Der Absturz in Washington war die erste offizielle CISM-Nachbesprechung anlässlich eines Großschadensfalles. Die teilnehmenden Einsatzkräfte waren Feuerwehrleute, Polizisten und Mitarbeiter des Rettungsdienstes. Ihre Rückmeldungen waren durchweg positiv. Alle Teilnehmer der Nachbesprechung berichteten, dass die Veranstaltung für sie sehr hilfreich gewesen war (Mitchell, 1982).

Die CISM-Nachbesprechung wurde seit dem Absturz in Washington bei zahlreichen internationalen Katastrophen und Großschadenslagen angewendet.

Einige erwähnenswerte Unfälle sind:

1. Barneveld, Wisconsin – Tornado, 1984
2. Mexico City – Erdbeben, 1985
3. Cerritos, Kalifornien – Flugzeugkatastrophe, 1986
4. El Salvador – Erdbeben, 1986
5. Palm Bay, Florida – Massenschießerei, 1987
6. Bridgeport, Connecticut – Einsturz eines Hauses, 1987
7. San Francisco, Kalifornien, – Erdbeben, 1989
8. New York – Großfeuer, 1990
9. Charleston, South Carolina – Hurrican Hugo, 1990
10. Persischer Golf – Desert Storm, 1991
11. Los Angeles, Kalifornien – Bürgerunruhen, 1992
12. Miami, Florida – Hurrican Andrew, 1992
13. Hawaii – Hurrican Iniki, 1992
14. Kuwait – Kämpfe, 1992
15. Jugoslawien – Bürgerkrieg, 1993
16. Ruanda – Massenmord, 1994

17. Japan – Erdbeben, 1995
18. Oklahoma City – Terroranschlag, 1995
19. New York – Flugzeugabsturz, 1996
20. Kentucky – schwere landesweite Überschwemmungen, 1997
21. Eschede – ICE-Unglück, 1998
22. Honduras – Hurrikan, 1999
23. Fidschi-Inseln – Bürgeraufstand, 2000
24. Jemen – Bombardierung des Flugzeugträgers USS Cole, 2000
25. Kaprun in Österreich – Seilbahntunnelunglück, 2000
26. El Salvador – Erdbeben, 2001
27. Anschläge 11. September 2001
28. Erfurt – Amoklauf in einer Schule, 2002
29. Überlingen – Flugzeugabsturz, 2002
30. Elbehochwasser, 2002

4.5 Critical Incident Stress Management Stressbearbeitung nach belastenden Ereignissen in Polizei und Strafvollzug

Obwohl es einen strukturierten Polizeidienst in Europa schon seit fast 2000 Jahren gibt, wurden erst mit dem Aufkommen der Verhaltenspsychologie erste Erkenntnisse über die Belastungen im Polizeiberuf Anfang des zwanzigsten Jahrhunderts gewonnen. Die Anwendung dieser Erkenntnisse in der Praxis erfolgte schließlich in Form von psychologischen Untersuchungen bei Polizeianwärtern (Reese, 1987).

Man fand schnell heraus, dass die Polizeiarbeit extrem belastend war. Mitte der 30er Jahre forderte der damalige Bürgermeister von New York, Fiorello H. La Guardia, eine Studie zu Suizidfällen bei Polizeibeamten. Die Suizidrate unter ihnen war, so fand man heraus, deutlich höher als die Quote bei der durchschnittlichen Bevölkerung (Heineman, 1975). Das Wissen um ein Problem reicht jedoch für dessen Lösung allein nicht aus. Das Fehlen eines unkomplizierten Interventionsprogramms für belastetes Personal der Exekutive schien der weiteren Vernachlässigung dieses Themas Vorschub zu leisten. Im Jahre 1976 sagten zwei Fachleute, die die Stressbelastungen bei der Polizei untersuchten: »Es gibt nur wenige Experten für den Bereich von Belastungen am Arbeitsplatz und noch weniger für den Bereich von Belastungen nach dem Polizeieinsatz …« (Kroes und Hurrell, 1976).

Ein Großteil der Nachforschungen im Bereich der Stressbelastung bei Polizeibeamten wurde während der letzten beiden Jahrzehnte geleistet. Die Entwicklung von Stressinterventionsstrategien bei der Polizeiarbeit kam erst während der letzten Jahre auf (Reese, 1987). Konstruktive Wege, um Polizeibeamten zu helfen, inklusive Beratungsdiensten, Hilfsprogramme für Ehegatten, Ehe- und Familienberatung, Stresspräventionsprogramme und anderer Projekte zur Stressbehandlung bei Polizeibeamten, wurden Ende der 60er Jahre zum ersten Mal begangen. Anfang der 80er Jahre war die Anzahl der im Polizeidienst tätigen psychosozialen Fachleute in die Hunderte angestiegen. 1980 schließlich führte die amerikanische Bundespolizei FBI psychologische Beratungsprogramme für seine Mitarbeiter ein (Reese, 1987). In Deutschland entstanden in den achtziger Jahren psychologische und sozialwissenschaftliche Dienste in der Polizei.

Die ersten »Police-Stress«-Programme, die Mitte der 70er Jahre in den USA entwickelt wurden, waren Ableger der früheren Alkoholhilfsprogramme in den 50er und 60er Jahren. Police-Stress-Programme entstanden aus den Programmen der Anonymen Alkoholiker. Oftmals wurden sie mit Unterstützung von Peers durchgeführt, die hier erstmals eingesetzt wurden.

Den Polizeibeamten, die 1979 bei dem Flugzeug-Absturz bei Chicago zum Einsatz kamen, wurde eine Art *debriefing* angeboten. Die beteiligten Polizeibeamten bezeichneten die Vorgehensweise als hilfreich. Leider konnte dieser Nachbesprechung aus der damals zur Verfügung stehenden Literatur keine ausreichend detaillierte Beschreibung und Struktur zugrunde gelegt werden (Wagner, 1979a-b). Erst 1983 wurde die Nachbesprechung, so wie sie heute angewendet wird, ausreichend detailliert beschrieben, so dass sie ein Modell für Einsatznachsorgeteams sein konnte (Mitchell, 1983, 1991).

Heute wenden viele Polizeibehörden die Stressbearbeitung nach belastenden Ereignissen an, und zahlreiche Polizeibeamte in den USA und anderen Nationen haben sich den weltweit über 750 CISM-Teams angeschlossen. Auch haben die Arbeit vieler Polizeipsychologen und vor allem die Meinungsführerschaft des verhaltenspsychologisch geprägten wissenschaftlichen Dienstes des FBI dazu beigetragen, dass für die zahlreichen Unterstützungsprogramme eine größere Akzeptanz erreicht werden konnte. Solche Programme beinhalten neben Einzelberatungen zum Beispiel allgemeine Stressprävention, Familien- und Eheberatung sowie Teams, die Polizisten nach Schusswaffengebrauch betreuen (Reese, 1991).

4.6 Einflüsse durch Krankenhaus, Notfallmedizin und Feuerwehr

Den letzten großen Anstoß erhielt die Entwicklung der vielfältigen Angebote, die in der Stressbearbeitung nach belastenden Ereignissen entwickelt wurden, von mehreren Seiten. Stressbewältigungsarbeit in Krankenhäusern, Notarztdiensten und Feuerwehren war schließlich ausschlaggebend für die Entstehung der Stressbearbeitung nach belastenden Ereignissen. Diese Einflüsse waren ineinander verwoben. Die letzten Entwicklungsstufen des Prozesses hätten nie bewältigt werden können, wäre nicht vorher die Arbeit im Militär, den Vollzugsorganen und im Katastrophenbereich geleistet worden.

Das *Shock Trauma Center* in Baltimore war die erste größere Klinik zur Behandlung von Traumata, die auch ihr Personal psychologisch unterstützte. Marge Epperson-Sebour, eine Sozialarbeiterin im Bereich der Familienunterstützung, war erschüttert über die enorme Fluktuation von erfahrenem Pflegepersonal. Sie entwickelte Mitte der 70er Jahre eine Reihe von Programmen zur Stressbearbeitung und Krisenintervention. Kündigungen von Pflegepersonal und anderen Angestellten, die eine Traumaausbildung erhalten hatten, gingen daraufhin stark zurück (Epperson, 1977; Epperson-Sebour, 1985). Das *Shock Trauma Center* wurde das Herzstück für den gegenwärtigen Stand der Stressbearbeitung nach belastenden Ereignissen.

Nancy Grahams erfasste in ihrem 1981 veröffentlichten Artikel zu Stress und Burnout-Syndrom im Bereich der Rettungsmedizin als eine der ersten, welche Stressbelastungen Notärzte und Rettungskräfte erleben (Graham, 1981a-b).

Die USA waren aber nicht das einzige Land, an dem Interesse an Stressauswirkungen auf Rettungsdienstpersonal bestand. Tony Taylor aus Neuseeland untersuchte, welche positiven Auswirkungen die Angebote bei Einsatzkräften hatten, die nach einem Flugzeugabsturz in der Antarktis durchgeführt wurden (Taylor und Frazer, 1982). Robyn Robinson aus Melbourne und Beverly Raphael aus Sydney arbeiteten mit Feuerwehrleuten und Mitarbeitern im medizinischen und klinischen Bereich, um die negativen Folgen von Stress zu verringern (Robinson, 1986). Robyn Robinson war verantwortlich für die Konzeption eines hoch entwickelten CISM-Teams für Melbournes Feuerwehren und Rettungsdienste. Der Psychologe Atle Dyregrov aus Norwegen, der sich auf traumatische Belastungen in der Pädiatrie spezialisiert hatte, zeigte ebenfalls großes Interesse an Traumatisierten im Krankenhaus, der Militärpolizei, der Feuerwehr und in der Industrie (Dyregrov und Thyhodt, 1988). Dyregrov veröffentlichte zahlreiche Artikel in europäischen Fachzeitschriften. Ihm ist es mit zu verdanken, dass sich die Stressbearbeitung nach belastenden Ereignissen in Europa verbreitet hat.

Jeffrey T. Mitchell veröffentlichte 1983 im *Journal of Emergency Medical Services* den ersten Artikel, der die Details des *Critical Incident Stress Debriefing* behandelte. In diesem Artikel wurde die Struktur der CISM-Nachbesprechung vorgestellt. Mitchell gab den Anstoß dafür, dass sich auf der ganzen Welt CISM-Teams zusammenfanden (Mitchell, 1983, 1988).

Obwohl der Artikel von 1983 von allen CISM Artikeln am häufigsten zitiert wird, muss betont werden, dass er nicht mehr aktuell ist, da die Grundlagen erstmals 1984 und dann nochmals 1988 ergänzt wurden. Ursprünglich hatte die CISM-Nachbesprechung nur sechs Phasen. Später wurde in sieben Phasen differenziert (siehe dazu unten, Kapitel 10).

Vergleich der Phasen einer CISM-Nachbesprechung (Debriefing)

1983 bis 1984	**1984 bis heute**
1. Einführung	1. Einführung
2. Tatsachen	2. Tatsachen
3. Gefühle	3. Gedanken
4. Reaktionen	4. Emotionen
5. Informationen	5. Reaktionen
6. Abschluss	6. Informationen
	7. Abschluss

(Nach: Mitchell, 1983, 1988, 1993)

Abb. 4.1

Die »Gedanken«-Phase, die im ursprünglichen Artikel zur »Tatsachen«-Phase gehörte, wurde zusätzlich als Bindeglied zwischen »Tatsachen«- und » Emotions«-Phase aufgeführt. Die Unterschiede zwischen der ursprünglichen und der gegenwärtig gültigen Form der CISM-Nachbesprechung können zum besseren Verständnis der Abbildung 4.1 entnommen werden.

Es muss an dieser Stelle festgehalten werden, dass Mitchells Artikel von 1983 niemals darauf schließen ließ, dass nur eine Interventionstechnik angewandt werden sollte, wie es in der Literatur fälschlicherweise behauptet wird (siehe dazu auch das nächste Kapitel). Im Gegenteil: Er stellte eine umfassende, systematische und aus vielen Teilen bestehende Herangehensweise für das Stressmanagement in einer Organisation vor. Der Artikel von 1983, der einen ersten Meilenstein in der Entwicklung der Stressbearbeitung nach belastenden Ereignissen darstellt, nötigte die Hilfsorganisationen zur Entwicklung eines Gesamtprogrammes, das die Vorbereitung auf ein belastendes Ereignis, CISM-Kurzgespräche, Familienunterstützung, einsatzbegleitende Angebote und Folgeangebote sowie die Vermittlung in weitere professionelle Unterstützung bis zur Therapie beinhaltete. Tatsächlich regte der damalige Artikel schon die anderen Interventionsarten der Stressbearbeitung nach belastenden Ereignissen in ihrer heutigen Form an.

In den letzten Jahren entstanden verschiedene Arten von Nachbesprechungen, weil die CISM-Teams unterschiedliche Erfahrungen zum Ablauf von CISM-Nachbesprechungen sammelten und viel über den Gruppenprozess dazulernten. Heute liegt eine größere Betonung auf der Rolle der Peers. Dies schmälert die Wichtigkeit der psychosozialen Fachleute jedoch nicht. Die Bedeutung ihrer Rolle bleibt vielmehr fest bestehen, doch hat sich die Rolle der Peers ausgeweitet. Die Einzelberatungen werden in der Regel von Peers mit einer fundierten Wissensgrundlage durchgeführt, die nur bei extremen Fällen von psychosozialen Fachleuten unterstützt werden. Die Einsatzbegleitung wird dabei nicht als eine Form der CISM-Nachbesprechung angesehen. Einsatzbegleitung ist immer Einzelberatung, niemals ein Gruppenangebot.

Der aus dem Amerikanischen stammende Ausdruck »*Initial Defusing*« (»Erst-Entschärfung«) wurde aufgegeben und durch den Terminus »CISM-Kurzbesprechung« ersetzt. Diese CISM-Kurzbesprechungen werden ebenfalls häufig von Peers angeboten. CISM-Nach- oder Kurzbesprechungen oder andere Gruppenberatungen werden dabei niemals an der Einsatzstelle durchgeführt. Sie setzen ein, wenn der Einsatz vorbei ist und die Einsatzkräfte nicht mehr am Ort des Geschehens sind.

Neu entwickelt wurden Interventionen für große Gruppen, der CISM-Einsatzabschluss, und jüngst die CISM-Informationsveranstaltung. Auch diese Aspekte der Stressbearbeitung wurden inzwischen in der Fachliteratur beschrieben. Die weitere Nachsorge wurde ebenfalls wesentlich verändert, wie am Ende der jeweiligen Kapitel zu den Interventionen erläutert wird.

Glücklicherweise wurde schließlich auch die Einschätzung verworfen, dass die Stressbearbeitung nach belastenden Ereignissen mit ihren unterschiedlichen Methoden nur Einsatzkräften vorbehalten sei. CISM wird nun anerkannt als notwendige und hilfreiche Intervention, um traumatischem Stress in allen risikoreichen Berufsgruppen, in Schulen und im Gemeinwesen vorzubeugen (Everly und Mitchell, 1992).

4.7 Zusammenfassung

Dieses Kapitel beschrieb die Haupteinflüsse auf die Entwicklung der Stressbearbeitung nach belastenden Ereignissen im Allgemeinen und der Gruppenintervention, der CISM-Nachbesprechung, im Besonderen. Die Beiträge verschiedener nennenswerter Forscher, psychosozialer Fachleute und Mitarbeiter des Rettungsdienstes wurden beschrieben. Natürlich gibt es noch andere Wissenschaftler, die zur Entwicklung des CISM und der CISM-Nachbesprechung beigetragen haben, jedoch ist es, auch im Sinne eines Handbuchs, unmöglich, alle namentlich zu nennen. Es war jedoch nicht der Verdienst eines Einzelnen, die Stressbearbeitung nach belastenden Ereignissen weiterentwickelt zu haben. Viele Menschen, die sich diesem Bereich widmeten, trugen ein Stück zu seiner Geschichte bei. Und es werden noch viele mehr sein, die mit ihrem Können und ihrem Einsatz einen Beitrag leisten. All jene, die von dem Critical Incident Stress Management und der CISM-Nachbesprechung profitieren, haben dies denen zu verdanken, die in ihrem Leben Belastungen erfahren haben, vor allem den Pionieren der Stressbearbeitung in Militär und Feuerwehr, im Katastrophenschutz, in Behörden, im Pflege-, Rettungs- und Notarztdienst.

5 *Critical Incident Stress Management* Stressbearbeitung nach belastenden Ereignissen: Wirkmechanismen und Effektivität

5.1 Einführung

In den vorhergehenden Kapiteln wurden die CISM-Nachbesprechung, die CISM-Kurzbesprechung sowie auch die anderen CISM-Angebote ausgehend von Zielen, Inhalten und in ihrem Gruppenprozess definiert. Mittlerweile blickt die Stressbearbeitung nach belastenden Ereignissen auf eine zwanzigjährige Geschichte zurück. Interventionen in Form der CISM-Nachbesprechung und CISM-Kurzbesprechung wurden von vielen Menschen angenommen (es gibt heute weltweit über 750 CISM-Teams). Sie gewannen allgemeine Akzeptanz, obwohl sie von Gegnern äußerst negativ und abschätzig beurteilt wurden (z.B. wurden in bestimmten Kreisen über einen Zeitraum von über zehn Jahren empirische Untersuchungen durchgeführt, um – aus beruflichen oder persönlichen Gründen – jeglichen Bedarf an der Stressbearbeitung nach belastenden Ereignissen allgemein oder an Debriefings speziell zu widerlegen. Trotz dieses Widerstands aus verwaltungstechnischen, bzw. beruflich oder persönlich geprägten Motivationen ist die Zahl der durchgeführten CISM-Interventionen so enorm gestiegen, dass das CIS-Debriefing mittlerweile eine große Bedeutung erlangt und praktisch ein eigenes Fachgebiet ausgebildet hat. Wie kam es zu diesem Erfolg? In diesem Kapitel sollen zuerst die Arbeits- und Wirkmechanismen der CISM-Nachbesprechung und der CISM-Kurzbesprechung beleuchtet werden. Danach wird aufgezeigt, dass es vernünftige Gründe dafür gibt, CISM-Programme einzurichten.

5.2 Mögliche Wirkmechanismen

5.2.1 Frühe Intervention

Die CISM-Interventionen werden sehr früh, oft innerhalb weniger Stunden nach dem besonders belastenden Ereignis angesetzt. Friedman, Framer und Shearer fanden 1988 heraus, dass die Nachsorge- und Behandlungskosten für die Traumaopfer geringer und die Prognosen günstiger waren, wenn die posttraumatischen Stresssyndrome früh erkannt werden und eine frühzeitige Intervention eingeleitet wird. Zweihundert Fälle klinischer PTBS aus der Umgebung von Los Angeles wurden in zwei Gruppen aufgeteilt: 100 Personen, bei denen innerhalb von 6 Monaten nach dem Trauma eine PTBS diagnostiziert und behandelt wurde, wurden verglichen mit 100 Personen, bei denen 6 bis 36 Monate nach dem Trauma eine PTBS diagnostiziert und behandelt wurde.

Der durchschnittliche Kostenfaktor bei den frühen Fällen (bis 6 Monate) betrug ca. 8.300 $ pro Person, bei den späten Fällen hingegen in etwa 46.000 $. Die frühen Fälle benötigen eine Erholungsphase von durchschnittlich 12 Wochen, bevor die Betroffenen wieder zurück zur Arbeit gehen konnten, bei den späten Fällen dauerte die Phase durchschnittlich 46 Wochen. Schließlich verklagten rund 13% der ersteren ihren Arbeitgeber, während es bei den letzteren ca. 94% waren. Es ist beinahe generell erkannt worden, dass Prävention und frühe Intervention in Bezug auf Krisensituationen am hilfreichsten sind (Yandrick, 1990; Duffy, 1979; Kentsmith, 1980; Butcher, 1980).

Der Begriff *Trauma-Membrane* hilft zu verstehen, warum eine frühe Intervention im Traumaprozess so wichtig ist. J.D. Lindy beschreibt die *Trauma-Membrane* folgendermaßen: Opfer beginnen, sich nach einem traumatischen Ereignis von anderen Personen zu isolieren. Dieser »Isolationsprozess« geht mit der Bildung einer schützenden Hülle einher, mit deren Hilfe sich der Betroffene gegenüber dem belastenden Ereignis und den daraus resultierenden Reaktionen abzugrenzen versucht. Dieses »Sich-Abschotten« führt vordergründig zu einer emotionalen Stabilisierung, sie isoliert den Betroffenen allerdings auch von heilenden Interventionen. Es ist daher von größter Bedeutung, früh zu intervenieren, solange die Schutzhülle noch »durchlässig« ist. Eine frühe Intervention hilft, bevor sich die traumatischen Erinnerungen verfestigt haben und beugt ungeeigneten Verarbeitungsmechanismen vor (z.B. Drogenmissbrauch, soziale Isolation, aggressives oder gewalttätiges Verhalten) (Lindy, Grace und Green, 1981). Nach R. Post (1992) kann eine frühe Intervention sogar verhindern, dass sich die neurologische Schwelle herabsetzt, die eine Übererregung im zentralen Nervensystem in der Folge von exzessivem Stress entwickelt. Daher mag die frühzeitige Intervention verhindern, dass sich ein »zellulares Gedächtnis« des Traumas entwickelt und im Nervengewebe erregungsfördernde Gestalt annimmt.

5.2.2 Gelegenheit zu emotionaler Entlastung (Katharsis)

J. Heider betonte bereits 1974: Es gibt nur wenige Bedingungen, unter denen jemand von einer Katharsis nicht profitiert. Katharsis (griech. = Reinigung) bedeutet in diesem Zusammenhang die Gelegenheit, Gefühle ausdrücken zu können. Die CISM-Nachbesprechung bietet eine sichere, hilfreiche und strukturierte Umgebung, in der Menschen ihren Gefühlen freien Lauf lassen können. M. Kahn zeigte 1966, dass das Äußern von Gefühlen den Grad der Erregung reduziert. Aus Studien, die besonders die Beziehung zwischen der Enthüllung eines traumatischen Ereignisses und der Stresserregung behandelten, schlossen J. W. Pennebaker und J. Susman 1988: Das Aufdecken von traumatischen Ereignissen führt zu einer Verringerung der Stresserregung und zu einer verbesserten Funktion der Abwehrmechanismen. L. Roemer und T. Borkovec fanden 1994 als bedeutendsten Punkt heraus, dass das Unterdrücken von Gefühlen mit erhöhter Angst und Depression verbunden ist, es bildet über lange Zeit einen Sensibilisierungseffekt. Dagegen ist das Ausdrücken von Gefühlen verbunden mit einer Gewöhnung an die Angst und damit einer Angstverminderung. Schon Shakespeare wusste, wie wertvoll es ist, Gefühle auszudrücken: Er lässt seinen Macbeth sagen: »Gib dem Leiden Worte: Die Trauer, die nicht spricht, flüstert dem überlasteten Herzen zu und reißt es entzwei.« Das Ausdrücken von Emotionen verbessert das psychische und physische Wohlbefinden (Pennebaker, 1990). Katharsis im Sinne von »Gefühle zum Ausdruck bringen« ist somit ein Hauptmerkmal des Erholungsprozesses nach belastenden Ereignissen (Meichenbaum, 1994; Pennebaker, 1999).

5.2.3 Gelegenheit, das Trauma zu verbalisieren

Die CISM-Interventionen, das CIS-Debriefing eingeschlossen, geben den betroffenen Menschen nicht nur die Möglichkeit, ihre Gefühle zu äußern, sondern auch die Gelegenheit, spezifische Traumata, Ängste und Sorgen verbal zu rekonstruieren und auszudrücken. Der Traumatologe Pierre Janet vertrat Anfang des 20. Jahrhunderts die These: Die erfolgreiche Behandlung von posttraumatischen Belastungsreaktionen baut nicht nur auf der Fähigkeit des Klienten auf, Gefühle auszudrücken (Katharsis), sondern vielmehr auf der Fähigkeit, das Trauma zu rekonstruieren und zu integrieren, indem er es sprachlich verbalisiert (van der Hart, Brown und van der Kolk, 1989). Die Arbeit von Pennebaker (Pennebaker, 1985; Pennebaker und Beall, 1986) bestätigt die Bedeutung, die die verbale Rekonstruktion und Artikulation des traumatischen Ereignisses für viele Betroffene hat. (Pennebaker, 1999)

Bruno Bettelheim, der mit Überlebenden des Holocaust und anderen traumatisierten Menschen arbeitete, bringt es auf den Punkt: »Worüber nicht gesprochen werden kann, das kann auch nicht zur Ruhe kommen. Daraus resultiert: Die Wunden eitern von Generation zu Generation weiter« (Bettelheim, 1984, S. 166). Wenn Menschen ihre traumatischen Erfahrungen nicht in Worte fassen können, träumen sie häufiger davon und tendieren über eine längere Zeit zu zwanghaftem Nachdenken über die Erfahrungen. Dies steigert ihre Belastung zusätzlich (Silver et al., 1983; Harvey et al., 1991). In einem Literaturüberblick über den Nutzen, traumatische Erfahrungen auszudrücken, beschreibt D. Meichenbaum 1994 eine unveröffentlichte Arbeit von Pennebaker und Francis, in der sie zu dem Schluss kommen, dass der sprachliche Ausdruck der eigenen traumatischen Erfahrung (schriftlich oder mündlich) Folgendes bewirkt:

1. Gedanken und Gefühle über das Ereignis werden geordnet;
2. Gefühle werden besser etikettiert und damit beschrieben, bzw. eingeordnet;
3. Gedanken und Gefühle über das Ereignis nehmen weniger in Beschlag, das heißt, sie okkupieren weniger;
4. das Ereignis kann rekonstruiert, in einen veränderten Bezugsrahmen eingeordnet und dadurch von Betroffenen akzeptiert werden;
5. die Bedeutung des Ereignisses kann entschlüsselt werden;
6. das Verbalisieren des Erlebten ermutigt zu neuen Perspektiven und Problemlösungsstrategien.

Der umfassende Wert der Katharsis und des Verbalisierens des traumatischen Ereignisses scheint in seiner Fähigkeit zu liegen,

1. die Stressbelastung zu reduzieren,
2. die Überbeanspruchung der homöostatischen Mechanismen, d.h. die Regelungsmechanismen für das seelische und körperliche Gleichgewicht, zu reduzieren
3. den Kreislauf, die Körpertemperatur, den Hormonhaushalt usw. zu regulieren,
4. das Bedürfnis zu reduzieren, ständig und zwanghaft über das Ereignis und seine Bedeutung nachdenken zu müssen,
5. die Wahrscheinlichkeit zu erhöhen, dass der Betroffene einen Sinn in der traumatischen Erfahrung entwickeln kann sowie
6. eine Reintegration und Wiederherstellung der Weltanschauung zu erlangen.

5.2.4 Wiederherstellung strukturierter Umgebung

Ein traumatisches Ereignis ist gekennzeichnet von Strukturlosigkeit, Chaos, Leid und von vielen unbeantworteten Fragen. Einsatzkräfte empfinden häufig ein Gefühl der Hilflosigkeit und haben mitunter Todesangst. Die CISM-Nachbesprechung bietet hingegen eine deutliche und klare Struktur und steht für einen Prozess mit einem exakt definierten Anfang und Ende. Die CISM-Nachbesprechung schafft damit das Gegenteil dieses traumatischen Milieus. T.D. Borkovec fand 1983 heraus, dass das Angebot einer strukturierten Umgebung bei den Betroffenen die Tendenz verringert, sich Sorgen zu machen bzw. Ängste zu entwickeln, sie werden weniger krank und den Anforderungen des täglichen Lebens besser gerecht.

5.2.5 Psychische Struktur

CISM-Nachbesprechung und CISM-Kurzbesprechung folgen einem durchdachten und strukturierten psychischen Prozess. Dieser beginnt auf der *kognitiven Ebene* (Einführungs- und Tatsachen-Phase in der CISM-Nachbesprechung). Der Einstieg auf der kognitiven Ebene erleichtert den Betroffenen, die das Ereignis kognitiv verarbeiten und vielleicht schon Verdrängungsmechanismen entwickelt haben, einen adäquaten Zugang zu einem CISM-Angebot.

Der Prozess beginnt auf der kognitiven Ebene. Den Betroffenen fällt es so leichter einzusteigen, da sie sachlich schildern können, was sie im Einsatz getan haben. Dies kommt ihren Bedürfnissen entgegen, nicht sofort über Gefühle reden zu müssen. Anschließend können sie ihre Gedanken äußern, was ebenfalls noch auf der kognitiven Ebene geschehen kann.

In Übereinstimmung mit dem Kriseninterventionsmodell ist die Struktur der CISM-Interventionen in gleicher Weise nützlich für jene Opfer, die sich eher auf einer *emotionalen Ebene* mit dem Ereignis beschäftigen. Denn alle CISM-Interventionen blenden eine kognitive Struktur ein, die einlädt, zu berichten, was man getan und gedacht hat und die mit dem »Versprechen« gewisse Grenzen setzt, dass es auch für sie noch ausreichend Gelegenheit geben wird, über persönliche Eindrücke und Gefühle zu sprechen. Das stellt eine Einübung in Selbstkontrolle und Selbstwirksamkeit dar, indem man durch die verschiedenen Phasen geführt wird. Wenn der Prozess sich durch die Gedanken-Phase (CISM-Nachbesprechung) bewegt (siehe dazu auch unten), wird die *kognitive Ebene* verlassen und es kann die *affektive Ebene* betreten werden. Da Gedanken nicht frei sind von emotionaler Bewertung, werden hier Empfindungen und Gefühle geäußert. Die Emotions-Phase dient dazu, Gefühle auszudrücken und zu verbalisieren. Allerdings muss dafür Sorge getragen werden, dass die Betroffenen nach dieser Phase nicht in ein tiefes emotionales Loch fallen. Das könnte passieren, wenn der Prozess hier unterbrochen würde. Aus diesem Grund folgt anschließend die Reaktions-Phase. Damit bewegt sich der Prozess von der *emotionalen* langsam wieder zur *kognitiven Ebene*. In der Informations- sowie Abschluss-Phase ist die *kognitive Ebene* wieder beherrschend.

Diese Gesamtstruktur macht es möglich, verantwortlich und effizient (im Sinne der Krisenintervention, nicht therapeutisch) die Gefühle und Eindrücke mit den Betroffenen zu bearbeiten. Die kognitiven Einstiegs- und Ausstiegsphasen dienen als Ein- und Ausstieg zu der affektiven Ebene und bieten so eine nützliche kognitive Struktur, die auch den Informationen ihre berechtigte Bedeutung zukommen lässt. Eine Übersicht dazu stellt Abbildung 5.1 dar.

Phasen der CISM-Nachbesprechung

Phasen der CISM-Nachbesprechung	**Psychologischer Prozess**		
Einführung	kognitiv		
Tatsachen	kognitiv		
Gedanken	kognitiv	→	affektiv
Emotionen	affektiv		
Reaktionen	affektiv	→	kognitiv
Informationen	kognitiv		
Abschluss	kognitiv		

Abb. 5.1

5.2.6 Unterstützung durch die Gruppe

Die CISM-Nachbesprechung nutzt nachdrücklich die in der Gruppe vorhandenen Ressourcen. Welche Vorteile es hat, belastende Themen in einer Gruppe zu besprechen, ist ausführlich dokumentiert. So schrieb I. Yalon bereits 1970 dem Gruppenprozess an sich viele heilsame Wirkungen zu. Dazu gehört u.a.:

1. der Austausch hilfreicher, konstruktiver Informationen,
2. das Artikulieren von Gefühlen,
3. die Relativierung des Gefühls von Einzigartigkeit, Verletzbarkeit oder Schwäche,
4. die Entwicklung konstruktiver Bewältigungsstrategien,
5. die Möglichkeit, Gewinn aus der Zuwendung und Unterstützung der Gruppe zu ziehen,
6. die Möglichkeit, sich selbst zu helfen, indem man anderen hilft und
7. in Bezug auf Trauma von höchster Bedeutung, die Entwicklung von Gefühlen der Hoffnung.

D.R. Jones beschrieb die Qualität von »Gruppengesprächen« nach einem Trauma folgendermaßen: »Der wirkliche Wert liegt besonders für junge Menschen darin zu verstehen, dass andere unter solchen Umständen die gleichen starken Gefühle haben, dass niemand mit der Stärke seines Schocks, seiner Trauer und seiner Wut« allein ist (Jones, 1985, S. 307).

Viele Ärzte und Forscher auf dem Gebiet der Krisenintervention, der Therapie posttraumatischer Belastungsstörungen und der Gruppenarbeit sind überzeugt, dass die Überwindung traumatischer Erfahrungen gefördert wird, wenn Menschen im Beisein anderer, die Ähnliches erlebt haben, ihre Erfahrungen austauschen. Sie erholen sich schneller und besser von ihren psychischen Belastungen (Yalom, 1970; Smitz, 1985; Scurfield, 1985; Roth und Newman, 1993; Courchaine und Dowd, 1994).

Hier eine Übersicht der »positiven Effekte« eines Gruppenprozesses (Meichenbaum, 1994):

1. Austausch von stützenden, konstruktiven Informationen,
2. Verringerung des Gefühls, isoliert bzw. allein gelassen zu sein,
3. die Möglichkeit, Zuwendung und Unterstützung von anderen zu erfahren,
4. Verminderung von Stigmatisierung,
5. Identifizierung mit normalen Themen und Zielen und damit der Wiederaufbau einer angemessenen Weltanschauung,
6. Kommunikation unter Betroffenen,
7. die Möglichkeit, verdeckte Themen in einem sicheren Rahmen anzusprechen,
8. Ermutigung und Stärkung der Teilnehmer,
9. Wiederherstellung des Selbstwertgefühls,
10. Reduzierung und Relativierung von Schuld- und Schamgefühlen,
11. Entwicklung eines Gefühls der Hoffnung,
12. Förderung einer optimistischen Einstellung,
13. Entwicklung eines Zusammengehörigkeitsgefühls,
14. Ermutigung zu gegenseitiger Hilfe,
15. Normalisierung der Erfahrung,
16. Aufzeigen von Wegen für mögliche Veränderungen.

5.2.7 Unterstützung durch Peers

Psychosoziale Fachleute *leiten* den Prozess der CISM-Nachbesprechung, *getragen* wird er aber wesentlich von den Peers. R. Carkhuff und C. Truax haben bereits 1965 darauf hingewiesen, welchen Wert Programme mit Laienhelfern haben. Tatsächlich bieten Interventionen mit Peers große Vorteile gegenüber den traditionellen psychologischen Angeboten. Gerade Mitglieder spezifischer Berufsgruppen wie Feuerwehrleute oder Rettungsassistenten können Peers als Mitglieder dieser Berufsgruppen besser beraten, Verständnis zeigen und Empfehlungen zur Stressbearbeitung geben. Peers können höchst effektiv das Gefühl von Einzigartigkeit, Verletzlichkeit oder Schwäche relativieren. Im Grunde genommen sind erst Peers aufgrund ihres beruflichen Selbstverständnisses und ihres Berufsethos wirklich glaubwürdig. Die notwendige »Hilfe aus erster Hand« und die »kollegiale Beratung« können psychosoziale Fachleute nicht leisten, es sei denn, sie sind selbst Einsatzkräfte.

Kollegiale Berater haben sich in verschiedensten Situationen, auch in der Einsatz- und Katastrophennachsorge, vielfach bewährt (Orner, 1994). Gut ausgebildete Peers brauchen folgende Fähigkeiten, um im Rahmen der Stressbearbeitung nach belastenden Ereignissen effektiv und verantwortungsvoll helfen zu können. Hier eine Übersicht der Schlüsselqualifikationen (Tindall und Gray, 1985):

1. Kommunikationsfähigkeit,
2. Empathie und Einfühlungsvermögen,
3. Fähigkeit, Gehörtes zusammenzufassen,
4. Fähigkeit, passende Fragen zu stellen,
5. Aufrichtigkeit,
6. authentische Anteilnahme,
7. Verbindlichkeit,
8. Mut, zu konfrontieren,
9. Fähigkeit, Konfrontationen auszuhalten,
10. Problemlösungskompetenz.

5.2.8 Angebote zur Stressprävention

Die Hinweise zur Stressprävention, die in einer CISM-Nachbesprechung gegeben werden, werden nicht im Unterrichtsstil, sondern interaktiv vermittelt. Kenntnisse über die natürlichen Folgen von traumatischem Stress helfen den Menschen, das Debriefing erfolgreich zu verlassen und die Belastungen besser und schneller zu verarbeiten. Informationen in einer CISM-Nachbesprechung sind hilfreich, um die Mythen rund um traumatische Erfahrungen zu korrigieren. Die Teilnehmer werden informiert über vermeidbare Stressverstärker und möglicherweise auftretende Symptome der akuten Belastungsstörung und der Belastungsreaktion. Die Betroffenen bekommen Hinweise, wie sie mit sich aufzwängenden Erinnerungen und Gedächtnisproblemen umgehen können. Auf diese Weise soll zusätzlich auch Rückfällen vorgebeugt werden. Die Informationen in CISM-Nachbesprechungen vermitteln Hoffnung und Sinn und helfen den Menschen, ihre Erfahrung kognitiv neu zu bewerten (*Reframing*). Der Schwerpunkt der CISM-Nachbesprechung besteht wie bei Therapien darin, eine Erfahrung zu »normalisieren« (Lipton, 1994). Die Informations-Phase in einer CISM-Nachbesprechung dient den Menschen als »Wegweiser« oder »Landkarte«, um Wege zu finden, sich von den traumatischen Erfahrungen zu erholen (Ochberg, 1991; Hermann, 1992).

5.2.9 Nachsorge und weitergehende Angebote

Der Prozess der CISM-Nachbesprechung bietet potenziellen Traumaopfern die Gelegenheit zu Gruppengesprächen, Informationsaustausch und Unterstützung. Er bietet darüber hinaus in einer Art psychologischer Triage die Möglichkeit, Personen zu identifizieren, die eine weitergehende professionelle psychologische Betreuung benötigen.

Damit kann diesen geholfen werden, sich schneller und vollständiger zu erholen – ein Punkt, der in der bisherigen Forschung vollständig vernachlässigt worden ist.

5.2.10 Handlungsorientierung

Der Prozess der CISM-Nachbesprechung und der anderen CISM-Interventionen folgt den Grundprinzipen der Krisenintervention. Es ist ein Prozess direkter Intervention während eines Zeitraums, in dem eine Person extremem Stress ausgesetzt ist. Die CISM-Nachbesprechung lässt die Teilnehmer nicht in einem Zustand der Verwirrung und des emotionalen Ungleichgewichts. Stattdessen restrukturiert das CISM-Team die Gruppe, stabilisiert die Situation, mobilisiert Ressourcen und ermutigt die Betroffenen, die Verantwortung für ihre Erholung selbst zu übernehmen. Im Verlauf der CISM-Nachbesprechung fühlen die Teilnehmer, dass ihre Sorgen und Anliegen ernst genommen werden, dass die CISM-Mitarbeiter wissen, welche Art von Unterstützung angemessen und notwendig ist.

5.3 Warum CISM-Programme sinnvoll sind?

Nachdem wir untersucht haben, wie die CISM-Nachbesprechung und die anderen CISM-Interventionen funktionieren, stellt sich die Frage »Warum sollen solche Programme aufgestellt werden?«

Werfen wir zur Beantwortung der Frage wiederum einen Blick in die USA: Nach der *National Council on Compensation Insurance* (dem Nationalen Rat der US-amerikanischen Schadensversicherungen) sind ca. 14% aller Schadensersatzforderungen von Betroffenen, die Belastungen im Dienst ausgesetzt waren, auf außergewöhnliche Belastungen zurückzuführen. (McCarthy, 1988). Forderungen für medizinische Leistungen oder Beihilfen, die in Zusammenhang mit einsatzspezifischen Belastungen stehen, betragen in den USA pro Person durchschnittlich 15.000 $. Das ist doppelt so viel wie die Summe, die an Personen mit körperlichen Verletzungen ausgezahlt wird.

Die Gesamtkosten, die außergewöhnliche Zusatzbelastungen zu den bloßen Schadenersatzforderungen der Arbeitnehmer für Wirtschaft und Industrie verursachen, sind enorm. Schätzungen zufolge betragen die Gesamtkosten durch diese Art von Stress für die Wirtschaft der USA 150 Milliarden $ pro Jahr (Miller et al., 1988).

In einer epidemiologischen Untersuchung, die von J. Helzer 1987 durchgeführt wurde, konnte nachgewiesen werden, dass etwa 1% der Bevölkerung der Vereinigten Staaten eine PTBS entwickelt haben. Dieser Verbreitungsgrad ist mit dem der Schizophrenie vergleichbar. Bei jungen Erwachsenen in städtischen Gebieten fand man heraus, dass mehr als 9% im Laufe ihres Lebens an PTBS erkranken (Breslau et al., 1991). Das statistische Risiko, eine PTBS zu erleiden, hat jedoch keine große Aussagekraft.

5.4 Ergebnis der Forschungen

Für die Bundesrepublik Deutschland gibt es bislang erst eine abgeschlossene Studie von Jürgen Bengel, die konkrete Aussagen über die Auswirkungen von einem Großschadensereignis auf Einsatzkräfte macht. Nach dem ICE-Unglück von Eschede hat er ca. 1.600 von 2.000 Einsatzkräften mit seiner Fragebogenaktion erreicht bei einem Rücklauf von 665 Fragebögen, was einer Rücklaufquote von ca. 41,5% entspricht. Die Einsatzkräfte stammten zu 45% aus Polizei und BGS, zu 40% aus Feuerwehr und THW, zu 13% aus dem Rettungsdienst, sie waren je etwa zur Hälfte hauptamtlich und ehrenamtlich tätig (51% zu 49%).

43% der Einsatzkräfte waren mit der Bergung von Toten und Leichenteilen befasst, 26% mit Führungsaufgaben, 23% mit der Rettung von Verletzten, 15% mit der Versorgung von Einsatzkräften, 8% mit der Betreuung von Angehörigen (Mehrfachnennungen waren möglich).

Retrospektiv berichtete etwa die Hälfte der Einsatzkräfte, dass sie Beschwerden in den ersten Tagen nach dem Einsatz gehabt hätten. Vegetative, emotionale sowie kognitive Probleme standen im Vordergrund. Zum Zeitpunkt der Befragung (ca. 7 Monate nach dem Ereignis) berichteten noch 4% der Einsatzkräfte von vegetativen Problemen, ebenfalls 4% von kognitiven sowie 5% von emotionalen Problemen. Ein Drittel der Befragten gab für die letzten vier Wochen vor der Befragung keine Symptome einer PTBS an, die Hälfte der Befragten 1 bis 5 Symptome. 6 bis 10 Symptome wurden immerhin noch von 14% der Einsatzkräfte angegeben, mehr als 10 Symptome wurden von 6% der Befragten benannt. Damit lagen bei 6% der Einsatzkräfte Beschwerden und Symptome vor, die auf eine PTBS hinweisen. 78% der Einsatzkräfte gaben an, zum Befragungszeitpunkt keine aktuellen Beschwerden und Belastungen zu haben. Als stark beeinträchtigt erlebten sich nur 12 Personen, was 1% entspricht. So liegt insgesamt die Zahl der belasteten Helfer zwischen 1 und 6% (Koordinierungsstelle Einsatznachsorge (2001), S. 200-209).

Selbstkritisch merken die Autoren an, dass die Fragen zur Einsatznachsorgemethode und damit auch die Selbsteinstufungen der Einsatzkräfte nicht valide genug sind, um sie zu verallgemeinern. Immerhin konnte festgehalten werden, dass die Debriefings von den Einsatzkräften subjektiv überwiegend als entlastend empfunden wurden (a.a.O., 229).

Weltweit gilt: Bei allen Mitarbeitern in gefährlichen und risikoreichen Berufen kann grundsätzlich jedes einzelne belastende Ereignis posttraumatische Stresssymptome oder eine PTBS hervorrufen.

Machen wir uns dies an einigen Fakten und Zahlen deutlich:

1. Stress am Arbeitsplatz ist in den USA der häufigste Grund für Schadensersatzforderungen (McCarthy, 1988).
2. Die PTBS ist eine Krankheit, die bis zur Arbeitsunfähigkeit führen kann (Everly und Lating, 1995).
3. Das Risiko, an PTBS zu erkranken, ist für diejenigen am höchsten, die in ihrem Berufsalltag risikoreichen und potenziell traumatisierenden Situationen ausgesetzt sind. Aus diesem Grund sind Personen in solchen Berufen (zum Beispiel

Einsatzkräfte in Rettungsdienst und Feuerwehr) einem erhöhten Risiko ausgesetzt, eine PTBS zu entwickeln.

4. Die Wahrscheinlichkeit, als Mitarbeiter einer solchen Berufsgruppe an PTBS zu erkranken, wird auf über 16% geschätzt (Corneil, 1993).
5. In einer Untersuchung des *London Ambulance Service* in Großbritannien, der größten Rettungsdienstorganisation weltweit, wurden 40 zufällig ausgewählte Rettungskräfte daraufhin untersucht, ob sich aufgrund ihrer Einsatztätigkeit Belastungen einstellten. Bei 60% des Personals konnten dabei posttraumatische Belastungen belegt werden, 17% dieser Personen hatten – nach dem *General Health Questionnaire* und auch nach der *Impact of Events Scale* (Thompson und Suzuki, 1991) – ausgeprägte bzw. starke Symptome entwickelt.
6. In einer Untersuchung von 1.420 Angestellten des *London Ambulance Service* wurde herausgefunden, dass 15% der Rettungskräfte die Schwelle für die Diagnose der posttraumatischen Belastungsstörung überschritten hatten. Bei 16 Symptomen wurden die Schwellenwerte erreicht. So empfanden zusätzlich zu den Hauptsymptomen der PTBS, wie Intrusionen, Vermeidung und Erregung, 46% der Gruppe Wut und Aggressivität, 43% der Befragten hatten die Hoffnung in die Zukunft verloren, 25% fühlten eine emotionale Kälte gegenüber den Patienten, 33% beklagten Schlafstörungen und 29% waren rastlos und hyperaktiv (Ravenscroft, 1994).
7. Ähnliche Ergebnisse bringt eine weitere Studie: Der *Victoria Ambulance Service* in Australien führte eine umfangreiche Untersuchung mit 1.380 Sanitätern und 1.223 ihrer Angehörigen durch. Robyn Robinson, der die Untersuchung leitete, stellte fest: »Erschreckend war, dass 65% der Sanitäter berichteten, sie würden als Ergebnis früherer rettungsdienstlicher Einsätze gegenwärtig Traumareaktionen erfahren, 17% berichteten über besonders starke Reaktionen. Zwar wird in dieser Studie die posttraumatische Belastungsstörung nicht festgestellt, die Ergebnisse lassen aber doch vermuten, dass sie in hohem Maß vorkommt« (Robinson, 1994, S. 3).
8. Die Suizidrate in verschiedenen Bereichen der Vollzugsorgane ist dreimal so hoch wie der Landesdurchschnitt. Dies hängt damit zusammen, dass die Mitarbeiter großen Belastungen ausgesetzt sind und sie zudem auch mit traumatischen Erfahrungen Betroffener konfrontiert werden. (siehe z.B. Newsweek, Sept. 26, 1994).
9. Die psychische Verfassung der Einsatzkräfte beeinflusst in großem Maße deren »Arbeitserfolg« in den Notfallsituationen und ist damit entscheidend für das Wohlbefinden der Patienten.
10. Diese und andere Punkte machen deutlich, dass im Rahmen der (CISM-)Interventionen alle Bemühungen darauf ausgerichtet sein müssen, posttraumatischen Belastungssyndromen vorzubeugen (Duffy, 1979; Kentsmith, 1980; Butcher, 1980).
11. CISM-Nachbesprechungen und CISM-Kurzbesprechungen werden seit 20 Jahren erfolgreich mit Risikoberufsgruppen auf der ganzen Welt durchgeführt. Sie sind mittlerweile weltweit die am häufigsten verwendeten formalisierten Interventionen im Bereich der Prävention von traumatischem Stress.

5.4.1 Effektivität der CISM-Nachbesprechung: Frühe Forschung

Die erste Ausgabe dieses Handbuches erschien in den USA im Jahre 1993. In den vergangenen elf Jahren wurden durch weiterführende Forschungen neue Erkenntnisse über die Effektivität der CISM-Nachbesprechung erzielt. Bevor wir uns diesen zuwenden, seien zunächst die Entwicklung und der Forschungsstand skizziert:

Obwohl es sehr schwer fällt, im Rahmen von Feldversuchen experimentelle Bedingungen zu schaffen, hat O. Rogers 1992 eine quasi-experimentelle Studie über Auswirkungen von CISM-Nachbesprechungen auf Einsatzkräfte durchgeführt. Die hier gewonnenen Daten belegen, dass die CISM-Nachbesprechung sich positiv auswirkt und Belastungssymptome effektiv vermindert. Dieser Effekt wird allerdings erst einige Wochen nach der Nachbesprechung deutlich. Rogers Daten zufolge erscheinen die Effekte einer CISM-Nachbesprechung innerhalb von 36 Stunden eher gering. Die Untersuchungen müssen wiederholt und ausgeweitet werden. Bei Rogers Versuchsgruppe muss jedoch untersucht werden, wie vergleichbare Kontrollgruppen eingesetzt

Flugzeugabstürze in San Diego und Cerritos

	San Diego	Cerritos
Tote insgesamt	125	82
Überlebende	0	0
zerstörte Häuser	16	16
getötete Anwohner bzw. Zuschauer	15	15
Einsatzkräfte vor Ort	300	300
gefundene Körperteile	>10 000	>10 000

(Zusammengestellt von J.T. Mitchell, aus NIMH, 1979, 1983; Duffy, 1979; Freeman, 1979; Honig, 1987)
Abb. 5.2

Folgen der Flugzeugabstürze in San Diego und Cerritos

	San Diego	Cerritos
Art der Intervention	sporadische Einzelberatungen, Kriseninterventionen	12 CISM-Nachbesprechungen CISM-Einsatzabschlüsse CISM-Hotline/Infotelefon Nachbetreuung
Dienstunfähige/ausgeschiedene ...		
Polizeibeamte	5 pro Jahr	insgesamt 1 pro Jahr
Feuerwehrleute	7 pro Jahr	
Rettungskräfte	17 pro Jahr	
Anstieg des Bedarfs an psychologischer Unterstützung:	31% pro Jahr	1% pro Jahr

(Zusammengestellt von J.T. Mitchell, aus NIMH, 1979, 1983; Duffy, 1979; Freeman, 1979; Honig, 1987)
Abb. 5.3

werden können, und es muss der Frage nachgegangen werden, wie die generelle Suche nach validen und verlässlichen Daten nach CISM-Kurz- und Nachbesprechungen aussehen könnte (Rogers, 1992).

Die Abbildungen 5.2 und 5.3 vergleichen die Auswirkungen zweier Flugzeugabstürze in den amerikanischen Städten San Diego und Cerritos. Abbildung 5.3 stellt die Folgen dieser Katastrophen unter Zugrundelegung der verschiedenen Interventionen einander gegenüber. Nach der Katastrophe in Cerritos waren weit weniger negative Auswirkungen zu verzeichnen. Dies ist den verschiedenen CISM-Angeboten zuzuschreiben. Die Ergebnisse dieses empirischen Vergleichs sind überzeugend (Duffy, 1979; Freeman, 1979; Honig, 1987).

Der Norweger Atle Dyregrov belegte mit einer 1989 durchgeführten Studie, dass die frühe Anwendung einer CISM-Nachbesprechung für die Opfer einer Katastrophe hilfreich ist (Dyregrov, 1989). Seine Vorschläge, Nachbesprechungen mit Gruppen anzuwenden, wurden von anderen Forschern mitgetragen (Turner, Thompson und Rosser, 1993). Es wurden CISM-Nachbesprechungen durchgeführt, nachdem eine Fähre mit britischen Schulkindern im Mittelmeer gesunken war (Johnston, 1983). In den USA geht man zudem davon aus, dass CISM-Nachbesprechungen auch bei einer Vielzahl von Traumata hilfreich sind, die einem am Arbeitsplatz widerfahren (Williams, 1993). CISM-Nachbesprechungen werden auch für die Arbeit mit Polizisten (Blau, 1994) oder Pflegepersonal (Burns und Harm, 1993) empfohlen. Häufig wurden sie im Militär angewandt (Miller, 1994). Auch viele Ärzte und Forscher haben verschiedene Formen von Debriefings in ihrer Arbeit mit traumatisierten Personen und Gruppen eingesetzt (Wilson und Raphael, 1993; Mitchell und Dyregrov, 1993; Meichenbaum, 1994).

Auch andere Untersuchungen von CISM-Nachbesprechungen kommen überwiegend zu positiven Ergebnissen. Robyn Robinsons Untersuchung bei Rettungskräften zeigt, dass 45% der betroffenen Einsatzkräfte angaben, ein oder mehrere belastende Ereignisse seien die Ursache für ihre deutlichen Belastungsreaktionen. Von den 823 befragten Rettungskräften wussten 64%, dass das *Victoria Ambulance Crisis Counseling Unit* spezielle CISM-Angebote machte. Davon waren 71% der Meinung, dass CISM-Nachbesprechungen sehr wichtig seien, 26%, dass CISM-Nachbesprechungen relativ wichtig seien, und nur 3% waren der Meinung, dass CISM-Nachbesprechungen unwichtig seien (Robinson, 1994). Wenn die CISM-Nachbesprechungen an sich bewertet wurden, empfanden sie 37% der Angestellten im Rettungsdienst als sehr hilfreich. Weitere 45% fanden die CISM-Nachbesprechungen relativ hilfreich, und 18% empfanden sie als nicht hilfreich.

Da angenommen wird, dass der Prozess der CISM-Nachbesprechung Belastungssymptome verringert (Rogers, 1992), wurden hierzu in der Studie von Robinson konkrete Fragen gestellt. 21% der Beschäftigten, die an einer CISM-Nachbesprechung teilnahmen, meinten, dass sich die Symptome bei ihnen deutlich verringert hätten. Weitere 51% sagten, dass sich die Symptome ein wenig verringert hätten, und 28% gaben an, dass die Nachbesprechung keine Auswirkungen auf das Ausmaß ihrer Symptome gehabt habe. Bei der Frage, wie lange die positiven Auswirkungen der CISM-Nachbesprechung vorhielten, waren 48% der Meinung, sie hätten lange angedauert.

Weitere 10% sagten, die positiven Auswirkungen der CISM-Nachbesprechung dauerten einige Wochen, 14% sagten, sie würden ein paar Tage andauern, und 28% der Befragten waren der Ansicht, sie hätten keinerlei positive Auswirkungen bemerken können (Robinson, 1994).

Die Effektivität der CISM-Nachbesprechung wurde in Australien in einer Studie mit 288 Beschäftigten aus dem sozialen und klinischen Bereich sowie aus dem Rettungsdienst bewertet. Die Betroffenen hatten an insgesamt 31 CISM-Nachbesprechungen nach dem »Mitchell-Modell« teilgenommen, die zwischen 1987 und 1989 in Melbourne durchgeführt wurden. Die Ereignisse, die bearbeitet wurden, waren unter anderem ein Dienstunfall mit tödlichem Ausgang, fünf Einsätze mit einer hohen Opferzahl, Einsätze, bei denen Kinder zu Tode kamen, Verletzung eines Kollegen, Suizid eines Patienten und andere traumatische Situationen. Alle Teilnehmer der Studie waren sich einig, dass die belastenden Ereignisse mittelmäßig starke bis nachhaltige Auswirkungen auf sie hatten.

Zwei Wochen nach den CISM-Nachbesprechungen wurden Fragebögen an alle Teilnehmer verteilt. Es ist wichtig, hier den Zeitraum von zwei Wochen zu nennen, weil bei einer Reihe anderer Studien die Zeitspanne zwischen der Nachbesprechung und der Befragung größer war. Durch eine solche »Verspätung« können allerdings die Befragungsergebnisse verfälscht werden. Die Mehrzahl der Teilnehmer der Melbourner Studie gab nun an, dass ihnen die CISM-Nachbesprechung sehr geholfen habe. Darüber hinaus waren sie der Meinung, dass es auch anderen in der Gruppe so ginge. Tatsächlich gaben 96% des Rettungsdienstpersonals und 77% der Beschäftigten im Sozialdienst bzw. Krankenhaus, die Stresssymptome nach einer sehr belastenden Situation entwickelt hatten, an, dass sie eine Verringerung der Stresssymptome bei sich feststellten, was sie zumindest teilweise der CISM-Nachbesprechung zuschrieben. (Robinson und Mitchell, 1993, S. 376).

Als häufigste Gründe, warum die CISM-Nachbesprechungen hilfreich waren, gaben die Betroffenen an:

1. Das Gespräch über das Geschehene mit Menschen, die von dem gleichen Ereignis betroffen waren, half, mit dem Erlebten besser umgehen zu können.
2. Die CISM-Nachbesprechung bot einen Rahmen, über das Ereignis zu sprechen. (Die Teilnehmer bemerkten, dass sie die Ereignisse ohne CISM-Nachbesprechung nicht verbalisiert hätten).
3. Die CISM-Nachbesprechung half den Betroffenen, sich selbst bzw. die eigene Stresssituation besser zu verstehen.

Obwohl der Fragebogen Punkte enthielt, die ausdrücklich zu Kritik an der CISM-Nachbesprechung aufforderten, bezog sich die einzige substanzielle Kritik der Teilnehmer auf äußerliche Details, wie zum Beispiel fehlenden Komfort bei Sitzgelegenheiten, dass die Nachbesprechung zu lange nach dem Ereignis abgehalten wurde und dass jeder, der an dem Ereignis beteiligt war, auch an der Nachbesprechung hätte teilnehmen sollen. Inhalt und Form der Nachbesprechung wurden dagegen überhaupt nicht kritisiert. Andere beklagten, dass ihnen der Prozess nicht vertraut war und sie vorher nicht genug darüber gewusst hätten. Sie gaben an, dass sie mit einer größeren

Effektivität von CISM-Nachbesprechungen

CISM-Nachbesprechung war hilfreich

1. Sprechen über das Ereignis hilft. 86,0%
2. Ich erkannte, dass ich mit meinen Reaktionen auf das Ereignis nicht alleine bin. 85,1%
3. Ich hörte Andere über den Vorfall reden. 83,0%
4. Ich war Teil einer Gruppe, die das Ereignis auch miterlebt hatte. 73,2%
5. Ich hörte, wie andere mit Belastungen umgehen. 58,2%
6. Meine Stressreaktionen ließen an Intensität nach. 46,9%
7. Von den Team-Leitern lernten wir etwas über einsatzspezifische Belastungen. 22,2%

CISM-Nachbesprechung war nicht hilfreich

1. Die Team-Leiter hatten keine relevanten Erfahrungen. 26,9%
2. Es gibt in der Gruppe Personen, in deren Anwesenheit ich mich nicht wohl fühle. 23,1%
3. CISM-Nachbesprechungen werden zu lange nach dem Ereignis angeboten. 19,2%
4. Ich fühle mich nicht wohl dabei, das Ereignis in einer Gruppe zu besprechen. 9,6%
5. Ich bereue die Zeit, die ich für die CISM-Nachbesprechung verschwendet habe. 9,6%
6. Die Nachbesprechung wurde zu früh nach dem Ereignis angeboten. 3,8%

(Nach: Burns und Harm, 1993)

Abb. 5.4

Kenntnis der CISM-Nachbesprechung noch mehr von den Sitzungen gehabt hätten. Niemand berichtete jedoch, die CISM-Nachbesprechung hätte ihm geschadet (Robinson und Mitchell, 1993).

Insgesamt fanden die Teilnehmer der Melbourner Studie die CISM-Nachbesprechungen generell positiv. Die positiven Auswirkungen und der Wert von CISM-Nachbesprechungen für die Teilnehmer wurden betont. Die meisten Personen, die nach einem belastenden Ereignis unter Belastungssymptomen litten, gaben an, dass diese sich verringert hätten, nachdem sie an der CISM-Nachbesprechung teilgenommen hatten. Außerdem wurde der Wert einer Nachbesprechung desto größer eingeschätzt, je stärker die Auswirkungen des Ereignisses auf die Personen waren (Robinson und Mitchell, 1993, S. 380).

C. Burns und I. Harm nannten ähnliche Gründe für die Effektivität einer CISM-Nachbesprechung. Von 219 Angestellten im Pflegebereich, die an CISM-Nachbesprechungen teilgenommen hatten, berichteten 193, dass der Prozess für sie hilfreich gewesen sei. Nur 26 gaben an, dass der Prozess nicht hilfreich war. Das Pflegepersonal konnte Gründe nennen, warum die CISM-Nachbesprechungen hilfreich oder nicht hilfreich waren (Burns und Harm, 1993) – siehe hierzu Abbildung 5.4.

Wenn Gründe für die Ineffektivität einer CISM-Nachbesprechung angegeben werden, verdienen sie besondere Aufmerksamkeit. Wenn grundlegende Prinzipien der CISM-Nachbesprechung nicht befolgt werden, die in diesem Buch und zahlreichen Artikeln beschrieben werden (Life net, passim), führt dies dazu, dass CISM-Nachbesprechungen fehlschlagen, bzw. CISM-Teams die Atmosphäre der Nachbesprechung als unangenehm empfinden.

Eine solche Missachtung der Grundprinzipien der CISM-Nachbesprechung wird in einer Abhandlung zu dem Flugzeugabsturz über dem schottischen Lockerbie 1988 beschrieben. Ein »Debriefer« schreibt: »Wir haben auch schnell die »Kardinalsregel« der CISM-Nachbesprechung gelernt: Es war nicht ratsam, Betroffenen, die »abgehärtet« sind (d.h. über ausgeprägte kognitive Schutzmechanismen verfügen), zunächst über emotionale Reaktionen zu befragen. Effektiver erschien es, erst die Gesamterfahrung der Gruppe zusammenzutragen, bevor wir uns den Reaktionen der Einzelnen zuwandten. Die Richtigstellung individueller Fehlinterpretationen und falscher Vorstellungen einzelner Teilnehmer war in diesem Rahmen sehr beeindruckend« (Meichenbaum, 1994, S. 521).

CISM-Nachbesprechungen wurden auch bei Kindern mit positiven Ergebnissen durchgeführt. Zum Beispiel wurden Kindern anderthalb Jahre nach dem Erdbeben in Armenien CISM-Nachbesprechungen, Einzel- und Gruppennachbetreuungen angeboten. Die Nachbesprechungen verminderten ernste traumatische Belastungsreaktionen bei den Kindern deutlich. Kontrollgruppen, die keine Betreuung erhielten, erzielten keine guten Ergebnisse (Pynoos et al., 1994).

Heute gibt es zunehmend mehr Literatur zum Thema Stressbearbeitung nach belastenden Ereignissen. A. Y. Shalev (1994, S. 209) gibt an, dass die Werke von Raphael und Mitchell die meistzitierten auf dem Gebiet der Debriefings sind. Meichenbaum (1994) bestätigt Shalevs Aussage und bietet eine Beschreibung und Kritik des »Mitchell-Modells« der CISM-Nachbesprechung an.

5.4.2 Effektivität der CISM-Nachbesprechung: Gegenwärtige Forschung

In Ermangelung eines eindeutigen Beweises gibt es, speziell mit Blick auf die debriefings, keine vollständige Zustimmung zur Frage der Effektivität der Gruppenkrisenintervention (im Folgenden wird der Ausdruck »*debriefing*« klein geschrieben, wenn es sich nicht um das CIS-Debriefing nach Mitchell handelt).

Erste Zweifel an der Effektivität psychologischer Gruppeninterventionen in der Form des debriefings ergaben sich in der Fachliteratur nach der Veröffentlichung von zwei australischen Studien. A.C. McFarlaine berichtete 1988 in einer Längsschnittstudie zum Verlauf der posttraumatischen Erkrankung bei Betroffenen von Buschbränden. Als ein Aspekt der Studie wurde herausgefunden, dass posttraumatischer Stress dann entsteht, wenn es von den Probanden vermieden wurde, über Probleme nachzudenken, oder nach dem Verlust von (Haus-)Eigentum und – und das scheint hier das Wichtigste zu sein – wenn an den Debriefings nicht teilgenommen wurde. Andererseits konnten chronische Variationen der posttraumatischen Belastungsstörung, d.h. wenn die Erkrankung über einen langen Zeitraum anhält, am besten prognostiziert werden bei Vorerkrankungen, die keinen Bezug zum Ereignis hatten. Als Beispiele können angeführt werden: Familienanamnese von psychiatrischen Störungen, Zusammenwirken von Vermeidungsverhalten und neurotischem Verhalten bei emotionalen Belastungen (Neurotizismus) oder bei der Tendenz zur Konfliktscheu.

Die Gruppe, bei der eine verzögerte posttraumatische Belastungsstörung auftrat, hatte nicht nur höhere prämorbide Neurotizismus-Werte, zeigte also ein deutlicheres neurotisches Verhalten durch die emotionalen Belastungen, die Betroffenen hatten auch einen größeren Verlust von Eigentum zu beklagen. Auch sie hatten an den undefinierten debriefings teilgenommen. Während diese Faktoren in der scharfsinnigen Funktionsanalyse bei der Gruppe mit verzögerter posttraumatischer Belastungsstörung überhaupt nur in 53% der Fälle zu identifizieren waren, wird diese Studie von Mc Farlane trotzdem häufig als Beleg angeführt für die mangelnde Effektivität von debriefings.

Eine zweite Studie mit negativem Ergebnis war die von J. A. Kenardy aus dem Jahr 1996 (Kenardy et.al., 1996). Kenardys Untersuchung beabsichtigte, die Effektivität von Stress-debriefings an 62 Helfern einzuschätzen, die er mit 133 anderen Probanden verglich, die nach einem Erdbeben in New Castle in Australien nicht debrieft worden waren. Auch diese Studie wird häufig zitiert als Beweis für die Ineffektivität von Debriefings. Die Autoren erklären jedoch selbst, dass sie »keinen Einfluss hatten auf die Verfügbarkeit oder das Wesen des Debriefings [...]« (S.39). Weiter heißt es: »Es wurde vorausgesetzt, dass alle Personen in dieser Studie, die angaben, einem Debriefing unterzogen worden zu sein, auch tatsächlich ein *»posttrauma Debriefing«* erhielten. [...] Es gab keine Standardisierung der Debriefing-Angebote [...]« (S.47). Diese sehr bemerkenswerten Enthüllungen der Autoren haben es allerdings nicht geschafft, sie vor einer Kritik des CIS-Debriefing-Prozesses abzuschrecken, wobei die Verwendung des Ausdrucks debriefing hier völlig im Unklaren bleibt.

Unglücklicherweise haben es sowohl Kenardy als auch Mc Farlane versäumt, sich zu versichern, nach welchem Standard die Nachsorgemaßnahmen durchgeführt wurden, die hier *debriefings* genannt wurden. Sie kritisieren einen Mitchell-Standard, ohne selbst eine standardisierte Maßnahme nach Mitchell untersucht zu haben. Die Ergebnisse der Untersuchung sind weder verständlich noch verallgemeinerungsfähig und bleiben eine Nullhypothese.

Den vielleicht größten Streit um die Nutzanwendung von debriefings haben die Analysen von S. Wessely, S. Rose und J. Bisson aus dem Jahr 1998 nach sich gezogen (Wessely, Rose und Bisson, 1998 sowie Rose & Bisson, 1998). Von diesen Analysen wurde behauptet, dass sie allen methodologischen Kriterien entsprechen, weil sie nur randomisierte Untersuchungen anwendeten, d.h. die Probanden wurden nach dem Zufallsprinzip aus der Behandlungs- und Kontrollgruppe ausgesucht. Allerdings litten diese Analysen ebenfalls unter einem inkonsequenten Gebrauch des Ausdrucks *»debriefing«,* wie schon in den vorhergehenden Untersuchungen aufgezeigt werden konnte: Es wurden insgesamt 110 Patienten mit schweren Verbrennungen willkürlich entweder einer Debriefing-Gruppe oder einer Kontrollgruppe zugewiesen. Das klinische Standard-Gruppen-Debriefing wurde dabei verworfen, stattdessen wurde es als eine Intervention für Einzelpersonen angepasst.

Die Autoren erheben ernsthafte Zweifel an der Nützlichkeit von Debriefings, obwohl die Untersuchung schwerwiegende Mängel aufweist:

1. die Gruppen waren nicht gleichartig besetzt,
2. in der Debriefing-Gruppe gab es wesentlich schwerere Verbrennungen sowie größere finanzielle Probleme,
3. es wurden Patienten mit Schmerzen debrieft und Patienten, die unter Schmerz stillenden Medikamenten standen,
4. außerdem wurde die Gruppengesprächsmethode bei Einzelpersonen angewandt.

Damit ist das gesamte Untersuchungsdesign nicht geeignet, Aussagen über Effektivität und Wirksamkeit von CIS-Debriefings nach Mitchell zu machen.

M. Hobbs, R. Mayou, B. Harrison und P. Warlock führten 1996 einen randomisierten Versuch mit 106 verunglückten PKW-Fahrern durch, von denen 54 debrieft waren und 52 eine Kontrollgruppe bildeten. Obwohl die Gruppen nicht vergleichbar waren, da die Debriefing-Gruppe einen höheren Belastungsgrad zu Beginn der Untersuchung hatte, und obwohl keine Standard-Gruppen-Intervention zur Anwendung kam, wurden diese Daten genutzt, um zu beweisen, dass Debriefings schädlich sein könnten (Hobbs, Mayou, Harrison und Warlock, 1996).

Während die debrieften Gruppen in einem vier Jahre späteren Nachtest statistisch höhere Trauma-Werte aufwiesen, war der Unterschied klinisch nicht bedeutsam und nur graduell. In einer Vier-Jahres-Längsschnittfolgeuntersuchung fanden R. Mayou, A. Ehlers und M. Hobbs im Jahr 2000 heraus, dass die Mitglieder der Interventions-Gruppe, in der individuelle debriefings durchgeführt wurden, auch nach Abschluss des debriefings noch Symptome aufwiesen.

Es kann jedoch nicht verwundern, dass ein psychologisches Debriefing ineffektiv und für Trauma-Patienten unangemessen ist, wenn die Gruppenmaßnahme auf Einzelpersonen angewandt, aus ihrem Kontext herausgenommen und als Einzelmaßnahme innerhalb eines gesamten Nachsorgeprozesses isoliert betrachtet und analysiert wird. (Mayou, Ehlers, Hobbs, 2000).

C. Lee, P. Slade und V. Lygo betraten ein weiteres Untersuchungsfeld: 1996 schätzten sie die Effektivität von individuellen Debriefings bei Frauen nach einer Fehlgeburt ein. Dabei wurden keine signifikanten Veränderungen nach den debriefings festgestellt.

In einer jüngeren Variante dieser Untersuchung, die 2000 von R. Small durchgeführt wurde, wurden debriefings nach operativen Kindesgeburten wie Kaiserschnitten, Zangengeburten oder Saugglockengeburten vorgenommen. Auch hier wurden statt Gruppendebriefings individuelle debriefings gebraucht. Das Debriefing fand vor der Entlassung aus dem Krankenhaus statt, während die Untersuchung sechs Monate nach der Geburt des Kindes vorgenommen wurde. Leider wurde der Debriefing-Prozess, der in dieser Studie eingesetzt wurde, nicht besonders beschrieben oder anders eingesetzt als die beschriebene Gruppenintervention. Nichtsdestotrotz zeigten die Ergebnisse der Studie, dass 94% der Frauen in der Debriefing-Gruppe das Debriefing entweder als »hilfreich« oder gar »sehr hilfreich« (n = 437/463) empfanden. Wie vorhersehbar war, wurde die Intervention als nicht effektiv zur Behandlung der Symptome von Depressionen eingeschätzt. Jedoch war sie hierfür ja auch niemals vorgesehen.

Glücklicherweise gibt es auch eine Reihe von Untersuchungen, die das CISD-Modell der psychologischen Krisenintervention nach Mitchell stützen und bestätigen: Nurmi untersuchte 1999 Rettungsdienstpersonal nach dem Untergang der Estonia, Wee ebenfalls 1999 Rettungsdienstpersonal nach den Unruhen von Los Angeles, Bohl untersuchte Feuerwehrleute 1995, Chemtob Mitarbeiter der Gesundheitsfürsorge nach dem Hurrikan Iniki, Jenkins untersuchte Rettungsdienstpersonal nach einer Massenschießerei.

Alle diese Untersuchungen von CIS-Debriefings und der psychologischen Krisenintervention in Gruppen haben – in unterschiedlichen Graden – Beweiskraft für die Effektivität der Interventionen mit der Methode der CISM-Nachbesprechung. Obwohl jeder dieser Studien eine randomisierte Zuweisung der Personen fehlt, weisen fünf von sieben Untersuchungen konstante Kontrollbedingungen auf. Zwar erfüllen auch diese Forschungsdesigns nicht alle Ansprüche: So können die Auswahlkriterien Sterblichkeit oder Reife die interne Validität bedrohen. Auch könnte die Auswahl der Intervention und der Interaktion die externe Validität beeinträchtigen. (Campbell, Stanley, 1963).

Jedoch hat George S. Everly sechs der zuvor genannten Untersuchungen, die Kontrollbedingungen besaßen, einer Metaanalyse unterzogen. Auf diese Weise konnten die Schwachstellen beim Forschungsdesign kompensiert werden. Die Ergebnisse dieser Metaanalyse brachten darüber hinaus einen zusätzlichen Beweis, dass CIS-Debriefings tatsächlich klinisch effektiv sind, und das quer durch alle Anwendungen (Everly, Boyle, 1999; Everly, Piacentini, 1999).

Zu den herausragenden Beobachtungen aus den betroffenen Untersuchungen gehört, dass bei einigen Beispielen die Debriefings anderen Interventionen folgten. Hier wurde deutlich, dass es unsinnig wäre, eine strikte Komponenten-Analyse zu betreiben, da die Effektivität der Debriefings durch die Folgeinterventionen natürlich wesentlich gesteigert wird. Diese Folgeinterventionen sind ja auch selbstverständlicher Bestandteil des Gesamtsystems der Stressbearbeitung nach belastenden Ereignissen. Daher muss eindeutig gesagt werden: Fehlen auch nach einem hervorragend durchgeführten CIS-Debriefing die Folgeangebote, so stellt das eine Vergewaltigung des Gesamtsystems der Stressbearbeitung nach belastenden Ereignissen dar.

Im Jahr 2000 hat J. Watchorn gezeigt, dass Gruppen-Debriefings zur Vorbeugung vor PTBS dienlich sind. Watchorn konnte feststellen, dass bei peritraumatischen Dissoziationen – das bedeutet Abspaltungen wie z.B. Derealisation, Depersonalisation infolge des Traumas während des Ereignisses oder kurz danach – lang anhaltende Beeinträchtigungen vorhersehbar sind; diejenigen dagegen, die nach einem Debriefing dissoziierten, hatten weniger lange Beeinträchtigungen.

In der bisher einzigen randomisierten Untersuchung des CIS-Debriefings hat M. Deahl ebenfalls im Jahr 2000 herausgefunden, dass ein Debriefing zu weniger Alkoholmissbrauch infolge des traumatischen Ereignisses sowie zu geringeren Angstsymptomen, Depressionen und PTBS führt. Diese Untersuchung wurde mit 106 britischen Soldaten in einer friedenserhaltenden UN-Mission durchgeführt. Die Soldaten wurden nach dem Zufallsprinzip entweder einer Debriefing-Gruppe oder einer Nicht-Debriefing-Gruppe zugeordnet. Zusätzlich erhielten alle Soldaten als Vorbereitung auf die Mission ein Einsatz-Stress-Trainings-Paket. Nach sechs Monaten zeigte sich, dass bei der debrieften Gruppe sowohl der Alkoholmissbrauch als auch die psychometrisch erhobenen Werte von Angst, Depression und Symptomen der PTBS niedriger waren. Diese Untersuchung liefert also einen eindeutigen Beweis für den Nutzen von CIS-Debriefings und macht diese Methode zu einem sinnvollen Mittel für die Linderung psychischer Reaktionen auf traumatische Ereignisse. Aber noch einmal: Es sollte in Erinnerung behalten werden, dass Debriefings nicht als eine einmalige Intervention entworfen wurden. Die Britische Psychologische Gesellschaft trat bereits 1990 dafür ein, dass Kriseninterventionen vielseitig sein müssen und auf multiplen Bestandteilen beruhen (Mitchell, Everly, 1997; Everly, Mitchell, 1999).

5.4.3 Effektivität des Gesamtsystems der Stressbearbeitung nach belastenden Ereignissen

Auf die Effektivität von integrierten, aus vielen Teilen bestehenden Programmen der Stressbearbeitung nach belastenden Ereignissen ist jetzt sowohl durch aufmerksame *qualitative* Untersuchungen (Everly, Flannery & Mitchell, 2000; Everly & Mitchell, 1999; Miller, 1999; Dyregrov, 1997, 1998, 1999) als auch durch *empirische* Untersuchungen und Metaanalysen hingewiesen worden (Flannery, 1998; Flannery, Penk & Corrigan, 1999; Flannery, et al. 1995; Flannery, et al. 1998; Flannery, et al. 2000; Mitchell, Schiller, everly & Eyler, 1999; Everly, Flannery & Eyler, im Druck; Flannery, Everly 6 Eyler, 2000; Western Management Consultant, 1996).

Im Laufe des Jahres 1985 wurde auf die *Commonwealth Banking Corporation* in Australien insgesamt 30 Überfälle verübt. Darin waren 107 Angestellte verwickelt. Anschließend musste die Bank insgesamt 281 Fehltage bei den betroffenen Angestellten verzeichnen und weitere 668 Krankheitstage innerhalb von sechs Monaten nach den Überfällen. Die durchschnittlichen Schadensersatzzahlungen an die Angestellten betrugen 18.488 Australische Dollar pro Person. Nach den Überfällen des Jahres 1985 gab es kein Debriefing- oder Krisenreaktionsteam.

Zwei Jahre später, Anfang 1987, wurde im Rahmen eines Hilfsprogramms nach Überfällen ein CISM-Team gegründet. Als es anschließend in den Jahren 1987 und 1988 zu insgesamt 36 Überfällen kam, bei denen wiederum 107 Angestellte betroffen waren, konnten mit Hilfe des CISM-Teams die Fehltage und die Schadensersatzzahlungen an die Arbeitnehmer deutlich verringert werden: Von den betroffenen Angestellten wurden nur 112 Krankheitstage in Anspruch genommen, die direkt in Zusammenhang mit den Überfällen standen. Dies war eine Reduzierung von 60 Prozent gegenüber der Statistik von 1985. Innerhalb von sechs Monaten nach den Überfällen wurden nur 265 weitere Krankheitstage genommen. Eine Zahl, die im Vergleich zu den Zahlen von 1985 ebenfalls eine Verringerung von 60% darstellt. Eine noch drastischere Senkung konnte bei den Schadensersatzzahlungen verzeichnet werden. Durchschnittlich wurden nach Einsatz des Hilfsteams pro Person 6.326 Australische Dollar gezahlt; die Schadensersatzzahlungen wurden also um 68% verringert. Abbildung 5.5 stellt eine Zusammenfassung dieser Statistik dar.

R.B. Flannery Jr. entwickelte unter dem Namen ASAP (=*Assaulted Staff Action*

Auswirkungen von CISM-Maßnahmen

	1985	1987–88	Veränderung
Überfälle	30	36	+16%
betroffene Angestellte	107	107	0%
Hilfsangebote	–	Unterstützungsteam	–
Krankheitstage in direktem Zusammenhang mit dem Überfall	281	112	-60%
andere Krankheitstage, nicht in direktem Zusammenhang	668	265	-60%
Schadensersatzzahlungen	18 488 Aus$	6 326 Aus$	-68%

(Nach: Leeman-Conley, 1990)

Abb. 5.5

Program) eine neue Herangehensweise an die Stressbearbeitung nach belastenden Ereignissen, um Opfern von Übergriffen und Überfällen nachhaltige Unterstützung bieten zu können. (Flannery, 1998, 1999a, 1999b, 1999c). Sein Konzept wurde eingesetzt in Heimen, Kliniken und Schulen.

Welchen Wert hat das ASAP? Eine im Jahr 2000 erstellte Metaanalyse von fünf ASAP-Studien stellte eine sehr große klinische Relevanz fest. (Flannery, Everly & Eyler, 2000).

Die letzte und größte Metaanalyse beschäftigte sich mit acht Einzeluntersuchungen zu CISM. Die Ergebnisse zeigten den Nachweis über bedeutende klinische Effekte in einer über alle Zweifel erhabenen Anzahl von Personen und in unterschiedlichen Settings.

Wie vorauszusehen und zu erwarten war, hat Richards (1999) die Überlegenheit eines vielteiligen CISM-Programms gegenüber einzelnen CIS-Debriefings deutlich aufgezeigt.

Kritiker des Critical Incident Stress Stressmanagements stellten heraus, dass die Untersuchungen, die diese Art der Krisenintervention befürworten, nur von quasi-experimenteller Natur sind. Randomisierte Forschungsdesigns, die die Effektivität von Krisenintervention einschätzen, sind sicher zu begrüßen, wenn sie in Gang gesetzt werden, ohne den inneren Validitätsgehalt zu opfern. Ethisch wäre es aber nicht vertretbar, nach einem Großschadensereignis Einsatzkräften keine angemessene Nachsorgemaßnahme zukommen zu lassen, nur weil es eine entsprechende Vergleichsgruppe bräuchte. Es ist ja schon zuvor betont worden, dass das Critical Incident Stress Management in genaue metaanalytische Prüfungen eingebunden wurde und sich auf der Basis von empirischen Untersuchungen als effektiv erwiesen hat (Everly, Flannery & Eyler, im Druck; Flannery, Everly & Eyler, 2000). Obwohl die Teiluntersuchungen quasi-experimental waren, sind sie aus mehreren Gründen nicht ohne erkenntnistheoretischen Wert:

1. Der Gebrauch solcher Designs, sogar von Einzelfalldesigns, kann schon deswegen nützlich sein, weil bedeutsame Daten zur Führung der Untersuchung beigesteuert werden.
2. Das wahrheitsgetreue Festhalten an standardisierten Protokollen (besonders dem CIS-Debriefing oder dem CISM) dient als Grundlage für den inneren Grad der

Genauigkeit (Validität) und dient dazu, den externen Grad der Genauigkeit zu erhöhen.

3. Der Gebrauch von Metaanalysen macht Fehler in den Untersuchungen weniger wahrscheinlich und gleicht spezifische Gefahren für die innere Validität aus.
4. Der Gebrauch von Metaanalysen mit unterschiedlichen Empfängergruppen erhöht den äußeren Grad der Genauigkeit des Befundes und macht die Effektivität von CIS-Debriefings und des Critical Incident Stress Managements deutlich.
5. Der Gebrauch von verbundenen metaanalytischen Strategien erhöht die Kraft des Befundes, indem es die Probepopulation erhöht, was wiederum die Glaubwürdigkeit des folgenden Befundes erhöht (Seligman, 1995).

Die bisherigen Untersuchungen über die Effektivität und klinische Relevanz von Debriefings können wie folgt zusammengefasst werden:

1. Die frühesten Forschungsvorhaben zu Debriefings legten den Schwerpunkt auf das CIS-Debriefing-Modell. Grundlage in diesen Untersuchungen waren Datenerhebungen per Fragebogen mit Selbstaussagen. Ihr Beitrag war es, anekdotisch den Erweis zu systematisieren und sie unterstützten damit das CIS-Debriefing-Modell.
2. Mit der zweiten Generation von »Debriefing«-Studien (Mc Farlane, 1988; Kenardy et al. 1996) konnte zwar weder der Ausdruck »debriefing« definiert werden noch konnte beschrieben werden, was wirklich während eines debriefings geschieht. Jedoch bestand der Nutzen dieser Studien darin, die Notwendigkeit der Intervention in der Praxis zu untermauern.
3. Die dritte Generation von Debriefing-Studien wurde anhand von Einzelinterventionen mit Krankenhauspatienten durchgeführt (Bisson et al. 1997; Hobbs et al. 1996; Mayou, Ehlers & Hobbs, 2000; Lee, Slade & Lygo, 1996; Small et. al. 2000). Es konnte gezeigt werden, dass eine Krisenintervention in der Praxis von großem Nutzen ist, jedoch keinesfalls eine Psychotherapie ersetzen kann und für Patienten im akuten Krankheitsstress ungeeignet ist. Die Studien brachten zu Tage, dass Debriefings grundsätzlich keine negativen Auswirkungen auf Patienten haben. (Bisson, Mc Farlane & Rose, 2000).
4. In der vierten Generation von Debriefing-Studien kam wiederum das CIS-Debriefing-Modell zur Anwendung. Hier wurden im Vergleich zur ersten Generation jedoch verbesserte Forschungsdesigns benutzt. Auf Basis von metaanalytischen und randomisierten Untersuchungen konnte die These untermauert werden, dass das CISD-Modell ein effektives klinisches Handwerkszeug ist, um psychischen Stress zu vermindern und posttraumatischen Belastungsstörungen vorzubeugen (Nurmi 1999; Bohl 1991, 1995; Chemtob et al. 1997; Wee et al. 1999; Jenkins 1996; Everly, Piacentini 1999; Deahl et al. 2000; Watchorn 2000). Der wesentliche Forschungsbeitrag dieser Untersuchungen bestand darin, den Wert eines standardisierten, theoriegestützten und empirisch entwickelten Protokolls für Kleingruppen-Krisenintervention aufgezeigt zu haben.
5. Der Terminus »*CIS-Debriefing*« kann nicht für Kriseninterventionsprogramme verwendet werden, die aus vielen Teilen bestehen. Stattdessen beschreibt der Ausdruck ***C**ritical **I**ncident **S**tress **M**anagement* eine umfassende, vielfältige Herangehensweise an die Krisenintervention (Everly, Mitchell 1999; Flannery 1998).

Anhand verschiedener Untersuchungen konnte gezeigt werden, dass der Ansatz der Stressbearbeitung nach belastenden Ereignissen in der Krisenintervention eine klinisch effektive Krisenintervention darstellt (Bordow, Porritt 1979; Bosuttil et al. 1995; Richards 1999; Flannery, Everly, Eyler, 2000). Eine Krisenintervention sollte jedoch nicht aus einer einzelnen Intervention bestehen, sondern Teil einer integrierten facettenreichen Interventionskette sein (British Psychological Society 1990; Mitchell, Everly 1997; Turnbull, Bosuttil, Pittman 1997; Richards 1999; Bordow, Porritt, 1979, Bisson, McFarlane, Rose 2000).

5.5 Forschung zur Stressbearbeitung nach belastenden Ereignissen: Zusammenstellung der Hauptpunkte

1. Swanson und Carbon (1989) stellten in ihrem Task-Force-Report zur Behandlung psychiatrischer Störungen für die Amerikanische Psychiatrische Gesellschaft fest: Krisenintervention ist eine bewährte Herangehensweise als Hilfe im Schmerz einer emotionalen Krise (S. 2520). Gestützt auf Erweise, die bis in die 60er Jahre zurückgehen, konnte für die Krisenintervention als schnelle und akute psychologische Intervention nach kritischen Ereignissen und traumatischem Geschehen aufgezeigt werden, dass sie ein effektives Mittel zur Verminderung psychischer Erkrankungen ist (vgl. Psychiatric Association Task Force Report, 1989; Everly & Mitchell, 1999). Parad & Parad (1968) untersuchten 1656 Fälle aus der Sozialarbeit und fand heraus, dass krisenorientierte Interventionen effektiv sind, um aufkeimende psychiatrische Beschwerden zu vermindern und die Fähigkeit der Patienten zur Stressbewältigung zu verbessern. Langsley, Machotka & Flomenhaft (1971) begleiteten 300 zufällig ausgewählte psychiatrische Patienten nach ihrer Krankenhausbehandlung oder Familienkriseninterventionsgruppen. Es wurde herausgefunden, dass die Kriseninterventionsgruppen besser die Notwendigkeit einer nachfolgenden Krankenhauseinweisung in sechs und achtzehn Monatsintervallen vermindern konnten. Eine gleiche Feststellung wurde von Decker & Stubblebine (1972) berichtet, der ein zweieinhalbjähriges Längsschnittdesign mit einer Gruppe benutzt hatte. Schließlich haben Bordow & Porrit (1979) durch randomisierte Experimentaldesigns erstmals aufgezeigt, dass vielteilige Krisenintervention einzelnen Krisentaktiken überlegen ist. Während es eine zwingende Logik ist, die Idee frühzeitiger psychologischer Intervention nach einem kritischen Ereignis zu unterstützen und obwohl der Nutzen von CIS-Debriefings und der gesamten Stressbearbeitung nach belastenden Ereignissen erwiesen ist, sind kontinuierliche empirische Validierung und klinische Verfeinerung wertvolle Weiterentwicklungen für die Zukunft.
2. Eine Übersicht über die gegenwärtige Literatur gibt den Blick frei auf eine ausgesprochen geistvolle Diskussion über den Wert der Krisenintervention, speziell des Debriefings (vgl. Raphael & Wilson, 2000; Everly & Mitchell, 2000). So stellt Dyregrov (1998) fest: »Meiner Meinung nach ist die Diskussion um das »debriefing« nicht nur eine wissenschaftliche, sondern auch eine politische Debatte. Sie belegt Macht und

Positionen in der therapeutischen Welt. Als eine Technik stellen sie (die Debriefings) eine Bedrohung der psychiatrischen Elite dar. Sicherlich ist die Debriefing-Kontroverse darum wohl am wenigsten in ihrer Begrifflichkeit begründet.«

3. Auch in der aktuellen wissenschaftlichen Diskussion herrscht Ungenauigkeit – ja geradezu Verwirrung – über den Gebrauch der Schlüsselbegriffe und -konzepte. Oder anders ausgedrückt: Es herrscht Verwirrung, wenn man den Gebrauch der Begriffe »Debriefing«, »Critical Incident Stress Debriefing«, »Krisenintervention«, »Critical Incident Stress Management« betrachtet. Dies rührt weitestgehend von einer nicht exakten Interpretation und einem widersprüchlichen Gebrauch der Begriffe her (Bisson, McFarlane, Rose 2000; Everly, Mitchell, 2000).
4. Statt im korrekten Gebrauch nutzen einige Autoren den Begriff »Debriefing«, um auf praktisch jede Form akuter Krisenintervention zu verweisen, sei sie nun standardisiert oder nicht-standardisiert ausgeführt oder auf individueller Basis oder auf einem Gruppenformat basierend. Leider machte das Fehlen einer standardisierten Begrifflichkeit es schwer, sinnvolle empirische Vergleiche anzustellen. Ein vernünftiger Diskurs hängt notwendigerweise von dem übereinstimmenden Gebrauch der Begriffe ab.
5. Die Mehrheit der Forschungsarbeiten stimmt folgenden Punkten zu:
   a) Unter »Krisenintervention« versteht man eine Form der akuten psychologischen Ersten Hilfe. Das Ziel einer Krisenintervention ist es, Betroffene nach einem Trauma oder einem kritischen Ereignis zu unterstützen und eine psychologische Triage vorzunehmen, d.h. dass jene Betroffenen identifiziert werden müssen, die einen höheren Grad an psychischer Hilfe – z.B. in Form einer Beratung oder einer Psychotherapie – benötigen und die Förderung, auf solche Hilfen zuzugehen. Im Blick auf Psychotherapie ist festzuhalten: Obwohl es unzählige Modelle von Kurztherapien gibt, sind sie in akuten Krisensituationen größtenteils kontraindiziert (Debenhan, Sargent, Hill und Slater, 1941). Der Gebrauch solcher kurzen psychotherapeutischen Modelle schließt per Definition die wertvollen Ressourcen von trainierten und erfahrenen kollegialen Helfern (Peers) aus.
   b) CIS-Debriefing bezeichnet ein siebenstufiges Gruppengespräch, normalerweise in einem Abstand von 1 bis 10 Tagen nach einem kritischen Ereignis (drei bis vier Wochen nach einem Großschadensfall). Der Prozess wird nur in kleinen Gruppen mit 3 bis 20 Personen durchgeführt. Das CIS-Debriefing ist das älteste, verbreitetste und durch Forschung validierte Modell der Gruppenkrisenintervention. Die CISM-Nachbesprechung ist *keine* Psychotherapie, kein Ersatz für Psychotherapie, kein Ersatz für traditionelle EAP-Dienste (Arbeitnehmer-Unterstützungs-Programme), kein Ersatz für psychische oder physische Rehabilitation, keine einsatztaktische Nachbereitung. Schließlich ist das Debriefing auch nicht als alleinige Intervention geschaffen worden. Vielmehr wurde die CISM-Nachbesprechung entwickelt, um akuten Stress zu lindern, als ein Forum für Triage zu dienen, und als eine Komponente innerhalb eines umfassenden Kriseninterventionsprogrammes mit der Bezeichnung Stressbearbeitung nach belastenden Ereignissen eingesetzt zu werden. (Critical Incident Stress Management, CISM, Everly & Mitchell, 1999).

c) in Übereinstimmung mit Millons integrativer synergistischer Herangehensweise an psychologische Intervention, bezeichnet Critical Incident Stress Management einen umfassenden, integrierten, vielteiligen Ansatz der Krisenintervention, in der das Debriefing nur eine Komponente ist. (vgl. Abb. 1.1 – die Hauptbestandteile der Stressbearbeitung nach belastenden Ereignissen). Die Philosophie und Methodik der Stressbearbeitung nach belastenden Ereignissen fördert einen Zugang mit besten Praktiken der Krisenintervention, in dem die meisten angemessenen Interventionen den Bedürfnissen der jeweiligen Situation und der Einzelpersonen oder Gruppen angepasst werden können. Wenn man sich mit »Hoch-Risiko«-Gruppen wie Strafvollzug, Polizei, Feuerwehr, Rettungsdienst, Pflege- und anderem Personal der Gesundheitsfürsorge, Piloten, Militär, und anderen ähnlichen Berufen beschäftigt, ist der Einsatz von psychosozialen Fachleuten in Verbindung mit speziell trainierten kollegialen Helfern (Peers) zu empfehlen.

6. Es scheint eine generelle Zustimmung unter den produktivsten Mitarbeitern auf diesem Gebiet zu geben, dass:
   a) es tatsächlich einen widersprüchlichen Gebrauch der bedeutsamen Schlüsseltaktiken der Krisenintervention gegeben hat,
   b) die meisten randomisierten Untersuchungen, die die Effektivität von »debriefings« einzuschätzen hatten, an einer widersprüchlichen Anwendung eines individualisierten debriefings als alleinigen Prozess litten und
   c) die randomisierten Studien, die keine positiven Ergebnisse zeigen, auf unkorrekte Weise versucht haben, die Effektivität an Zielpopulationen einzuschätzen, die ungeeignet für die Einschätzung eines Kriseninterventionsergebnisses waren (Bisson, Mc Farlane & Rose, 2000; Everly & Mitchell, 1999,2001).
7. Die neuere Forschung (zwei Metaanalysen und sieben primäre empirische Studien inkl. einer mit randomisiertem Design, fünf konstanten Doppelgruppendesigns, einer mit zeitverzögertem Design) hat gezeigt, dass das CISD-Modell eines psychologischen Debriefings effektiv ist, Symptome von Stress und Fehlfunktionen zu vermindern. Die metaanalytische Einschätzung zeigte auf, dass das CIS-Debriefing einen bedeutsamen positiven klinischen Effekt besitzt. (Everly & Boyle, 1999; Everly & Piacentini, 1999).
8. Die jüngste Forschung (zwei Metaanalysen und acht primäre empirische Studien) hat übereinstimmend gezeigt, dass der vielteilige Ansatz des CISM in der Krisenintervention effektiv ist in der Reduzierung von Symptomen von Stress und Fehlfunktionen. Die metaanalytische Einschätzung zeigte auch hier einen bedeutenden klinischen Effekt auf (Flannery, Everly & Eyler, 2000; Everly, Flannery & Eyler).
9. Indem eine Einschätzung auf ausreichend breiter empirischer Grundlage genutzt wurde, konnte herausgefunden werden, dass sowohl die CISD- als auch – und das erscheint noch wichtiger – die CISM-Forschung durch eine genügend große und breit gefächerte Auswahl von zustimmenden Untersuchungen die klinische Effektivität fern von begründetem Zweifel durch ausreichende empirische Grundlage und kraftvolle Analysen verifiziert haben (Everly & Boyle, 1999; Everly, Flannery & Eyler; Flannery, Everly & Eyler, 2000; Everly, Flannery, Eyler & Mitchell)
10. Zusammengefasst: Die Stressbearbeitung nach belastenden Ereignissen, wenn

sie wie zuvor beschrieben durchgeführt wird, zeigt sich als eine effektive Krisenintervention geeignet, Anzeichen und Symptome von Stress zu vermindern, die mit einer akuten psychischen Krise verbunden sind. Allerdings: Wenn sie ohne angemessenes Training und ohne Erfahrung durchgeführt oder als alleinige Intervention eingesetzt bzw. als Ersatz für Psychotherapie durchgeführt wird, oder wenn sie mit Patienten in akuten Krankheitskrisen eingesetzt wird, und wenn sie durchgeführt wird, ohne sich um Standardisierung zu kümmern und sich der Qualität zu versichern, kann Krisenintervention ineffektiv und sogar schädlich sein. Alle vorgenannten Punkte sprechen zwingend dafür, dass ein angemessenes Training gefordert ist, um die klinische Effektivität der Krisenintervention in der Form der Stressbearbeitung nach belastenden Ereignissen zu verwirklichen (Dyregrov, 1997, 1998).

5.6 Was man bei einer CISM-Nachbesprechung beachten muss

Es gibt kein psychologisches Unterstützungsangebot – egal wie sorgfältig es ausgearbeitet und angewendet wird – das für alle Betroffenen unter allen Umständen gleich effektiv sein kann. Wo die einen maximal profitieren, profitieren andere nur wenig oder gar nicht. Erfolg oder Misserfolg einer CISM-Intervention hängen von verschiedenen, miteinander in Beziehung stehenden Faktoren ab:

1. Angemessener Gebrauch
Die CISM-Nachbesprechung soll ausschließlich für die Zwecke angewandt werden, für die sie entwickelt wurde; d.h. zur Reduzierung der Auswirkungen eines traumatischen Ereignisses, zur Vorbeugung posttraumatischer Belastungsstörungen und zur Beschleunigung des Erholungsprozesses. Die Nachbesprechung wurde nicht konzipiert zur *Behandlung* der posttraumatischen Belastungsstörung (PTBS) oder anderer psychischer Störungen. Am hilfreichsten ist sie bei der konstruktiven Bearbeitung posttraumatischer Belastungsreaktionen und zur Prävention der PTBS. Eine Abhandlung zu den breitgefächerten Anwendungsmöglichkeiten der CISM-Nachbesprechung in der Katastrophenarbeit warnte schon in den 90er Jahren: »Wir erkennen an, dass CISM-Nachbesprechungen einigen Opfern von Katastrophen helfen können. Wir befürchten aber, dass sich eine unbegründet hohe Erwartungshaltung bei den Anbietern vor Ort entwickelt« (Hiley-Young und Gerrity, 1994, S. 17).

2. Angemessener Zeitpunkt
Interventionen, die zu früh oder zu spät nach einem traumatischen Ereignis durchgeführt werden, sind nicht effektiv (Burns und Harm, 1993).

3. Bereitschaft
Es muss bei den Betroffenen die Bereitschaft bestehen, die angebotene Hilfe anzunehmen (Mitchell, 1994).

4. Grad der Betroffenheit
Je mehr eine Einsatzkraft von einem besonders belastenden Ereignis persönlich betroffen ist, desto weniger reicht eine CISM-Nachbesprechung allein aus, um die negativen Auswirkungen eines Traumas zu überwinden. Beispielsweise kann ein Feuerwehrmann oder ein Polizist, der einen belastenden Einsatz hatte, eine CISM-Nachbesprechung als adäquat und hilfreich empfinden, wenn nicht sein Haus und seine Familie direkt von dem Ereignis betroffen waren. Wenn eine Einsatzkraft aber beispielsweise bei einer Naturkatastrophe nicht nur anderen helfen, sondern den Verlust des eigenen Heims oder der Familie beklagen muss, kann eine CISM-Nachbesprechung alleine nicht hilfreich sein können (Raphael und Wilson, 1993; Hiley-Young und Gerrity, 1994).

5. Grad der Vorbelastung
Einige Menschen brauchen allein deswegen mehr Unterstützung als eine CISM-Nachbesprechung, da sie schon vor dem belastenden Ereignis mit besonderen Stresssituationen konfrontiert wurden oder weil mehrere Stresssituationen gleichzeitig auftreten (Raphael und Wilson, 1993).

6. Grad psychopathologischer Auffälligkeit
In manchen Fällen sind Betroffene psychopathologisch auffällig und dadurch besonders belastet: Sie sind nicht in der Lage, ein belastendes Ereignis adäquat zu verarbeiten und zu dekompensieren. In solchen Fällen ist eine Psychotherapie indiziert. Die CISM-Nachbesprechung allein ist in solchen Fällen nicht hilfreich (Hiley-Young und Gerrity, 1994).

7. Angebote nur durch gut trainierte Teammitglieder
Unzureichend ausgebildete Helfer und solche, die den Nachbesprechungsprozess aus mangelnder Erfahrung falsch anleiten, gefährden nicht nur den einzelnen Betroffenen, sondern auch den Gesamterfolg der Intervention. Außerdem wird auf diese Weise die Akzeptanz bei der Einführung der Stressbearbeitung nach belastenden Ereignissen bei den betroffenen Organisationen vermindert (Mitchell und Everly, 1993).

8. Verlässlichkeit des CISM-Standards
Der Prozess der CISM-Nachbesprechung ist gut dokumentiert. Deutliche Änderungen der etablierten Struktur können den Betroffenen Schaden zufügen und dazu führen, dass die CISM-Nachbesprechung fehlschlägt (Mitchell und Everly, 1993).

9. Traumastress als Thema der Ausbildung
Die Vorbereitung auf die Folgen eines belastenden Einsatzes vor einem Ereignis kann helfen, die Auswirkungen eines traumatischen Geschehens zu lindern. Die Ausbildung des Teams erhöht die Bereitschaft der Teilnehmer, an einer CISM-Nachbesprechung effektiv teilzunehmen (Mitchell, 1992).

10. Qualifizierte Nachsorgeangebote
Unterstützungsangebote sollten nicht ohne angemessene Nachsorge vorgehalten wer-

den. Es muss wiederholt überprüft werden, ob es den Teilnehmern der Angebote gut geht. Einige werden keine weitere Unterstützung benötigen. Andere brauchen zusätzliche Hilfe oder müssen möglicherweise in professionelle Beratung weitervermittelt werden (Mitchell, 1992; Mitchell und Everly, 1993).

11. Intensität des Ereignisses
Manche Ereignisse sind so einschneidend, dass eine CISM-Nachbesprechung nicht alle negativen Auswirkungen eliminieren kann. Noch Monate nach einer Nachbesprechung können posttraumatische Belastungssymptome fortbestehen oder verzögert ausbrechen; es bedarf zusätzlicher Arbeit, sie aufzuklären (Sloan et al., 1994).

12. Verweildauer am Einsatzort
Die Zeit allein heilt keine Wunden! Neuere Studien mit Rettungskräften zeigen, dass eine Korrelation zwischen Dienstzeit, Art und Anzahl der belastenden Ereignisse und lange anhaltenden, d.h. chronifizierten Stresssymptomen besteht (Moran und Britton, 1994).

13. Der Grad der Unterstützung durch die Organisation / Dienststelle
Nur wo die betroffene Organisation die CISM-Maßnahmen unterstützt, können diese erfolgreich die Einsatzkraft erreichen.

14. Der Grad der Unterstützung durch Familie und soziales Umfeld.
Nur wenn die Familie und die soziale Umgebung Kenntnisse über Belastungen und ihre Folgen besitzen, können sie den Betroffenen angemessen unterstützen.

15. Die Existenz eines umfassenden Programms der Stressbearbeitung nach belastenden Ereignissen mit wesentlich mehr Bestandteilen als dem Debriefing (Robinson und Mitchell, 1993).

Nur wenn ein örtliches Team über Kenntnisse und Erfahrung mit den wesentlichen Bestandteilen der Stressbearbeitung nach belastenden Ereignissen verfügt, kann eine angemessene Hilfe nach einem belastenden Ereignis erfolgen. Dazu muss ein vielteiliges Angebot über einen längeren Zeitraum bestehen, damit Einsatzkräfte von einem solchen Programm optimal profitieren können.

5.7 Anforderungen für Studien über die CISM-Nachbesprechung

Es besteht ein großer Bedarf an Forschungsarbeit auf dem Gebiet der Stressbearbeitung nach belastenden Ereignissen. Forschungsprojekte sollten sorgsam geplant und durchgeführt werden. Die im Folgenden genannten Mindestrichtlinien mögen dazu zur Orientierung dienen.

1. Besuchen Sie für die Intervention, die untersucht werden soll, eine qualifizierte Ausbildung. Nur dadurch wird sichergestellt, dass diejenigen, die eine CISM-

Maßnahme untersuchen, sie auch im Detail verstanden haben. Nur ein Training in dem spezifischen Prozess eliminiert Vermutungen und fehlerhafte Annahmen. Es reicht nicht, sich das entsprechende Verfahren anzulesen.
2. Definieren Sie den Untersuchungsgegenstand genau, und beschreiben Sie ihn detailliert. Viele Forscher, die behauptet haben, dass sie »debriefings« intensiv studiert haben, können nicht einmal den Prozess der CISM-Nachbesprechung beschreiben. Sie bezeichnen sowohl ein kurzes, unstrukturiertes Interview als auch einen durchstrukturierten Gruppenprozess als »debriefing«. Untersuchungen wären aussagekräftiger, wenn in ihnen eindeutig beschrieben würde, was mit »debriefing« gemeint ist.
3. Definieren Sie klar die Zielgruppen der Untersuchungen. Eine Untersuchung mit Feuerwehrleuten unterscheidet sich signifikant von einer Untersuchung, die mit Zivilpersonen arbeitet, deren Häuser durch ein Feuer bedroht wurden und die selbst das Feuer bekämpft haben.
4. Vermischen Sie keine Gruppen innerhalb einer untersuchten Zielgruppe. Ein Polizist, der den Einsatzort absperrt, hat eine andere Erfahrung und eine andere Sicht der Dinge als ein Feuerwehrmann, der im Erstangriff im Rahmen der Brandbekämpfung tätig war. Bürger oder Opfer gehören nicht zusammen mit Einsatzkräften in eine Zielgruppe, auch dann nicht, wenn sie dasselbe Ereignis erlebt haben.
5. Stellen Sie sicher, dass diejenigen, die eine Nachbesprechung im Rahmen einer Studie anbieten, gut ausgebildet und erfahren sind. Seien Sie sich darüber im Klaren, dass jeder Anbieter von Nachbesprechungen seinen eigenen Moderationsstil entwickelt. Damit variieren die Fähigkeiten eines Teams gegenüber denen anderer Teams. Derartige Aspekte müssen im Studiendesign berücksichtigt werden. In der endgültigen Analyse ist das Messergebnis nicht so sehr das vorgegebene Modell oder das Protokoll des Verhaltens, vielmehr spiegelt das Ergebnis die Kompetenz des Anwenders wider, ein Modell oder Protokoll durchzuführen oder effektiv umzusetzen.
6. Vergleichen Sie möglichst ähnliche Ereignisse miteinander. Es ist nicht sinnvoll, die Effektivität von CISM-Nachbesprechungen zu vergleichen, wenn diese in einem Fall bei einem Verkehrsunfall mit mehreren Todesopfern und in einem anderen Fall nach einem Verkehrsunfall ohne Todesfolge angewendet werden. Die psychischen Auswirkungen beider Ereignisse sind zu unterschiedlich.
7. Vergleichen Sie in einer Studie nur Menschen miteinander, die bei einem Ereignis einem ungefähr gleichen Grad der Erfahrung ausgesetzt waren. So ist z.B. der Einsatz bei der Leichenbergung ungleich belastender als der Einsatz an einer äußeren Absperrung.
8. Besprechen Sie keine Gesichtspunkte, die sie nicht wirklich untersucht haben. Mit anderen Worten: Gute Forscher sehen davon ab, aus Spekulationen Fakten abzuleiten, die nicht wirklich in dem Forschungsprojekt untersucht wurden. So ist beispielsweise die Behauptung spekulativ, nur CISM-Nachbesprechungen mit freiwilliger Teilnahme hätten einen positiven Effekt, wenn mit der Untersuchung allein der Frage nachgegangen wurde, ob CISM-Nachbesprechungen innerhalb von 24 Stunden nach einem besonders belastenden Ereignis stattfinden sollen.

9. Vermeiden Sie es, Schlüsse jenseits der Datenlage zu ziehen.
10. Beginnen Sie die Untersuchung möglichst bald im Anschluss an die CISM-Nachbesprechung. Viele Forscher haben mehrere Monate gewartet, bis sie die Daten erhoben. Wenn nach der Nachbesprechung ein zu großer Zeitraum verstreicht, fließen in die Studie zu viele Variablen ein, die das Gesamtbild verzerren und die Ergebnisse verfälschen.
11. Erlauben Sie niemals, dass Forschungsprojekte die Bereitstellung von Unterstützungsdiensten behindern. Primär geht es um Hilfsangebote für psychisch traumatisierte Menschen und erst dann um die Forschung
12. Jedes Forschungsprojekt sollte bereits veröffentlichte Studien mit einbeziehen, die dieselben Gesichtspunkte behandeln.

5.8 Zusammenfassung

In diesem Kapitel wurden Einblick in Wirkungsweisen, Hintergründe, Rahmenbedingungen sowie die Möglichkeiten zur Evaluation der CISM-Angebote mit einem Schwerpunkt auf der CISM-Nachbesprechung gegeben. Die Ausführungen sollen zu der Entwicklung eines eigenen Programms zur Stressbearbeitung anleiten. Grundsätzlich vermitteln CISM-Nach- und Kurzbesprechungen, dass das Leid und die Probleme der Betroffenen wahrgenommen werden und eine psychologische Begleitung durch kompetente Helfer angeboten wird.

Zusammenfassend seien die folgenden Merkmale für ein ausgereiftes CISM-Angebot genannt:

1. Frühe Intervention,
2. Möglichkeiten, Gefühle auszudrücken,
3. Trauma verbal rekonstruieren,
4. Entwicklung einer Struktur für den (Gruppen-)Prozess, der den Teilnehmern (Verhaltens-)Sicherheit gibt,
5. Entwicklung einer psychologischen Struktur (Kognition-Emotion-Kognition), die den Verarbeitungsprozess stützt,
6. Unterstützung durch die Gruppe,
7. Unterstützung durch Peers,
8. Möglichkeit zur weiteren Nachsorge.

6 *On Scene Support Services* Die CISM-Einsatzbegleitung

6.1 Einführung

Es ist nicht vorhersehbar, wann Einsatzkräfte psychisch belastet werden. Die meisten Einsätze sind Routine und verursachen nur wenig Stress. Manchmal gibt es jedoch Einsätze, die nicht nur einzelne Personen, sondern ganze Einheiten belasten. In diesen Fällen hat es sich bewährt, ausgebildete CISM-Mitarbeiter an der Einsatzstelle zu haben. Diese helfen den Betroffenen bei der Bearbeitung ihrer Belastungsreaktionen.

Dieses Kapitel enthält Hinweise für die Unterstützung von Organisationen. Es wird aufgezeigt, wie CISM-Teams eine effektive Einsatzbegleitung realisieren können.

6.2 Einsatzort

Ein Einsatzort ist der Ort, an dem Einsatzkräfte tätig sind. Für Rettungsdienstmitarbeiter ist der Einsatzort jede Stelle, an dem verletzte Personen notfallmedizinisch versorgt werden müssen, es kann sich also beispielsweise um eine Unfallstelle oder eine Privatwohnung, aber auch um ein Einsatzfahrzeug handeln. Für Leitstellenpersonal ist der Einsatzort die Leitstelle, für eine Krankenschwester wiederum ist es die Notaufnahme oder andere Räumlichkeiten in einem Krankenhaus. Wenn Einsatzkräfte in belastende Situationen geraten, und ihnen CISM-Mitarbeiter – direkt an der Einsatzstelle oder in unmittelbarer Nähe – Unterstützung anbieten, so spricht man von CISM-Einsatzbegleitung.

Diese Hilfsangebote sind kurze, praktische Techniken der Krisenintervention, um eine psychische Belastung so gering wie möglich zu halten. Am Einsatzort angebotene Krisenintervention bezieht sich in der Regel auf den einzelnen Mitarbeiter. Nur äußerst selten werden während des Einsatzgeschehens Gruppeninterventionen angeboten.

6.3 Methoden

Häufig beruht ein Betreuungsangebot noch auf dem Zufall: Hilfe wird dann angeboten, wenn während des Einsatzes zufällig ein ausgebildeter CISM-Mitarbeiter anwesend ist; dieser kann sich – wenn er nicht selbst in die medizinische Versorgung der Opfer zu sehr eingebunden ist – um seine Kollegen kümmern. Wesentlich besser ist jedoch die geplante und organisierte Einsatzbegleitung. Hierzu wird für potenziell belastende Einsätze bereits vorab geschultes Personal bereitgestellt. Die CISM-Teammitglieder haben ihre normalen Aufgaben im Einsatz, gehören jedoch zusätzlich zu einem »Spezialteam«, das bei Bedarf aus dem normalen Einsatzdienst herausgelöst und im Rahmen der Einsatzbegleitung tätig werden kann. Oder es melden sich freiwillige Kräfte, die über Funkmeldeempfänger erreichbar sind, für einen bestimmten Zeitraum zur CISM-Einsatzbegleitung. Bei einem entsprechenden Ereignis können diese dann schnell an den Ort des Geschehens gerufen werden. In einigen Leitstellenbezirken in den USA werden Mitglieder von CISM-Teams automatisch bei bestimmten Einsätzen auf Abruf vorgehalten.

6.4 Ziele der Einsatzbegleitung

Die Ziele der Einsatzbegleitung entsprechen denen der Krisenintervention. Bei allen Angeboten der CISM-Einsatzbegleitung geht es vorrangig um:

1. Stabilisierung der Situation und Schutz vor zusätzlichen Belastungen,
2. Verminderung der Auswirkungen des traumatischen Geschehens,
3. Nutzung aller Ressourcen für die Hilfe der Betroffenen,
4. Normalisierung der Erfahrung und Relativierung des Gefühls von Einzigartigkeit und Abnormalität,
5. schnellstmögliche Wiederherstellung der Einsatzfähigkeit.

6.5 Was die CISM-Einsatzbegleitung leisten kann

Die frühzeitige Intervention bei einer traumatisierten Person durch die Einsatzbegleitung unterbricht innere Vorgänge, Gedanken, Gefühle oder Handlungen, die ansonsten zu einer »Fixierung« führen oder Funktionsstörungen verursachen könnten. Wenn Belastungen schon während des Einsatzes erkannt werden, kann man niederschwellig und kostengünstig intervenieren und dem Betroffenen eine schnelle Rückkehr zur Normalität ermöglichen. Die CISM-Einsatzbegleitung vermindert die Auswirkungen des traumatischen Ereignisses und kann positiv beeinflussen, dass sich der Zustand des Betroffenen nicht weiter verschlechtert. Auch lässt sich auf diese Weise vermeiden, dass der traumatisierte Mitarbeiter nicht einsatzfähig bzw. zu lange dienstuntauglich bleibt. Personen, die durch die Intervention bei der Einsatzbegleitung eine kurze Pause bekommen, haben so das Gefühl, dass man sich um sie kümmert und reagieren meist unmittelbar, indem sich ihr Gefühl der emotionalen Überwältigung abschwächt. Die Mitarbeiter entwickeln ihre normalen, kognitiven Schutzmechanismen. Dies hilft ihnen in der Regel, ihre Arbeit weiterhin verrichten zu können.

6.5.1 Zielgruppen

Es gibt drei Zielgruppen für die Einsatzbegleitung:
1. Einzelpersonen mit erkennbaren Zeichen von Belastungen,
2. Führungskräfte, denen ausschließlich Beratung, nicht aber Betreuung angeboten wird
3. Primäropfer und deren Familien sowie Zeugen oder Zuschauer, die durch das Ereignis betroffen sind.

Die CISM-Einsatzbegleitung wird in der Regel während lang dauernder Einsätze oder bei Großeinsätzen durchgeführt. Grundsätzlich kann jedoch jeder Einsatz so belastend sein, dass er die Schutzmechanismen von Einsatzkräften zeitweilig außer Kraft setzt und das Angebot einer schnellen Unterstützung notwendig macht.

6.5.2 Anbieter

Die Einsatzbegleitung wird von Peers mit CISM-Ausbildung angeboten, die im Bereich Krisenintervention Erfahrung haben. Ebenso sind Geistliche und Seelsorger mit Kriseninterventions- und CISM-Ausbildung bei der CISM-Einsatzbegleitung tätig. Darüber hinaus werden psychosoziale Fachleute mit Erfahrung in der Stressbearbeitung nach belastenden Ereignissen alarmiert, wenn die Situation extreme Ausmaße annimmt oder so überwältigend ist, dass die Peers des CISM-Teams allein überfordert sind, vielleicht sogar selbst unter den Belastungen des Einsatzes leiden. Personen ohne CISM-Ausbildung können eine Situation unbeabsichtigt noch verschlimmern, indem sie bei dem Versuch, anderen zu helfen, falsche Techniken anwenden. Deshalb sollten in jedem Fall nur ausgebildete Mitarbeiter Einsatzbegleitungen durchführen.

6.5.3 Zeitpunkt

Es gibt nur ein Wort, das den richtigen Zeitpunkt für eine Einsatzbegleitung beschreibt: *sofort*. Die CISM-Einsatzbegleitung wird während des Einsatzes unmittelbar am Einsatzort angeboten. Es muss jedoch darauf geachtet werden, dass sie an einem Ort durchgeführt wird, an dem niemand akut gefährdet ist. Der Schlüssel zum Erfolg liegt in der kurzen Dauer der CISM-Einsatzbegleitung.

6.6 Grundregeln

Die Intensität der Einsätze wie auch die kognitiven Schutzsysteme der Einsatzkräfte erlauben am Einsatzort keine komplexen Interventionen. Alles, was die Mitglieder eines CISM-Teams machen, muss daher kurz und prägnant sein. Dazu gibt es drei Grundregeln:
1. Bieten Sie die Unterstützung nur erkennbar belasteten Personen an. Diejenigen, denen es dem äußeren Anschein nach gut geht, sollten weiter ihre Arbeit verrichten können, ohne gestört zu werden. Sprechen Sie keinesfalls Personen an, die auf nor-

male Weise ihre Arbeit verrichten, nur um nachzufragen, wie es ihnen geht. Lassen Sie sie unbedingt weiterarbeiten. In der Vergangenheit sind gerade hier entscheidende handwerkliche Fehler begangen worden. Es muss unbedingt darauf geachtet werden, dass Einsatzkräfte ihren »seelischen Schutzschild« bewahren können und sie nicht auf ihre Befindlichkeit angesprochen werden.

2. Die Interventionen müssen sehr kurz sein. Manchmal genügen schon ein oder zwei Sätze oder eine Geste. Es gilt: Eine Intervention von fünf Minuten ist von langer Dauer, fünfzehn Minuten sind extrem lang. Sollten Personen nach einer Intervention von fünfzehn Minuten keine deutlichen Anzeichen einer Besserung zeigen, ist es unwahrscheinlich, dass sie sich wieder soweit erholen, um weiter am Einsatzort arbeiten zu können. Wenn Stressbelastungen auch fünfzehn Minuten nachdem die Person aus der unmittelbar stressenden Umgebung herausgelöst wurde noch nicht verschwunden sind, kann diese Person aller Voraussicht nach nicht mehr in ihrem Aufgabengebiet eingesetzt werden.
3. Konzentrieren Sie sich auf das Wesentliche. Es besteht kein Grund, in »alten Geschichten« herumzuwühlen. Die Hilfe geschieht »hier und jetzt«. Die gegenwärtigen Themen sind die einzigen, die CISM-Teammitglieder ansprechen sollten. Alles, was zur Vergangenheit der Einsatzkraft gehört, ist zu starr und komplex, als dass es inmitten einer Krisenreaktion gelöst werden könnte.

6.7 Richtlinien für eine effektive Einsatzbegleitung

1. Nehmen Sie die Gefahren ernst, die aus dem Einsatz für Sie selbst und für die Einsatzkräfte resultieren.
2. Nehmen Sie nicht aktiv am Einsatz teil, wenn Sie CISM-Unterstützungsangebote durchführen sollen. Die Doppelbelastung können Sie nicht angemessen leisten.
3. Die Einsatzbegleitung erfordert gesunden Menschenverstand. Denken Sie erst, intervenieren Sie dann. Schätzen Sie ab, wie betroffene Personen auf Ihre Hilfe reagieren.
4. Bleiben Sie als CISM-Mitarbeiter außerhalb des unmittelbaren Gefahrenbereichs.
5. Kritisieren Sie niemals die Arbeit von Einsatzkräften.
6. Vermeiden Sie es, dass betroffene Einsatzkräfte unnötigerweise in den Mittelpunkt der Aufmerksamkeit geraten.
7. Suchen Sie nach sichtbaren Stresssymptomen wie z.B. zielloses Herumlaufen, Wutausbrüche, jede Form von Kontrollverlust, Schock, Weinen, ein starrer Blick, unnormales und unangemessenes Verhalten oder die Isolation von der Gruppe.
8. Begrenzen Sie Ihre Empfehlungen nur auf das in der Situation Notwendigste.
9. Verstärken Sie die Aktivitäten einer Person, die in der Situation hilfreich scheinen.
10. Kommen Sie Bitten von Einsatzkräften, wenn möglich, nach.
11. Vermeiden Sie es, Fragen zu stellen, die Gefühle besonders betonen. Fragen Sie danach, was geschehen ist, und lassen Sie die betroffenen Personen ihre Erfahrungen in eigenen Worten schildern.

12. Hören Sie aufmerksam zu.
13. Zerstreuen Sie den Eindruck von der Einzigartigkeit der Situation und der Abnormität des Verhaltens der betroffenen Personen.
14. Lassen Sie die Person wissen, dass ihre Reaktionen normal sind und vorübergehen werden und dass sie ihrer Arbeit wie gewohnt nachgehen kann, sobald die Reaktionen wieder nachlassen.
15. Wenn der Betroffene etwas zur Ruhe gekommen ist, sorgen Sie schnellstmöglich dafür, dass er wieder am Einsatz teilnimmt.
16. In manchen Fällen müssen den betroffenen Personen im Einsatz andere Aufgaben zugeteilt werden, um zu vermeiden, dass die Belastung erneut auftritt, z.B. nicht mehr grausamen Bildern ausgesetzt werden, eine weniger belastende Tätigkeit übernehmen können.
17. Ermutigen Sie den Betroffenen, später mit Ihnen Kontakt aufzunehmen sowie an einer CISM-Kurzbesprechung oder einer CISM-Nachbesprechung teilzunehmen – natürlich nur, wenn diese auch angeboten werden.

6.8 Psychosoziale Fachleute und Geistliche am Einsatzort

Psychosoziale Fachleute und Geistliche werden immer nur auf Anfrage und zusammen mit einem CISM-Team am Einsatzort tätig. Falls diese unaufgefordert am Einsatzort auftauchen und keinem CISM-Team angehören, kann das bei Einsatzkräften Ärger und Wut hervorrufen. Manche fürchten, dass diese »ungebetenen Gäste« unnötigerweise Personen vom Einsatz abziehen, sie in Verlegenheit bringen, ihre Arbeit und möglicherweise auch ihren weiteren Dienst in der Organisation stören.

Wenn psychosoziale Fachleute und Geistliche bei einem Einsatz angefordert werden, melden sie sich immer zuerst bei dem jeweiligen Ansprechpartner des CISM-Teams bei der Einsatzleitung. Diskretion ist in dieser Situation das oberste Gebot. Keinesfalls sollten sie auffallende Kleidung tragen.

Unauffälliges Verhalten ist auch wichtig, um von den Medien unerkannt zu bleiben. Das bedeutet auch, dass den Medien in der Einsatzsituation keine Stellungnahmen gegeben werden – es sei denn, die Helfer werden von der Einsatzleitung gebeten, sie mit speziellen Statements zu unterstützen.

Von den psychosozialen Fachleuten und den Geistlichen sollten nur jene Einsatzkräfte angesprochen werden, die deutliche Symptome von einsatzspezifischer Belastung zeigen. Psychosoziale Fachleute und Geistliche dürfen am Einsatzort selbst keinesfalls in die Rettungsmaßnahmen eingebunden werden. Dies würde sie von ihrer vorrangigen Aufgabe abhalten, Unterstützung anzubieten.

Wenn die anwesenden psychosozialen Fachleute und Geistliche nicht unmittelbar benötigt werden, halten sie sich in der Nähe der Einsatzleitung oder an einem ihnen zugewiesenen Ort auf. Dabei ist es sehr wichtig, dass die Helfer sich außerhalb des unmittelbaren Gefahrenbereichs befinden. Ein Unfall im Rahmen der Einsatzbegleitung würde die ohnehin sehr komplexe Situation noch weiter komplizieren und damit noch mehr Arbeit für die Einsatzkräfte bedeuten.

In Deutschland sind *Notfallseelsorge* und *Krisenintervention* einerseits und *Einsatznachsorge* andererseits getrennte Arbeitsbereiche. Gute Erfahrungen werden hier mit religiösen Angeboten (z.B. der Aussegnung von Verstorbenen noch an der Einsatzstelle) gemacht. Dies hilft, die Menschenwürde auch am Einsatzort zu wahren, da die Toten an der Einsatzstelle nicht einfach weggebracht und entsorgt werden. Ansonsten aber gilt: Keine religiösen Angebote an der Einsatzstelle! Psychosoziale Fachleute und Geistliche können am Einsatzort helfen, indem sie gut zuhören und auf die Einsatzkräfte eingehen. Sie sollten auch bereit sein, sich im Rahmen der Einsatznachsorge, z.B. in der Vorbereitung und Durchführung von CISM-Kurzbesprechungen, CISM-Nachbesprechungen und anderen CISM-Angeboten zu engagieren.

Zwingende Voraussetzung für die Teilnahme an einem Großschadensfall ist die Felderfahrung durch ein entsprechendes Praktikum bei Einsatzkräften, für die die psychosozialen Fachleute und Geistliche arbeiten. Sie sollten den Einsatzalltag kennen und bereits ausführlich Kontakt zu Einsatzkräften gehabt haben. Je mehr Kenntnisse ein Vertreter der psychosozialen Fachleute oder ein Geistlicher über die Organisationen hat, denen er seine Dienste anbietet, desto leichter fällt es ihm, gute und effektive Unterstützungsangebote zu machen. In Deutschland werden zudem Kurse für Notfallseelsorger und spezielle Ausbildungsmodule für psychosoziale Fachleute innerhalb der CISM-Ausbildung angeboten.

6.9 Weitere Nachsorge

Die Angebote einer CISM-Einsatzbegleitung müssen ausgewogen sein und dürfen weder zu viel noch zu wenig Unterstützung bieten. Ein ungenügendes Hilfsangebot kann die Stressbelastung nicht vermindern. Die Gefahr einer nicht ausreichenden Unterstützung von Einsatzkräften kann man vermeiden, indem Einsatzkräfte in Ruhepausen angesprochen werden. Wenn die Einsatzkräfte sehen, dass die Mitglieder eines CISM-Teams sich für sie interessieren und freundlich zu ihnen sind, werden sie vielleicht später von sich aus Kontakt zu ihnen aufnehmen.

Ständige Überprüfung und Rückversicherung über den Zustand des Betroffenen wird eher als Plage empfunden. Dies führt lediglich dazu, dass jegliche Hilfe abgelehnt wird. Die Faustregel für Einsatzbegleitungen besagt, nur das zu tun, was dringend notwendig ist. Der Einsatzort ist nicht der Ort, an dem alle Probleme gelöst werden können. Viele Dinge muss man auf sich beruhen lassen. Nochmals zur Erinnerung: Die Einsatzkräfte bei einem Großschadensfall wissen, was sie zu tun haben, sie leisten ihre Arbeit professionell und reagieren auf ungewöhnliche Situationen in der Regel relativ normal. Es ist unnötig, sie »festigen« zu wollen. Lassen Sie die Einsatzkräfte ihre Arbeit tun! Wenn Einsatzkräfte in dieser Situation Hilfe brauchen, wird man dies deutlich erkennen.

6.10 Zusammenfassung

Dieses Kapitel befasste sich mit Unterstützungsangeboten am Einsatzort. Es definierte die Abläufe und den Rahmen der Interventionen. Ebenso wurden die Ziele, der Zeitrahmen und die Anbieter (Peers, psychosoziale Fachleute und Geistliche jeweils mit CISM-Ausbildung) genannt. Darüber hinaus wurden die Grundregeln der Einsatzbegleitungen aufgezeigt. Einige Kriterien wurden benannt, die für den reibungslosen Ablauf, die Effektivität und die Effizienz der Angebote notwendig sind. Das Kapitel enthält Hinweise für Peers, psychosoziale Fachleute und Geistliche.

Das Hauptziel einer Einsatzbegleitung besteht darin, nur so viel Unterstützung anzubieten, wie tatsächlich notwendig ist. Dabei ist wichtig, dass die Hilfe von ausgebildeten Personen angeboten wird, die ein angemessenes Mittelmaß zwischen zu viel und zu wenig Unterstützung finden.

7 *Demobilization* Der CISM-Einsatzabschluss

7.1 Einführung

In den vorhergehenden Kapiteln wurden verschiedene CISM-Interventionen vorgestellt, die darauf abzielen, schnelle Stabilisierung und bestmögliche Erholung von Stress zu erreichen. CISM-Kurzbesprechungen sind hilfreich, wenn ein CISM-Team bereits innerhalb weniger Stunden nach einem traumatischen Ereignis intervenieren kann. Sie wurden primär für kleine Gruppen entwickelt.

Eine CISM-Nachbesprechung ist am effektivsten nach mehreren Tagen, wenn das Personal angefangen hat, die traumatischen Erfahrungen zu verarbeiten. Eine CISM-Nachbesprechung sollte nach einer CISM-Kurzbesprechung zusätzlich durchgeführt werden, wenn das Ereignis derart belastend war, dass es einer intensiveren Form der Intervention bedarf. Meist nehmen an den Kurzbesprechungen zwischen sechs bis acht Personen und an den Nachbesprechungen zehn bis dreißig Personen teil.

Die CISM-Nachbesprechung wurde nicht als Sofortintervention entwickelt, denn meist zeigen Einsatzkräfte erst zirka 24 Stunden nach einem Ereignis deutliche Belastungssymptome. Somit liegt auf der Hand, dass für eine große Zahl von Einsatzkräften, die unmittelbar nach dem Einsatz Hilfe brauchen, eine CISM-Nachbesprechung nicht das angemessene Angebot ist. In diesem Kapitel finden Sie Informationen zu einem CISM-Angebot, das unmittelbar nach Großschadensereignissen angewandt wird.

7.2 Definition CISM-Einsatzabschluss

Der CISM-Einsatzabschluss ist in erster Linie eine primäre Stresspräventions- und Interventionsmaßnahme, die angewandt wird, wenn Einsatzkräfte von einer Großschadensstelle abrücken, noch bevor sie zu ihrer normalen Arbeit zurückkehren. Der CISM-Einsatzabschluss besteht aus zwei Teilen.

Der erste dauert 10 bis 15 Minuten: Den Personen werden Informationen gegeben, die ihnen helfen sollen, ihre Stressreaktionen zu verstehen und entsprechend zu bearbeiten. Bei der Arbeit mit Einsatzkräften reichen 10 Minuten aus. Wird der CISM-Einsatzabschluss anderen Personen angeboten, können auch 15 Minuten oder mehr nötig werden. Der zweite Teil des CISM-Einsatzabschlusses besteht aus einer 20-minötigen Pause, in der die Einsatzkräfte die Möglichkeit haben, sich auszuruhen und einen kleinen Imbiss zu sich zu nehmen, bevor sie zu ihren Alltagspflichten zurückkehren, um auf diese Weise – an Leib und Seele gestärkt – aus dem Einsatz entlassen zu werden.

7.3 Anwendungsbereiche

Der CISM-Einsatzabschluss hat nur zwei Anwendungsbereiche. Er wurde entwickelt, um Einsatzkräften zu helfen, die entweder eine Katastrophe oder ein besonders belastendes Großschadensereignis miterlebt haben. Der CISM-Einsatzabschluss wurde in den USA bereits bei vielen großen Katastrophen sehr erfolgreich angewandt. Es ist mitunter leider recht schwierig, einen Einsatzabschluss zu organisieren. Deshalb sollten die Teams mit dem Ablauf eines CISM-Einsatzabschlusses unbedingt vertraut sein, bevor sie ihn anbieten.

7.3.1 Rahmenbedingungen

Der CISM-Einsatzabschluss wird in der Regel nur für Ersteinsatzkräfte durchgeführt. Dauert der Einsatz mehrere Tage oder gar Wochen, wird der CISM-Einsatzabschluss für die ersten zwei bis drei Schichten angeboten. Der CISM-Einsatzabschluss wird also durchgeführt, wenn Einsatzkräfte die »heiße Phase« der Katastrophe hinter sich haben. Er wird mit denselben Personen nur einmal durchgeführt. Die ersten zwei oder drei Schichten werden von Einsatzkräften bearbeitet, die dieser Katastrophe zuvor noch nicht ausgesetzt waren. Sie sind dem Großschadensereignis zu einem Zeitpunkt ausgesetzt, zu dem es besonders chaotisch und schockierend ist. Die Informationen, die in dem CISM-Einsatzabschluss geboten werden, vermindern die Angst und die Stressreaktionen, die bekannt sind bei denjenigen, die einer Katastrophe als erste ausgesetzt sind. Ein CISM-Einsatzabschluss ist nach drei oder mehr Schichten nicht mehr hilfreich, da Routine in die Bearbeitung Einzug hält und die Überraschungsmomente der Katastrophe weniger belastend werden.

Dauert die Bewältigung der Katastrophe länger, müssen nach wenigen Schichten wieder Einsatzkräfte arbeiten, die schon einmal dem Ereignis ausgesetzt waren. Eine erneute Anwendung der Gruppenintervention wäre gefährlich, da der Einsatzabschluss den Einsatzkräften ihre Stressreaktionen erneut ins Bewusstsein ruft. Es fiele ihnen dann noch schwerer, ihre emotionale Reaktion entsprechend zu kontrollieren, um ihre Arbeit verrichten zu können. Jeder zusätzliche Gruppenprozess würde die Einsatzkräfte für bedeutsame Stressreaktionen verletzlicher machen. Wenn der Einsatz länger andauert, sollten nach der Ersteinsatzphase keine Gruppeninterventionen mehr angeboten werden und nur Einzelinterventionen mit erkennbar belasteten Einsatzkräften zum Zuge kommen.

Wurde eine kleinere Gruppe von Einsatzkräften während der Katastrophe besonders schwer traumatisiert, kann für sie eine CISM-Kurzbesprechung durchgeführt werden. Ansonsten sollte es Katastrophenhelfern erlaubt sein, bei ihren täglichen Aufgaben mit einem Minimum an Unterstützung von CISM-Teams auszukommen.

7.3.2 CISM-Einsatzvorbereitung

Das CISM-Team in Oklahoma City in den USA stand nach dem Terroranschlag auf das Verwaltungsgebäude im Jahr 1995 vor einer besonders großen Herausforderung. Tausende Katastrophenhelfer waren der traumatischen Szenerie, die nach dem Bombenanschlag entstanden war, wieder und wieder ausgesetzt. Aus diesem Grund wurden die ausgebrannten Einsatzkräfte durch neues Personal aus den gesamten Vereinigten Staaten ergänzt oder ersetzt. In dieser Situation waren CISM-Einsatzabschlüsse nicht mehr hilfreich. Dennoch musste das Personal bei den katastrophalen Ausmaßen des Attentats unterstützt werden, damit es mit dem Geschehen zurechtkam und die Wachsamkeit während der Arbeit nicht vermindert wurde. Auch sollte vermieden werden, dass die Einsatzkräfte zur Bewältigung ihrer Aufgaben noch härter arbeiteten, um ihre Gefühle zu unterdrücken. Um die durch die Katastrophe verursachte Stressbelastung handhabbar zu machen, wurde ein neuer Prozess entwickelt:

Mit Genehmigung der Einsatzleitung wurde das CISM-Team Teil des täglichen Einsatzprogrammes, das in diesem sehr komplizierten und langanhaltenden Einsatz durchgeführt wurde. Die Rettungs- und Bergungsmaßnahmen wurden in einem Mehr-Schichten-System durchgeführt. Hatte eine Gruppe Schichtende, trafen sich CISM-Teammitglieder mit den Helfern, um mit ihnen die nächste Gruppe auf den Einsatz vorzubereiten. Die aus der Schicht gehende Gruppe wurde zu diesem Zwecke gefragt, ob es etwas gäbe, das sie dem CISM-Team über die Arbeit berichten könnten und was für das nächste Team hilfreich sein könnte, um Stress und Belastungen zu reduzieren. Das Personal berichtete dann von den Schwierigkeiten, auf die es während seines Einsatzes gestoßen war. Nachdem das kurze Treffen beendet war, traf sich das CISM-Team nochmals mit den Mitarbeitern, deren Schicht begann. Das CISM-Team informierte diese über die Schwierigkeiten vor Ort. Anschließend gab es eine kurze Einweisung in die laufende Arbeit durch die Einsatzleitung.

Diese Neuerung war insofern äußerst nützlich, dass mit dieser Methode Unvorhergesehenes im Einsatzgeschehen weitestgehend verhindert werden konnte, und die Helfer konnten effektiver arbeiten.

Von dem Beispiel in Oklahoma ausgehend sollen im Folgenden die wesentlichen Punkte, die es zur Stressbearbeitung bei Großschadenslagen zu berücksichtigen gilt, angeführt werden:

7.3.3 Ziele des CISM-Einsatzabschlusses:

1. für einen Brückenschlag vom traumatischen Ereignis zur Normalität sorgen;
2. die Intensität der akuten Belastungsreaktionen vermindern;
3. den Bedarf einer Gruppe nach weiterer Unterstützung abklären;
4. Teilnehmer über mögliche Stresssymptome vorwarnen;
5. Informationen über das Ereignis und die Reaktionen der beteiligten Personen anbieten;
6. praktische Informationen über Stressbearbeitung und Vermittlung weiterer Unterstützungsangebote anbieten sowie
7. positive Erwartungshaltung über das Ergebnis der CISM-Angebote entwickeln.

7.3.4 Anbieter eines CISM-Einsatzabschlusses

Der CISM-Einsatzabschluss darf nur von ausgebildeten CISM-Mitarbeitern durchgeführt werden. CISM-Einsatzabschlüsse werden in der Regel von den ein bis zwei Verantwortlichen des so genannten Einsatzabschlusszentrums und sechs bis acht CISM-Teammitgliedern durchgeführt. Die Teammitglieder sind psychosoziale Fachleute, Geistliche und Peers mit CISM-Ausbildung, die entweder aus anderen Bezirken kommen oder als organisations-interne Einsatzkräfte aus den Spezialteams nicht direkt am Katastropheneinsatz teilgenommen haben. Die Teammitglieder dürfen keinesfalls am Einsatzort gearbeitet haben.

7.3.5 Vorbereitung eines CISM-Einsatzabschlusses

Der Aufbau eines CISM-Einsatzabschlusszentrums kann für die CISM-Teammitglieder eine mächtige logistische und personelle Herausforderung sein. Für einen erfolgreichen Einsatzabschluss werden zahlreiche Dinge benötigt; hier eine Checkliste:

1. Standort für das CISM-Einsatzabschlusszentren;
2. zwei große Räume in jedem Zentrum;
3. entsprechende Einrichtung (Verpflegung, Licht, Heizung);
4. Stühle und Tische;
5. ausreichend Essen und Getränke, Sicherstellung der Verpflegung;
6. mindestens ein verantwortlicher Organisator pro CISM-Einsatzabschlusszentrum;
7. sechs bis acht CISM-Teammitglieder für die Informationsphase;
8. jeweils eine Informations- und Anlaufstelle;
9. Mitarbeiter für den Nachschub an Lebensmitteln;
10. ausreichend Parkplätze für Einsatzfahrzeuge;
11. genügend Mitarbeiter, die den Zugang kontrollieren und ggf. Medien und anderen interessierten Personengruppen den Eintritt verweigern.

7.3.6 Organisation

Ein CISM-Einsatzabschluss kann nur mit zuverlässigen und gut ausgebildeten CISM-Mitarbeitern durchgeführt werden. Darüber hinaus braucht man entsprechendes Hilfsmittel und Material sowie geeignete Örtlichkeiten.

Darüber hinaus gibt es viele andere Dinge, die für die Ausführung eines Einsatzabschlusses in Erwägung zu ziehen sind. So kann ein CISM-Einsatzabschluss nur dann erfolgreich verlaufen, wenn er vorbereitet wird, bevor ein Großschadensfall eingetreten ist. Wenn ein CISM-Einsatzabschluss während einer Katastrophe planlos in die Wege geleitet wird, ist ein möglicher Erfolg zufällig und kann nicht systematisch wiederholt werden. Daher erfordern CISM-Einsatzabschlüsse:

1. gründliche Vorbereitung,
2. gute Organisation,
3. exakte Planung,
4. sorgfältige Übung.

Wenn ein Konzept für den CISM-Einsatzabschluss neu entwickelt werden soll, müssen folgende Gesichtspunkte berücksichtigt werden:

1. Das Vorhaben muss in Zusammenarbeit mit der Führung und der Verwaltung der jeweiligen Organisation koordiniert werden;
2. für die Verantwortlichen müssen Handlungshinweise erstellt werden;
3. es müssen Schulungen für Einsatzkräfte durchgeführt werden, um Ziele und Verlauf des CISM-Einsatzabschlusses deutlich zu machen;
4. ein Organisationsplan muss erstellt werden;
5. es müssen Telefonlisten aller relevanten Personen geschrieben und aktualisiert werden;
6. ein passender Raum muss für den Einsatzfall zur Verfügung stehen;
7. die Lebensmittelversorgung muss sichergestellt und vorbereitet sein;
8. für den CISM-Einsatzabschluss müssen Handzettel vorbereitet sein. Ein Beispiel für ein Merkblatt ist im Anhang aufgeführt;
9. es muss ein Kurzvortrag zum Thema »psychische Belastungen im Einsatz« vorbereitet werden;
10. es müssen Absprachen mit kooperierenden Hilfsorganisationen und Behörden getroffen werden;
11. das CISM-Team muss an Katastrophenübungen teilnehmen, um den CISM-Einsatzabschluss trainiert zu haben;
12. es müssen Fortbildungen für CISM-Teams durchgeführt werden;
13. Vertreter der Presse sollten schon vorab über die Einrichtung eines CISM-Einsatzabschlusszentrums bei Großschadenslagen informieren (Der CISM-Einsatzabschluss ist ein Angebot, um Einsatzkräften zu ermöglichen, sich vom Einsatz zu erholen und Informationen darüber zu bekommen, wie sie mit evtl. auftretenden psychischen Belastungen besser umgehen können. Solche Bekanntmachungen können vermeiden, dass man Pressevertreter während eines aktuellen Ereignisses über den CISM-Einsatzabschluss unterrichten muss.)

7.3.7 Schwierigkeiten

Die vorhergehenden Abschnitte machen deutlich, dass Organisation und Leitung des CISM-Einsatzabschlusses Schwierigkeiten mit sich bringen. Kein CISM-Team sollte auf seine Arbeit und den Einsatz unvorbereitet sein. Ob ein CISM-Einsatzabschluss erfolgreich verläuft, hängt von der Organisation im Vorfeld ab.

Im Folgenden sind die häufigsten Problempunkte bei Planung und Durchführung eines Einsatzes aufgeführt:

1. Die Führungskräfte wissen nichts über Ziele und Ablauf des CISM-Einsatzabschlusses.
2. Während des Einsatzes bestehen Abspracheschwierigkeiten zwischen Vorgesetzten verschiedener Zuständigkeitsbereiche hinsichtlich der Fragen, ob, wie und wo ein Einsatzabschluss durchgeführt werden soll.
3. Durch das überwältigende Ausmaß des Ereignisses tritt die Bedeutung des Einsatzabschlusses in der Wahrnehmung der Verantwortlichen in den Hintergrund.

4. Das CISM-Team wird verspätet benachrichtigt.
5. Das CISM-Team braucht zu lange, um das CISM-Einsatzabschlusszentrum in Betrieb zu nehmen.
6. Es sind zu wenige CISM-Teammitglieder erreichbar.
7. Einsatzkräfte werden zu spät abgelöst und sind stark erschöpft.
8. Essen und Getränke sind nicht in ausreichendem Umfang vorhanden.
9. Die räumliche Distanz zwischen Einsatzort und Einsatzabschlusszentrum ist zu groß.
10. Einsatzkräfte wurden nicht rechtzeitig darüber informiert, dass sie am CISM-Einsatzabschluss teilnehmen sollen und gehen daher direkt nach Hause oder zur Dienststelle.
11. Das Einsatzabschlusszentrum ist schwer zu finden.
12. Zwischen Einsatzabschlusszentrum und Einsatzleitung besteht keine direkte Kommunikation.
13. CISM-Teammitglieder überfordern sich.
14. CISM-Teammitglieder versuchen zusätzlich, CISM-Nachbesprechungen oder CISM-Kurzbesprechungen abzuhalten.

7.4 Durchführung

7.4.1 Der CISM-Einsatzabschluss im Überblick

Abbildung 7.1 zeigt die Einrichtung und die Raumgestaltung eines CISM-Einsatzabschlusszentrums.

Auf der linken Seite befindet sich der Unterrichtsraum, auf der rechten Seite ein Ruheraum. Sobald das CISM-Einsatzabschlusszentrum nach einem Einsatz geöffnet ist, wird die Einsatzleitung unterrichtet, dass die betroffenen Hilfskräfte dorthin gebracht

CISM-Einsatzabschlusszentrum

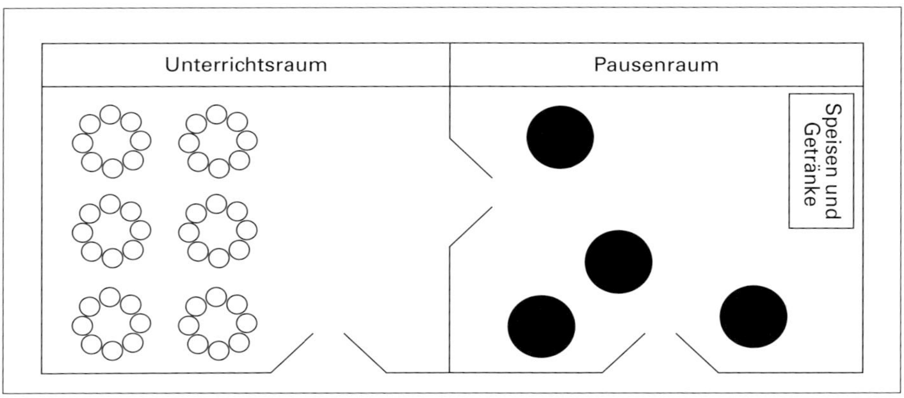

Abb. 7.1

werden können. Da es sich beim CISM-Einsatzabschluss um einen Gruppenprozess handelt, wird dieser immer in einem CISM-Einsatzabschlusszentrum und niemals am Einsatzort angeboten.

Es nehmen nur die Personen am Einsatzabschluss teil, die ihre Arbeit beendet haben und durch die Einsatzleitung endgültig vom Einsatzort entlassen wurden. Sie kehren nach einem CISM-Einsatzabschluss nicht zum Einsatzort zurück, um dort ihre Arbeit wieder aufzunehmen, da eine Rückkehr zum Katastrophenort eine Stressreaktion hervorrufen könnte. Stattdessen können die Einsatzkräfte aber direkt nach einem CISM-Einsatzabschluss zu anderen Einsätzen herangezogen werden.

Im CISM-Einsatzabschlusszentrum versammeln sich die Einsatzkräfte im Unterrichtsraum. Wie beschrieben, werden die Gruppen nach ihren Einheiten zusammengefasst. Sobald eine Einheit oder Fahrzeugbesatzung komplett ist, kommt der Mitarbeiter des CISM-Teams in den Kreis und informiert die Einsatzkräfte in einer etwa zehn Minuten dauernden Sitzung anhand eines verbindlichen Skriptes über die Auswirkungen von psychischen Belastungen und Stressreaktionen sowie posttraumatischen Belastungsstörungen. Anschließend haben die Einsatzkräfte die Möglichkeit, Fragen zu stellen oder der Gruppe etwas mitzuteilen. Über diese Statements wird jedoch nicht diskutiert. Danach verabschiedet sich der Leiter des Einsatzabschlusses und schickt die Gruppe in den Pausenraum. Hier haben die Einsatzkräfte die Möglichkeit, sich auszuruhen und auf die Rückkehr in ihren Alltag vorzubereiten.

In einem CISM-Einsatzabschlusszentrum werden immer mehrere Gruppen begleitet. Während die erste Gruppe von Einsatzkräften die zehnminütige Informationsphase durchläuft, kann parallel dazu eine zweite, dritte oder vierte Gruppe im CISM-Einsatzabschlusszentrum in Empfang genommen werden. Für jede Gruppe steht ein CISM-Mitarbeiter zur Verfügung.

7.4.2 Informationen über psychische Belastungen

Der erste Teil des CISM-Einsatzabschlusses – die Informationen über psychische Belastungen und Stressreaktionen – sind didaktisch aufzubereiten. Der Prozess des CISM-Einsatzabschlusses ist ein passiver Prozess. Nur das Teammitglied, das Informationen präsentiert, ist aktiv. Die Teilnehmer hören zu und nehmen die Informationen auf. Die Beiträge sind immer freiwillig; der CISM-Mitarbeiter versucht niemals, die Teilnehmer zu befragen, um sie zum Reden zu bringen. Das Hauptziel des CISM-Einsatzabschlusses ist es, Anregungen und Informationen zu geben. Wenn die Teilnehmer ihre Erfahrungen besprechen möchten, können sie das ausführlich in der Ruhepause oder im Anschluss daran tun.

Im ersten Teil des CISM-Einsatzabschlusses werden die im Folgenden aufgeführten Schwerpunkte gesetzt und Gesichtspunkte berücksichtigt:

1. der CISM-Mitarbeiter stellt sich vor;
2. der Ablauf des CISM-Einsatzabschlusses wird beschrieben;
3. Hilfskräfte können bereits kurz nach dem Einsatz Belastungssymptome entwickelt haben, andere werden Symptome erst nach einer gewissen Zeit entwickeln und wiederum andere reagieren auf das Ereignis überhaupt nicht;

4. Belastungssymptome sind grundsätzlich eine normale Erscheinung;
5. Belastungssymptome können intensiver werden, wenn sie ignoriert werden;
6. Stressanzeichen und Symptome für eine Stressbelastung zeigen sich auf der kognitiven, physischen, emotionalen und auf der Verhaltensebene ;
7. die Erholung von einer Stressbelastung kann durch verschiedene Faktoren forciert werden: regelmäßiges und gesundes Essen, Ruhepausen, Vermeidung von Alkohol und Drogen, Gespräche mit vertrauten Personen, Ablenkung durch Lesen oder Fernsehen;
8. ca. eine Woche nach dem CISM-Einsatzabschluss wird eine CISM-Nachbesprechung durchgeführt;
9. die Teilnehmer werden in jeder Phase der Betreuung dazu ermutigt, Fragen zu stellen oder Bemerkungen zu machen;
10. Zusammenfassung;
11. Verteilen von Informationsmaterial. (siehe dazu auch im Anhang)

7.5 Der CISM-Einsatzabschluss im militärischen Bereich

Im militärischen Bereich braucht der CISM-Einsatzabschluss nicht zuletzt wegen der Mannschaftstärke eine eigene Struktur. Wenn zahlreiche Menschen auf ein Angebot warten, ist es unmöglich, allen eine CISM-Nachbesprechung anzubieten. Stattdessen können nur die Gruppen begleitet werden, die am stärksten betroffen sind; allen anderen muss eine veränderte Form des CISM-Einsatzabschlusses angeboten werden.

Bei Einsatzkräften nehmen in der Regel sechs bis acht Personen an einem CISM-Einsatzabschluss teil, unmittelbar nachdem sie ihre Arbeit am Einsatzort beendet haben. Bei Militäroperationen können solche Gruppen hingegen aus bis zu hundert Soldaten bestehen. Manchmal kann der CISM-Einsatzabschluss erst dann durchgeführt werden, wenn die Soldaten ihren Einsatz (z.B. im Ausland) beendet haben. Dadurch kann es zu einer Verzögerung von mehreren Tagen, Wochen oder gar Monaten kommen. Der CISM-Einsatzabschluss darf allerdings keinesfalls während des laufenden Einsatzes durchgeführt werden. Die Soldaten wären unter Umständen nicht mehr in der Lage, ihren Dienst zu verrichten.

Sind viele hundert Menschen betroffen, läuft der CISM-Einsatzabschluss eher wie eine Schulung ab. Er wird in großen Schulungsräumen und nicht in einem Stuhlkreis durchgeführt. Es muss sichergestellt sein, dass jede Person an demselben Einsatz teilgenommen oder dieselbe Art von Arbeit ausgeführt hat.

Die Informationsphase dauert in solchen Fällen 20 oder 45 Minuten statt der üblichen zehn Minuten, da der CISM-Einsatzabschluss möglicherweise die einzige Art von Unterstützung ist, die den vielen hundert Betroffenen angeboten werden kann.

Die Bundeswehr hält über das Zentrum Innere Führung in Koblenz unter anderem Merkblätter vor, auf denen Kontaktadressen genannt werden, über die Betroffene weiterführende Unterstützung bekommen können.

7.6 Gegenanzeigen

Es konnte festgestellt werden, dass der Ablauf eines CISM-Einsatzabschlusses vergleichsweise simpel ist: Erfahrene und kompetente Teammitglieder halten ein zehnminütiges Referat zur Stressbearbeitung nach belastenden Ereignissen. Im Anschluss daran werden die Einsatzkräfte in den Nebenraum geleitet, wo ein kleiner Imbiss zur Verfügung steht. Probleme können nur bei der Logistik entstehen: Wenn es z.B. Schwierigkeiten gibt, Essen für die mehreren hundert Personen zu beschaffen, stört das den CISM-Einsatzabschluss. Wenn die Einsatzkräfte den Verlauf eines CISM-Einsatzabschlusses nicht kennen, werden sie möglicherweise Widerstand leisten. Auch ist es bei der mitunter unübersichtlichen Situation bei einer Katastrophe nicht möglich, dass das CISM-Team den Verantwortlichen den Einsatzabschluss erst während des Einsatzes vorgestellt und erklärt.

Es ist unmöglich, einen CISM-Einsatzabschluss ohne Unterstützung, Zusammenarbeit und Logistik der betroffenen Organisationen durchzuführen. Stattdessen kann das CISM-Team, wenn es feststellt, dass der Einsatzabschluss für einen bestimmten Einsatz trotz Indikation nicht durchführbar ist, auf die Möglichkeit zurückgreifen, statt eines CISM-Einsatzabschlusses für alle Beteiligten nur für die Einheiten, die am stärksten belastet sind, CISM-Kurzbesprechungen anzubieten. Eine Kurzbesprechung ist in einem solchen Fall eine gute Alternative zum Einsatzabschluss. Allerdings muss sich das Team für ein Angebot entscheiden. Einzelpersonen, die deutliche Stresssymptome entwickelt haben, kann auch eine Einzelbegleitung angeboten werden. Darüber hinaus können Besuche auf der Wache, Informationsveranstaltungen über mögliche Belastungsreaktionen und eine Aufstellung von Angeboten für CISM-Nachbesprechungen helfen, einen CISM-Einsatzabschluss zu ersetzen.

Der CISM-Einsatzabschluss ist lediglich ein Glied in einer ganzen Kette von Angeboten, um Einsatzkräften nach Großeinsätzen oder einer Katastrophe Unterstützung anzubieten. Die Möglichkeiten des CISM-Einsatzabschlusses sind relativ eingeschränkt. Er ist dazu konzipiert, mit einem CISM-Team mehrere hundert Personen zu betreuen.

7.7 Weitere Nachsorge

Nach Beendigung des Einsatzes folgt dem CISM-Einsatzabschluss je nach Größe des Schadensereignisses und der Dauer des Einsatzes nach einigen Tagen oder Wochen (Zeitleiste im Kapitel 13 und Abb. 13.2) immer eine CISM-Nachbesprechung. Man sollte mit den CISM-Nachbesprechungen mit den Gruppen beginnen, die am stärksten von dem Ereignis betroffen waren. Wenn die Nachbesprechungen mit diesen Gruppen durchgeführt wurden, organisiert das CISM-Team Nachbesprechungen für die weniger stark betroffenen Gruppen.

Zusätzlich zur CISM-Nachbesprechung in Gruppen müssen Einzelberatungen angeboten werden. Einzelberatungen sind immer dann notwendig, wenn ein Betroffener danach verlangt. Bei Katastrophen in den USA nahmen in der Regel bisher ca. 10%

der Einsatzkräfte das Angebot einer Einzelberatung durch ein CISM-Team oder eine weiterführende Beratung durch einen Therapeuten in Anspruch, nach dem Zugunglück in Eschede waren es 17% (Koordinierungsstelle Einsatznachsorge, 204). CISM-Teams sollten immer auf weiterführende Unterstützungsangebote hinweisen und diese bei Bedarf vermitteln.

7.8 Zusammenfassung

Der CISM-Einsatzabschluss ist ein CISM-Angebot, das entwickelt wurde, um mehreren hundert Einsatzkräften bei einer Katastrophe oder bei anderen Großschadenslagen Unterstützung zu geben. Der CISM-Einsatzabschluss kann leicht durchgeführt werden, muss jedoch aufgrund logistischer Anforderungen sorgfältig vorbereitet werden.

8 *Crisis Management Briefing* Die CISM-Informationsveranstaltung

8.1 Einführung

Gewaltkriminalität, Terroranschläge oder Katastrophen haben eines gemeinsam: sie treffen häufig eine Vielzahl von Menschen. Wie kann man diesen Menschen im Sinne der Krisenintervention helfen, und wie kann man sie vor posttraumatischen Stresssymptomen bewahren? Die bisher kennengelernten Kriseninterventionsmethoden sind arbeitsintensiv und bestehen oft nur aus Interventionen für einzelne Betroffene. Zwar wurden Methoden zur Gruppenkrisenintervention entwickelt, um nicht nur die Wirksamkeit der Krisenintervention zu steigern, sondern auch ihre Leistungsfähigkeit, doch ist auch die CISM-Nachbesprechung nur eine Intervention für kleine Gruppen. Doch auch wenn die CISM-Nachbesprechung in ihrem Rahmen effektiv ist, so ist sie für größere Personengruppen nicht geeignet.

Aus diesen Gründen wurde eine Krisenintervention für große Gruppen entwickelt: die CISM-Informationsveranstaltung. Eine solche Form der Krisenintervention ist für Gruppen von bis zu 300 Personen ausgelegt (Everly, 2000).

Die CISM-Informationsveranstaltung allein kann ausreichend sein, um Gruppen zu erreichen, die nur am Rande von einem besonders belastenden Ereignis berührt sind. Wenn z.B. ein Mitarbeiter einer Firma, die bundesweit vertreten ist, an seinem Arbeitsplatz in München ermordet wurde, brauchen nicht nur die dortigen Mitarbeiter Unterstützung, sondern auch die Mitarbeiter anderer Zweigstellen, weil sie das potenzielle Risiko teilen.

Die CISM-Informationsveranstaltung kann schon eingesetzt werden, noch während das kritische Ereignis andauert und sich entfaltet, oder unmittelbar nachdem es gelöst worden ist. Folglich kann die CISM-Informationsveranstaltung so oft wiederholt werden, wie es notwendig erscheint.

Die CISM-Informationsveranstaltung muss schließlich auch als *psychologische Triage* verstanden werden, um Personen zu identifizieren, die einen höheren Grad an Hilfe benötigen.

8.2 Die vier Phasen der CISM-Informationsveranstaltung

Eine CISM-Informationsveranstaltung besteht aus vier Phasen:

1. Versammlungsphase

In dieser Anfangsphase werden die Zielgruppen für die Intervention identifiziert. Die Logistik wird angesprochen, und es wird festgesetzt, wann und wie die Personen versammelt werden. In einer Schule werden für die CISM-Informationsveranstaltung beispielsweise die jeweiligen Stufen in die Aula geführt. In einer Firma oder in einem Industriebetrieb werden die Teilnehmer in einem Sozialraum oder in der Kantine versammelt. Die Veranstaltungen können aber auch in größeren Dimensionen durchgeführt werden: So kann bei der Marine an Bord eines Schiffes das Fernseh- und Lautsprechersystem eine große Hilfe sein. Bei großen kommunalen Ereignissen kann die Bevölkerung in Wahl- oder Schulbezirke aufgeteilt und beispielsweise im Rathaus versammelt werden. Bei kommunalen Ereignissen können auch Kirchen und Gemeindehäuser genutzt werden. Sie sind von besonderem Wert für die Menschen, die in einer solchen Situation am liebsten eine religiöse Unterstützung in Anspruch nehmen würden.

Die Versammlungsphase wurde entwickelt, um das aufkommende Gefühl von Vereinzelung und Entfremdung zu bekämpfen, das sich bei Opfern von kritischen Ereignissen und traumatischem Geschehen immer wieder einstellt. In der Regel bildet sich ein zweiter nützlicher Effekt heraus: Formelle und informelle, soziale und funktionale Unterstützung vernetzen sich.

Die Versammlungsphase muss in ihrem Ablauf verändert werden, wenn ansteckende Krankheiten oder Epidemien befürchtet werden. In diesem Fall ist die Zusammenarbeit mit den Massenmedien hilfreich, die genutzt werden können, die Bevölkerung über die psychischen Folgen einer Katastrophe zu informieren.

2. Information

In dieser zweiten Phase werden durch eine direkte Präsentation über alles, was an wesentlichen Tatsachen über das belastende Ereignis bekannt ist und was (noch) nicht bekannt ist, der Grad der Angst vermindert und Gerüchte kontrolliert. Es muss sorgfältig darauf geachtet werden, keine Grenzen der Vertraulichkeit zu brechen oder Informationen zu verbreiten, die einen negativen Einfluss auf den Einsatz haben können.

Diese Phase leitet am besten eine Person mit fachlicher Glaubwürdigkeit für die Zielgruppe. Ein Arzt könnte die Tatsachen eines medizinischen Notfalls ansprechen, ein hochrangiger Vertreter der Staatsanwaltschaft die Tatsachen eines Verbrechens, ein Mitglied des Aufsichtsrates Informationen geben, wenn es sich um einen Fabrikunfall handelt.

Die Informationsphase der CISM-Informationsveranstaltung wurde entwickelt, um Gerüchten den Boden zu entziehen. Mit den Informationen wird den Betroffenen vermittelt, dass sie die Situation wieder selbst beherrschen.

3. Reaktionen
In dieser Phase, die mit der Informationsphase der CISM-Kurzbesprechung oder Nachbesprechung vergleichbar ist, wendet sich das Gespräch den psychischen und verhaltensmäßigen Reaktionen zu, die in der Bevölkerung bei vergleichbaren belastenden Ereignissen in der Vergangenheit aufgetreten sind. Die bedeutenden psychologischen Themen werden aufgegriffen und besprochen. Es wird deutlich gemacht, dass die auftretenden Reaktionen auf das Ereignis angemessen und normal sind. Der Moderator in dieser Phase sollte ein Psychologe oder ein Psychiater sein.

Die Reaktionsphase wurde entwickelt, um die psychologischen Reaktionen und das Verhalten zu normalisieren, das von den meisten Betroffenen ausgebildet wird. Die Phase dient auch als Gelegenheit, solche Reaktionen aufzuzeigen, die weitere Unterstützung und möglicherweise Behandlung bedürfen.

4. Bewältigungsstrategien und Ressourcen
Die abschließende Phase der CISM-Informationsveranstaltung stellt die personellen und kommunalen Ressourcen vor, die die Wiederherstellung und Erholung unterstützen können. Das können entweder die Beratungsstellen der Stadt oder des Kreises, der Kirchen oder anderer Organisationen sein oder aber Anlaufstellen in Krankenhäusern und ambulanten Tageseinrichtungen.

Häufig werden Stressmanagement-Techniken besprochen. Abschließend werden Fragen beantwortet. Jeder erhält ein Merkblatt, das die normalen Reaktionen beschreibt, hilfreiche Bewältigungsmöglichkeiten aufzeigt und die kommunalen Ressourcen auflistet, die den Erholungsprozess unterstützen können.

Die abschließende Phase der CISM-Informationsveranstaltung wurde sowohl entwickelt, um praktische Stressbewältigungsstrategien anzubieten, als auch, um die kommunalen Ressourcen und die der jeweiligen Organisation vorzustellen, die weitere Unterstützung und Behandlung anbieten können, wo sie notwendig erscheinen.

8.3 Das CISM-Informationsveranstaltungs-Team

Die CISM-Informationsveranstaltung sollte möglichst von einem Team geleitet werden, das für die Zielgruppe hohe Glaubwürdigkeit besitzt. So sollte jemand glaubwürdig die Fakten rund um das Ereignis vortragen. Das könnte eine Führungskraft aus dem Katastrophenschutz oder aus der (Kreis-)Verwaltung sein. Die psychosoziale Bewältigung und deren Ablauf und mögliche Phasen werden am besten von einer psychosozialen Fachkraft referiert. Wenn die CISM-Informationsveranstaltung unmittelbar für die direkt Betroffenen durchgeführt wird, sollte mindestens eine psychosoziale Fachkraft (günstiger wäre ein Team aus mehreren psychosozialen Fachleuten) verfügbar sein, die die Betroffenen unterstützen kann und für ein unmittelbar notwendig werdendes psychologisches Folgeangebot zur Verfügung steht.

An dieser Stelle sei angemerkt, dass die CISM-Informationsveranstaltung wie die anderen CISM-Interventionen der psychologischen Reihenfolge folgt, die von einer anfänglichen kognitiven Orientierung ausgeht, dann den Nachdruck auf die affektive

Ebene legt, um sich dann wieder auf eine kognitive problemorientierte Ebene zu konzentrieren. Die Erfahrung lehrt, dass diese Reihenfolge unbedingt eingehalten werden muss (vgl. Abb. 11.1).

8.4 Zusammenfassung

Die CISM-Informationsveranstaltung ist eine Technik zur Krisenintervention bei großen Gruppen. Wie alle anderen CISM-Interventionen ist sie nicht als Einzelintervention entwickelt worden, sondern gehört in ein Gesamtprogramm der Nachsorge für Einsatzkräfte und für die betroffene Bevölkerung. Die CISM-Informationsveranstaltung stellt die wohl wirksamste und vielseitigste Komponente der Stressbearbeitung nach belastenden Ereignissen dar. Sie ist anwendbar nach nahezu jedem kritischen Ereignis oder traumatischem Geschehen, das eine große Zahl von Betroffenen berührt. Die CISM-Informationsveranstaltung kann auch mit kleineren Gruppen vor einem Debriefing durchgeführt werden.

9 *Defusing*
Die CISM-Kurzbesprechung

9.1 Einführung

Die CISM-Nachbesprechung wird im nächsten Kapitel dieses Buches beschrieben. Oft wird sie als die komplexeste der CISM-Interventionen beschrieben und stellt ohne Zweifel die vollständigste, vielschichtigste und arbeitsintensivste CISM-Intervention dar. Ein CISM-Team sollte daher sehr sorgfältig abwägen, ob eine CISM-Nachbesprechung angeboten werden soll. Eines der Hilfsmittel, das die Notwendigkeit für ein *Debriefing* verdeutlichen kann, ist die CISM-Kurzbesprechung.

Eine CISM-Kurzbesprechung ist eine Kurzform der CISM-Nachbesprechung, die noch am Tag des Ereignisses angeboten wird, vorzugsweise innerhalb von ein paar Stunden nach Ende der Einsatzsituation. In machen Fällen kann die CISM-Kurzbesprechung sogar die Nachbesprechung ersetzen. Aber auch wenn die Entscheidung getroffen wird, dass eine CISM-Nachbesprechung zusätzlich nötig ist, wird diese durch die vorangegangene Kurzbesprechung in ihrer Wirkung noch gesteigert. Auch erweist sich in solchen Situationen die CISM-Kurzbesprechung als effektive Intervention, da auf diese Weise genügend Zeit für die Vorbereitung eines Debriefings gewonnen werden kann.

9.2 Definition CISM-Kurzbesprechung

Die CISM-Kurzbesprechung wurde als Primärintervention zur Prävention posttraumatischer Belastungen entwickelt. Im Amerikanischen wird eine CISM-Kurzbesprechung mit dem Wort »*Defusing*« beschrieben; dies bedeutet soviel wie »etwas unschädlich machen, bevor es Schaden anrichten kann«, »etwas entschärfen«. Hierin liegt der Haupteffekt der CISM-Kurzbesprechung: Die belastende Situation soll für die Betroffenen entschärft, bzw. der Gefahr negativer Auswirkungen soll entgegengewirkt werden.

Eine CISM-Kurzbesprechung ist ein dynamischer Gruppenprozess. Sie wird nach einem Ereignis angewandt, das so belastend ist, dass es die Bewältigungsmechanismen der ihm ausgesetzten Personen außer Kraft gesetzt haben könnte. Die Ereignisse, die eine CISM-Kurzbesprechung indizieren, haben grundsätzlich die gleiche Intensität wie die, die eine CISM-Nachbesprechung erforderlich machen. Ob eine CISM-Kurzbesprechung oder eine CISM-Nachbesprechung durchgeführt wird, liegt daher nicht an der Dimension des belastenden Ereignisses. Der Unterschied liegt vielmehr im Zeitpunkt und in der Art, wie dem Ereignis begegnet wird.

Die CISM-Kurzbesprechung ist im Prinzip eine verkürzte Version der CISM-Nachbesprechung. Sie folgt jedoch unmittelbar auf das Ereignis. Das Team versucht, so schnell wie möglich nach dem belastenden Ereignis in Aktion zu treten.

Eine CISM-Kurzbesprechung bietet Einsatzkräften die Möglichkeit, kurz über ihre Erlebnisse zu sprechen, bevor sie Zeit haben, ausgiebig über den Vorfall nachzudenken, bevor sie ins Grübeln geraten. Ziel ist es, einer Fehlinterpretation des Ereignisses durch die Betroffenen vorzubeugen. Es gibt einige Hinweise darauf, dass eine sofortige Intervention effektiver sein kann als beispielsweise eine CISM-Nachbesprechung, die erst nach 24 bis 72 Stunden angeboten wird

Der einfache Aufbau der CISM-Nachbesprechung macht sie in Organisation und Durchführung wesentlich einfacher als andere Interventionen. Sie ist zudem preiswerter, da sie die betroffenen Personen weniger lange vom Dienst fernhält. Außerdem ist für die Durchführung kein komplettes CISM-Team nötig.

Das Kernziel einer CISM-Kurzbesprechung besteht darin, für Kollegen, die täglich zusammenarbeiten, eine Möglichkeit der gemeinsamen Einsatznachbesprechung zu schaffen. Das Team muss deshalb manchmal drei oder vier Kurzbesprechungen anbieten: zum Beispiel eine für Pflegekräfte, eine weitere für Rettungskräfte oder Notärzte und eine weitere für Polizisten.

Eine Kurzbesprechung ist natürlich nicht für jede Situation geeignet. Ihr Anwendungsbereich liegt, wie später noch beschrieben wird, innerhalb eines klaren Zeitlimits.

9.3 Ziele der CISM-Kurzbesprechung

Die als Primärintervention konzipierte CISM-Kurzbesprechung verfolgt im wesentlichen vier Hauptziele:

1. Verminderung von Reaktionen auf ein traumatisches Ereignis;
2. die »Normalisierung« der Erfahrung, damit die alltäglichen Aufgaben schnellstmöglich wieder erfüllt werden können;
3. die Wiederherstellung des sozialen Netzwerkes der Gruppe, damit sich die Betroffenen nicht voneinander isolieren; den Betroffenen wird deutlich gemacht, dass ihre Reaktionen denen der anderen ähneln; wenn Ähnlichkeiten zu anderen festgestellt werden, sind sie in der Regel eher bereit, sich in schwierigen Zeiten gegenseitig zu unterstützen;
4. die Einschätzung, ob darüber hinaus eine CISM-Nachbesprechung notwendig ist.

Weiterhin spielen im Rahmen der CISM-Kurzbesprechung folgende wichtige Ziele eine Rolle:

1. Angleichung des Informationsstandes über das Ereignis bei allen eingesetzten Kräften;

2. Wiederherstellung kognitiver Prozesse, die durch das Ereignis massiv gestört wurden;
3. verständliche und praktische Informationen zur Stressbearbeitung;
4. Ausdruck der Wertschätzung gegenüber der Arbeit der eingesetzten Kräfte;
5. Aufbau von Beziehungen für weitere Unterstützungsangebote;
6. Eröffnung von Perspektiven für eine Erholung von den Belastungen des Ereignisses.

9.3.1 Die Schlüsselrolle der CISM-Kurzbesprechung

Die CISM-Kurzbesprechung besitzt in den meisten Fällen zwei erwünschte Effekte. Diese hängen wesentlich von der richtigen Anwendung innerhalb des dafür vorgesehenen Zeitrahmens ab. Eine gut geleitete Kurzbesprechung wird in der Regel den Bedarf einer CISM-Nachbesprechung ausschließen oder eine CISM-Nachbesprechung einleiten, wenn diese zusätzlich notwendig ist.

Zur Beachtung: Das Ausschließen der Notwendigkeit, eine CISM-Nachbesprechung durchzuführen, ist ein Nebenprodukt der Kurzbesprechung, niemals das interesseleitende Ziel. Mit anderen Worten: Es mag passieren, aber niemand wirkt darauf hin.

9.3.2 Zielgruppen

Zielgruppe einer Kurzbesprechung sind die eingesetzten Kräfte, die das Ereignis am stärksten getroffen hat. Normalerweise werden bei einer Kurzbesprechung nach einem besonders belastenden Ereignis sechs bis acht Personen zusammengefasst, eine Löschgruppe oder eine Fahrzeugbesatzung, das Personal einer Unfallstation, eine taktische Polizeieinheit oder andere Spezialeinheiten. Das CISM-Team muss unter Umständen für mehrere Zielgruppen getrennte Kurzbesprechungen anbieten. In seltenen Fällen sind alle betroffenen Gruppen im selben Bereich tätig. Dann ist es einfacher, zusammen für alle eine Kurzbesprechung anzubieten. Das Team trifft diese Entscheidung aber nur dann, wenn es davon überzeugt ist, dass dies unter den gegebenen Umständen die beste Lösung ist. Eine CISM-Kurzbesprechung mit einer großen Gruppe ist allerdings arbeitsaufwändiger und dauert länger als die in einer kleinen Gruppe. In der Regel werden Kurzbesprechungen deshalb für einen kleinen Teilnehmerkreis angeboten.

9.3.3 Leitung der CISM-Kurzbesprechung

CISM-Kurzbesprechungen können nur von speziell ausgebildeten Personen durchgeführt werden. Betroffene sind nach einem belastenden Ereignis besonders sensibel und verletzlich. Personen ohne Ausbildung sollten in diesem kritischen Zustand deshalb keinesfalls mit ihnen arbeiten.

Kurzbesprechungen können von Peers angeboten werden, die eine CISM-Ausbildung absolviert haben. Auch ausgebildete Geistliche, Seelsorger oder psychosoziale Fachleute können eine CISM-Kurzbesprechung anleiten. Manchmal wird die Kurzbesprechung gemeinsam von einem Team aus Peers und psychosozialen Fachleuten geleitet. Selbst wenn nur Peers oder nur psychosoziale Fachleute die Kurzbesprechung leiten, ist es am besten, wenn das Team aus mindestens zwei Personen besteht. Die Verantwortung, die ansonsten bei nur einer Person liegen würde, verteilt sich so besser. Manchmal ist allerdings nur ein CISM-Teammitglied verfügbar. Da der Erfolg der Kurzbesprechung zunächst davon abhängt, wie schnell sie nach einem Ereignis angeboten wird, kann sie, wenn nicht anders möglich, auch von nur einem CISM-Mitarbeiter durchgeführt werden. Die Durchführung einer CISM-Kurzbesprechung von nur einem Helfer sollte aber vermieden werden und nur eine seltene Ausnahme bleiben. Es ist eine möglicherweise gefährliche Versuchung, eine CISM-Kurzbesprechung allein anzubieten. Wenn nämlich ein Teilnehmer die Gruppe verlässt, kann kein weiterer Helfer der Person nachgehen, um zu überprüfen, ob es ihr gut geht oder sie zur Rückkehr in die Kurzbesprechung ermutigen.

Die Mitarbeit psychosozialer Fachleute ist bei einer CISM-Kurzbesprechung zwar wünschenswert, aber nicht zwingend notwendig. Zum Zeitpunkt der Kurzbesprechung hatten die Betroffenen noch nicht ausreichend Zeit, ihre Erfahrungen zu verarbeiten. Sie zeigen meist ebenfalls noch keine starken emotionalen Reaktionen. Oft befinden sie sich in einem Schockzustand oder verdrängen den Vorfall und verschieben das Verarbeiten ihrer Emotionen auf später. Die belastenden Aspekte des Einsatzes können zum Zeitpunkt der Kurzbesprechung in der Regel problemlos von einem Team gut ausgebildeter Peers bearbeitet werden.

In manchen CISM-Teams können Peers Kurzbesprechungen nur dann selbstständig anbieten, wenn sie im Anschluss innerhalb von acht bis zwölf Stunden einen Vertreter der psychosozialen Fachleute ins Team holen. Dieser reflektiert die Kurzbesprechung dann zusammen mit den Peers, unterstützt ihre Arbeit und gibt Hinweise, wie Interventionen effektiver gestaltet werden können.

9.3.4 Der richtige Zeitpunkt für eine CISM-Kurzbesprechung

In diesem Kapitel wurde schon mehrmals angemerkt, dass eine Kurzbesprechung innerhalb eines bestimmten Zeitrahmens stattfinden muss, um maximale Effektivität zu erreichen. Kurzbesprechungen sollten innerhalb von acht bis zwölf Stunden nach Beendigung des Einsatzes durchgeführt werden: idealerweise in den ersten drei Stunden nach einem Vorfall.

In bestimmten Fällen gibt es aber auch Ausnahmen von dieser Regel, z.B. wenn ein grausames Verbrechen begangen wurde und die Polizei den Täter noch sucht. Auch nach Dienstunfällen mit tödlichem Ausgang oder nach einer Katastrophe kann es durch den Schock des Ereignisses noch sinnvoll sein, wenn eine Kurzbesprechung erst 12 bis 16 Stunden nach dem Ereignis durchgeführt wird. Es muss jedoch beachtet werden, dass ein Team, das eine CISM-Kurzbesprechung so verspätet anbietet, immer mit extremem menschlichen Schicksal zu kämpfen hat. Wenn die damit einhergehenden Strapazen ein ernsthafter Faktor sind, bietet es sich eher an, mehrere Einzelgespräche zu führen und ein oder zwei Tage später eine CISM-Nachbesprechung anzubieten.

Grund für einen solchen Zeitrahmen ist der Verlauf der Traumatisierung nach einem besonders belastenden Ereignis. Kurz nach dem Einsatz befinden sich die Betroffenen in einer Art Schockzustand. Sie sind sehr sensibel und verletzlich, aber auch sehr empfänglich für Hilfe. In den nächsten Stunden versuchen sie, ihre Schutzsysteme wiederherzustellen. Sie kapseln sich von ihrer Umwelt ab und beginnen, ihren eigenen seelischen Schutzschild wieder zu aktivieren. Oftmals entwickeln Betroffene eine Art Verteidigungshaltung, die sich gleichermaßen gegen »Freund und Feind« richten kann. Sie scheinen überhaupt keine Unterstützung zu brauchen. Traumatisierte Menschen kapseln sich innerhalb weniger Stunden von fast allen äußeren Einflüssen ab. Ihre gesamte Umwelt interpretieren sie als gefährlich, bis sie wieder in der Lage sind, sich aus eigener Kraft zu stabilisieren.

Betroffene sind in den ersten Stunden nach einer Traumatisierung offen für Hilfsangebote, bevor sie begonnen haben, sich abzukapseln. Hier ist die Kurzbesprechung am effektivsten. Haben sich die betroffenen Personen erst einmal abgekapselt, verfehlt die Kurzbesprechung wahrscheinlich ihr Ziel. Nach ungefähr 24 Stunden ist es ihnen möglich geworden, sich zu stabilisieren und neu zu orientieren. Sie beginnen dann auch, die Erfahrung emotional zu verarbeiten. Es kann sein, dass sie die Situation falsch interpretieren und sich nach einem misslungenen Einsatz selbst die Schuld daran geben. Manchmal öffnen sie sich auch bis zu einem gewissen Maß und sind dann eher bereit, Hilfe anzunehmen.

Nach 24 Stunden ist die Kurzbesprechung nicht mehr effektiv. Sie kann dann nur wenig bewirken. Nach 24 Stunden ist die CISM-Nachbesprechung die wirkungsvollste Intervention, um die Belastungen zu bearbeiten.

Verzögert sich die Kurzbesprechung über einen Zeitraum von 8 bis 12 Stunden, entschließt sich das CISM-Team, die CISM-Kurzbesprechung nicht anzubieten. Stattdessen sollten bis zum Termin der CISM-Nachbesprechung Einzelberatungen angeboten werden.

9.4 Sonderfall Katastrophe

Die CISM-Kurzbesprechung kann unmittelbar nach einer Katastrophe ebenfalls als Soforthilfe durchgeführt werden. Sie wurde in solchen Fällen bereits verschiedentlich wirkungsvoll angewandt.

Wie in Kapitel 7 bereits beschrieben, gibt es für Großschadensereignisse eine spezielle Intervention: den CISM-Einsatzabschluss. Zwar kann dieser bei einer Großschadenslage anstelle einer CISM-Kurzbesprechung angewandt werden, aber nie zusätzlich. Es gilt: Eine Intervention ersetzt die andere mit den jeweiligen Vor- und Nachteilen. Die Entscheidung für die CISM-Kurzbesprechung oder den CISM-Einsatzabschluss hängt dabei vom jeweiligen Ereignis, der Unterstützung der Führungskräfte und Vorgesetzten der Organisationen, der Anzahl der CISM-Mitarbeiter und der Logistik ab. Grundsätzlich sind jedoch die Strapazen und die Erschöpfung der Einsatzkräfte zu bedenken. Ein CISM-Einsatzabschluss mag dem *Defusing* vorgezogen werden, weil er viel kürzer ist und die Teilnehmer hier passiver bleiben können. Eine CISM-Kurzbesprechung wird dann bei einem Großschadensereignis angeboten, wenn die Einsatzkräfte während der Katastrophe schweren traumatischen Geschehen ausgesetzt waren. Allerdings dürfen die Teilnehmer nicht so erschöpft sein, dass sie das Ereignis gar nicht mehr besprechen können.

9.5 Rahmenbedingungen für die CISM-Kurzbesprechung

1. Ort
Die Kurzbesprechung wird an einem neutralen und störungsfreien Ort durchgeführt, nie am Einsatzort. Der Raum, in dem sie stattfindet, sollte der kleinen Gruppe angemessen, gemütlich, gut beleuchtet und entsprechend klimatisiert sein. Die Stühle sollten so bequem wie möglich und in einem Kreis oder um einen Tisch aufgestellt sein. CISM-Kurzbesprechungen werden in Versammlungsräumen, Wohnzimmern, Kirchenräumen, Klassenzimmern, Feuerwachen und Tagungsräumen in Hotels durchgeführt. So lange der Anspruch auf Ruhe und Abgeschlossenheit erfüllt ist, können CISM-Kurzbesprechungen überall durchgeführt werden.

2. Zeitpunkt
Wenn ein besonders belastender Einsatz zu Beginn einer Schicht stattfindet und die eingesetzten Kräfte für den Rest der Schicht ständig daran denken müssen, ist es sehr hilfreich, diese Gruppe zusammenzuholen und eine CISM-Kurzbesprechung anzubieten. Dies gibt den Betroffenen die Möglichkeit, über den belastenden Einsatz zu sprechen, ihr Stressniveau zu verringern und ihre Belastungen so weit zu reduzieren, dass sie wieder gut weiterarbeiten können. Eine Kurzbesprechung kann, wenn sich der Vorfall später in der Schicht ereignet hat, auch zum Dienstende angeboten werden. So wird verhindert, dass die Belastungen in unguter Weise in die Familien hineingetragen werden. Allerdings ist es sehr schwer, die Gruppe mitten in der Schicht zusammenzubringen und wenn sie für schwierige Aufgaben am Einsatzort benötigt wurden. Darum ist der Beginn oder das Ende einer Schicht die beste Zeit, um eine Gruppe zu einer CISM-Kurzbesprechung einzuladen.

3. Zeitaufwand
Die CISM-Kurzbesprechung dauert in der Regel zwischen zwanzig Minuten und einer Stunde. Wenn sie wesentlich länger als eine Stunde dauert, ist dies ein Zeichen dafür, dass entweder die Gruppe sehr traumatisiert ist oder die Leitung nicht professionell arbeitet. Wenn es sich abzeichnet, dass man mit den betroffenen Personen weit länger als eine Stunde arbeiten muss, ist es ratsam, sie im Moment nur auf ein notwendiges Maß begrenzt zu stabilisieren und dann in den nächsten Tagen eine CISM-Nachbesprechung durchzuführen.

4. Vorbereitung
Da die Notwendigkeit einer CISM-Kurzbesprechung sich kurzfristig ergibt, hat das CISM-Team selten viel Zeit, sich darauf vorzubereiten. Eine kurze Beschreibung des

Vorfalles ist meist die einzige Information für das Team. Die Teammitglieder müssen mit den wenigen ihnen zur Verfügung stehenden Informationen das Beste aus der Situation machen. Es bleibt in der Regel auch keine Zeit, um eine Erfrischung oder einen Imbiss vorzubereiten. Somit fehlt auch die Möglichkeit, die Teilnehmer in einem informellen Rahmen noch etwas zusammenzubehalten und auf Einzelne besonders einzugehen.

9.6 Die Phasen der CISM-Kurzbesprechung

Die CISM-Kurzbesprechung besteht aus drei Phasen, die in einem Gespräch über das traumatische Ereignis ohne feste strukturierte Schritte oder Zeitvorgaben aufeinander folgen.

Die Einführung dauert normalerweise zwischen fünf und sieben Minuten. Dann leitet das Team über in die Austausch-Phase, die zehn bis dreißig Minuten dauert. Abgeschlossen wird die Kurzbesprechung mit der Informations-Phase, die in der Regel zwischen fünf und fünfzehn Minuten dauert.

9.6.1 Einführungs-Phase

Die Kurzbesprechung beginnt, sobald Gruppe und Team Platz genommen haben. Viele Punkte der Einführungs-Phase einer CISM-Kurzbesprechung sind denen der CISM-Nachbesprechung ähnlich, manche sind identisch (siehe dort im nachfolgenden Kapitel).

Das Team stellt sich vor, benennt den Grund, warum man zusammengekommen ist und beschreibt den Ablauf der CISM-Kurzbesprechung. Indem die Team-Mitglieder die wichtigsten Ziele der CISM-Kurzbesprechung umreißen und zur gegenseitigen Unterstützung aufmuntern, motivieren sie die Teilnehmer und ermutigen diese zur aktiven Teilnahmen an der Kurzbesprechung. Das Team betont, dass alles vertraulich behandelt wird, beantwortet Fragen der Teilnehmer und relativiert Befürchtungen. Darüber hinaus bietet das Team zusätzliche Unterstützung an, wenn diese nach der Kurzbesprechung noch notwendig sein sollte.

9.6.2 Austausch-Phase

In der zweiten Phase der CISM-Kurzbesprechung werden die Teilnehmer gebeten, von ihren Erfahrungen aus dem letzten Einsatz zu erzählen. Diese Phase ist eine Kombination aus *Tatsachen-, Gedanken-, Reaktions-* und *Auswirkungs-Phase* der CISM-Nachbesprechung (siehe nachfolgendes Kapitel).

Das Team darf keinesfalls den Eindruck erwecken, es würde die Betroffenen aushorchen. Es sollte daher einen vertraulichen Ton wählen. Jeder Teilnehmer, der etwas sagen möchte, wird dazu eingeladen. Es gibt keine Gesprächsordnung bei der Kurzbesprechung. Jeder, der schweigen will, kann dies tun. Während der Kurzbesprechung versuchen die Teammitglieder jedoch auf unterschiedliche Art und Weise, jeden in der

Gruppe sanft dazu zu bringen, etwas zu sagen. Die Teilnehmer werden aber nicht unter Druck gesetzt. Die Teammitglieder machen deutlich, dass ihnen das Wohlbefinden der Teilnehmer wichtig ist.

Es gibt eine breite Palette an Fragen, die Teammitglieder während einer Kurzbesprechung stellen können. Zu Anfang werden die Betroffenen gebeten, zu erzählen, was geschehen ist. Das Team versucht darüber hinaus, über Nachfragen einen besseren Eindruck von den Aufgaben und der Arbeit der Einsatzkräfte zu bekommen. Die Auswahl reicht von Fragen nach zusätzlichen Details bis hin zu Fragen nach Interaktionen mit Personen, die nicht an der Kurzbesprechung teilnehmen. Manchmal fragt das Team auch, ob die Teilnehmer schon Anzeichen und Symptome von Stress bei sich festgestellt haben.

Es ist unmöglich, alle Fragen zu nennen, die Teammitglieder während der CISM-Kurzbesprechung stellen. Sie sind von Mal zu Mal anders. Sie können sehr direkt und auch sehr komplex sein. Manchmal kommen die Redebeiträge aus der Gruppe, und es müssen kaum Fragen gestellt werden. Wenn Gruppenteilnehmer sich entspannen und allmählich Vertrauen zu dem CISM-Team gewinnen, sprechen sie meist sehr detailliert über das traumatische Erlebnis. Wenn das Gespräch ins Stocken gerät oder Belanglosigkeiten langsam wichtiger werden als das eigentliche Anliegen, versucht das Team, in die letzte Phase der Kurzbesprechung überzuleiten.

9.6.3 Informations-Phase

Die letzte Phase einer Kurzbesprechung entspricht einer Kombination von *Informations-* und *Abschluss-Phase* der CISM-Nachbesprechung (siehe dort im nachfolgenden Kapitel). In einem sehr kurzen Zeitraum müssen viele Aspekte berücksichtigt werden. In dieser Phase versucht das CISM-Team, genau die Informationen zu geben, die den Teilnehmern eine möglichst effektive Bearbeitung ihrer Belastungen ermöglichen. Im Folgenden sind die Aufgaben des CISM-Teams aufgelistet:

1. Informationen, die während der Austauschphase aus der Gruppe kamen, abschließend zusammenfassen,
2. Fragen beantworten,
3. die Erfahrungen und Reaktionen der Betroffenen normalisieren,
4. praktikable Möglichkeiten zur Stressbewältigung aufzeigen,
5. einen Termin für eine CISM-Nachbesprechung ansetzen, falls notwendig,
6. der Gruppe brauchbare Tipps und Hinweise mit auf den Weg geben,
7. ankündigen, dass das Team auch nach der Kurzbesprechung für Fragen zur Verfügung steht.

9.7 Kontraindikationen für eine CISM-Kurzbesprechung

Ein Mittel, das für einen speziellen Zweck gedacht ist, kann auch nur diesen speziellen Zweck erfüllen. Übermäßiger Gebrauch oder unsachgemäße Anwendung dieses Mittels kann uneffektiv sein und möglicherweise sogar Schaden anrichten. Dasselbe gilt für die Anwendung von CISM-Interventionen. Übermäßiger oder unsachgemäßer Gebrauch kann ineffektiv sein und im schlimmsten Fall Schaden anrichten.

Die Kurzbesprechung wurde entwickelt, um einer kleineren Anzahl betroffener Personen innerhalb von acht Stunden nach einem traumatischen Ereignis eine schnellstmögliche Intervention anzubieten. Es wäre falsch, eine Kurzbesprechung Tage nach einem besonders belastenden Ereignis oder am Ende einer 12- oder 24-stündigen Schicht durchzuführen. Damit würde die Kurzbesprechung ineffektiv. Ebenso wäre es missbräuchlich, sie als Ersatz für eine Vermittlung in eine Psychotherapie anzuwenden. Man kann damit Menschen, die ernsthafte Hilfe von ausgebildeten Therapeuten brauchen, dauerhaften, möglicherweise sogar lebensbedrohlichen Schaden zufügen.

Die CISM-Kurzbesprechung darf nur von Personen durchgeführt werden, die eine entsprechende Ausbildung nachweisen können. Kein CISM-Team sollte die Verletzung der Grundprinzipien der CISM-Kurzbesprechung oder jeder anderen CISM-Intervention tolerieren. CISM-Techniken ohne Grund und Grundlagen anzuwenden, ist gefährlich und unprofessionell.

9.8 Folgeangebote

Einzelberatungen sind nach Kurzbesprechungen durchaus üblich. Die Teammitglieder versuchen, jeden Teilnehmer zu kontaktieren, um sicherzugehen, dass es allen gut geht. Auch können die Teammitglieder innerhalb der ersten 24 Stunden nach der Kurzbesprechung bei einzelnen Teilnehmern nochmals anrufen und feststellen, ob der Betroffene weitere Hilfe benötigt. Häufig haben die Teilnehmer Fragen, die sie nicht in Anwesenheit der Kollegen besprechen wollten. Viele der Betroffenen, die ein Einzelgespräch suchen, haben sehr private Sorgen, und es wäre ihnen unangenehm, offen darüber zu reden.

Wenn in einer Kurzbesprechung der Eindruck entstanden ist, nicht alle Anliegen der Teilnehmer ausreichend besprochen zu haben, liegt es auf der Hand, eine CISM-Nachbesprechung durchzuführen. Dies ist allerdings nur sinnvoll, wenn die ganze Gruppe unter den Auswirkungen des traumatischen Ereignisses leidet. Im Laufe einer Kurzbesprechung kann auch die Notwendigkeit anderer Formen der weiteren Nachsorge entstehen. Diese sollten dann in jedem Fall auch zur Anwendung kommen.

9.9 Zusammenfassung

Dieses Kapitel behandelte den Prozess und den inhaltlichen Hintergrund der CISM-Kurzbesprechung. Sie gehört zu den wichtigsten Interventionstechniken, die ein CISM-Team unmittelbar nach einem belastenden Ereignis einsetzen kann. Sie wurde beschrieben als ein Kleingruppenprozess, der sehr gut dazu geeignet ist, die Notwendigkeit einer CISM-Nachbesprechung auszuschließen oder sie einzuleiten. Die Schritte, die für die Planung und Durchführung einer CISM-Kurzbesprechung notwendig sind sowie die drei Phasen Einführung, Austausch und Information, wurden detailliert dargestellt.

Für den Fall von Katastrophen oder Großschadenslagen wird daran erinnert, dass dafür der CISM-Einsatzabschluss (siehe dazu Kapitel 7) entwickelt wurde. Auch wenn er nur ein begrenzter Gruppeninformationsprozess ist, kann er nach einer Katastrophe oder Großschadenslage ebenso hilfreich sein wie eine CISM-Kurzbesprechung. Ein CISM-Team gewinnt so ebenfalls die Zeit, in der dann eine CISM-Nachbesprechung angemessen vorbereitet werden kann.

10 *Debriefing* Die CISM-Nachbesprechung

10.1 Einführung

Die CISM-Nachbesprechung ist die differenzierteste aller Interventionen im Rahmen der Stressbearbeitung nach belastenden Ereignissen. Sie wird von CISM-Teams sowohl für Einsatzkräfte als auch für breitere Bevölkerungsschichten angewandt, die durch eine Katastrophe traumatisiert worden sind.

Die CISM-Nachbesprechung wurde nicht für Routinefälle entwickelt, sondern kommt bei besonders belastenden, traumatischen Stress verursachenden Ereignissen zur Anwendung. Das klar strukturierte Grundkonzept der CISM-Nachbesprechung ist einfach zu verstehen. Dennoch kann eine CISM-Nachbesprechung einen komplexen Verlauf nehmen, wenn sie in der Praxis durchgeführt wird. Wenn ein CISM-Team mit einer Gruppe von psychisch traumatisierten Personen arbeitet, wird es in vielerlei Hinsicht herausgefordert. Dieses Kapitel soll sowohl erfahrenen als auch neuen CISM-Teammitgliedern helfen, leistungsfähige und wirkungsvolle CISM-Nachbesprechungen durchzuführen.

10.2 Belastende Ereignisse

Jedes Ereignis, das gewaltig genug ist, um – unmittelbar oder zeitlich verzögert – deutliche emotionale Reaktionen bei Menschen hervorzurufen, ist ein belastendes Ereignis. Es handelt sich dabei um Ereignisse, die außerhalb der üblichen menschlichen Erfahrung liegen. Sie können, wenn nicht schnell und wirksam eingegriffen wird, Auslöser für eine posttraumatische Belastungsstörung sein.

Die Methodik der CISM-Nachbesprechung wurde entwickelt, um Menschen zu helfen, belastende Ereignisse besser zu bewältigen. Ein übermäßiger Gebrauch dieses Prozesses würde seine Kraft abschwächen und die CISM-Nachbesprechung damit für schwerere Ereignisse weniger hilfreich machen. Wenn nur mäßig stressende Ereignisse stattfinden, sollte ein CISM-Team oder ein kommunales CISM-Team andere Interventionen wie CISM-Kurzbesprechungen oder Einzelgespräche anbieten. Abbildung 10.1 enthält eine Übersicht über belastende Ereignisse.

Potenziell traumatisierende Ereignisse

1. schwerer Dienstunfall
2. Dienstunfall mit tödlichem Ausgang
3. Ereignis, bei dem mehrere Menschen ums Leben kommen
4. Ereignis, bei dem Kinder beteiligt sind bzw. geschädigt werden
5. Suizid eines Kollegen
6. Ereignisse, bei denen das Opfer den Helfern bekannt ist
7. übermäßiges Interesse der Medien
8. lange andauernde und dadurch besonders belastende Einsätze (mehrere Tage)
9. jeder andere besonders bedeutende Vorfall
10. mehrere parallele Schadensereignisse /Großschadenslagen

Abb. 10.1

10.3 Definition der CISM-Nachbesprechung

Die CISM-Nachbesprechung ist ein Gruppenprozess, der sich als ein Gruppentreffen oder -gespräch beschreiben lässt, das Krisenintervention mit bestimmten Lernprozessen verbindet. Ziel ist es, die psychische Belastung, die ein traumatisches Ereignis mit sich bringt, aufzulösen oder zumindest zu lindern.

Wird die CISM-Nachbesprechung für Einsatzkräfte durchgeführt, besteht das CISM-Team aus einem Vertreter der psychosozialen Fachleute sowie aus zwei oder drei als Peers ausgebildeten Einsatzkräften. Bei der Arbeit mit anderen Gruppen, z. B. mit Schülern, besteht ein Team unter Umständen nur aus psychosozialen Fachleuten. Interventionen sollten bei potenziellen Fällen von traumatischem Stress ausnahmslos von ausgebildeten Personen durchgeführt werden, die sowohl mit dem Phänomen und den Auswirkungen des traumatischem Stresses als auch mit der breiten Palette von Kriseninterventionsdiensten vertraut sein sollten.

Die CISM-Nachbesprechung verläuft in sieben Phasen. Dieser Aufbau erlaubt den Teilnehmern, einen traumatischen Vorfall in einer kontrollierten Weise zu besprechen, die ihnen die Sicherheit gibt, ihre Gefühle wieder unter Kontrolle zu bekommen und nicht ins Bodenlose zu fallen. Die CISM-Nachbesprechung verwendet Techniken, die unter anderem von Therapeuten auch bei Beratungen gebräuchlich sind. Dennoch ist die CISM-Nachbesprechung weder eine Beratung noch eine Psychotherapie oder ein Ersatz dafür. Die CISM-Nachbesprechung unterscheidet sich von einer Psychotherapie hauptsächlich durch ihren Schwerpunkt: Sie will durch ausgiebige Informationen Stressreaktionen und Stresssymptome bewusst machen und normalisieren. Darüber hinaus werden Techniken aufgezeigt, wie man die Folgen von traumatischem Stress bearbeiten kann.

Die CISM-Nachbesprechung für Einsatzkräfte ist ein von Peers getragener Prozess, bei dem psychosoziale Fachleute jedoch die Gesamtübersicht behalten und ihn (beg)leiten. CISM-Teams, die Opfer aus der Bevölkerung betreuen, bestehen normalerweise aus psychosozialen Fachleuten, die spezielle Schulungen im Bereich der

Psychotraumatologie erhalten haben. Sie leiten die CISM-Nachbesprechungen in der Regel ohne die Unterstützung von Peers – es sei denn, sie fordern spezielle Unterstützung an. Dann können sie die geschulten Peers aus Polizei, Feuerwehr, Katastrophenschutz, Krankenpflege oder Notfallmedizin einsetzen.

Es ist zu beachten, dass die Teammitglieder Erfahrung im Umgang mit den besonderen Bedürfnissen der Menschen haben, die sie betreuen. Wenn dies nicht der Fall ist, besteht die Gefahr, dass die CISM-Nachbesprechung ihre Hauptziele verfehlt.

Grundsätzlich bleiben Ablauf und Ziele der CISM-Nachbesprechung immer gleich, egal ob sie für Einsatzkräfte oder für die Bevölkerung durchgeführt wird.

10.4 Ziele der CISM-Nachbesprechung

Die CISM-Nachbesprechung verfolgt drei Hauptziele:
1. Die Auswirkungen eines belastenden Ereignisses auf Betroffene soll reduziert werden. Dies bezieht sich sowohl auf Primäropfer, die durch das Ereignis direkt traumatisiert wurden, als auch auf Sekundäropfer, die als Hilfskräfte bei dem Ereignis zum Einsatz kamen oder Augenzeugen wurden, sowie auf nur mittelbar Beteiligte, die Tertiäropfer, wie Angehörige und Freunde von Primäropfern.
2. Der normale Erholungsprozess soll bei Menschen beschleunigt werden, die Stressreaktionen aufgrund abnormaler traumatischer Ereignisse entwickelt haben.
3. Die Identifikation von Personen innerhalb der Gruppe soll erleichtert werden, die möglicherweise zusätzliche CISM-Angebote oder eine Vermittlung in eine Therapie benötigen (psychologische Triage).

Die folgenden Ausführungen beziehen sich auf die Arbeit mit Einsatzkräften, Maßnahmen für Primäropfer siehe unter 14.5.

Die CISM-Nachbesprechung ist eine wichtige Maßnahme, um der Gefahr einer posttraumatischen Belastungsstörung (PTBS) vorzubeugen. Sie ermöglicht es den Menschen, ihre Belastungen verbal auszudrücken und sich angemessen über die Stressreaktionen zu informieren, bevor sich eine falsche Interpretation ihrer Erfahrung in ihrem Denken festsetzen kann und sich dadurch Belastungsstörungen entwickeln.

Das Hauptanliegen einer CISM-Nachbesprechung liegt im Stressabbau bei an sich emotional gefestigten Menschen, die ein traumatisches Geschehen erlebt haben. Sie wurde nicht entwickelt, um degenerativen Stress, psychische Krankheiten oder persönliche Probleme zu lösen, die schon vor der aktuellen Katastrophe oder dem traumatischen Geschehen bestanden, die den Hintergrund der CISM-Nachbesprechung ausmachen.

Neben den oben geschilderten unmittelbaren Hauptzielen verfolgt eine CISM-Nachbesprechung mittelbar weitere Ziele. Dies sind:
1. die Betroffenen über Stress, Stressreaktionen und Bewältigungstechniken zu informieren,
2. Gefühle zulassen und über sie sprechen,

3. versichern, dass die Stressreaktion kontrollierbar und die Erholung wahrscheinlich ist,
4. Warnung vor Anzeichen und Symptomen, die in der nahen Zukunft auftreten könnten,
5. Korrektur der Annahme, der erlebte Vorfall sei in seinem Schrecken einzigartig gewesen,
6. Korrektur der Annahme, aufgrund des Stresses abnormal zu reagieren,
7. einen positiven Kontakt zu den psychosozialen Fachleuten herstellen,
8. ein Zusammengehörigkeitsgefühl in der Gruppe schaffen, um so Verständnis für die Belastungen zu schaffen und um auf Dauer eine Verbesserung des Arbeitsklimas zu erreichen,
9. die Zusammenarbeit unter den Organisationen fördern,
10. posttraumatischen Syndromen und PTBS vorbeugen oder sie zumindest lindern,
11. Screening von Betroffenen, die eine zusätzliche Beratung/Therapie benötigen,
12. Vermittlung weiterführender Beratung oder anderer Angebote, wenn nötig.

10.5 Organisation der CISM-Nachbesprechung

10.5.1 Aufbau eines CISM-Teams

Ein CISM-Team, in Deutschland auch Regional-Pool genannt, besteht insgesamt aus 20 bis 40 Mitgliedern aus unterschiedlichen Zuständigkeitsbereichen oder aus einer Region. Aus diesem Pool werden je nach Bedarf für einen konkreten Einsatz CISM-Teams zusammengestellt. Knapp ein Drittel der Mitglieder sind psychosoziale Fachleute, zwei Drittel Peers. Diese kommen aus Polizei, Feuerwehr, Rettungsdienst, Militär, aus dem Pflegedienst, der Notfallmedizin, dem Strafvollzug, aus Such- und Bergungsmannschaften, Lebensrettungsorganisationen, Leitstellen und anderen speziellen Ersteinsatzgruppen. Auch Schulen, Industriebetriebe und Wirtschaftsunternehmen haben inzwischen Teams aus Peers und psychosozialen Fachleuten für ihre jeweilige Organisation geschult und aufgestellt. In der Bundesrepublik Deutschland sind Teams im Kohlebergbau und in der Chemischen Industrie aufgebaut worden.
Jedes Team hat grundsätzlich den gleichen organisatorischen Aufbau:

1. Fachlicher Leiter
Der fachliche Leiter ist eine psychosoziale Fachkraft, die anderen Teammitgliedern zur Beratung und Supervision zur Verfügung steht. Sie kann jederzeit zu psychosozialen Themen angefragt werden und trägt fachlich die Verantwortung für die Arbeit des CISM-Teams.

2. Leitender Teamkoordinator
Dies ist ein Peer, der die Organisation eines Teams abwickelt. Er wählt die Teammitglieder für eine CISM-Nachbesprechung aus, arrangiert die Teamsitzungen und verwaltet alle Aufzeichnungen, die das Team betreffen. Der leitende Teamkoordinator

begleitet die Aktionen der anderen Teammitglieder und organisiert Schulungen und Fortbildungen für Einsatzkräfte.

3. Stellvertretender Teamkoordinator
Je nach der Größe und den Aktivitäten des jeweiligen CISM-Teams kann es mehrere stellvertretende Teamkoordinationen geben. Ein stellvertretender Teamkoordinator übernimmt die Aufgaben des leitenden Teamkoordinators bei dessen Abwesenheit oder wenn dieser mit anderen Aufgaben beschäftigt ist.

4. Psychosoziale Fachleute
Zu den psychosozialen Fachleuten zählen zum einen Psychologen, Sozialarbeiter, Psychiater oder Pflegepersonal in der Psychiatrie, zum anderen die Geistlichen sowie Seelsorger für die Einsatzkräfte. Die psychosozialen Fachleute begleiten und beraten die Teammitglieder, die die CISM-Nachbesprechungen durchführen. In der Regel ist einer der psychosozialen Fachleute der Leiter der Gruppe. Auch wird den Betroffenen, die zusätzliche Unterstützung benötigen, von den psychosozialen Fachleuten eine Einzelberatung angeboten. Sie unterstützen die Peers im Team.

5. Peers
Die meisten Mitglieder eines CISM-Teams sind selbst als Einsatzkräfte tätig. Sie führen Schulungen und Fortbildungen zur Stressprävention für Einsatzkräfte im Rahmen der primären Prävention sowie Einzelgespräche, CISM-Kurzbesprechungen und weitere Nachsorge durch. Bei einer CISM-Nachbesprechung arbeiten die Peers mit dem Vertreter der psychosozialen Fachleute – dem Teamleiter – eng zusammen.

6. Kommunale CISM-Teams
Die Stressbearbeitung nach belastenden Ereignissen war von Anfang an darauf ausgerichtet, Einsatzkräfte zu unterstützen. Die Zusammensetzung von Teams ist speziell darauf abgestimmt. In kommunalen Teams, die mit Schulen, der Zivilbevölkerung oder der Wirtschaft und Industrie arbeiten, können Peers als kollegiale Helfer ebenfalls vertreten sein. Allerdings werden keine jugendlichen Schüler zu Peers ausgebildet. So kommen manchmal nur psychosoziale Fachleute zum Einsatz. Vornehmlich werden dann medizinisch ausgebildete Mitarbeiter der Organisation zu Peers ausgebildet.

10.5.2 Alarmierung eines CISM-Teams

Eine CISM-Nachbesprechung ist ein zeit- und arbeitsintensives Angebot, das ungefähr zwei bis drei Stunden dauert. Vorab sollten die Teams genau klären, welches CISM-Angebot in der jeweiligen Situation erforderlich ist, denn es gibt auch CISM-Kurzbesprechungen oder andere Interventionen, die je nach Situation besser anwendbar und effektiver sein könnten. CISM-Teams sollten den wahren Bedarf für eine CISM-Nachbesprechung sorgfältig erheben, bevor sie sie anbieten.

Ein einschneidendes Ereignis wie z.B. ein Großschadensfall kann in einer Hilfsorganisation für große Turbulenzen sorgen, die mitunter dazu führen, dass die Tagesgeschäfte kaum weitergeführt werden können. Das gilt auch für den Unfalltod eines Mitarbeiters oder für einen Suizid in der Organisation. Daraufhin kommt es in der Regel zur ersten Anfrage bei einem CISM-Team. Unterstützung kann aber auch schon während des Einsatzes angefordert werden. In anderen Fällen wiederum wird leider erst nach mehreren Wochen ein CISM-Team angefordert.

Unabhängig vom Zeitpunkt eines Anrufes, beginnt die Arbeit eines CISM-Teams immer mit der ersten Kontaktaufnahme. Damit die Anrufe an der richtigen Stelle eingehen, sollten alle potenziellen Anrufer darüber informiert werden, dass es eine Telefonzentrale gibt, die rund um die Uhr besetzt ist und in der ein geschulter Ansprechpartner oder Vermittler den Anruf entgegennimmt. In Deutschland gibt es bundesweit Alarmierungsnummern der CISM Organisationen, z.B. bei den Maltesern und bei der Bundesvereinigung Stressbearbeitung nach belastenden Ereignissen. Rufnummern und Anschriften im Anhang.

Wie bei einem Notruf versucht bei einer Anfrage bereits der erste Ansprechpartner, ausreichend Informationen zu erfragen. Diese gibt er dann an den Teamkoordinator weiter:

1. Was hat sich genau ereignet?
2. Wer ist betroffen?
3. Handelt es sich um einen Notfall, oder braucht der Anrufer nur Informationen oder Unterstützung bei einer Routineangelegenheit?
4. Ist der sofortige Einsatz eines CISM-Teams notwendig?
5. Ist der Rettungseinsatz bereits beendet?
6. Wo befindet sich der Anrufer gerade?
7. Unter welcher Nummer kann er zurückgerufen werden?
8. Gibt es weitere Ansprechpartner?

Wenn diese Vorabinformationen vorliegen, verständigt der Vermittler den Teamkoordinator oder einen stellvertretenden Teamkoordinator mittels Telefon oder Funkmeldeempfänger und teilt mit, dass ein CISM-Team angefordert wird.

Der Koordinator versucht nun sofort, den Anrufer telefonisch zu erreichen, um festzustellen, ob und welche CISM-Angebote sinnvoll und nötig sind. Die Verantwortung für die Entscheidung, ob eine CISM-Nachbesprechung oder ein anderes CISM-Angebot notwendig ist, liegt beim Koordinator. Anschließend beginnt er, ein oder mehrere Team(s) zusammenzustellen. Jeder Teamkoordinator hat dazu eine aktuelle Telefonliste der Teammitglieder; psychosoziale Fachleute, Geistliche und Peers werden je nach Bedarf ausgewählt.

10.5.3 Bedarfsabklärung für eine CISM-Nachbesprechung

CISM-Teams sollten den Bedarf einer CISM-Nachbesprechung bei einem traumatischen Vorfall sehr sorgfältig überprüfen. Die folgenden Fragen sind als Entscheidungshilfe gedacht, um zu klären, welches CISM-Angebot in der jeweiligen Situation angebracht ist. Der Teamkoordinator sollte der Situationseinschätzung diese Fragen auf jeden Fall zugrunde legen:

CISM-Alarmierung

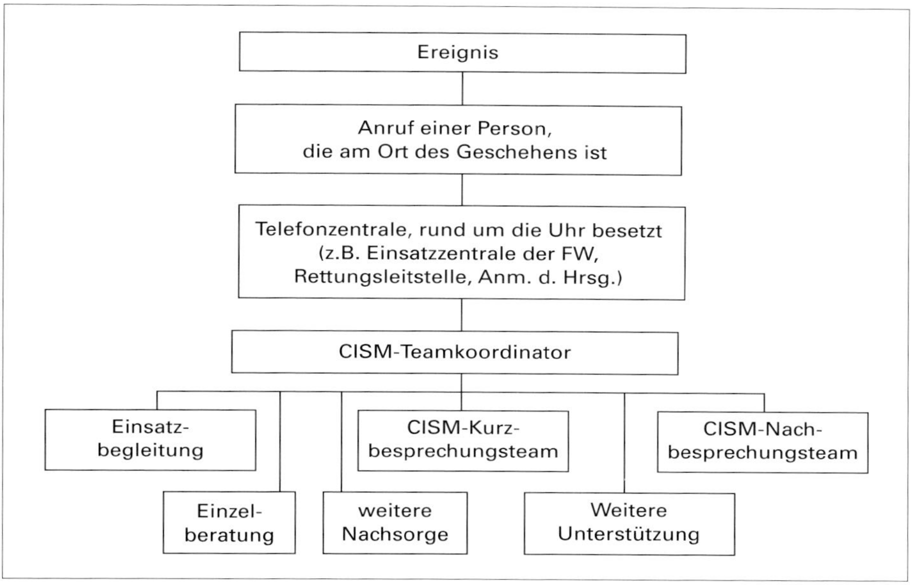

Abb. 10.2

1. Um welches belastende Ereignis handelt es sich genau?
2. Wann hat sich der Vorfall ereignet? Dauert er noch an?
3. Wie viele Personen sind betroffen? – Sind es mehr als drei Betroffene, sollte eine CISM-Nachbesprechung durchgeführt werden; sind es weniger, reicht eine CISM-Kurzbesprechung oder eine Einzelberatung aus.
4. Wie geht es den beteiligten Personen? Wo sind sie, wie reagieren sie?
5. Welche Anzeichen und Symptome von Stressbelastung zeigen sich bei den Beteiligten oder den unfreiwilligen Zeugen des Ereignisses?
6. Ist es wahrscheinlich, dass der Vorfall größere emotionale Belastungen bei den Betroffenen hervorruft?
7. Wie lange zeigen sich bereits Belastungsreaktionen, seit wann sind Anzeichen oder Symptome aufgetreten, die auf eine Belastung hinweisen? – Deutliche Anzeichen auf eine Belastung, die länger als ein paar Tage andauern, machen eine CISM-Nachbesprechung eindeutig notwendig. Wenn die Belastungsreaktionen nach einer Woche immer noch nicht abgeklungen sind, ist eine CISM-Nachbesprechung ebenfalls notwendig.
8. Verstärken sich die Symptome im Laufe der Zeit? – Wenn dies in einer Gruppe der Fall ist, dann weist dies auf den Bedarf einer CISM-Nachbesprechung hin.
9. Ist die betroffene Gruppe ungewöhnlich ängstlich oder eingeschüchtert?
10. Leiden die Betroffenen unter Schlafstörungen?
11. Vermeiden die Mitglieder der Gruppe bestimmte Aktivitäten?
12. Hat sich das Verhalten der Gruppe signifikant verändert?

13. Hat die Gruppe Vorerfahrungen mit Tod oder Lebensbedrohung?
14. Leiden Gruppenmitglieder unter geistiger Verwirrung?
15. Gibt es jemanden mit Suizidgefahr?
16. Möchte die Gruppe freiwillig an der CISM-Nachbesprechung teilnehmen oder wurde sie dazu gezwungen bzw. dienstverpflichtet?

Darüber hinaus muss der Teamkoordinator folgende Fragen einschätzen:

1. Wurden bereits Ort und Zeit für die CISM-Nachbesprechung festgelegt?
2. Passt der Vorfall in den Definitionsrahmen eines belastenden Ereignisses?
3. Sind verschiedene Gruppierungen beteiligt? – Zum Beispiel: Soll die CISM-Nachbesprechung bei Einsatzkräften, Opfern und unfreiwilligen Zeugen durchgeführt werden oder mit Menschen aus der Bevölkerung? – Wenn es mehrere betroffene Gruppen gibt, sind auch mehrere CISM-Nachbesprechungen nötig.
4. Gibt es noch weitere Stressoren?
5. Gibt es weitere Punkte/Anliegen, die im Rahmen der CISM-Nachbesprechung angesprochen werden sollten?

Anhand der Antworten, entscheidet der Koordinator, ob er ein Team für eine CISM-Nachbesprechung, eine CISM-Einsatzbegleitung (siehe dazu Kapitel 6), einen CISM-Einsatzabschluss (im Großschadens- oder Katastrophenfall – siehe dazu Kapitel 7), eine CISM-Informationsveranstaltung, eine CISM-Kurzbesprechung (siehe dazu Kapitel 9), eine Einzelberatung oder eine Schulung zusammenstellt.

Wenn der Koordinator sich auch nach Beantwortung der Fragen darüber im Unklaren ist, ob eine CISM-Nachbesprechung notwendig ist, entscheidet er sich im Zweifel immer dafür. Sollte das Team vor Beginn der CISM-Nachbesprechung im Gespräch mit den Teilnehmern dann feststellen, dass das Ereignis nicht so dramatisch war und die Teilnehmer nur Informationen zur Stressprävention benötigen, kann die CISM-Nachbesprechung jederzeit flexibel abgeändert werden. Im umgekehrten Falle darf jedoch nicht nur ein Angebot zur Stressprävention gemacht werden, wenn eine CISM-Nachbesprechung indiziert ist.

10.6 Vorbereitungen für eine CISM-Nachbesprechung

Wenn eine CISM-Nachbesprechung durchgeführt werden soll, muss eine Reihe wichtiger Vorbereitungen getroffen werden. Damit wird sichergestellt, dass diese Nachbesprechung reibungslos verläuft, und die Teilnehmer maximal profitieren können. Der Teamkoordinator muss dabei ständig präsent bleiben und jeden Schritt der Vorbereitungen telefonisch bestätigen sowie entsprechende Rückmeldungen einholen.

Es gibt drei Punkte, die vor einer Entscheidung für ein Debriefing sorgfältig abgewogen werden müssen. Werden diese Punkte nicht beachtet, können sie zum Scheitern der Maßnahme führen:

1. Homogene Gruppen

Die Gruppenmitglieder sollten den gleichen beruflichen Hintergrund haben und der gleichen Organisation angehören. Wenn die Teilnehmer nicht regelmäßig zusammen arbeiten, müssen mehrere CISM-Nachbesprechungen durchgeführt werden. Niemals dürfen Opfer und Einsatzkräfte oder Bürger und Polizisten gemischt werden.

2. Die Einsatztätigkeit muss abgeschlossen sein
Wenn die Betroffenen noch im Einsatz sind oder dem traumatischen Geschehen weiterhin ausgesetzt sind, werden sie entweder nicht am Debriefing teilnehmen wollen oder frustriert und verärgert auf die Anforderung einer CISM-Nachbesprechung reagieren. Sie nehmen das Debriefing in einem solchen Fall als eine unangemessene Störung ihrer Arbeit wahr. Wenn der Einsatz noch läuft, werden die Einsatzkräfte durch die CISM-Nachbesprechung zudem abgelenkt. Sie würden das Debriefing für dumm, nutzlos, unsensibel und unangemessen halten. Polizeibeamte beispielsweise, die nach einem Mord an ihrem Kollegen nach dem Täter suchen, sind für eine CISM-Nachbesprechung erst bereit, wenn der Täter gefasst ist oder die Fahndung nach mehreren Wochen abgebrochen wird.

3. Vergleichbare Traumatisierung
Auch wenn die Einsatzkräfte aus der gleichen Organisation stammen, kann es sein, dass sie völlig unterschiedliche Erfahrungen bei dem Ereignis gemacht haben. So wird es für die Untergruppen mehrere CISM-Nachbesprechungen oder unterschiedliche Interventionen geben müssen. Ein Beispiel: Schüler sind Zeugen einer Schießerei innerhalb der Schule geworden. Sie nehmen die Ereignisse aus vielen unterschiedlichen Perspektiven wahr: Einige Schüler werden in der Nähe des Tatortes angesichts ihrer verwundeten Freunde oder der akuten Lebensbedrohung heftig reagieren. Andere sind zwar auf den Schützen getroffen, konnten aber fliehen. Wieder andere haben nur von ihren Freunden davon gehört, haben aber keine eigenen Erfahrungen mit dem Ereignis gemacht. Einige Gruppen benötigen vielleicht nur Informationen und Orientierung. Andere Gruppen werden von einer CISM-Nachbesprechung eindeutig profitieren. Als Regel gilt: Nur Personen, die annähernd die gleichen Erfahrungen bei einem traumatischen Geschehen gemacht haben, gehören in die gleiche CISM-Nachbesprechung.

10.6.1 Zeitpunkt für eine CISM-Nachbesprechung

Der ideale Zeitpunkt für eine CISM-Nachbesprechung liegt zwischen 24 und 72 Stunden nach dem belastenden Ereignis. Die Erfahrung hat jedoch gezeigt, dass es nur selten möglich ist, die Besprechung tatsächlich innerhalb dieses Zeitraums abzuhalten. Der durchschnittliche zeitliche Abstand zwischen einem Ereignis und der CISM-Nachbesprechung liegt gegenwärtig bei etwa fünf Tagen. Es gibt jedoch noch einen weiteren wichtigen Gesichtspunkt zu beachten: Wie bereits erwähnt, verfügen Einsatzkräfte in der Regel über einen ausgeprägten »seelischen Schutzschild«. Das bedeutet, dass sie ihre intellektuellen Fähigkeiten nutzen, um ihre Gefühle zu unterdrücken. Aus diesen Gründen kann es bis zu 24 Stunden dauern, bis Einsatzkräfte bereit sind, genauer zu beschreiben, wie sie auf das Ereignis reagiert haben – und noch reagieren. Sicherlich gibt es auch hier Ausnahmen, beispielsweise bei einem Dienstunfall mit tödlichem Ausgang oder bei einer Katastrophe, bei der Schock, Abgestumpftheit oder Verdrängungsmechanismen tage- oder wochenlang anhalten können. Die CISM-Nachbesprechung wird den Schadensumfang nur dann eingrenzen können, wenn sich die Betroffenen öffnen. Manchmal wird sie deshalb erst Wochen nach dem traumatischen Ereignis durchgeführt.

Die seelischen Schutzmechanismen eines Menschen, der als Passant oder Opfer nicht den Rettungskräften angehört, sind in der Regel nicht stark ausgeprägt. Er ist früher bereit, seine Emotionen und andere Reaktionen an die Oberfläche kommen zu lassen. CISM-Nachbesprechungen mit Zivilpersonen können aus diesem Grund schon vor Ablauf von 24 Stunden nach dem Ereignis durchgeführt werden. Es ist sogar ratsam, eine solche Nachbesprechung so schnell wie möglich nach dem Ereignis durchzuführen.

Ein Beispiel: Nach dem Brand eines Altenheims braucht eine Gruppe von älteren Menschen, die zwar unverletzt, aber verzweifelt sind, weil sie wegen des Feuers aus ihren Wohnungen evakuiert worden sind, aller Voraussicht nach eine CISM-Informationsveranstaltung. Anschließend wird Hilfe auf individueller Basis notwendig werden. Von einer CISM-Nachbesprechung profitieren sie, wenn sie in den nächsten zwölf Stunden angeboten wird, da die Maßnahme hilft, das Geschehen einzuordnen und die Gruppenmitglieder zur Erholung von einer fürchterlichen Erfahrung zu führen.

Manchmal fordert eine Hilfsorganisation eine kurzfristige CISM-Nachbesprechung an, bevor ein vollständiges Team organisiert werden kann. In solchen Fällen sollte jedoch niemand versuchen, eine CISM-Nachbesprechung durchzuführen, da eine solche Maßnahme ohne ausreichende Vorbereitung scheitern kann. Stattdessen sollte innerhalb von acht bis zwölf Stunden eine CISM-Kurzbesprechung organisiert werden, während eine CISM-Nachbesprechung ein bis drei Tage nach dem Geschehen durchgeführt werden kann.

Während eine zu frühe Intervention manchmal problematisch sein kann, ist zu langes Warten sogar schädlich für die Teilnehmer. Die Schutzmechanismen der Betroffenen sind dann meist wiederhergestellt. Wenn eine CISM-Nachbesprechung nach dieser Wiederherstellung wenig durchdacht und wenig sorgfältig durchgeführt wird, können dabei mühsam aufgebaute Schutzmechanismen wieder deaktiviert werden. Dadurch können einzelne Betroffene oder sogar die ganze Gruppe erneut belastet werden.

Das Kapitel »Stressbearbeitung nach belastenden Ereignissen für Fortgeschrittene« (siehe dazu unten Kapitel 13) befasst sich unter anderem mit verzögerten Interventionen. Es wird dargelegt, dass eine CISM-Nachbesprechung eine von vielen CISM-Maßnahmen sein kann, die angefordert werden, nachdem es eine lange Verzögerung vor einer CISM-Unterstützung gegeben hat. Die Durchführung eines Debriefings nach langer Verzögerung ist eine sehr komplizierte Situation. Sie erfordert eine genaue Planung und ein erfahrenes und geschicktes Team, das die Palette von notwendigen Interventionen unter diesen Umständen beherrscht.

Ist seit dem Ereignis zu viel Zeit vergangen (drei bis vier Monate), muss abgewägt werden, ob eine Nachbearbeitung mit den Methoden der Stressbearbeitung nach belastenden Ereignissen noch durchgeführt werden kann. Hier empfiehlt es sich, mit den

Betroffenen Einzelgespräche durchzuführen, um zu sehen, ob diese noch unter den Nachwirkungen des Ereignisses leiden. Manchmal muss man Personen auch an eine Psychotherapie weitervermitteln, manchmal hilft bereits eine Schulung über traumatischen Stress oder Stress nach belastenden Ereignissen.

Es gibt keine ideale Tageszeit für die CISM-Nachbesprechung. Bisher wurden CISM-Nachbesprechungen zu jeder Tages- und Nachtzeit erfolgreich durchgeführt. Natürlich ist es wichtig, die CISM-Nachbesprechung dann anzusetzen, wenn sich sowohl das CISM-Team als auch die Teilnehmer darauf eingestellt haben. Es ist dabei jedoch unbedingt notwendig, darauf zu achten, die CISM-Nachbesprechungen zu einem Zeitpunkt abzuhalten, an dem die Teilnehmer für das Debriefing bereit sind. Die beste Hilfe kann nichts nützen, wenn die Betroffenen sie nicht annehmen können. Psychisch bereit ist man bei belastenden Ereignissen generell in einer Zeitspanne zwischen 24 und 72 Stunden nach dem Ereignis. Einige belastende Ereignisse, besonders Katastrophen, machen eine weitaus längere Wartezeit notwendig, wenn die Einsatzdauer oder die Anzahl der eingesetzten Kräfte erheblich ist. Einsatzkräfte, die über mehrere Tage oder gar Wochen im Einsatz waren, sind erst viel später für eine Nachsorgemaßnahme bereit (vgl. Abbildung 13.3)

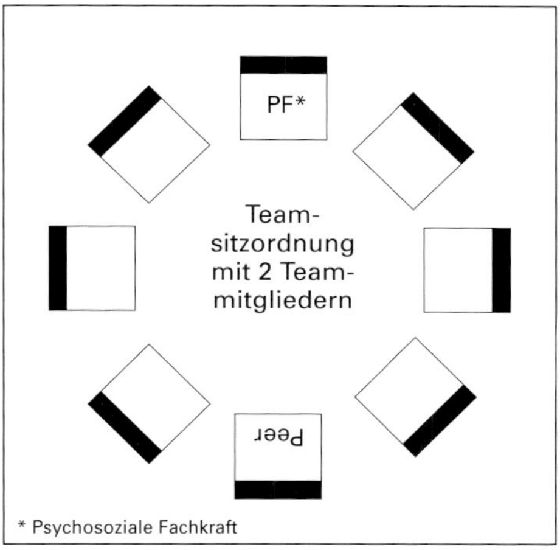

Abb. 10.3

10.6.2 Ort für eine CISM-Nachbesprechung

CISM-Nachbesprechungen können praktisch an jedem ruhigen Ort stattfinden. Folgende räumliche Rahmenbedingungen sollten dabei nach Möglichkeit gewährleistet sein:

1. Der Ort für die CISM-Nachbesprechungen sollte abgeschieden und nicht für die Öffentlichkeit zugänglich sein;
2. er sollte ruhig sein,
3. über bewegliches Mobiliar verfügen,
4. gut ausgeleuchtet sein, mit der Möglichkeit, die Lichteinwirkung zu verändern;

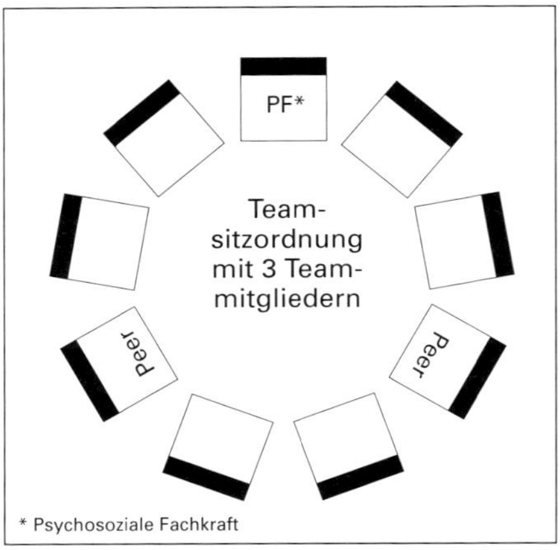

Abb. 10.4

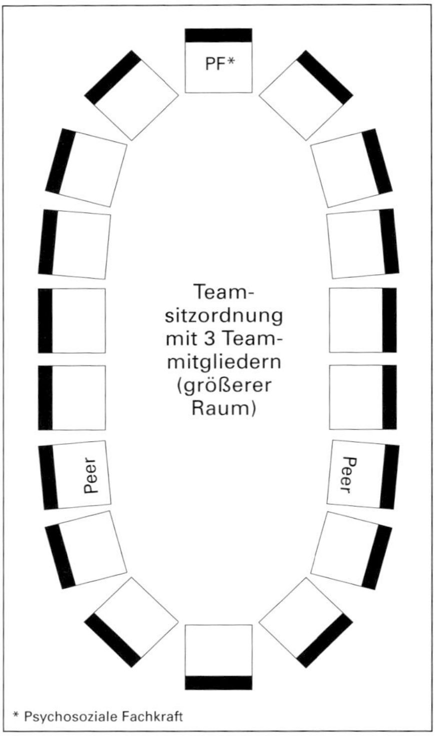

Abb. 10.5

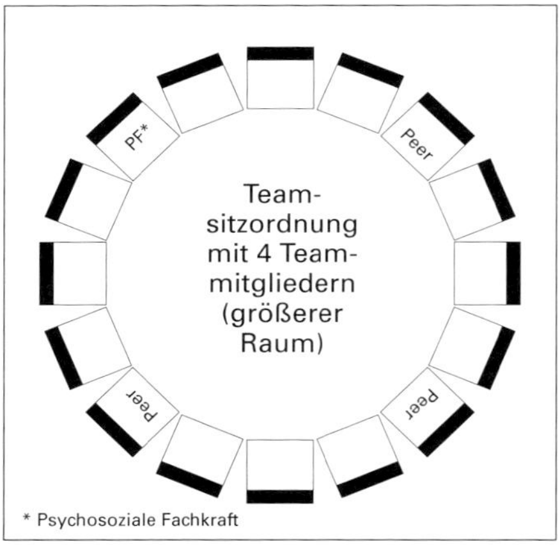

Abb. 10.6

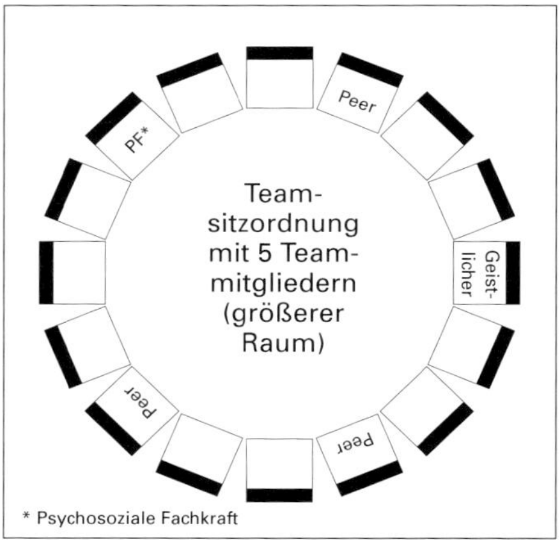

Abb. 10.7

5. bequeme Sitzgelegenheiten müssen vorhanden sein;
6. um die Nachbesprechung nach außen abzuschirmen (z.B. vor der Presse), sollte der Raum nur eine Tür haben;
7. der Raum muss heizbar bzw. klimatisiert und gut belüftet sein;
8. es sollten keine Fenster vorhanden sein, die direkten Einblick von außen bieten;
9. der Raum muss für die volle Dauer der CISM-Nachbesprechung verfügbar sein und es muss
10. kleinere benachbarte Räume für Einzelgespräche geben.

10.6.3 Das Raumarrangement für eine CISM-Nachbesprechung

Es reicht nicht, wenn der richtige Raum vorhanden ist, er muss auch angemessen eingerichtet sein. Mit einer kleinen Gruppe kann die CISM-Nachbesprechung durchaus in einem Wohnzimmer oder einem kleineren Konferenzraum durchgeführt werden. Es ist unerheblich, ob die Teilnehmer um einen großen Tisch sitzen oder um einen Beistelltisch. In einigen Ländern wird aus kulturellen Gründen sogar gerade dieses Arrangement bevorzugt. Das Team sollte darauf achten, den landesüblichen oder kulturellen Vorlieben nachzukommen. Wenn die Gruppe aus mehr als zwölf Teilnehmern besteht, kann es sein, dass die Anordnung um einen Tisch nicht möglich ist. In einem solchen Fall sollte ein größerer Raum gefunden und die Stühle in einem Kreis aufgestellt werden, der für die ganze Gruppe groß genug ist. Tische und andere Möbel müssen dabei möglicherweise beiseite geräumt werden, so dass jeder jeden in der Gruppe sehen kann.

Es sollte vermieden werden, die Stühle so dicht nebeneinander zu stellen, dass die Teilnehmer einander zu nahe sitzen und sich bedrängt fühlen. Für mögliche Nachzügler sollten schon vor Beginn der CISM-Nachbesprechung Stühle mit in den Kreis gestellt werden. Wenn sie bereits stehen, ist die Störung durch die Späterkommenden nicht so groß. Das CISM-Team verteilt sich gleichmäßig unter die Teilnehmer. Die Tür zum Arbeitsraum sollte geschlossen, aber nicht abgeschlossen sein. Ein Schild an der Tür kann darauf hinweisen, dass hier eine CISM-Nachbesprechung stattfindet, und dass Betroffene gerne hereinkommen dürfen. Später Kommende sollen eintreten ohne anzuklopfen. Unerwünschten Personen wie Journalisten sollte durch einen vor der Tür postierten Peer der Zutritt verweigert werden.

Der Teamleiter setzt sich nicht mit dem Rücken zur Tür in den Raum. Gleichzeitig sollte der Eingang von einem Peer im Auge behalten werden (die Funktion des so genannten »Türhüters« wird unten beschrieben). Der beste Platz für die psychosoziale Fachkraft und Teamleiter ist in der Regel der Platz, der am weitesten von der Türe entfernt ist. Immer wieder sucht der Teamleiter Blickkontakt zu den Peers oder bedient sich einer vorher vereinbarten Zeichensprache. Blickkontakt und Zeichensprache sind die einzigen Möglichkeiten, mit den Teamkollegen diskret zu kommunizieren.

10.6.4 Imbiss

Nach der CISM-Nachbesprechung sollten kleine Erfrischungen und/oder ein kleiner Imbiss gereicht werden. Bestens geeignet sind frisches Obst, Fruchtsäfte und Kleingebäck. Die Gruppe bleibt so ein wenig länger zusammen. Dadurch erhalten die Teammitglieder die Möglichkeit, Teilnehmer auch einzeln anzusprechen. Einige können besser nach der CISM-Nachbesprechung allein mit einem Teammitglied über ihre Reaktionen auf das Ereignis sprechen als in der ganzen Gruppe.

10.6.5 Der Umgang mit Vorgesetzten während der Nachbesprechung

Viele Vorgesetzte wollen wissen, was sie ihren Mitarbeitern vor Eintreffen des CISM-Teams sagen sollen. Dabei hängt der Erfolg oder Misserfolg der CISM-Nachbesprechung gerade von den Vorgesetzten ab. Das CISM-Team sollte daher solche Anfrage ernst nehmen und sie entsprechend bearbeiten:

1. Vorgesetzten muss genau erklärt werden, was eine CISM-Nachbesprechung ist und was sie leisten kann, bzw. was sie nicht leisten kann.
2. Ihnen muss deutlich werden: Eine CISM-Nachbesprechung ist keine Psychotherapie, und die Teilnehmer werden auch nicht ausgehorcht.
3. Vorgesetzte sollten wissen, dass es ihre Aufgabe ist, das Personal zur Teilnahme zu ermutigen – zum Wohl des Einzelnen und zum Wohle der gesamten Organisation.
4. Vorgesetzte müssen sich über die wichtige Rolle der Peers in dem Team im Klaren sein.
5. Vorgesetzte müssen ihren Mitarbeitern vermitteln: Niemand wird zum Reden gezwungen.
6. Vorgesetzte müssen wissen, dass alles, was Betroffene in einer CISM-Nachbesprechung äußern, absolut vertraulich behandelt wird und nicht nach außen dringt.
7. Vorgesetzte ermutigen ihre Mitarbeiter, dass ihre Teilnahme sehr wichtig ist, da jeder von ihnen das Ereignis aus einer anderen Perspektive erlebt hat. Jeder kann auf diese Weise einen Beitrag zur CISM-Nachbesprechung leisten und allen den gleichen Informationsstand verschaffen.
8. Vorgesetzte dienen als gutes Beispiel, wenn sie ehrlich und offen über ihre eigene Reaktion auf das belastende Ereignis sprechen.
9. Vorgesetzte sollten darüber informiert werden, welche Bedingungen ein CISM-Team für seine Arbeit benötigt (z.B. über die Anforderungen an die Räumlichkeiten, über die Möglichkeit, im Anschluss an die Sitzung eine kleine Erfrischung anzubieten sowie die Notwendigkeit, Mobiltelefone, Funkmeldeempfänger und Funkgeräte während der CISM-Nachbesprechung auszuschalten).
10. Damit ein Team in der CISM-Nachbesprechung gut arbeiten kann, muss es über das Ereignis bestmöglich informiert sein. Dazu muss die Möglichkeit geboten werden, einen Vorgesetzten differenziert zum Ereignis zu befragen.
11. Der Vorgesetzte muss dafür sorgen, dass dem Team die Einsatzberichte sowie weitere Informationen zugänglich gemacht werden. Darüber hinaus geben Fotos, Videoaufzeichnungen, Fernseh- und Zeitungsberichte oder Tonbänder, auf denen die Notrufe aufgezeichnet wurden, wichtige Informationen zum Ereignis.

10.6.6 Weitere Hinweise für organisationsinterne Vorbereitung einer Nachbesprechung

Im Folgenden sind weitere Hinweise aufgelistet, die einer Hilfsorganisation bei der Planung und Durchführung einer CISM-Nachbesprechung helfen können:

1. Die verantwortliche Stelle lädt jedes Mitglied ein, das mit dem Ereignis konfrontiert war.
2. Einsatzleiter bzw. Führungsdienstgrade sind ebenfalls zur Teilnahme eingeladen. Nur in seltenen Fällen wird für die Einsatzleitung eine eigene CISM-Nachbesprechung durchgeführt. Dies gilt z.B., wenn Hilfskräfte extrem misstrauisch gegenüber dem Einsatzleiter sind. Es kann jedoch hilfreich sein, beide »Parteien« zu einem späteren Zeitpunkt zusammenzuführen, um dann verdeckte, ungeklärte Konflikte zu bearbeiten.
3. Gelegentlich trifft sich das Team mit den Führungskräften noch ein weiteres Mal. So können Anliegen besprochen werden, die die Führungskräfte nicht in Anwesenheit der Kollegen besprechen wollten.
4. Auch bei großem Medieninteresse soll die Organisation den Medien die CISM-Nachbesprechung nur zurückhaltend beschreiben. Für genauere Informationen zum CISM-Prozess werden die Journalisten an die in CISM tätigen Organisationen verwiesen. Anschriften im Anhang.

Die Teammitglieder nehmen die Fragen und Anliegen der Organisation sehr ernst und versuchen, diese zu berücksichtigen. Bevor die CISM-Nachbesprechung beginnt, hat der Koordinator bereits in der Vorbereitungsphase viele Male mit dem Ansprechpartner der Organisation telefoniert. Es ist äußerst wichtig, während dieser Krisenzeit kontinuierlich mit der Dienststelle in Kontakt zu bleiben. Die meisten Fragen können auf diese Weise bereits im Vorfeld geklärt werden. Vielleicht vermittelt der Koordinator vor Ort schon Möglichkeiten zur Intervention, bevor die CISM-Nachbesprechung überhaupt stattfindet. Manchmal wohnt ein Peer in der Nähe der Organisation, der schon helfen kann, bevor das CISM-Team eintrifft.

10.6.7 Gesicherte Informationen gewinnen

CISM-Teams sollten ungefähr eine Stunde vor Beginn der Sitzung am Ort der Nachbesprechung eintreffen. Als Erstes sorgt der Teamleiter dafür, dass alle Teammitglieder umfassend über das Ereignis informiert werden und jeder im Team über den gleichen Informationsstand verfügt. Grundsätzlich gilt: Je umfangreicher ein Team über das Ereignis informiert ist, desto besser kann es agieren. Die meisten CISM-Teams bevorzugen schriftliche Informationen über den Einsatz. Darüber hinaus hören sich die Teammitglieder Tonbandaufnahmen des Einsatzes an, sehen Dias oder Videos, werten Karten und Einsatzberichte aus und nutzen jede weitere Informationsquelle, um mehr über das Ereignis zu erfahren. Da Zeitungsartikel über einen Vorfall mitunter unvollständig oder falsch sind, sollten CISM-Teams Vorgesetzte, Ausbilder oder andere Mitglieder der Organisation zum Ablauf befragen. Dabei darf nur nach den Fakten gefragt werden, und es muss darauf geachtet werden, dass keine Fragen gestellt werden, die die Menschen dazu bringen könnten, sich über ihre Reaktionen nach dem Ereignis zu unterhalten, da dies Bestandteil der CISM-Nachbesprechung ist. Wichtig bei der Gewinnung von gesicherten Informationen ist auch, dass sich das Team mit den unterschiedlichsten Aspekten des Einsatzes vertraut macht, dass es nach der Länge des Einsatzes, der Zahl der eingesetzten Kräfte und Besonderheiten bei der Einsatztaktik fragt.

10.6.8 Kennenlernen der Gruppe

In der Regel reichen die Informationen über den Vorfall dem Team jedoch nicht, um eine CISM-Nachbesprechung vollständig vorbereiten zu können. Vor Beginn der eigentlichen Sitzung werden deshalb noch zwei weitere Schritte durchgeführt: ein Kennenlernen der Gruppe und eine strategische Teamsitzung.

Beim ersten Kennenlernen der Gruppe teilt sich das CISM-Team auf, mischt sich unter die Gruppenmitglieder und kommt mit den Teilnehmern zwanglos für etwa 10 bis 45 Minuten in ein kurzes Gespräch. Dies nimmt die Spannung und sorgt dafür, dass sich Teilnehmer und Teammitglieder näher kommen. Die entstehende Vertrautheit sorgt für einen einfacheren Einstieg in die CISM-Nachbesprechung.

10.6.9 Zusätzliche Informationen

Mit folgenden Fragen während der Kennenlernphase werden noch weitere Aspekte genannt, die für die Arbeit mit Betroffenen nach einem belastenden Ereignis von Bedeutung sein können. Dabei muss das Team sehr sensibel vorgehen und nicht einfach einen Fragenkatalog abhaken. Es können zusätzliche Fragen nötig sein oder auch Fragen ausgelassen werden. Dabei ist es wichtig, *in eigenen Worten* zu sprechen, wenn man mit einer gestressten Gruppe arbeitet. So sind die folgenden Fragestellungen nicht als unabänderliche Richtlinien formuliert. Gesunder Menschenverstand und reflektierte Erfahrung sind der beste Leitfaden für Teammitglieder.

1. Wie gut arbeiten die Menschen in dieser Organisation zusammen?
2. Wie gut kommen sie mit ihrem Chef zurecht?
3. Wie sieht das Verhältnis zwischen Vorgesetzten und Mitarbeitern aus?
4. Gibt es an der Situation etwas, das nach deren Meinung nicht in der CISM-Nachbesprechung thematisiert werden sollte?
5. Gibt es an dieser Situation etwas wirklich Ungewöhnliches oder Bizarres, das dem Team vor Beginn bekannt sein sollte?
6. Bestehen in der Organisation besondere Beziehungen zwischen Personen, die die Situation beeinflusst haben, oder die jetzt durch die Situation beeinflusst werden?
7. Gibt es sonst etwas, was für das CISM-Team von Interesse sein könnte?
8. Ist bereits früher etwas vorgefallen, was diesem belastenden Ereignis ähnelt?
9. Welche andere wichtige Information gibt es noch?

10.6.10 Die strategische Teamsitzung

Nach der Kennlernphase zieht sich das CISM-Team für eine kurze Unterredung in einen Nebenraum zurück. Zuvor werden die Teilnehmer darüber informiert, dass die CISM-Nachbesprechung zwischen zwei und drei Stunden dauern kann und dabei keine Pause gemacht wird. Für das CISM-Team ist die strategische Sitzung die letzte Möglichkeit, ihr Konzept für die Nachbesprechung zu erörtern.

Unter den Teammitgliedern wird abgesprochen, wer über traumatischen Stress, Stresssymptome und Möglichkeiten der Stressbearbeitung informiert, wer die Aufgaben des Co-Leiters übernimmt und wer die des »Türhüters«. Die psychosozialen Fachleute ermuntern die Peers, sich aktiv mit Statements oder Fragen einzubringen, die für die Gruppe wichtig sein könnten. Die genaue Sitzordnung des Teams wird festgelegt. Das Ereignis selbst und Punkte, die daran bemerkenswert oder ungewöhnlich sind, werden kurz angeschnitten. So weiß jedes Teammitglied, was ihn oder sie in der CISM-Nachbesprechung erwartet. Wenn damit zu rechnen ist, dass es in der Gruppe besondere Widerstände gibt, werden die Teammitglieder darauf hingewiesen. Unter Umständen bekommen die Teammitglieder noch zusätzliche Aufträge (z.B. Vermittlung bestimmter Inhalte, eine bestimmte Frage oder Beobachtungsaufträge). Wenn Teammitglieder noch Klärungsbedarf haben, wird dies in der strategischen Sitzung besprochen. Der Teamleiter gibt seine Instruktionen speziell für die bevorstehende Nachbesprechung.

Wenn jedes Mitglied seinen Informationsbedarf über das Ereignis gedeckt hat, und die Strategie für die folgende CISM-Nachbesprechung feststeht, beendet das Team die kurze Sitzung und begibt sich in den Raum, in dem die CISM-Nachbesprechung stattfindet.

10.7 Die Rollen im Team

Das Team nimmt während und nach der CISM-Nachbesprechung unterschiedliche Aufgaben und Funktionen wahr. Jede einzelne Aufgabe bedarf gründlicher Vorbereitung. Auch kann nicht jeder alle Aufgaben gleich gut erledigen. Deshalb werden bei der CISM-Nachbesprechung die Aufgaben im Team aufgeteilt. Peers und psychosoziale Fachleute bündeln ihre Kompetenzen und ihre Fähigkeiten zum Nutzen der gesamten Gruppe.

10.7.1 Der Teamleiter

Die CISM-Nachbesprechung wird von einer psychosozialen Fachkraft geleitet. Die Aufgabe des Teamleiters besteht zunächst darin, die Betroffenen zu ermutigen, über das traumatische Ereignis zu sprechen. Ebenso achtet der Leiter auf das psychische Wohlbefinden der gesamten Gruppe, besonders aber der Teilnehmer. Hauptanliegen des Leiters einer CISM-Nachbesprechung ist es, die Betroffenen über ihre Reaktionen und Symptome aufzuklären und ihnen zu ermöglichen, aus ihren Erfahrungen zu lernen. Er muss die verschiedenen Aspekte der Gruppenerfahrung immer wieder in ein klares Schema bringen, damit die Teilnehmer ihre eigene Erfahrung als Teil eines Ganzen verstehen können. Während der gesamten CISM-Nachbesprechung hört er sehr sorgfältig zu. In besonders intensiven und belastenden Phasen der Besprechung, in denen die anderen Teammitglieder die »Gruppe nicht mehr tragen können«, übernimmt der Teamleiter das Wort und die Leitung. Der Leiter interveniert auch, um bestimmte Themen zu erläutern oder um den Teilnehmern ihre eigene Rolle im gesamten Geschehen transparent zu machen, sodass die Teilnehmer einen maximalen Profit aus der CISM-Nachbesprechung ziehen und sich schnellstmöglich wieder erholen.

Die psychosoziale Fachkraft als Teamleiter wie auch die anderen Teammitglieder brauchen einen interaktiven Führungsstil: Zwar gibt es einen Leiter im Team, jedoch können die übrigen Teammitglieder jederzeit angemessene Fragen stellen und vor allem in der Informations-Phase sinnvolle Informationen weitergeben. Um eine wirkungsvolle CISM-Nachbesprechung durchzuführen, ist ein sehr interaktiver und kommunikativer Führungsstil nötig, der alle Fähigkeiten der Teammitglieder erkennt und zur Geltung kommen lässt.

Gute Teamleiter entwickeln ihre Fähigkeiten im Laufe der Zeit weiter, sie wachsen mit ihrer Erfahrung. Je mehr Kenntnisse sie sich im Vorfeld über die Arbeit von Einsatzkräften angeeignet haben, desto besser. Besuche in einer Notfallaufnahme, in einer Einsatzleitstelle, bei der Feuerwehr, der Polizei und im Rettungsdienst sind essenziell, um Einsatzkräfte wirklich verstehen zu können. Es ist für alle psychosozialen Fachleute absolut notwendig, sich mit den unterschiedlichen Denkweisen der verschiedenen Einsatzdienste vertraut zu machen, bevor sie mit diesen Menschen zusammenarbeiten.

10.7.2 Der Co-Leiter

In jeder CISM-Nachbesprechung ist dem Teamleiter ein Co-Leiter zur Seite gestellt. Wenn eine CISM-Nachbesprechung mit Einsatzkräften abgehalten wird, kommt der Co-Leiter häufig aus den Reihen der Peers. Normalerweise verfügt der Peer, der für diese Aufgabe ausgewählt wird, über die meiste Erfahrung mit CISM-Nachbesprechungen. Wenn die Nachbesprechung für eine Gruppe aus der Zivilbevölkerung durchgeführt wird, ist der Co-Leiter in der Regel ein Vertreter der psychosozialen Fachleute.

Der Co-Leiter unterstützt den Teamleiter in der Leitung der CISM-Nachbesprechung und verteilt die Aufgaben an die Peers. Er greift in der Einführungs-Phase Punkte auf, die der Leiter unter Umständen nicht erwähnt hat. Der Co-Leiter beobachtet die Teilnehmer, sucht speziell nach Anzeichen von Belastungen sowie fragenden Blicken und klärt offene Fragen. Er spielt in der Informationsphase der CISM-Nachbesprechung eine bedeutende Rolle. Der Co-Leiter hilft dem Leiter, die Nachbesprechung zusammenzufassen und steht den Teilnehmern auch im Anschluss an die Sitzung zur Verfügung. Er nimmt Kontakt mit denjenigen auf, die noch weitere Unterstützung brauchen.

Auch in der weiteren Nachsorge spielt der Co-Leiter eine wichtige Rolle. Oft sind es gerade die Peers, die auch nach der CISM-Nachbesprechung Kontakte mit Einsatzkräften knüpfen. Dabei werden Einsatzkräfte bei Bedarf eher von Peers dazu ermutigt, psychosoziale Fachleute aufzusuchen und ggf. Therapieschritte einzuleiten.

10.7.3 Der Doorkeeper

Der Doorkeeper, der Türhüter, hat sozusagen die »Schlüsselrolle« in der CISM-Nachbesprechung. Während der Nachbesprechung verwehrt er allen fremden oder nicht autorisierten Personen den Zutritt. Dies betrifft auch Mitglieder der Organisation, die nicht an dem Einsatz beteiligt waren, Familienmitglieder von Teilnehmern, die selbst nicht beteiligt waren, sowie Schaulustige und Journalisten. Mitglieder der betroffenen Organisationen und Beteiligte, die später kommen, lässt er dagegen hinein.

Der Türhüter hat eine weitere Funktion: Möchte ein Teilnehmer die Nachbesprechung verlassen, ist es die Aufgabe des Türhüters, ihn zum Zurückkommen zu ermutigen. Manchmal genügt es, dem Teilnehmer zu versichern, dass er in der Sitzung nichts sagen muss, wenn er nicht will. Manchmal muss man beteuern, dass der Teilnehmer von den anderen in der Nachbesprechung gebraucht wird und dass so anderen Teilnehmern geholfen werden kann. Nur in seltenen Fällen verlassen Teilnehmer die Nachbesprechung und wollen unter keinen Umständen zurück. Der Türhüter versucht dann, sie einfühlsam zu beraten. Wenn die Person jegliche Hilfsangebote ablehnt, bittet er sie um ihren Namen und die Telefonnummer oder gibt ihr zumindest die eigene Visitenkarte.

10.7.4 Der Geistliche

Geistliche, die sich für CISM-Nachbesprechungen haben ausbilden lassen, spielen als aufmerksame Zuhörer und Ratgeber eine wichtige Rolle im Team. Predigen und Beten sind in einer CISM-Nachbesprechung nicht angebracht, da nicht alle Teilnehmer die gleichen religiösen Überzeugungen teilen. Es ist empfehlenswert, religiöse Angebote im Anschluss an das Debriefing vorzusehen, wenn der emotionale Stress der Teilnehmer sich beruhigt hat und sie offener für spirituelle Gedanken sind.

Geistliche kommentieren an geeigneter Stelle oder stellen während der Nachbesprechung Fragen, die das Gespräch lenken. Sie beteiligen sich aktiv in der Informations-Phase (siehe dazu unten). Sie können aber auch die Rolle des stummen Beobachters übernehmen und versuchen herauszuhören, welche Personen später noch zusätzliche Unterstützung benötigen. Nach der Besprechung geht ein Geistlicher aktiv auf die Teilnehmer zu, um zu sehen, ob diese die Situation angemessen verarbeiten können. Er versucht herauszufinden, ob die betroffenen Personen weitere Hilfe brauchen, um das Ereignis zu verarbeiten oder um wieder in ihren Alltag zurückzukehren. Gebete oder Andachten werden auf Wunsch im Anschluss an die Nachbesprechung angeboten.

Geistliche mit pastoralpsychologischer oder klinischer Seelsorgeausbildung übernehmen inzwischen nach ihrer CISM-Ausbildung ggf. auch die Funktionen von psychosozialen Fachkräften.

10.7.5 Die Peers

CISM-Teams, die Debriefings mit professionellen Einsatzkräften durchführen, brauchen unbedingt Peers. Um in der Arbeit mit Einsatzkräften erfolgreich zu sein, müssen folgende Anforderungen erfüllt sein:

1. Vertrautheit mit Aufbau, Denkweise und Organisationsstruktur,
2. schnelle Interventionsmöglichkeit,
3. Schwerpunkt in pragmatischen Stressbewältigungstechniken.

Neben ihren Funktionen als Co-Leiter oder Türhüter folgen Peers aufmerksam dem Gespräch und beobachten die Teilnehmer. Sie erkennen solche Teilnehmer, die möglicherweise weitere Hilfsangebote brauchen, und zeigen während der Informationsphase (s.u.) Möglichkeiten zur Entlastung auf.

Die Peers helfen bei den einführenden Bemerkungen, stellen Fragen und bringen sich ein, wenn sie es für angebracht halten. Sie helfen, die CISM-Nachbesprechung zu beenden, indem sie sich aktiv an den abschließenden Bemerkungen beteiligen. Wenn einer der Teilnehmer spricht, richtet der Teamleiter seine Aufmerksamkeit ganz auf diese Person, hört ihr sehr genau zu und sieht sie an. Die Peers achten nun auf Gesichtsausdruck und Körpersprache der übrigen Teilnehmer. Wenn Leiter und Co-Leiter in eine nächste Phase der CISM-Nachbesprechung eintreten wollen, ein Peer jedoch sieht, dass ein Teilnehmer noch etwas sagen möchte, kann der Peer dieser Person das Wort erteilen. Wenn ein zweiter Teilnehmer den Raum verlässt und der Türhüter ebenfalls mit einem anderen Teilnehmer draußen ist, so übernimmt einer der verbleibenden Peers die Funktion eines »Hintergrund-Türhüters«.

Peers und psychosoziale Fachleute arbeiten während der gesamten CISM-Nachbesprechung eng zusammen. Jeder hat eine wichtige Aufgabe und unterstützt die anderen in ihren Aufgaben. Die Ziele einer CISM-Nachbesprechung kann man immer nur durch gute Teamarbeit erreichen.

11 Leitung und Durchführung der CISM-Nachbesprechung

11.1 Die Leitung des Gruppenprozesses

Die CISM-Nachbesprechung ist die Königsdisziplin in der Nachsorge und die intensivste Form der Nachbereitung eines belastenden Einsatzes. Der Erfolg eines Debriefings hängt maßgeblich von der guten Vorbereitung und Planung ab. Genauso wichtig ist es aber auch, dass die Maßnahme als Gruppenprozess in seinen Phasen verstanden und präzise umgesetzt wird. Dies ist ohne ein intensives Training nicht möglich. Dieses Handbuch dient daher nur der Einstimmung in die Aufgabe, ein intensives Training kann es nicht ersetzen. Zudem stellt nur eine geeignete Schulung durch qualifizierte und erfahrene Trainer eine angemessene Vorbereitung auf die Leitung von Debriefings dar; in Deutschland wird die Ausbildung unter anderem von der »Bundesvereinigung Stressbearbeitung nach belastenden Ereignissen e.V.« angeboten und zertifiziert (siehe dazu den Abschnitt von Oliver Gengenbach).

Phasen der CISM-Nachbesprechung

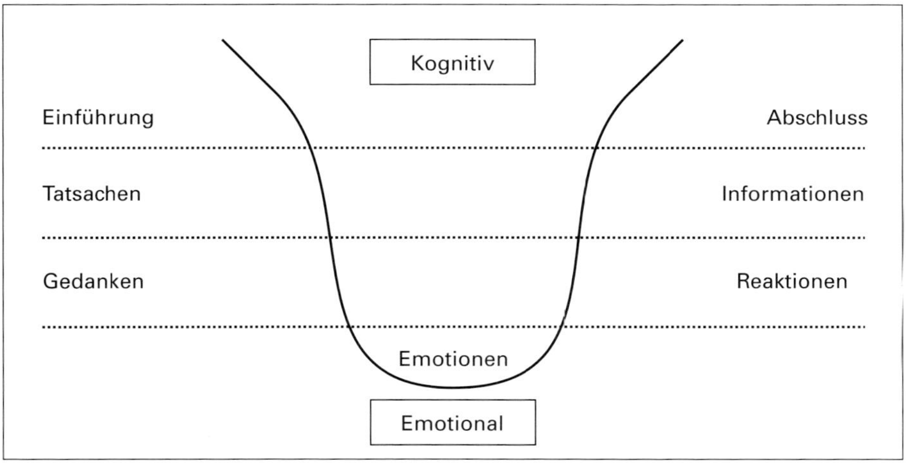

Abb. 11.1

Eine CISM-Nachbesprechung ist ein Gruppenprozess mit Anfang, Kernstück und Ende, der aus sieben Phasen besteht (vgl. Abbildung 11.1). Ein Team, das eine CISM-Nachbesprechung durchführt, beginnt nach der Einführung mit der Sammlung und Darstellung aller Fakten aus der Sicht der einzelnen Teilnehmer. Ausgehend von der Einführung wird das Gespräch phasenweise behutsam bis zu dem Punkt weitergeführt, an dem die Teilnehmer ihre Empfindungen und Eindrücke schildern können. Hier hat das Gespräch seine größte Tiefe erreicht. Danach bewegt sich das Gespräch schrittweise wieder in Richtung des kognitiven Bereichs und schließt dort ab. Im Folgenden wird das Debriefing in seinen einzelnen Phasen dargestellt:

11.2 Die sieben Phasen der CISM-Nachbesprechung

1. Einführungs-Phase
Die Einführung in die CISM-Nachbesprechung schafft die Grundlage für alle weiteren Phasen. In der Einleitung muss das Team für den gesamten übrigen Verlauf eine solide Basis legen. Die Einführung hat folgende Ziele: Das Team muss

1. die einzelnen Teammitglieder vorstellen,
2. den Teamleiter vorstellen,
3. den Grund des Treffens nennen,
4. den Ablauf der Sitzung erklären,
5. die Teilnehmer motivieren,
6. mögliche Widerstände abbauen,
7. die Ziele der CISM-Nachbesprechung erläutern,
8. die Teilnehmer zur Zusammenarbeit ermuntern,
9. vorrangige Anliegen bearbeiten und Ängste abbauen helfen,
10. über die ersten Fragen informieren, die in der CISM-Nachbesprechung gestellt werden, sowie
11. die Teilnehmer zu gegenseitiger Unterstützung ermutigen.

Das CISM-Team sollte sich stets vor Augen halten, dass es im Rahmen des Debriefings eine privilegierte Position hat. Einsatzkräfte vertrauen den Teammitgliedern ihre Gedanken und Empfindungen an und sprechen über das belastende Ereignis, das ihr Leben schlagartig verändert hat. Die wichtigsten Regeln für eine CISM-Nachbesprechung, die in der Einführung angesprochen werden, sind daher:

1. Die Teilnehmer werden darüber informiert, dass die CISM-Nachbesprechung nur aus einem einzigen Grund durchgeführt wird: Ihnen soll geholfen werden, sich so schnell wie möglich zu erholen, damit sie ihren Dienst tun und wieder ein normales Leben führen können. Die Erfahrung hat gezeigt: Menschen, die über traumatische Situationen reden, finden sich wieder früher im Alltag zurecht.
2. Mit Beginn der Einführungsphase übernimmt nicht ein Vorgesetzter, sondern das Team die Leitung für den Gruppenprozess. Oft fühlen sich Führungskräfte selbst für die Stressbearbeitung nach belastenden Ereignissen zuständig und wollen das

CISM-Team unterstützen. Sie sollten die Gruppe begrüßen und dann die Leitung an das Team übergeben

3. Die Teilnehmer sollen prüfen, ob jemand aus irgendeinem Grund nicht in die Gruppe gehört. Diese Frage muss in jedem Fall gründlich geklärt werden. (Sonderfall: Wenn Einsatzkräfte tödlich verletzt wurden, ist die ganze Organisation betroffen, und nicht nur diejenigen, die am Einsatz teilgenommen haben. In diesem Fall werden alle Mitglieder zu der CISM-Nachbesprechung eingeladen).
4. Vertraulichkeit ist ein absolutes Muss. Was auch immer in dem Raum gesprochen wird, bleibt vertraulich. Diese Regel gilt sowohl für das Team als auch für die Teilnehmer. Nach der Nachbesprechung können die Teilnehmer selbstverständlich mit anderen über ihre eigenen Gefühle und Reaktionen sprechen oder sich darüber unterhalten, was sie vom Team gelernt haben. Sie sollten aber mit niemandem darüber sprechen, was eine andere Person während der Nachbesprechung gesagt hat.
5. Die Teilnehmer werden aufgefordert, Funktelefone, Funkmeldeempfänger, Funkgeräte oder andere störende Geräte auszuschalten.
6. Die Teilnehmer sollten nur von ihren eigenen Erfahrungen sprechen. Sie können die Reaktionen der anderen beschreiben, wenn sie diese gesehen haben (»Ich habe gesehen, wie der Kollege gelaufen ist«); aber sie dürfen die Handlungen nicht interpretieren (»Er hatte Angst«) oder bewerten. Jede Person hat das Recht, für sich selbst zu sprechen (»Ich hatte Angst«).
7. Kein Teilnehmer muss reden, jeder hat das Recht zu schweigen.
8. Die Teilnehmer werden gebeten, den Raum nicht zu verlassen, ohne zurückzukommen, da es wichtig ist, am gesamten Prozess teilzunehmen. Die Teilnehmer werden darauf hingewiesen, dass ein Verlassen der CISM-Nachbesprechung die Ursache dafür sein kann, dass sie sich später noch schlechter fühlen. Auch wenn sie nur zur Toilette gehen wollen, werden sie gebeten, schnellstmöglich wieder zurückzukehren.
9. Jegliche Form der Dokumentation, z.B. mit Fotoapparaten, Videokameras oder Tonbandgeräten, ist während der Nachbesprechung zu unterlassen. Es gibt keinen Grund, etwas in einer CISM-Nachbesprechung aufzuschreiben oder anderweitig festzuhalten. Nur die Namen der Teammitglieder, Telefonnummern oder Ansprechpartner sollten sich die Teilnehmer im Anschluss an die Nachbesprechung notieren.
10. Den Teilnehmern muss unbedingt gesagt werden, dass keine Berichte an Vorgesetzte weitergegeben werden.
11. Die CISM-Nachbesprechung ist weder eine Psychotherapie noch ein Ersatz für eine Psychotherapie. Sie ist vielmehr ein Gespräch über ein traumatisches Ereignis, das von ausgebildeten Menschen geleitet wird, die versuchen, die Auswirkungen des Ereignisses zu lindern und den Teilnehmern zu helfen, so schnell wie möglich wieder ihre normalen Lebensaufgaben bewältigen zu können.
12. Die CISM-Nachbesprechung ist keine einsatztaktische Nachbereitung eines Ereignisses.
13. Die Teilnehmer werden gebeten, in der Nachbesprechung auf die Beachtung und

Verwendung von Dienstgraden und Titeln zu verzichten; unter der Belastung leiden alle Menschen gleichermaßen.

14. Die Teilnehmer werden darüber informiert, dass ihnen das CISM-Team auch nach der Nachbesprechung zur Verfügung steht.
15. Die Teilnehmer werden aufgefordert, sich gegenseitig zu unterstützen und aktiv an der Nachbesprechung teilzunehmen. Sie werden darüber aufgeklärt, dass andere in der Gruppe davon profitieren können, auch wenn sie glauben, dass sie selbst die Nachbesprechung nicht benötigen. Sie können aber anderen schon dadurch helfen, dass sie beschreiben, wie es ihnen mit dem Einsatz ergangen ist.
16. Die Teilnehmer werden auf die erste Frage (in der Tatsachen-Phase) vorbereitet, auf die sie kurz etwas zu ihrer Person und zu ihrer Rolle und Aufgabe im Einsatz sagen sollen.
17. Während der Nachbesprechung gibt es keine Pausen.
18. Die Teilnehmer werden in Kenntnis gesetzt, dass das Team Informationen über mögliche und völlig normale und angemessene Reaktionen auf belastende Ereignisse an die Gruppe weitergeben will. Diese werden gegen Ende der Nachbesprechung gegeben.
19. Während der einführenden Bemerkungen wird abschließend nochmals darauf hingewiesen, dass alles Gesprochene absolut vertraulich behandelt werden muss. Da ein Team normalerweise kein Zeugnisverweigerungsrecht besitzt, muss es jedoch darauf hinweisen, dass niemand sich zu Dingen äußern sollte, die Teil einer polizeilichen, staatsanwaltschaftlichen oder disziplinarischen Untersuchung werden könnten.
20. Die Teilnehmer werden gebeten, Fragen zu stellen, wann immer sie etwas wissen wollen oder sie etwas nicht verstanden haben.

2. Tatsachen-Phase

Häufig fällt es den Einsatzkräften nicht schwer, ein Ereignis als neutralen Tatsachenbericht zu schildern. Da Tatsachen in ihrer Objektivität unpersönlich sind, haben sie nichts mit den eigenen Erfahrungen und Empfindungen zu tun. Aus diesem Grund sind Gespräche über Tatsachen immer weniger belastend als die Darlegung der eigenen Gefühle. Dies gilt insbesondere für Einsatzkräfte. Wie bereits erwähnt wurde, verfügen sie über einen sehr ausgeprägten »seelischen Schutzschild«. Gespräche über Gefühle vermeiden sie in der Regel, da Einsatzkräfte befürchten, dass Gefühle sie so überwältigen und vereinnahmen könnten, dass sie ihre Arbeit nicht mehr verrichten könnten. Die Beschreibung eines Ereignisses fällt ihnen jedoch viel leichter. Aus diesem Grunde ist die Schilderung der objektiven Tatsache bei der Arbeit mit Einsatzkräften der beste Ausgangspunkt für ein Debriefing. Man nennt diese frühe Phase daher die »Tatsachen-Phase«.

Um die Einsatzkräfte tatsächlich dazu zu bringen, in dieser Phase über eine bestimmte Situation zu sprechen, sollte der Teamleiter die Sitzung mit Fragen nach dem Einsatzablauf beginnen. Folgende Formulierung wäre dazu möglich:

»Das CISM-Team war zur Zeit des Vorfalles nicht am Einsatzort. Unsere Kenntnisse über den Vorfall sind daher nur bruchstückhaft. Es wäre für alle hier im Raum sehr hilfreich, wenn wir etwas mehr darüber erfahren könnten. Also möchten wir Sie bitten, uns kurz zu sagen, wer Sie sind, was Ihre Rolle oder Aufgabe während des Ereignisses war, und was aus Ihrer Sicht geschehen ist. Wenn das, was Sie erlebt haben, etwas anderes ist, als das, was alle anderen erfahren haben, macht das gar nichts. Es geht uns vor allem darum, Ihre Einzelerfahrungen zu sammeln, so dass wir gemeinsam ein umfassendes Bild von diesem Ereignis bekommen. Wenn Sie nichts dazu sagen wollen, ist das auch in Ordnung. Schütteln Sie einfach den Kopf und wir werden mit dem Nächsten weitermachen. Noch einmal, was wir wissen möchten, ist:

1. Wie heißen Sie?
2. Was war Ihre Aufgabe oder Ihre Funktion während des Einsatzes?
3. Was passierte aus Ihrer Sicht? Bitte geben Sie eine kurze Beschreibung.

Wenn die Gruppe aus mehr als zwanzig Personen besteht oder wenn der Zeitrahmen unvermeidbar und gezwungenermaßen kurz gefasst ist, wird es zu aufwändig, wenn jeder Teilnehmer von seiner Aufgabe während des Einsatzes erzählt. Die Tatsachen-Phase wird dann anders gestaltet. Die Fragen unterscheiden sich ein wenig von den vorgenannten, können aber der Gruppe immer noch Anstoß zu einem Gespräch über die Fakten sein:

1. Wer traf als erster am Einsatzort ein?
2. Welche Einheiten kamen dann?
3. Was passierte, als zusätzliche Einheiten eintrafen?

Jede Einheit bestimmt einen Sprecher, der die Aufgaben im Einsatz kurz erklärt. Es kann durchaus sein, dass auf diese Weise nur sechs oder sieben Teilnehmer sprechen. Es macht in solchen Fällen nichts, wenn manche Personen keine Möglichkeit bekommen, während einer CISM-Nachbesprechung etwas zu sagen. Es ist falsch, anzunehmen, dass Personen nicht von der CISM-Nachbesprechung profitieren, wenn sie nichts sagen. Viele entschließen sich, auch dann während der Nachbesprechung nichts zu sagen, wenn sie ausreichend Gelegenheit dazu haben. Und doch bestätigen auch solche Teilnehmer im Nachhinein, dass ihnen das bloße Zuhören etwas gebracht hat. Oft zeigen die Teilnehmer während der Tatsachen-Phase bereits spontan Emotionen.

Wenn die Teilnehmer einer CISM-Nachbesprechung gebeten werden, die *Tatsachen* der Situation zu beschreiben und sie beginnen, ihre *Gefühle* auszudrücken, so ist das ein Zeichen dafür, wie nahe ihnen das Ereignis geht. Hier darf das CISM-Team keinesfalls nachhaken:

Wenn Teilnehmer sich ausgefragt fühlen, sind sie verärgert. Sie denken, dass sie wesentlich mehr preisgegeben haben, als sie eigentlich wollten. In der Regel sind sie selbst überrascht, wie emotional sie auf die Situation reagiert haben. Sie wollen dann in Ruhe gelassen und nicht aufgefordert werden, noch mehr von ihren Gefühlen zu offenbaren. Das Team muss stets bedenken, dass Einsatzkräfte oft große Schwierigkeiten damit haben, in Anwesenheit der Kollegen die Kontrolle über ihre Gefühle zu verlieren. Ein plötzlicher Gefühlsausbruch würde sie verlegen machen. Das Beste, was ein CISM-Team in einer solchen Situation tun kann, ist:

1. die Gefühle anerkennen;
2. versichern, dass der Ausdruck von Gefühlen ganz normal und der Situation angemessen ist;
3. der Gruppe und Einzelpersonen versichern, dass solche Gefühle vorhersehbar sind und dass jede andere Person unter ähnlichen Umständen mit ähnlichen Gefühlen reagieren würde;
4. sich einer anderen Person zuwenden, es sei denn, der Betroffene signalisiert, dass er weitersprechen will.

Auch andere Teilnehmer sind häufig von Gefühlsausbrüchen der Kollegen verunsichert. Sie wissen nicht, wie sie reagieren sollen. Sie fürchten, dass das CISM-Team unter Umständen die Kontrolle über die Nachbesprechung verlieren könnte. Normalerweise lösen derartige Situationen große Verunsicherung bei den anderen Teilnehmern mit der Folge aus, dass sie viel weniger von ihren Emotionen erzählen als sie ursprünglich vorhatten. Vielleicht sagen sie auch gar nichts.

Das Team verfolgt genau den Verlauf des Gesprächs. Wenn eine Person stark emotional reagiert und die Gruppe unsicher geworden ist, stellt sich zunächst ein Peer vor. Die Vorstellung sollte in solchen Fällen etwas ausführlicher als üblich sein. Durch diesen »Einschub« kann die Gruppe wieder zur Ruhe kommen. Die Vorstellung des Peers in der Mitte der Tatsachen-Phase bietet somit eine zusätzliche Kontrolle über die CISM-Nachbesprechung. Die Vorstellung hilft, ein wenig durchzuatmen, bevor der nächste Teilnehmer die Fragen beantwortet. Wenn die Teilnehmer dann mit dem Gespräch fortfahren, ist viel von der Unsicherheit gewichen, die der Gefühlsausbruch des Kollegen verursacht hat.

Die Tatsachen-Phase kann zwischen fünf und zwanzig Minuten dauern. Die Dauer hängt davon ab, wie viele Menschen an der Sitzung beteiligt sind und wie viele Informationen sie geben. Falls in dieser Phase Fragen auftauchen, werden sie schnellstmöglich durch das Team geklärt. Manchmal beschreiben Teilnehmer auch schon ihre Gedanken oder Reaktionen, obwohl das Team die dazu passenden Fragen noch nicht gestellt hat. Die Teammitglieder hören auch hier sehr gut zu, reagieren aber in dieser Phase in der Regel nicht darauf. Sie merken sich vor allem die benannten Reaktionen und nehmen sie in der Informationsphase als Beispiele wieder auf.

3. Gedanken-Phase

Nach Beendigung der Tatsachen-Phase schließt sich unmittelbar die »Gedanken-Phase« an. Diese beginnt mit der Aufforderung des Teamleiters, den ersten oder intensivsten Gedanken mitzuteilen, den man hatte, als man das Einsatzstichwort hörte, auf der Alarmfahrt war und als vor Ort deutlich wurde, was eigentlich passiert war. Da viele Einsatzkräfte starke kognitive Schutzmechanismen entwickeln, orientieren sich ihre Antworten weitgehend an den einsatztaktischen Aspekten. Viele sagen etwa: »Ich dachte, die Person würde nicht aus dem Fenster springen« oder »Mein erster Gedanke war: Hoffentlich ist das kein Kind«. Allerdings lässt sich die emotionale Seite des Ereignisses nicht ausklammern oder abblocken. Einige werden etwa sagen: »Ich hatte Angst, wir würden den Abschnitt nicht halten können«, oder »Ich war wirklich wütend, dass jemand so etwas einem anderen antun kann«.

Die Gedanken-Phase kennzeichnet einen Übergang zwischen der tatsächlichen Welt und der momentanen, inneren und sehr persönlichen Welt des Betroffenen. Die Tatsachen gehören nicht zur Person, die Gedanken jedoch schon, sie sind »Teil der Person«. Die Fragen der Gedanken-Phase lassen sich nicht beantworten, ohne dass Gefühle artikuliert werden. Die Gedanken-Phase ist die Übergangsphase von der »Kopfebene« zur »Gefühlsebene«, von der kognitiven zur emotionalen Ebene. Das Team wertet die gefühlsbetonten Äußerungen in der Gedanken-Phase positiv als Zeichen dafür, dass der Prozess wie gewünscht verläuft.

Wenn jedoch die Äußerung von Gefühlen zu intensiv wird, verunsichert dies die Gruppe. Sie sperrt sich dann gegen weitere Versuche, sich der »Gefühlsebene« anzunähern. Manchmal drücken Teilnehmer ihren Ärger darüber verdeckt aus, indem sie behaupten, der Gruppenprozess verlaufe schlecht. Manchmal versuchen sie auch, weiterhin nur über Tatsachen und Einsatztaktik zu sprechen. Manchmal zeigen sie aber auch tiefe Gefühle und verlangen unmittelbar Hilfe vom Team. Manchmal verlassen sie sogar die Nachbesprechung.

Niemand kann alle Reaktionen vorhersagen, die die Teilnehmer während der Übergangsphase haben können. Das Team sollte jedoch auf emotionale Reaktionen bei den Teilnehmern vorbereitet sein. Wenn die Gefühle sehr intensiv werden, sind Anerkennung, Wertschätzung oder Beruhigung durch das Team besonders wichtig. Wenn Ärger verdeckt auftaucht, muss man ihn teils akzeptieren, teils die betroffenen Personen damit konfrontieren. Es darf kein anderer Teilnehmer zur Zielscheibe eigenen Ärgers oder eigener Aggression werden. Das CISM-Team muss jedem Teilnehmer während der Gedanken-Phase aufmerksam zuhören. Dabei bleiben den Mitgliedern nur wenige Sekunden zum Nachdenken, bevor sie reagieren. In der Regel ist ihre spontane Reaktion jedoch richtig, da sie – im Gegensatz zu den betroffenen Teilnehmern – entspannt sind und rationaler denken können.

4. Emotions-Phase

Die Emotions-Phase ist die Phase, in der Teilnehmer ihre Gefühle und Empfindungen besonders stark zeigen. Wenn Einführungs-, Tatsachen- und Gedanken-Phase sorgfältig durchgeführt wurden, schließt die Emotions-Phase nahtlos an die Gedanken-Phase an. Das CISM-Team wird feststellen, wie die Interaktion in der Gruppe während dieser Phase abnimmt. Jeder Einzelne bleibt in der Regel ganz bei sich und seinem Erleben. Die Redebeiträge kommen nun zum Großteil von den Teilnehmern, nicht vom CISM-Team. Es wird kaum oder gar nicht moderiert. Das CISM-Team ergreift nur dann das Wort, wenn Bemerkungen wirklich notwendig sind; die Team-Mitglieder sollten dabei beachten, dass sie den Gesprächsfluss der Teilnehmer nicht unterbrechen. Am besten eignen sich folgende Fragen, um die Reaktions-Phase zu eröffnen:*

* Die Art der Fragestellung wird gegenwärtig in der so genannten *Debriefing-Debatte* kontrovers diskutiert. Es wird dabei die Auffassung vertreten, dass die Fragen abgeschwächt werden müssen, damit nicht die Gefahr einer Sekundärtraumatisierung entsteht. Da eine Sekundärtraumatisierung durch ein Team keinesfalls hervorgerufen werden darf, könnte eine derartige Frage auch wie folgt formuliert werden: *»Gibt es etwas, das besonders beeindruckend und besonders herausragend bei dem Ereignis war?«*

1. Was war für Sie persönlich das Schlimmste an dieser Situation?
2. Welcher Zeitpunkt war für Sie der schlimmste bei dem Ereignis?
3. Welche Erinnerung an das Ereignis möchten Sie aus dem Gedächtnis löschen?
4. Unter welchem Aspekt des Ereignisses leiden Sie am meisten?

In der Emotions-Phase fordert das Team nicht mehr einen Teilnehmer nach dem anderen auf, etwas zu sagen. Wer etwas sagen will, kann dies tun. Wer schweigen will, schweigt. Eine Gesprächsreihenfolge gibt es nur während der Tatsachen- und der Gedanken-Phase. Wann immer jemand aus der Gruppe in der Emotions-Phase etwas sagen will, kann er dies tun.

Gelegentlich kommt das Gespräch nur schwer in Gang. Die Teilnehmer ringen mit den Gefühlen, die sie mit dem Ereignis verbinden. Ein Teilnehmer wird jedoch anfangen und etwas sagen, indem er einen Eindruck oder ein Gefühl formuliert. Ein anderer wird zugeben, dass er Angst, Wut oder Trauer empfindet. Nach kurzer Zeit beteiligen sich immer mehr Teilnehmer.

Manchmal lässt eine Bemerkung die Gruppe für einen Moment verstummen. Ein neues Gefühl beherrscht die Situation. Andere Äußerungen lösen starke verbale Reaktionen in der Gruppe aus. Es werden vielleicht Stühle gerutscht, Hände gerungen oder es sind andere nonverbale Signale wahrnehmbar.

In vielen CISM-Nachbesprechungen werden Gefühle jedoch verhalten geäußert. Tränen werden nicht gezeigt, Emotionen sind nicht zu beobachten. Die Worte können aber sehr viel Gefühl enthalten. Jede CISM-Nachbesprechung hat ihren eigenen Charakter, der davon abhängt, wie einschneidend das Ereignis war, wie groß das Vertrauen innerhalb der Gruppe ist und wie sehr diese gewillt ist, sich ihren Erfahrungen zu öffnen und die Reaktionen offen anzusprechen. Die Professionalität des CISM-Teams bestimmt die Möglichkeiten der Gruppe und das Vertrauensverhältnis zwischen Team und Teilnehmern.

Die Emotions-Phase dauert zwischen 10 und 40 Minuten (manchmal etwas länger). Die Dauer ist abhängig von der Gruppengröße und der Schwere des Ereignisses. Wenn das Gespräch abflaut und mehrere Versuche der Teammitglieder, die Gruppe zum Sprechen zu motivieren, erfolglos bleiben, sollte die Emotions-Phase beendet werden. Das Team führt die Gruppe nun in die nächste Phase der CISM-Nachbesprechung, die Reaktions-Phase.

5. Reaktions-Phase

Die Reaktions-Phase stellt eine weitere Übergangsphase dar. Das Ziel besteht darin, die Gruppe von der Emotions-Phase wieder auf eine kognitive Ebene zu bringen. Diese »Bewegung« ist Teil des Gesamtverlaufs einer CISM-Nachbesprechung: von der kognitiven Ebene zur Gefühlsebene und wieder zurück zur kognitiven Ebene. Würde die Nachbesprechung mit der Emotions-Phase enden, ließe man die Teilnehmer in einer gefühlsgeladenen Stimmung zurück, was für sie negative Auswirkungen hätte. Die Nachbesprechung wird deshalb immer zu Ende geführt, um so den Prozess abzuschließen und die Teilnehmer wieder auf eine kognitive Ebene zu bringen. Nur auf diese Weise können sie ihrem Arbeitsalltag wieder wie gewohnt nachgehen.

Zu Beginn der Reaktions-Phase bittet das Team die Teilnehmer, Veränderungen ihres Denkens, ihrer Gefühle, ihres Verhaltens sowie Veränderungen an und in ihrem Körper zu beschreiben, die sie bereits während des Einsatzes bemerkt haben. Das CISM-Team gibt ein paar Beispiele, wie sich stressbedingte Symptome zeigen können (zittrige Hände, Entschlussunfähigkeit, vollkommene Ruhe, Wut). Dann spricht die Gruppe mehrere Minuten lang über die verschiedenen Stresssymptome, die sie während des Einsatzes empfunden haben.

Das CISM-Team fragt die Teilnehmer anschließend, wie es ihnen während der Tage nach dem Ereignis bis zur Nachbesprechung ergangen ist. Wieder erzählen die Teilnehmer von den Symptomen oder Anzeichen von Stress, die in dieser Zeit aufgetreten sind. Schließlich werden die Teilnehmer gefragt, ob sie seit dem Ereignis bis zu Beginn und auch während der Nachbesprechung noch weitere Veränderungen an sich bemerkt haben. Die Gruppe wird hier einige Symptome beschreiben, die jetzt noch auftreten.

Manche Teilnehmer werden ihre Symptome nicht nennen, weil sie Angst haben, sie seien einzigartig und anormal. Wenn das CISM-Team wahrnimmt, dass die Gruppe sich aufgrund solcher Befürchtungen nicht öffnet, kann man die Teilnehmer beispielsweise bitten, mit Handzeichen zu zeigen, wie viele von ihnen generell Symptome an sich beobachtet haben. Ein Teammitglied wählt eine übliche Stressreaktion, beschreibt sie den Teilnehmern und bittet sie, Handzeichen zu geben. Da es wahrscheinlich ist, dass mehrere Personen in der Gruppe genau diese Reaktion entwickelt haben, werden auch mehrere Hände nach oben gehen. In der Regel öffnet sich die Gruppe auf diese Weise und das CISM-Team kann die Teilnehmer bitten, noch mehr zu erzählen, diesmal ohne Handzeichen. Die Reaktions-Phase dauert gewöhnlich fünf bis zehn Minuten. Wenn das Gespräch an Intensität verliert, beginnt das Team, in die nächste Phase, die Informations-Phase, überzuleiten.

6. Informations-Phase

Die Informations-Phase wird dadurch eingeleitet, dass das CISM-Team einige der von den Teilnehmern genannten Symptome auswählt und erklärt, dass sie nach einem belastenden Ereignis typisch, angemessen und normal sind. Ein geschicktes und erfahrenes Team kann die Überleitung zur Informations-Phase dabei so behutsam vornehmen, dass die Teilnehmer nicht merken, dass eine neue Phase begonnen hat.

In der Informations-Phase sind alle Mitglieder des Teams aktiv: Einige beschreiben typische Stresssymptome, andere weisen die Gruppe auf Symptome hin, die noch nicht aufgetreten sind, aber noch auftreten könnten. Es muss betont werden, dass alle Hilfskräfte während des Einsatzes ihr Möglichstes taten und versuchten, ihr Können in die Praxis umzusetzen, jedoch unter diesen Umständen trotzdem kein besseres Ergebnis möglich war. Das Team nimmt sich für die Vorstellung von Stressbearbeitungstechniken viel Zeit. Es werden allgemeine Empfehlungen gegeben, wie beispielsweise zu Entspannungstechniken, Gesprächen mit der Familie oder zur Arbeit mit den Vorgesetzten, um ggf. notwendige Änderungen im Arbeitsablauf zu veranlassen.

Die Informations-Phase findet auf der kognitiven Ebene statt. Sie soll die Teilnehmer von den gefühlsbetonten Fragestellungen wegbringen, die während der Emotions-Phase thematisiert wurden. Einige der Informationen, die in dieser Phase gegeben werden, können auf bestimmte Teilnehmer zugeschnitten sein, werden aber an die ganze Gruppe gerichtet. Diese Phase dauert so lange, bis die Themen, die für die Gruppe relevant sind, behandelt sind. Dennoch ist es wichtig, die Informations-Phase nicht zu lange auszudehnen, da die Gruppe bei längeren Ausführungen im Vortragsstil in dieser Phase wahrscheinlich sehr schnell ermüdet.

Das Team muss wissen, dass es für die Inhalte, die hier vermittelt werden, Grenzen gibt. Unangebracht sind beispielsweise Meditationen, progressive Muskelentspannungsübungen oder kognitive Restrukturierungsstrategien. Diese Techniken haben nicht nur keinen Platz in einer Nachbesprechung, sie erfordern auch spezielles Wissen und entsprechende Erfahrung und Training. Wert wird allerdings darauf gelegt, zu betonen, wie wichtig es ist, schnellstmöglich wieder einen geordneten und strukturierten Tagesablauf aufnehmen zu können, wie hilfreich Gespräche über das Ereignis sein können und wie bedeutsam es ist, dass die eigene Familie über die psychischen Folgen extremer Ereignisse gut informiert wird. Gegen Ende der Informations-Phase fragt ein Teammitglied die Gruppe, ob es während des Einsatzes auch etwas Positives gegeben hat. Natürlich haben die Betroffenen Schwierigkeiten, an dem Vorfall überhaupt etwas Positives zu sehen. Daher muss diese Frage mit großer Sensibilität und dem entsprechenden Fingerspitzengefühl gestellt werden. Es bieten sich Formulierungen an wie »Gibt es einen Aspekt an dem Ereignis, der es etwas weniger grausam oder belastend macht?« oder: »Gibt es etwas, das Ihnen trotz dieser grausamen Erlebnisse doch ein wenig Hoffnung gibt?«

7. Abschluss-Phase

Die Abschluss-Phase der CISM-Nachbesprechung ist die letzte Möglichkeit, um Anliegen zu klären, Fragen zu beantworten, ein Resümee zu ziehen und die Gruppe wieder auf die Rückkehr in ihren Alltag vorzubereiten. Die Abschluss-Phase besteht aus mehreren Abschnitten. Die Teilnehmer und das CISM-Team haben hierbei verschiedene Aufgaben.

Die Teilnehmer benennen alle noch nicht angesprochenen Punkte, über die noch geredet werden soll. Sie lassen die Nachbesprechung noch einmal Revue passieren und stellen die Fragen, die ihnen noch wichtig sind. Die Teilnehmer sollen grundsätzlich alles ansprechen, was ihnen helfen könnte, die Nachbesprechung gut abzuschließen.

Das CISM-Team beantwortet die Fragen, die noch gestellt werden. Das Team benennt darüber hinaus die noch unterdrückten Gefühle, die es bei den Hilfskräften vermutet und verteilt aussagekräftige Informationszettel (Ein Beispiel dafür ist im Anhang abgedruckt). Schließlich ist es Aufgabe des Teams, den Gesprächsverlauf zusammenzufassen.

Die abschließenden Bemerkungen durch das Team sollen authentisch und warmherzig sein. Die Teammitglieder zeigen Respekt, ermutigen, unterstützen, sprechen Dank aus und eröffnen den Teilnehmern eine Perspektive. Jedes Teammitglied gibt in den letzten Minuten der Nachbesprechung einen zusammenfassenden Kommentar. Die Teilnehmer können sich – wenn sie wollen – dazu äußern, sie werden aber nicht dazu aufgefordert. Mit dem Ende der Nachbesprechung leitet das Team die CISM-Folgeangebote ein. Es nimmt Kontakt zu den Teilnehmern auf, die ihrer Meinung nach mehr Unterstützung brauchen als die Nachbesprechung bieten konnte.

11.3 Weitere Nachsorge

Ein probates Mittel besteht darin, direkt nach der Nachbesprechung Erfrischungen anzubieten. Dies fördert die Verbindung zwischen dem CISM-Team und den Teilnehmern. Außerdem ist es auf diese Weise leichter, die Gruppe noch eine Weile zusammenzuhalten. Auf ungezwungene Weise können dabei Kontakte zwischen Teammitgliedern und Teilnehmern entstehen.

Eine CISM-Nachbesprechung bietet die Möglichkeit, Belastungen einzuschätzen oder zu erkennen. Sie ist jedoch keine psychotherapeutische Behandlung und hat insofern einen präventiven Charakter. Nach einer Nachbesprechung werden immer noch Dinge ungeklärt sein. Teams, die glauben, die Arbeit sei mit Beendigung der Nachbesprechung erledigt, begehen einen schweren Fehler. Aus diesem Grund sind Folgeangebote für die Gruppenmitglieder nach einem Debriefing beispielsweise in Form von Einzelgesprächen, Besuchen auf der Wache oder Schulungsprogrammen zwingend notwendig.

11.4 Abschließende Teamsitzung

Das CISM-Team bleibt auf jeden Fall so lange vor Ort, bis sich die Gruppe aufgelöst hat. Wenn nach einer CISM-Nachbesprechung kein Teilnehmer mehr da ist, beginnt eine abschließende Team-Sitzung. Diese Abschlussbesprechung ist unverzichtbar, da sie zu den wichtigsten Maßnahmen des Teams gehört, auch um sich selbst vor Belastungen zu schützen.

Der gesamte Prozess der Nachbesprechung wird gründlich reflektiert. Zudem werden die Aufgaben für die weitere Nachsorge verteilt. Auch muss sichergestellt werden, dass es allen Teammitgliedern gut geht. Es ist die Zeit des »Debriefings für die Debriefer«, da auch Teammitglieder durch die Aspekte, die in einer Nachbesprechung thematisiert werden, stark belastet sein können. In der Abschlussbesprechung muss es daher unbedingt die Möglichkeit geben, über Eindrücke und Belastungen zu sprechen. Wird dies wiederholt versäumt, kann das CISM-Team wertvolle Mitarbeiter verlieren.

11.5 Tätigkeitsbericht

Mitunter ist es sinnvoll, einen Tätigkeitsbericht über den Einsatz zu verfassen. Der Bericht wird erstellt, um das Ereignis in der nächsten Teamsitzung oder bei einer Supervision besprechen zu können. Der Tätigkeitsbericht darf jedoch keine Informationen enthalten, die es möglich machen, Personen zu identifizieren, die an der Nachbesprechung teilgenommen haben. Ein Tätigkeitsbericht ist informativ, verständlich und kurz. Er beinhaltet eine knappe Beschreibung des Ereignisses, die vorherrschenden Themen der Nachbesprechung sowie die Zusammenfassung der Hinweise, die die Teilnehmer vom CISM-Team erhalten haben.

11.6 Zusammenfassung

Dieses Kapitel beschreibt den Prozess und den Verlauf der CISM-Nachbesprechung im Detail. Für ein CISM-Team ist die Nachbesprechung die komplizierteste und vielschichtigste der CISM-Interventionen. CISM-Teams müssen sorgfältig prüfen, ob eine CISM-Nachbesprechung wirklich nötig ist. Sie sollten stets abwägen, ob nicht andere Interventionen geeigneter sind.

An dieser Stelle sei aber auch noch einmal eindringlich zur Vorsicht gemahnt: Der Gruppenprozess und Verlauf einer CISM-Nachbesprechung kann durch die einfache Lektüre nicht angemessen erlernt werden. Wer CISM-Nachbesprechungen professionell und verantwortungsvoll durchführen möchte, braucht eine umfassende Ausbildung und entsprechende Erfahrung.

Es sei auch noch einmal darauf hingewiesen, dass der Debriefing-Prozess kein alleiniger Prozess sein darf und nur im Zusammenhang mit einem systematischen CISM-Programm angeboten werden darf.

12 Störfaktoren im CISM-Prozess – Häufige Probleme in der Anwendung von CISM-Kurzbesprechung und CISM-Nachbesprechung

12.1 Einführung

Die meisten Probleme in der Anwendung von CISM-Kurzbesprechung und CISM-Nachbesprechung entstehen dadurch, dass die Leiter solcher Maßnahmen den gruppendynamischen Prozess der Interventionen nicht verstanden haben und demzufolge daran scheitern, diese Herausforderung effektiv anzunehmen. Auch wenn es zahlreiche Probleme gibt, die während einer CISM-Nachbesprechung auftreten können, so lassen sich doch die meisten von ihnen in fünf Kategorien ordnen (aufgelistet in Abb. 12.1). Hier eine Übersicht dieser Kategorien.

12.2 Übermäßig starre Anwendung von CISM-Maßnahmen

Dieses Buch ist als Handbuch für CISM-Maßnahmen gedacht. Die Richtlinien, die hier aufgestellt werden, beschreiben bzw. reflektieren Strategien und Techniken, die

Grundsätzliche Probleme in der SbE-Nachbesprechung

1. Es wird starr an den Grundprinzipien der CISM-Nachbesprechung festgehalten, ohne Sensibilität für besondere Situationen, Personen, kulturelle oder gesellschaftliche Hintergründe.
2. CISM-Interventionen werden übereifrig, ohne adäquate Einschätzung des psychischen Zustands und der Aufnahmefähigkeit der Betroffenen angewendet.
3. CISM-Kurzbesprechung oder CISM-Nachbesprechung werden nicht nach dem dafür vorgesehenen Prozess, der von der kognitiven Ebene zur affektiven Ebene und schließlich behutsam wieder zur kognitiven Ebene geführt wird, angeleitet.
4. Es findet eine Gegenübertragung durch unprofessionell arbeitende Teammitglieder statt. Damit ist die Überidentifizierung mit der traumatischen Erfahrung der betroffenen Personen und/oder das Unvermögen gemeint, sich während der SbE-Nachbesprechung einen distanzierten Standpunkt zu bewahren.
5. Das Team ist unfähig, die Grundprinzipien bzw. -techniken der CISM-Kurzbesprechung und der CISM-Nachbesprechung richtig und verantwortungsvoll anzuwenden. Diese gelten mittlerweile weltweit als Standards für die CISM-Arbeit mit Einsatzkräften.

Abb. 12.1

sich in der Vergangenheit bewährt haben. Jedoch bedeuten neue Traumata neue Herausforderungen, und oft muss angesichts von Krisen oder chaotischen Zuständen flexibel reagiert werden. Die in diesem Buch angebotenen Hinweise sind zwar in den meisten Fällen hilfreich, jedoch entstehen mitunter besondere Situationen durch die Art und Weise eines Einsatzes, in denen flexibel reagiert werden muss.

Wenn man nicht sicher ist, wie an eine neue und herausfordernde CISM-Nachbesprechung herangegangen werden soll, findet der gesunde Menschenverstand gute Lösungsmöglichkeiten bzw. adäquate Strategien. Deshalb gilt grundsätzlich:

- gut zuhören,
- bewährte Kriseninterventionskonzepte anwenden,
- keine »emotionalen Themen« zulassen, mit denen man selbst nicht zurechtkommt,
- sich auf Peers verlassen, da sie die Gruppe mit ihren Bedürfnissen meistens am besten verstehen.

12.3 Übereifrige Anwendung der Interventionen

Übereifrige oder unreflektierte Anwendung von Techniken der Krisenintervention oder therapeutischen Strategien können ebenso unerwünschte Folgen nach sich ziehen wie ihre zu sparsame Anwendung. Jedes psychologische Hilfsangebot wird dem Betroffenen nur dann helfen, wenn dieser dafür bereit und aufnahmefähig ist; Betroffene wollen zu bestimmten Zeiten allein sein. Man kennt es aus dem Alltag: Es gibt Momente, in denen man alleine sein will, und wiederum Situationen, in denen andere Menschen helfen können. Der Unterschied besteht im Zustand der psychischen Rezeptivität. Diese macht es möglich, Unterstützung anzunehmen. Erzwungene Begleitung kann sich auf Betroffene daher genauso traumatisierend auswirken wie das Trauma selbst.

Die psychische Rezeptivität steht im Zusammenhang mit den psychischen Schutzmechanismen des Betroffenen. Eine gebräuchliche und unmittelbare Schutzstrategie nach einer psychischen Traumatisierung ist die der Verdrängung. Betroffene bestehen häufig darauf, dass alles in Ordnung bzw. nicht so schlimm sei. Die Krisenintervention zielt darauf ab, das seelische Gleichgewicht bzw. die Lebens- und Arbeitsfähigkeit des Betroffenen wiederherzustellen. Die Abwehrstrategien spielen bei der Bewältigung großer psychischer Belastungen daher eine wichtige Rolle. Ein Abwehrmechanismus darf nicht außer Kraft gesetzt werden, es sei denn, der Helfer kann ihn durch etwas ersetzen, das dem Opfer als emotionaler Schutz dient, bis die Krise vorbei ist oder sich aufgelöst hat.

Ein Beispiel für Übereifer findet man in der Regel unmittelbar nach Großschadenslagen. Helfer kommen scharenweise ins Katastrophengebiet. Viele wissen zum Zeitpunkt ihres Auftauchens noch nicht genau, was sie tun sollen, werden aber von dem Ereignis angezogen. Wenn die Katastrophenhilfe nicht gut organisiert ist, tragen diese Helfer nur noch mehr zum allgemeinen Chaos bei. Einige CISM-Teams und Einzelpersonen haben unglücklicherweise in der Vergangenheit ebenfalls bereits zu dem Chaos bei Katastrophen beigetragen: Sie tauchten am Einsatzort auf, ohne dass man sie gerufen hätte. Solche Personen haben in der Regel keine Absprachen mit den örtlichen CISM-Anbietern getroffen. Manche wollten sogar schon CISM-Nachbesprechungen anbieten, als die Retter und Katastrophenarbeiter noch mit Such- und Bergungsarbeiten beschäftigt waren, oder als sich diese kurz nach dem Ereignis noch in einem Zustand von Schock und Verdrängung befanden.

CISM-Teams sollten gerade bei Katastrophen stets besonnen und zurückhaltend agieren. Abgesehen von Einsatzbegleitungen oder Einzelberatungen (die durch die zuständigen CISM-Teams angeboten werden) wird die CISM-Nachbesprechung bei Katastrophen nicht vor drei bis sechs Wochen nach dem Ereignis durchgeführt. Bei der Zusammenarbeit von CISM-Teams mehrerer Zuständigkeitsbereiche nach Katastrophen ist es wichtig, Angebote und Vorgehen sowohl mit der betroffenen Gemeinde/Organisation als auch mit der ICISF abzusprechen (in den USA, in Deutschland wird die Einsatzleitung in der Regel einen Koordinator einsetzen.)

CISM-Teams, die sich ohne Anforderung bei einer Katastrophe einmischen, handeln übereilt und unprofessionell. Dies schadet sowohl den Teams selbst als auch Betroffenen.

12.4 Die psychologische Struktur der CISM-Nachbesprechung wird nicht genutzt

Der Prozess der CISM-Nachbesprechung orientiert sich am Verlauf der psychischen Verarbeitung eines Menschen. Zuerst wird ein Ereignis kognitiv verarbeitet, erst dann erfolgt eine emotionale Bewertung. Dieser Prozess wird gestört, wenn sofort über Gefühle bzw. emotionale Reaktionen gesprochen wird und man erst anschließend eine Aufarbeitung auf kognitiver Ebene anbietet. Einsatzkräfte reagieren in einem solchen Fall stets verärgert und abweisend. Unter Umständen kann Betroffenen aufgrund der Missachtung des psychischen Verarbeitungsprozesses sogar psychischer Schaden zugefügt werden (Abbildung 12.2 beschreibt den Ablauf der CISM-Nachbesprechung und deren psychologische Struktur).

Die Gedanken- und Reaktions-Phase sind Transfer-Phasen, die es ermöglichen, so

Ablauf der CISM-Nachbesprechung

Phasen der CISM-Nachbesprechung	**Psychologischer Prozess**		
Einführung	kognitiv		
Tatsachen	kognitiv		
Gedanken	kognitiv	→	affektiv
Emotionen	affektiv		
Reaktionen	affektiv	→	kognitiv
Informationen	kognitiv		
Abschluss	kognitiv		

Abb. 12.2

behutsam wie möglich von einer Stufe zur anderen überzuleiten. Ein zu schneller Übergang wirkt auf traumatisierte Menschen unangenehm. Wird dieser Struktur während einer CISM-Nachbesprechung nicht gefolgt, kann dies zu Problemen führen:

- Die Teilnehmer fühlen sich unter Druck gesetzt, wenn sie über Gefühle sprechen sollen, noch bevor sie Vertrauen zum Team aufbauen konnten und der Ablauf festgelegt wurde.
- Die Teilnehmer haben das Gefühl, zu kurz zu kommen, wenn zuerst über Gefühle gesprochen wird.
- Die Teilnehmer entwickeln den Eindruck, dass das CISM-Team unprofessionell arbeitet und die Situation nicht unter Kontrolle hat.

12.5 Gegenübertragung durch das CISM-Team

Der Begriff der Gegenübertragung bedeutet in unserem Zusammenhang, dass sich das CISM-Team bei einer CISM-Nachbesprechung mit Einsatzkräften auf der persönlichen oder beruflichen Ebene über-identifiziert. Das CISM-Team muss aufpassen, nicht selbst mit in die Ereignisse hineingezogen oder davon überwältigt zu werden. Andererseits muss es den Teilnehmern genügend Fürsorge, Verständnis und Mitgefühl entgegenbringen. Das Team muss in jedem Fall einen objektiven Standpunkt bewahren, sowohl zum kritischen Ereignis als auch zu den Betroffenen.

Um sicherzustellen, dass die Teammitglieder in einer CISM-Nachbesprechung ihre Distanz bewahren, bleiben sie auf der kognitiven Ebene. Mitglieder des CISM-Teams legen die Betonung immer auf das aktuelle Ereignis, anstatt nach Ähnlichkeiten zwischen dem aktuellen Ereignis und früheren eigenen schmerzlichen Erfahrungen zu suchen.

12.6 Missachtung der Grundprinzipien

Eine CISM-Nachbesprechung unterliegt bestimmten, im Vorherigen aufgeführten Grundprinzipien, deren Nicht-Beachtung zum Misserfolg der Intervention führen kann. Nachfolgend eine kurze Auflistung häufiger Fehlerquellen:

- Es werden mangelhaft geschulte Teammitglieder oder ein Team ohne Erfahrung eingesetzt.
- Es wird eine CISM-Nachbesprechung ohne psychosoziale Fachleute durchgeführt.
- Es wird eine CISM-Nachbesprechung ohne ausreichend geschulte, erfahrene Peers aus der gleichen Berufsgruppe durchgeführt.
- Es wird eine CISM-Nachbesprechung ohne angemessene Vorbereitung durchgeführt.
- Das Team hat keine strategische Teamsitzung durchgeführt.
- Es wurde nicht verstanden, dass der Gruppenprozess auf der kognitiven Ebene beginnt, auf die affektive Ebene übergeht und schließlich auf der kognitiven Ebene endet.

- Das Team gibt zu viele gut gemeinte Ratschläge oder streitet mit den Teilnehmern.
- Das Team versucht, ein Debriefing in eine Psychotherapiesitzung zu verwandeln oder als Ersatz für Psychotherapie auszugeben.
- Die Teammitglieder machen sich während der CISM-Nachbesprechung schriftliche Notizen.
- Das CISM-Team weiß zu wenig über das Ereignis.
- Die CISM-Nachbesprechung wird engen Verwandten oder Freunden der Einsatzkräfte angeboten, oder Mitarbeitern, die den CISM-Teammitgliedern vorgesetzt sind oder sehr eng mit ihnen zusammenarbeiten.
- Teammitglieder, die die Nachbesprechung durchführen, waren direkt von dem Ereignis betroffen, das bearbeitet werden soll.
- Eine Person, die während einer CISM-Nachbesprechung ihre Gefühle zum Ausdruck bringt, wird unterbrochen.
- Die Einführung in die CISM-Nachbesprechung war unzureichend.
- Die Informationen in der Informationsphase waren nicht verständlich bzw. unzureichend.
- Die Inhalte der CISM-Nachbesprechung werden durch Mitglieder des CISM-Teams im Anschluss an die CISM-Nachbesprechung öffentlich diskutiert.
- Es werden keine angemessenen Folgeangebote gemacht.
- Es wird keine abschließende Teamsitzung durchgeführt und damit nicht sichergestellt, dass es allen Teammitgliedern gut geht.

12.7 Zusammenfassung

Dieses Kapitel untersuchte die fünf Hauptprobleme für CISM-Teams bei der Durchführung von Nachbesprechungen, die die Effektivität eines CISM-Teams gefährden können. Es wurde vor einer zu starren Umsetzung der Richtlinien der CISM-Nachbesprechung und vor einem inflationären Gebrauch der CISM-Nachbesprechung gewarnt. Des Weiteren wurde darauf hingewiesen, wie wichtig es ist, die psychologische Struktur für die Nachbesprechung richtig zu nutzen. Ebenso wurde der Verlust der eigenen Distanz angesprochen und das mangelnde Befolgen der notwendigen Standards in der konkreten Durchführung von CISM-Nachbesprechungen. Am Ende findet sich eine Auflistung von Fehlern, die eine gute und effiziente Arbeit von CISM-Teams bei Nachbesprechungen gefährden.

13 Critical Incident Stress Management für Fortgeschrittene

13.1 Einführung

Die vorangehenden Kapitel dieses Buches haben beschrieben, dass sich das CISM-Konzept in den vergangenen 25 Jahren entwickelt hat. Auch die Technik der CISM-Nachbesprechung hat sich weiterentwickelt und sich als Gruppenkrisenintervention einer Vielzahl herausfordernder Situationen angepasst. Der Grundgedanke ist seit 1984 der gleiche geblieben. Doch wurde das Konzept modifiziert, um sich speziellen Anforderungen anpassen zu können. So ist der Kern des Modells der CISM-Nachbesprechung in seinem Ablauf geblieben, die Bezeichnungen für die verschiedenen Phasen dagegen wurden verändert, um den Prozess in besonders herausfordernden Situationen zu erleichtern. Einige der modifizierten Anwendungsformen werden in diesem Kapitel vorgestellt.

Die Anwendungen für Fortgeschrittene auf dem Gebiet der Stressbearbeitung nach belastenden Ereignissen sind für die Umsetzung durch erfahrene CISM-Teams gedacht, die mindestens an einem Aufbaukurs zur CISM-Nachbesprechung der ICISF (*International Critical Incident Stress Foundation*) teilgenommen haben (dies entspricht dem Baustein III der Bundesvereinigung Stressbearbeitung nach belastenden Ereignissen). Die CISM-Nachbesprechung kann bei komplexen oder schwierigen Situationen nicht von unerfahrenen Teams oder gar von Teams ohne CISM-Ausbildung für Fortgeschrittene durchgeführt werden. Das Anlesen der Konzeption kann niemals das spezifische Training ersetzen.

13.2 Der richtige Zeitpunkt für CISM-Angebote

Gegenstand von Diskussionen bleibt der Zeitpunkt, zu dem belasteten Einzelpersonen oder Gruppen CISM-Angebote gemacht werden sollen. Die folgenden Angaben helfen, eine Gesamtstrategie für die Stressbearbeitung nach belastenden Ereignissen zu entwickeln.

Betroffene nehmen Hilfe nur dann an, wenn sie dafür bereit sind. Eine allgemeine, umfassende Regel, nach der in allen Situationen die richtige Entscheidung und der exakte Zeitpunkt für ein CISM-Angebot festgelegt werden, kann nicht aufgestellt werden. Vielmehr müssen die CISM-Mitarbeiter ihre eigene Entscheidung treffen und diese verantworten. Sie beurteilen zuerst die Situation und schätzen dann ein, in welchem Zustand sich Betroffene befinden. Mit diesen Informationen können die CISM-Teammitglieder entscheiden, welche CISM-Angebote in der jeweiligen Situation die sinnvollsten sind.

Abbildung 13.1. beschreibt den Prozess der psychischen Traumatisierung im Zusammenhang mit den verschiedenen CISM-Angeboten und den Angaben der Zeitpunkte, zu denen eine Intervention sinnvoll ist.

CISM-Zeitliste

Zeit	**Umstände**	**CISM-Angebote**
Minus Null	vor dem Ereignis	– Planung – Aus- und Fortbildung – Vorbereitung – Aufgaben zuteilen – Bewertung – Einsatzprotokolle erstellen – Ressourcen ermitteln – Mitarbeiter aussuchen – Training
Null	Ereignis	– Team zusammenstellen – Lagebeurteilung – Einsatzbegleitung – Einsatzleitung beraten – psychische Erste Hilfe für Einzelpersonen – Betreuung von Primäropfern, Familienmitgliedern und Augenzeugen – weitere Schritte planen
die ersten 8 Stunden	laufender Einsatz	– Einsatzbegleitung bei Bedarf fortführen – in der Nähe CISM-Einsatzabschlusszentren einrichten, wenn möglich (nur für die ersten beiden Schichten) – falls notwendig, weitere CISM-Teams verständigen – Einzelberatung nach Bedarf – CISM-Kurzbesprechungen durchführen
die ersten 24 Stunden	Einsatz ist fast oder ganz beendet	– Einzelberatungen fortsetzen – Einsatzbegleitung fortführen, falls notwendig – CISM-Nachbesprechungen durchführen – weitere CISM-Angebote planen

Zeit	Umstände	CISM-Angebote
24 bis 72 Stunden nach dem Ereignis (evtl. nach Wochen oder längerer Zeitspanne, je nach Länge des Einsatzes)	Umstände normalisieren sich (beste Zeit für CISM-Angebote)	– CISM-Nachbesprechung(en) – Einzel-Nachbetreuung im Anschluß an vorherige CISM-Interventionen – Angebote für Angehörige – Angebote für Zivilpersonen bzw. Gemeinde – informelle Gespräche anregen – Nachbetreuung bei allen vorherigen CISM-Angeboten
72 Stunden bis 1 Monat (evtl. länger, je nach Länge des Einsatzes/Großschadensereignisses	Umstände haben sich normalisiert	– Fortsetzung der Nachbetreuung bei weiter bestehendem Bedarf – Einzelberatungen weiterführen – Vermittlung an Nachsorgeeinrichtungen (wenn notwendig) – Auswertung – Planung – Aus- und Fortbildung – Training

Abb. 13.1

13.3 Die Stressbearbeitung nach belastenden Ereignissen als Schutzwall

Wenn die CISM-Angebote richtig und zeitgerecht angewendet werden, können sie wie ein »Schutzwall« zur Prävention der Entwicklung einer posttraumatischen Belastungsstörung (PTBS) beitragen. Die Entwicklung einer PTBS hängt von verschiedenen Faktoren ab. Zunächst muss sich ein traumatisches Ereignis ereignet haben, das außerhalb der üblichen menschlichen Erfahrung liegt. Dann muss eine Reaktion auf das traumatische Ereignis erfolgt sein. Diese Reaktion besteht normalerweise aus kognitiven und affektiven Bewertungen des traumatischen Ereignisses und ruft einen Zustand physischer und emotionaler Unruhe hervor. Die kognitiven und affektiven Interpretationen des Ereignisses führen zu einer Gesamtbewertung der traumatischen Erfahrung. Wenn diese Interpretation das Weltbild des Betroffenen stark erschüttert oder gar zerstört, kann sich in der Folge eine PTBS einstellen. Abbildung 13.2 beschreibt diesen Prozess.

Wenn eine CISM-Nachbesprechung durchgeführt wird, bevor sich bei der Gruppe eine veränderte Weltanschauung entwickelt und festgesetzt hat, kann sie in vielen Situationen helfen, einer PTBS vorzubeugen. CISM-Nachbesprechungen haben diesen positiven Effekt, weil sie die »Informationsbasis« in Bezug auf die traumatische Erfahrung verbreitern. Aufgrund einer breiteren Basis von Kenntnissen über das Ereignis, die jedem Teilnehmer gegeben werden, können die Betroffenen die Erfahrung

CISM-Nachbesprechung: Schutzwall gegen PTBS

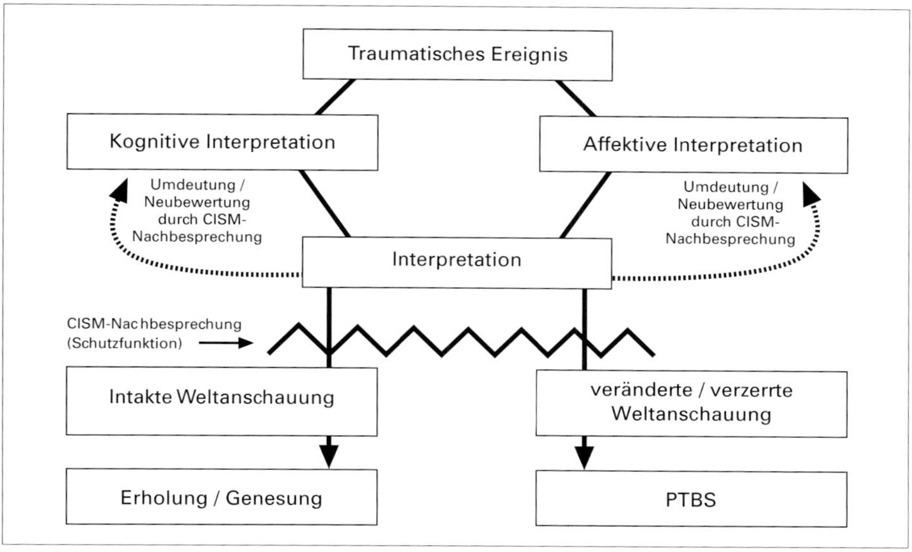

Abb. 13.2

nochmals »aufbereiten« und so eine neue Interpretation entwickeln, die weniger wahrscheinlich zu einer PTBS führt.

Ein Betroffener entwickelt auf der anderen Seite eher eine PTBS, wenn er eine emotionale und kognitive Bewertung des Ereignisses entwickelt, in der er sich schuldig fühlt (z.B. einen Kollegen nicht gerettet zu haben).

Wenn dieser Betroffene an einer CISM-Nachbesprechung teilnimmt und erfährt, dass die Verletzung oder der Tod des anderen Menschen durch dessen eigenes Verschulden entstanden ist, weil dieser beispielsweise nicht richtig gehandelt hat, ist es weitaus weniger wahrscheinlich, dass er das Ereignis auf eine Weise interpretiert, die zu einer PTBS führt. Das Diagramm in Abbildung 13.2 demonstriert, wie eine CISM-Nachbesprechung als Schutzwall gegen PTBS dienen kann. Der Effekt liegt darin, die Teilnehmer zu einer neuen kognitiven und affektiven Bewertung zu veranlassen.

Die unterbrochene Linie im Bild, die zur PTBS führt, zeigt, dass traumatische Ereignisse so nachhaltig sein können, dass trotz einer CISM-Nachbesprechung die Entwicklung einer PTBS nicht verhindert werden kann. In der Regel ist die CISM-Nachbesprechung allerdings geeignet, der PTBS vorzubeugen.

13.4 Komplizierte Interventionen

In einer Vielzahl von Situationen ist es notwendig, auf weiter entwickelte und fortgeschrittene CISM-Angebote zurückzugreifen. Die folgenden fünf Situationen gehören selbst für erfahrene CISM-Teams zu den größten Herausforderungen. Diese Arten der Nachbesprechung sind komplex und können leicht misslingen. CISM-Teams, die Nachbesprechungen in schwierigen Situationen anbieten, brauchen einen großen Erfahrungsschatz und müssen in der Lage sein, ihr Vorgehen innerhalb kürzester Zeit der aktuellen Situation anzupassen, wobei sie die Grundprinzipien der CISM-Nachbesprechung allerdings beibehalten.

13.4.1 Deutlich verzögerte Interventionen

Hiermit sind Situationen gemeint, in denen die Betroffenen mehrere Monate keine Unterstützung von einem CISM-Team bekommen haben. Die Gründe hierfür können unterschiedlich sein. So kommt es vor, dass Vorgesetzte kein CISM-Team alarmieren wollen, weil sie befürchten, dass ihre Fähigkeit zu Führen in Frage gestellt wird. Oder die Hilfskräfte sehen nicht, dass es von CISM-Angeboten profitieren können. Manchmal wissen Betroffene nichts von entsprechenden Hilfsmöglichkeiten oder wie man sie wahrnimmt.

Wenn ein Angebot von Interventionen länger als drei Monate nach dem Ereignis erbeten wird oder wenn ursprünglich unangemessene Dienste durchgeführt wurden und nun neue Angebote notwendig werden, steht das CISM-Team vor einem komplexen Problem. Deutlich verzögerte Interventionen müssen sorgfältig geplant werden. Auch sind viele CISM-Interventionen in Kombination miteinander notwendig. Für ein effektives Programm von verzögerten Interventionen sind folgende Schritte notwendig:

1. Die Situation muss durch das CISM-Team genau eingeschätzt werden. Je mehr das Team weiß und je genauer es die Situation und die Reaktionen der Menschen darauf kennt, desto besser.
2. Es muss sichergestellt werden, dass das Team auf eine offizielle Anfrage der Organisation reagiert und die Anforderung autorisiert ist. Wenn nur ein oder zwei Personen Hilfe benötigen und nicht die große Mehrheit einer Gruppe, sollten Einzelgespräche angeboten werden.
3. Ein Aktionsplan hilft bei der Entscheidung, welche Kombination von CISM-Angeboten die wahrscheinlich effektivsten Ergebnisse haben werden.
4. Dieser Aktionsplan sollte mit den Führungskräften abgesprochen und genehmigt sein.
5. Das Programm muss mit der Gruppe abgestimmt werden.
6. Es muss ein geeignetes CISM-Team zusammengestellt werden.

Der Schlüssel zum Erfolg bei der Anwendung von deutlich verzögerten CISM-Interventionen liegt darin, sich nicht zu sehr auf eine einzelne Taktik zu verlassen. Die Interventionen müssen sorgfältig verbunden werden.

13.4.2 CISM-Nachbesprechung, die sich auf mehrere Ereignisse bezieht

Die CISM-Nachbesprechung, die mehrere Ereignisse oder Geschehen umfasst, wird angewandt, wenn dasselbe Personal einer Organisation innerhalb kürzester Zeit mehrere belastende Ereignisse erlebt hat. Maximal vier Vorfälle können gleichzeitig bearbeitet werden, ohne das CISM-Team zu überlasten. Bei mehr als vier Ereignissen sollte das CISM-Team die vier schwierigsten auswählen. Die teilnehmende Gruppe kann dem Team meistens genau sagen, welche die schlimmsten Ereignisse waren.

Eine CISM-Nachbesprechung, die sich auf mehrere Ereignisse bezieht, ist jedoch nicht möglich, wenn diese Ereignisse zu den in diesem Kapitel erfassten Kategorien gehören oder wenn es zu einem Dienstunfall mit tödlichem Ausgang gekommen ist. Solche Ereignisse bedürfen immer einer separaten Behandlung.

Das CISM-Team bewertet die Situation und trifft sehr überlegt die Entscheidung für eine CISM-Nachbesprechung, die mehrere Ereignisse umfasst. CISM-Teams sollten sich nie von der Situation überraschen lassen und eventuell plötzlich während einer normalen CISM-Nachbesprechung eine Mehrfach-Nachbesprechung durchführen. Anders ausgedrückt: Eine solche Nachbesprechung ist ein geplanter und kein zufälliger Prozess.

Um den Bedarf für diese Form der CISM-Nachbesprechung einzuschätzen, sollte ein CISM-Team vorab folgende Fragen stellen: Gibt es neben dem Ereignis, für das eine CISM-Nachbesprechung angeboten werden soll, noch andere bedeutende Vorfälle innerhalb der vergangenen vierzehn Tage? Wird diese Frage verneint, bereiten Sie sich auf eine ganz normale CISM-Nachbesprechung vor. Wird sie aber bejaht, fragen Sie wie folgt weiter:

- Wie viele Ereignisse gab es?
- Welche Ereignisse gab es?
- Ähneln sich einige dieser Ereignisse?
- Wie lange sind die Ereignisse jeweils her?
- War die Mannschaft bei jedem Einsatz dieselbe oder waren einige Einsatzkräfte nur an einem oder zwei dieser Ereignisse beteiligt?
- Ist jedes Ereignis, einzeln betrachtet, gravierend genug, um eine CISM-Nachbesprechung zu rechtfertigen?
- Gibt es ein Ereignis, das die Betroffenen scheinbar am meisten beschäftigt?
- Wie geht es den Einsatzkräften jetzt, die an diesen Einsätzen teilgenommen haben?
- Gibt es unnormale bzw. bemerkenswerte Reaktionen oder Symptome bei der Mannschaft?
- Gibt es andere wichtige Informationen?

Wenn die Einschätzung erfolgt ist und sich die CISM-Verantwortlichen für eine mehrere Ereignisse umfassende CISM-Nachbesprechung entschieden haben, wird damit begonnen, das Team zusammenzustellen. Es ist dabei ratsam, mindestens eine zusätzliche Person für das Team bereitzuhalten. Es muss des Weiteren berücksichtigt werden, dass Interventionen dieser Art bis zu einer Stunde länger dauern als gewöhnliche CISM-Nachbesprechungen.

Das CISM-Team muss jedes der Ereignisse so genau kennen, als wäre jedes einzelne separat zu besprechen. Gleichzeitig wird jedes Teammitglied »Spezialist« für ein bestimmtes Ereignis. Der jeweilige CISM-Mitarbeiter wird darauf hingewiesen, aufmerksam zuzuhören, wann immer das ihm zugeteilte Ereignis erwähnt wird. Während der Informationsphase bezieht sich dieses Teammitglied dann auf das entsprechende Ereignis. Zwar kann jedes Teammitglied zu jedem Ereignis etwas sagen, aber der »Spezialist« äußert sich in jedem Fall zu dem ihm zugeteilten Ereignis.

Es stellt kein Problem dar, Personen, die nur an einem der Einsätze beteiligt waren, und solche, die an jedem teilgenommen haben, zusammenzubringen. Höchstwahrscheinlich haben alle in ihrer jeweiligen Organisation schon von den Einsätzen gehört. Die Gefahr, dass die Einsatzkräfte von den anderen Einsätzen, an denen sie nicht beteiligt waren, in der Nachbesprechung negativ beeinflusst werden, ist gering. Normalerweise sind sie von einem Ereignis, an dem sie nicht teilgenommen haben, auch nicht betroffen.

Die CISM-Nachbesprechung für mehrere Ereignisse wurde jedoch nicht für die Normalbevölkerung entwickelt. Dieses Verfahren sollte nur durchgeführt werden, wenn die teilnehmende Gruppe sich aus Einsatzkräften zusammensetzt. Der allgemeinen Bevölkerung dürfen niemals CISM-Nachbesprechungen für mehrere belastende Ereignisse angeboten werden, da hier nicht auszuschließen ist, dass Personen aus einem Ereignis von Personen aus einem anderen Ereignis belastet werden können.

Die verschiedenen Ereignisse werden gleichzeitig bearbeitet. Sie werden in willkürlicher Reihenfolge in das Gespräch eingebracht, ohne das Gespräch in Abschnitte zu gliedern. Sortiert werden die verschiedenen Ereignisse in der Informations-Phase der Nachbesprechung. Die Mitglieder des CISM-Teams versuchen, jeder Situation so zu folgen, wie sie angesprochen und eingebracht wird. Es ist von erheblicher Bedeutung, dass jedes Ereignis in der Informations-Phase besprochen wird. Geschieht dies nicht, so kann bei den Teilnehmern der Eindruck entstehen, dass das CISM-Team eines der Ereignisse als unwichtig abtut.

Zu Beginn der »Mehrfach-Nachbesprechung« fragt das CISM-Team: »Sagen Sie uns bitte, wer Sie sind, welche Aufgabe Sie normalerweise haben, nennen Sie uns die Einsätze, an denen Sie beteiligt waren, und welcher für Sie der heftigste war. Eine kurze Beschreibung, was in jedem Einsatz geschehen ist, würde uns sehr helfen. Sie müssen die Einsätze nicht in einer bestimmten Reihenfolge ansprechen.«

In der *Gedanken-Phase* wird gefragt: »Welche Gedanken kamen Ihnen zu jedem der Einsätze in den Sinn? Sind einige der Gedanken vorherrschend bei der Erinnerung an die Einsätze? Sie können Ihre Gedanken über ein einzelnes, über mehrere oder über alle Ereignisse äußern, wie Sie es wünschen.«

Auch in der *Emotions-Phase* werden die Fragen in Anlehnung an die normale CISM-Nachbesprechung formuliert, z.B.: »Was ist für Sie persönlich das Herausragendste bei all diesen Einsätzen? Wenn Sie wollen, sagen Sie etwas zu jedem Einsatz oder einfach nur dazu, was für Sie insgesamt das Bedeutsamste war, egal bei welchem Einsatz.«

In der *Reaktions-Phase* werden die Teilnehmer gefragt, ob sie bei irgendeinem dieser Einsätze Belastungssymptome an sich festgestellt haben.

Die *Informations-Phase* der »Mehrfach-Nachbesprechung« verläuft genauso wie die der normalen Nachbesprechung. Der einzige Unterschied liegt darin, dass jedes Ereignis in der Informations-Phase besprochen werden muss. Außerdem bemüht sich das Team, Verbindungen zwischen den Einsätzen herzustellen und wichtige, gemeinsame Anliegen hervorzuheben.

13.4.3 Suizid von Kollegen

Es gibt nur wenige kritische Ereignisse, die eine Zerrüttung des Zusammenhalts einer Einheit und ihrer Leistung derart auslösen können, wie der Suizid eines Kollegen. Auch wenn früh darauf reagiert wird, stellt dies eine äußerst komplexe Situation dar, die eine große Bandbreite von Interventionstaktiken verlangt. Die erste davon ist das *Debriefing am ersten Tag.* Diese CISM-Nachbesprechung findet innerhalb ein paar Stunden nach dem Ereignis statt und ersetzt die CISM-Kurzbesprechung. Die CISM-Kurzbesprechung wäre wegen der enormen Intensität des Suizids eines Kollegen das falsche Mittel. Sie hat nicht die Kraft, das Personal zu unterstützen. Diese ist ja gerade darauf abgestimmt, die Bedürfnisse einer Gruppe in Einklang zu bringen, die den Verlust eines Mitarbeiters zu beklagen hat. Das vorrangige Ziel ist es, den Informationsstand über den Suizid anzugleichen. Ein zweites Ziel besteht darin, die schockierte Gruppe bei der Vorbereitung auf die Beerdigung und auf die ersten Phasen der Trauer zu unterstützen.

Anstelle der sieben Phasen der normalen CISM-Nachbesprechung werden am Todestag des Kollegen nur fünf Phasen durchgeführt. Die *Gedanken-Phase* und die *Reaktions-Phase* werden aufgrund der großen Emotionalität des Ereignisses ausgelassen. Wenn die fünfphasige CISM-Nachbesprechung abgeschlossen ist, ergeben sich für das CISM-Team verschiedene Aufgaben; hier einige Beispiele:

1. Es müssen wahrscheinlich zahlreiche Einzelgespräche geführt werden.
2. Eine zweite CISM-Nachbesprechung ist drei bis vier Tage nach der Beerdigung durchzuführen. Diese besondere CISM-Nachbesprechung enthält alle sieben Phasen.
3. Nach der zweiten CISM-Nachbesprechung kann eine Informationsveranstaltung zur Suizidprävention hilfreich sein. Vor einem solchen Programm sollte aber eine gewisse Zeit verstrichen sein. Wenn es zu früh angeboten wird, kann es sehr intensive Gefühle in der Gruppe wachrufen.
4. Es kann trotz einer intensiven Unterstützung notwendig werden, einzelne Betroffene in eine Therapie zu vermitteln, wenn die Stresssymptome sich nicht innerhalb von einem bis maximal zwei Monaten vermindert haben.

13.4.4 Dienstunfälle

1. Dienstunfall mit tödlichem Ausgang

Eine CISM-Nachbesprechung nach einem Dienstunfall mit tödlichem Ausgang stellt zweifellos eine der schwierigsten Aufgaben für ein CISM-Team dar. Der Tod ruft tiefen Schock, Verweigerung, Angst und Trauer bei den Betroffenen hervor. Sie haben sowohl vor als auch nach der CISM-Nachbesprechung ein starkes Bedürfnis nach Einzelberatung. Ein CISM-Team, das einen Dienstunfall mit tödlichem Ausgang begleitet, hat von dem Moment, in dem der Tod feststeht, bis einige Wochen nach der Beerdigung sehr viel Arbeit zu leisten. Die frühen Trauerphasen stellen schwierige Zeiten für die Organisation und für die einzelnen Mitglieder dar. Emotionen stehen hier an erster Stelle. Diese verändern sich erst, wenn die Gruppe und die Einzelpersonen verschiedene Trauerphasen durchlaufen haben. Es kann jedoch sein, dass Einzelne für viele Monate nach dem tödlichen Dienstunfall weiterhin Unterstützung benötigen.

Schuldgefühle, Trauer und Wut können sich auch auf die CISM-Teammitglieder übertragen. Die Teammitglieder können durch die Erfahrung, die sie in der Nachbesprechung machen, sozusagen aus »zweiter Hand« traumatisiert werden. CISM-Mitglieder, die nach einem tödlichen Dienstunfall eine Nachbesprechung anbieten, brauchen aus diesem Grund in jedem Fall eine besondere Einführung. Auch werden die Teammitglieder eine intensivere Nachbearbeitung benötigen.

Ein Dienstunfall mit tödlichem Ausgang macht eine breite Palette von CISM-Angeboten notwendig. Das Team beginnt mit seiner Arbeit, sobald es vom Todesfall unterrichtet worden ist. Es kann die Organisation unterstützen, indem es kurzfristig einen Plan zur Benachrichtigung von Familienmitgliedern über den Todesfall erstellt. Einige CISM-Teams werden auch zur Überbringung der Todesnachricht eingesetzt. In solchen Fällen braucht es ebenfalls eine spezielle Einführung für das Team. In der Regel überbringen entweder ein Gemeindepfarrer oder ein Notfallseelsorger mit einem Vorgesetzten des Verstorbenen oder ein Vertreter der psychosozialen Fachleute aus dem CISM-Team zusammen mit einem Peer die Todesnachricht. Wenn es nicht möglich ist, dieses Team schnell zusammenzustellen, sollte immer ein Verantwortlicher der Organisation die Nachricht überbringen. Dabei muss immer beachtet werden, dass das Überbringen der Todesnachricht an die Familienangehörigen stets eine äußerst schwierige Aufgabe ist. Wie viele Schulungen jemand auch haben mag, nichts kann einen Menschen, der eine Familie vom Tod eines Angehörigen unterrichten muss, ausreichend darauf vorbereiten.

Wenn die Todesnachricht überbracht worden ist, stellt das CISM-Team den Kontakt zu den besonders stark Betroffenen wie den Einsatzkräften, die am Einsatz mitbeteiligt waren, her. Bereits am Todestag wird das erste Debriefing durchgeführt. Es ist zu beachten, dass das Debriefing, das vor der Beerdigung stattfindet, nicht den gleichen Ablauf hat wie sonst die CISM-Nachbesprechung mit ihren sieben Phasen. Ein solches Debriefing ist wesentlich kürzer und gleicht eher einer CISM-Kurzbesprechung. Die zwei Hauptziele dieser ersten Nachbesprechung bestehen darin, einerseits eine Grundlage über den tatsächlichen Hergang des Ereignisses herzustellen, und andererseits die Gruppenmitglieder bei der Vorbereitung auf die Beerdigung zu unterstützen.

In der ersten Nachbesprechung fragt das CISM-Team die Teilnehmer, ob sie kurz berichten können, was geschehen ist, damit jeder den gleichen Informationsstand hat. Solche Informationen kommen in der Regel zögernd und unter großem Schmerz. Die Personen stehen unter Schock und haben Schwierigkeiten, die Details zu ordnen. Die Gedanken-Phase wird ausgelassen, weil keiner der Betroffenen die Zeit hatte, seine Gedanken zu ordnen. Mit Beginn der Emotions-Phase betont das CISM-Team, dass es wissen möchte, ob die Betroffenen den Punkt benennen können, der sie bei der Nachbesprechung am meisten belastet. Jedoch kann man nicht erwarten, dass alle Betroffenen in der Lage sind, während der Nachbesprechung darüber klare Informationen zu geben. Häufig kommt es vor, dass nur wenige zu diesem Zeitpunkt sprechen. Die Reaktions-Phase wird in der Regel ebenfalls ausgelassen, da in der kurzen Zeit außer Schock, Abwehr und Verdrängung vermutlich keine anderen Symptome aufgetreten sind. Die Informations-Phase bietet einen kurzen Überblick über die frühen Phasen der Trauer. Ebenso bereitet man die betroffenen Personen darauf vor, mit überwältigenden Gefühlen in den nächsten Tagen und besonders nach dem Begräbnis fertig werden zu müssen.

CISM-Teammitglieder bieten auf Nachfrage und bei Bedarf an den Folgetagen Einzelberatungen an. Vertreter des CISM-Teams können auch am Begräbnis teilnehmen. Jedoch besteht bei der Beerdigung selbst häufig kein Bedürfnis nach CISM-Angeboten, da das Begräbnis jeden beschäftigt und kaum jemand zu diesem Zeitpunkt direkte Hilfe sucht. Unmittelbar nach dem Begräbnis kommen nur vereinzelt Personen auf das CISM-Team zu, um ihre Gefühle auszudrücken. Teammitglieder bieten Unterstützung an, wenn sie danach gefragt werden, aber sie drängen sich niemandem auf. Trauer ist ein natürlicher Prozess. Zu viel Hilfe steht den natürlichen Bewältigungs- und Erholungsprozessen im Wege. Also nehmen die CISM-Teammitglieder in dieser Phase von Trauer und Leid lediglich eine Beobachterrolle ein.

Die zweite Nachbesprechung findet drei bis sieben Tage nach dem Begräbnis statt. Diese Nachbesprechung soll die Umstände des Todesfalls näher beleuchten, Eindrücke der Kollegen zusammentragen und den Trauerprozess begleiten. Sie wird nach dem beschriebenen Sieben-Phasen-Konzept durchgeführt. Was zu diesem Zeitpunkt Belastungsreaktionen auslöst, steht im Zusammenhang mit den Geschehnissen während des Begräbnisses oder mit der Tatsache, dass die Organisation wieder zum Alltag zurückkehrt. So kann es die Mitarbeiter verletzen, wenn beispielsweise das Fach oder der Umkleideschrank des toten Mitarbeiters geleert wird.

Gegen Ende dieser zweiten CISM-Nachbesprechung fragt das Team die Teilnehmer, wie sie den Verstorbenen in Erinnerung behalten. Dann besprechen sie den Trauerprozess detailliert und geben realistische Einschätzungen, wie lange die Gruppe brauchen wird, bis sie den Tod verarbeitet hat. Das Team gibt Anregungen, wie man das Gedenken an den Verstorbenen innerhalb der Organisation gestalten kann, beispielsweise durch eine Gedenktafel oder indem man einen Baum pflanzt.

Die Nachbetreuung über die nächsten Wochen bleibt ebenso wichtig. Einige Mitarbeiter werden mit den CISM-Teammitgliedern sprechen wollen. Es kann Bedarf nach einem kurzen Gruppentreffen bestehen, um herauszufinden, wie es den Teilnehmern seit dem Begräbnis und der letzten CISM-Nachbesprechung ergangen ist. Häufig suchen auch die Vorgesetzten Rat auf der Suche nach Verhaltensmustern. Selbstverständlich kann die Familie des Verstorbenen nun zusätzliche Unterstützung benötigen, oder es muss ein Trauerbegleiter gefunden werden. Das CISM-Team bietet für die Ehegatten und Angehörigen aus diesem Grunde je nach Bedarf CISM-Nachbesprechungen und andere Angebote an. Es ist dabei zu beachten, dass in der Regel das Umfeld durch den Verlust vollkommen aus der Bahn geworfen wird. Die Angehörigen benötigen Hilfe, um ihr Leben wieder ins Gleichgewicht zu bringen.

Schließlich sind die »symbolischen Tage« bei der Trauerarbeit von großer Bedeutung, da beispielsweise nach genau einem Monat, sechs Monaten oder am Jahrestag des Ereignisses Reaktionen verstärkt auftreten und wieder wachgerufen werden können. CISM-Teams sollten sich dieser Tatsache bewusst sein und darauf vorbereiten, um individuelle Angebote machen zu können.

2. Dienstunfall mit mehreren Todesfällen
Wenn bereits die Auswirkungen eines Dienstunfalls mit einem Todesopfer für eine Organisation enorm sind, so muss ein Unfall mit mehreren Todesfällen und die daraus resultierende Belastung für die Mitarbeiter als katastrophal bezeichnet werden. Die Erholung von derartigen Unfällen dauert entsprechend lange. Es stellt für ein CISM-Team eine gewaltige Herausforderung dar, den Mitarbeitern danach wieder eine Perspektive zu eröffnen. Auch hier ist wiederum häufig zu beobachten, dass die Erfahrungen die Mitglieder des CISM-Team selbst stark belasten. Mitunter müssen die CISM-Mitarbeiter ausgetauscht werden, um sie vor Überforderung und Überlastung zu schützen.

Die im vorherigen Kapitel geschilderten Richtlinien für das Verhalten bei Dienstunfällen mit tödlichem Ausgang behalten auch hier ihre Gültigkeit. Jedoch müssen Ergänzungen gemacht werden, da mehrere Todesfälle im Einsatz den üblichen Erfahrungs- und Verarbeitungsrahmen sprengen.

Zunächst ist es wichtig, jede der betroffenen Familien individuell zu begleiten. Jede Familie erhält von Anfang an Unterstützung im Sinne von Krisenintervention. Später können sie dann, wenn sie dazu bereit sind, an einer Trauerberatung teilnehmen. Die trauernden Familien sollten nie zusammen an den Sitzungen teilnehmen. Jede Familie hat andere Bedürfnisse, und im Trauerprozess sind es in der Regel die nahen Verwandten, die diese Bedürfnisse bedienen. Außenstehende können diese Unterstützung hingegen oft nicht leisten. Bringt man alle trauernden Familien zusammen, so ruft dies möglicherweise noch intensivere Trauergefühle hervor. Wenn beispielsweise eine Familie überzeugt ist, dass der Verstorbene einer anderen Familie am Tod ihres eigenen geliebten Familienmitgliedes schuld ist, wird beim Zusammentreffen eine sehr emotionale Situation entstehen, die nicht kontrollierbar ist. Die Angehörigen sollten daher selbst entscheiden, ob sie sich treffen möchten. Die Dienststelle oder das CISM-Team sollten hingegen keinesfalls versuchen, die Familien vor, während oder direkt nach dem Begräbnis zusammenzubringen. Erst Monate später können sich die Familien treffen oder zu einer organisierten Zeremonie zusammengebracht werden, da die Hinterbliebenen sich zu dem Zeitpunkt mit dem Verlust des geliebten Menschen eher abgefunden haben werden. Sie haben dann die frühen und intensiven Trauerphasen durchlaufen.

Die Angebote für Angehörige einschließlich CISM-Nachbesprechung und Einzelberatung sind bedeutsam für alle Familien, die mit der Organisation in Verbindung stehen. Oft entstehen in diesem Zusammenhang auch Gruppen für Kinder und Jugendliche, um die Trauer und die Belastung zu verarbeiten, die bei Kindern durch den dramatischen Verlust der Angehörigen entstanden sind. Falls keine andere Organisation Gruppen anbietet, übernehmen CISM-Teammitglieder hier die Leitung.

3. Überlebensschuld
Doch nicht nur die Familien der Opfer brauchen Unterstützung. Immer wieder entwickeln betroffene Kollegen, die eine gefährliche Situation überlebt haben, Schuldgefühle und brauchen Beratung oder Therapie, um mit den Auswirkungen des Verlustes zurechtzukommen. Man spricht in diesen Fällen von der so genannten Überle-

bensschuld. Auch kommt es vor, dass Mitarbeiter Hassgefühle entwickeln, weil eine bestimmte Person getötet wurde und nicht stattdessen irgendeine andere. Dieser so genannte »Groll gegenüber Überlebenden« ist in diesem Kontext eine normale, wenn auch unangenehme Reaktion. Wenn sie ernste Ausmaße annimmt, benötigen die Betroffenen ebenfalls direkte Unterstützung.

13.5 Katastrophen oder Großschadensereignisse

Wenn Einsatzkräfte bei einer Großschadenslage mit Brandbekämpfung, Retten, Bergen, Triage, Suche, Leichenbergung, Versorgung und Aufräumarbeiten beschäftigt sind, nehmen sie psychologische Hilfe nur selten an. Sie sind in dieser Arbeit gefangen, unterdrücken ihre Gefühle und konzentrieren sich auf ihre Arbeit. Dies hilft ihnen, die Situation sogar dann durchzustehen, wenn die Arbeit bei der Katastrophe mehrere Tage oder länger dauert.

Erst wenn die Einsatzkräfte sich vom Ort des Geschehens entfernt haben, kommen sie von einer kognitiven Verarbeitungsebene langsam zu einer emotionalen Verarbeitung des Erlebten. Mit dem Beginn dieser emotionalen Verarbeitung setzen die Belastungsreaktionen ein. Abbildung 13.3 bezieht sich auf Erfahrungen bei verschiedenen Katastrophen bzw. Großschadenslagen und zeigt die Entwicklung von Belastungssymptomen bei Einsatzkräften. Hier bestätigt sich der Grundsatz, dass Hilfe nur dann sinnvoll ist, wenn die Betroffenen dafür bereit sind. Es wird außerdem deutlich, dass CISM-Nachbesprechungen nicht sofort nach dem Einsatz notwendig sind.

Primär wichtig ist dagegen, Einsatzbegleitung, Einzelberatungen mit offensichtlich stressbelasteten Einzelpersonen, Beratung für die Einsatzleitung und direkte Unterstützung für belastete Opfer und Zuschauer am Einsatzort anzubieten. CISM-Einsatzabschlüsse oder CISM-Kurzbesprechungen können bei Katastrophen notwendig sein, wenn die Einheiten aus dem Dienst entlassen werden. CISM-Nachbesprechungen sind jedoch erst sinnvoll, wenn sich die Erlebnisse etwas gesetzt haben, was in der Regel in einem Zeitraum von einer Woche bis zehn Tagen der Fall ist. Einige Katastrophen dauern jedoch so lange, dass CISM-Nachbesprechungen erst nach sechs bis acht Wochen angeboten werden können.

Völlig falsch wäre es, Einsatzkräfte während des Einsatzes am Ort der Katastrophe nach ihrem Befinden zu befragen, da sie während des Einsatzes eine kognitive Abwehrhaltung einnehmen. Es kann ihre Sicherheit oder sogar ihr Leben gefährden, wenn man Einsatzkräfte dazu bringt, diese kognitiven Abwehrmechanismen »auszuschalten« und sie drängt, Emotionen zu zeigen. Primäropfer der Katastrophe bzw. Zivilpersonen zeigen hingegen früher emotionale Reaktionen. Sie werden somit auch die verschiedenen Arten der Unterstützung früher annehmen als Einsatzkräfte. Opfer müssen nicht wie Einsatzkräfte fürchten, ihr Gesicht zu verlieren. Die kognitiven Abwehrmechanismen treten bei ihnen schneller in den Hintergrund, und sie sind viel eher bereit, Hilfe anzunehmen.

Die CISM-Arbeitsweise unterscheidet sich in Katastrophen und Großschadenslagen von normalen Einsätzen. Aus diesem Grund hätte es fatale Konsequenzen, wenn unerfahrene oder unzureichend ausgebildete CISM-Teams tätig würden. Umsicht ist das oberste Gebot, wenn bei Katastrophen Unterstützung angeboten wird. Erst nach Beurteilung der Situation kann entschieden werden, ob Einzelberatungen, Einsatzabschlüsse oder Kurzbesprechungen sinnvoll sind.

CISM-Nachbesprechungen nach Katastrophen laufen anders ab als üblich, weil die Situation so einschneidend ist, dass die Betroffenen verschiedene Reaktionen auf dieses Erlebnis entwickeln. Es kann zehn oder mehr »schlimmste Erlebnisse« geben, die sie in der Reaktions-Phase mitteilen. Oft bleiben die Teilnehmer in der CISM-Nachbesprechung bis zum Ende still und erzählen dann von einer Situation, die noch niemand vorher angesprochen hat. Wenn sie die Situation ansprechen, die sie belastet, gleitet die Gruppe möglicherweise aus der Informations- oder Abschluss-Phase zurück zur Reaktions-Phase. Ein CISM-Team geht darauf ein, wenn es sensibel und kompetent vorgeht. Wenn das Gespräch an Dynamik verliert, informiert das Team über Methoden der Stressbearbeitung und führt die Gruppe zu einem positiven Ende der Nachbesprechung.

Im Folgenden seien einige CISM-Regeln für die Arbeit im Katastrophenfall gegeben:

1. Sind zu viele CISM-Mitglieder am Einsatzort, so besteht die Gefahr, dass diese stören oder aufgrund des Ereignisses selbst traumatisiert werden und anderen nicht helfen können. Auch der Zeitrahmen der CISM-Angebote muss bedacht werden.
2. Die Einsatzkräfte dürfen bei der Ausübung ihrer Arbeit nicht gestört werden. Gefühle an den Tag zu legen ist weniger ein Ausdruck dafür, wie gut es einer Person geht, als die Fähigkeit, weiterhin Aufgaben ausführen zu können.
3. Einsatzkräfte unterdrücken ihre Gefühle vor Ort. Es kann Tage dauern, bis Einsatzkräfte Reaktionen auf das Ereignis entwickeln. Die Opfer und die Überlebenden werden hingegen mit großer Wahrscheinlichkeit unmittelbare Reaktionen zeigen.
4. Während einer Großschadenslage sollen keine Gruppenangebote gemacht werden. Gruppenangebote werden erst durchgeführt, wenn das Personal seine Arbeit beendet hat und vom Ort des Geschehens entlassen wurde.
5. Der CISM-Einsatzabschluss wird nur nach Katastrophen und Großschadenslagen angewandt. Ihm folgt nach einem Abstand von einer Woche bis zu zehn Tagen eine CISM-Nachbesprechung.
6. Alle Entscheidungen, die von CISM-Teams getroffen werden und das Personal oder den Einsatz betreffen, müssen mit den Verantwortlichen abgestimmt sein.
7. Wer bei Großschadenslagen Hilfe anbietet, muss auf die eigene Gesundheit und Sicherheit achten. Dies beinhaltet auch angemessene Nahrung, eigene Ruhe und »Auszeit« vom Einsatz.
8. CISM-Mitarbeiter sind nicht aktiv in den Einsatz eingebunden. Dies wäre nicht nur gefährlich und belastend, sondern die Teammitglieder könnten sich nicht voll auf die CISM-Arbeit konzentrieren.
9. CISM-Teams arbeiten nur im Rahmen von Absprachen, die mit den Verantwortlichen und der Einsatzleitung getroffen werden.
10. Fordern Sie im Bedarfsfall weitere CISM-Teams an.

Belastungssymptome bei Einsatzkräften

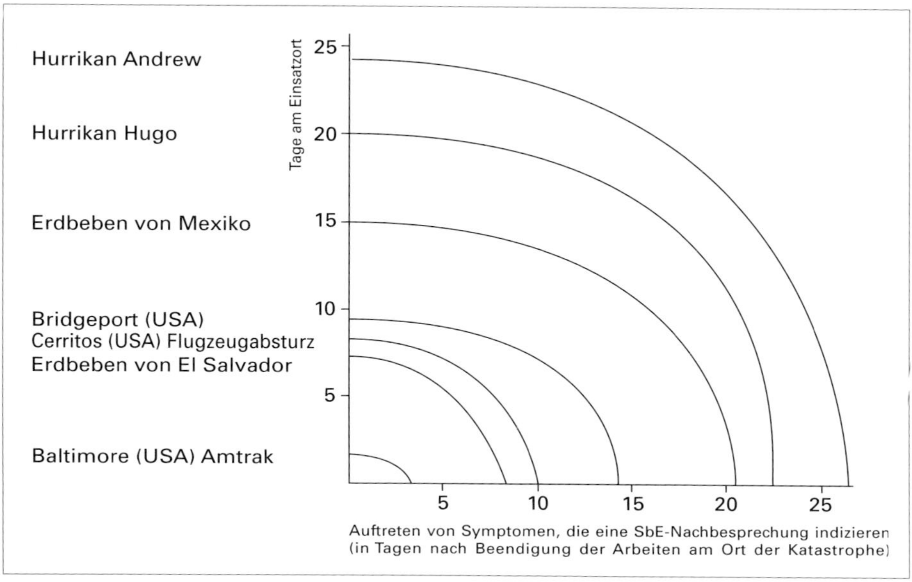

Abb. 13.3

In den letzten fünfundzwanzig Jahre, in denen mit der Stressbearbeitung nach belastenden Ereignissen gearbeitet wurde, konnten vielfältige Erfahrungen gemacht, Fehler entdeckt und Korrekturen vorgenommen werden.

An dieser Stelle seien die wichtigsten Regeln zusammengefasst:

1. Die Stressbearbeitung nach belastenden Ereignissen ist keine Psychotherapie. Sie war niemals als Therapie oder als Therapieersatz gedacht oder entwickelt. Sie wurde entwickelt als ein gruppenorientiertes, organisiertes und strukturiertes Gruppengespräch über ein traumatisches Ereignis, und mit den drei Hauptzielen: 1. die Auswirkungen eines traumatischen Ereignisses zu mildern, 2. den normalen Erholungsprozess zu beschleunigen bei psychisch gesunden und emotional stabilen Menschen, die normale Reaktionen auf unnormale Ereignisse entwickeln; und 3. die Identifikation von Personen, die zusätzliche Unterstützung benötigen. In Abbildung 13.4 sind die Hauptunterschiede zwischen Psychotherapie und CISM-Nachbesprechung beschrieben.
2. Die Stressbearbeitung nach belastenden Ereignissen wird von einem Team durchgeführt. Die effektivste Art, den Gruppenprozess einer CISM-Nachbesprechung zu fördern, ist die Durchführung im Team. In den Rettungsdiensten, im Strafvollzug, in der Luftfahrt, in Krankenhäusern, beim Militär, bei Eisenbahngesellschaften und in anderen Gruppen, die unter belastenden Umständen arbeiten, braucht man immer Teams aus Peers und psychosozialen Fachleuten. Dies gilt ebenso für Unternehmen mit einem großen, gleichbleibenden Mitarbeiterstamm. Bei kleinen Unternehmen und kommunalen Gruppen ohne Bezug zu Einsatzdiensten reichen zwei oder drei

psychosoziale Fachleute für das CISM-Team aus. Es hat sich gezeigt, dass Peers aus der (Berufs-)Gruppe der jeweilig Betroffenen am besten helfen können. Polizisten helfen Polizisten, Pflegepersonal hilft Pflegepersonal. Genauso profitiert jede Hilfsorganisation dann am meisten von der CISM-Nachbesprechung, wenn sie von Peers aus einer Organisation wie der ihren durchgeführt wird.

3. Die CISM-Nachbesprechung ist effektiver, wenn sie kurze Zeit nach dem traumatischen Ereignis angeboten wird. In den meisten Fällen liegt der ideale Zeitpunkt für eine CISM-Nachbesprechung innerhalb von 24 bis 72 Stunden nach dem Ereignis. Dennoch kann sie auch zu einem späteren Zeitpunkt, auch mehrere Wochen nach dem Ereignis, noch hilfreich sein. Je überwältigender die Situation war, desto größer ist die Wahrscheinlichkeit, dass eine CISM-Nachbesprechung sich auch später noch positiv auswirkt. Eine CISM-Nachbesprechung, die länger als zwei Monate nach dem Ereignis, durchgeführt wird, kann sich kontraproduktiv auswirken. Sie kann psychische Wunden wieder aufreißen und den Schutzwall zerstören, den Menschen brauchen, um arbeitsfähig zu bleiben. Extrem verzögerte Interventionen sollten daher sorgfältigst geplant werden. Alle möglichen Konsequenzen sollten gut durchdacht worden sein, bevor solche Interventionen initiiert werden. Manchmal sollte jedoch darauf verzichtet werden, eine CISM-Nachbesprechung als das Mittel der Wahl anzubieten, wenn das Ereignis schon lange zurückliegt. In einigen Fällen war es allerdings notwendig, CISM-Nachbesprechungen durchzuführen, weil die Gruppe das Bedürfnis hatte, ein altes traumatisches Ereignis zu besprechen, das vorher unter den Gruppenmitgliedern noch nie besprochen worden war.
4. In sehr seltenen Fällen war es notwendig, CISM-Nachbesprechungen mehrere Jahre nach dem traumatischen Geschehen anzubieten. Dies wurde mit bemerkenswertem Erfolg getan, wenn der Gruppe zum Zeitpunkt des Ereignisses und danach keine Hilfe zuteil geworden war. Diese Ereignisse waren für die Betroffenen sehr traumatisierend und gingen ihnen nicht aus dem Gedächtnis. Derartige Erfahrungen überragen alle anderen Ereignisse in der Biographie eines Menschen oder einer Organisation. Unter solchen Umständen reicht eine CISM-Nachbesprechung allein nicht aus. Einzelberatungen, neuro-kognitive Therapien oder andere Formen, wie zum Beispiel EMDR, Schulungen, Hilfe für Angehörige, Schulung der Verwaltung und weitere Hilfsprogramme müssen dazukommen.
5. CISM-Nachbesprechungen sollten kurz sein. Die Nachbesprechung ist auf eine Dauer von ungefähr zwei bis drei Stunden ausgerichtet. Es kann schneller gehen, wenn die Gruppe klein ist. Wenn die Gruppe groß oder ein Ereignis besonders belastend ist, nimmt die Nachbesprechung mehr Zeit in Anspruch. Dennoch kommt es nur selten vor, dass eine CISM-Nachbesprechung länger als drei Stunden dauert. Vermeiden Sie es, Nachbesprechungen von vier oder mehr Stunden zu halten. Marathon-CISM-Nachbesprechungen sind ein Zeichen für eines oder mehrere der folgenden Probleme:

- Das Ereignis hat eine besondere Dimension.
- Das Team lässt zu, dass während der *Tatsachen-* und *Gedanken-Phase* zu viel geredet wird.
- Das Team ist sehr unerfahren.

- Die Leitung im Team funktioniert nicht.
- Das Team ist mit dem Gruppenprozess der CISM-Nachbesprechung nicht vertraut.

6. In einer CISM-Nachbesprechung werden keine insistierenden Fragen gestellt. CISM-Teams geben sich mit den Informationen zufrieden, die ihnen die Teilnehmer während einer Nachbesprechung geben. Jeder Teilnehmer hat das Recht zu schweigen. Ein CISM-Team stellt niemals insistierende Fragen, um mehr Informationen zu bekommen.
7. Kein Teilnehmer darf in eine peinliche Situation gebracht werden. Es ist nicht angebracht, einer Einzelperson besondere Aufmerksamkeit zu schenken. Vermeiden Sie es anzusprechen, wenn ein Teilnehmer weint, die Hände ringt oder Gefühle auf eine andere Weise zeigt. Lassen Sie keine Taschentücher bei den Teilnehmern herumgehen. Vermeiden Sie es auch, Teilnehmer während der Nachbesprechung zu berühren. Denken Sie daran, dass Einsatzkräfte ein starkes Bedürfnis nach Selbstkontrolle haben. Alles, was ihnen peinlich ist, wird die Kontrolle in Gefahr bringen und lässt sie negativ reagieren.
8. Wahren sie die Vertraulichkeit der CISM-Nachbesprechung. Jegliche Verletzung oder auch nur der Verdacht einer Verletzung der Vertraulichkeit gefährdet die Integrität des CISM-Teams und schadet dem Prozess der CISM-Nachbesprechung sehr.
9. Vermeiden sie es, Ratschläge zu geben. Die Nachbesprechung wurde nicht entwickelt, um Ratschläge zu geben, sondern ist darauf ausgerichtet, ein Forum zum persönlichen Gespräch zu bieten. Sie ist keine günstige Gelegenheit für CISM-Teammitglieder, schlaue Tipps zu geben. Das Team gibt einige Hinweise zur Stressbearbeitung, aber es sollte nicht übertreiben.
10. »Geschichten von der Front« haben in einer CISM-Nachbesprechung nichts verloren. Teammitglieder, die ihre eigenen Erlebnisse in der CISM-Nachbesprechung erzählen, gefährden den Ablauf, da sie ablenken. »Kriegsberichterstattung« zieht die Aufmerksamkeit von dem Ereignis ab und stattdessen auf Mitglieder des CISM-Teams.
11. Das CISM-Team hält sich in der *Emotions-Phase* sehr zurück und lässt die Teilnehmer reden. Das CISM-Team zeigt besondere Aktivität in der *Einführungs-*, *Informations-* und *Abschluss-Phase*. Die Teilnehmer hingegen sind in der *Tatsachen-*, *Gedanken-* und *Reaktions-Phase* aktiv. Im Nachbesprechungsprozess sollte es nicht zu langen Schweigephasen kommen. Wenn zu lange nichts gesagt wird, stellt eines der Teammitglieder die Frage erneut oder ermutigt jemanden zu sprechen, wenn er dazu bereit ist.
12. Eine Fortbildung ist *niemals* ein Ersatz für eine CISM-Nachbesprechung. Zwar ist die Stressprävention wichtig, sie kann aber *niemals* als Ersatz für eine CISM-Nachbesprechung verwendet werden. Anstelle einer Nachbesprechung eine Schulung durchzuführen, nimmt den Teilnehmern die Möglichkeit, ihren Emotionen freien Lauf zu lassen und von anderen mehr über das Ereignis zu hören.
13. Nach einer CISM-Nachbesprechung folgen immer Angebote zur weiteren Nachsorge. Manchmal reicht ein kurzes Nachtreffen (keine weitere CISM-Nachbespre-

chung) etwa eine Woche nach der Nachbesprechung. Hier kann man die Teilnehmer fragen, wie es ihnen seit der Nachbesprechung ergangen ist und ob sie immer noch Symptome an sich bemerken, über die sie sprechen wollen. Was immer die Gruppenmitglieder besprechen wollen, wird bearbeitet. Weitere Hinweise haben hier ebenfalls ihren Platz. Meistens findet die weitere Nachsorge als Einzelberatung statt. Es ist wichtig, dass die Peers eine entsprechende Ausbildung erhalten, um ihre einzelnen Nachtreffen effektiv gestalten zu können.

Psychotherapie und CISM-Nachbesprechung im Vergleich

Psychotherapie	**CISM-Nachbesprechung**
Therapeutisches Modell: Intervention bei einem Problem mit dem Ziel, den Abwehrmechanismus zu verändern und Änderungen im Lebensstil oder auf der Beziehungsebene zu fördern	Kriseninterventionsmodell: Stabilisierung, Mobilisierung der Ressourcen, Normalisierung, Wiederherstellung der psychischen »Vitalfunktionen« und der Arbeitsfähigkeit
normalerweise lange Dauer (12 oder mehr Sitzungen)	sehr kurz (3 bis 8 Kontakte, eine davon ist eine CISM-Nachbesprechung)
Fokussierung auf die Bedürfnisse der Einzelperson	Fokussierung auf die Gruppe
Behandlung	präventiver Ansatz
kann eine Veränderung der Abwehrmechanismen erforderlich machen	verstärkt die effektive Abwehr
arbeitet mit »Übertragung«	geringe Übertragung wegen Kürze der Kontakte
Behandlung wird fortgesetzt, bis die Probleme gelöst sind und die Symptome fast oder ganz abgeklungen sind	Weitervermittlung an den Therapeuten, falls Symptome bleiben oder zunehmen
in Fällen deutlicher Psychopathologie Anwendung von spezieller und intensiver Therapie	Personen mit deutlicher Psychopathologie werden nicht behandelt. Stattdessen Vermittlung an Therapeuten
unter Anleitung eines Therapeuten	von Peers getragen und von psychosozialen Fachleuten angeleitet
erfahrene Therapeuten	von Peers und psychosozialen Fachleuten im Team geleitet

Abb. 13.4

13.6 Die symbolische CISM-Nachbesprechung

Manchmal löst die Nachbesprechung eines bestimmten Ereignisses alte Erinnerungen an andere, vergangene traumatische Ereignisse aus. Das Gespräch kann dann für die Mitglieder des CISM-Teams eine unerwartete Wende nehmen.

Der Wechsel von der Gegenwart zu älteren Ereignissen vollzieht sich, indem irgendetwas an frühere Geschehnisse erinnert. Manchmal ähneln sich die Ereignisse, oder es tauchen bei dem aktuellen Vorfall ähnliche Gefühle auf. Das aktuelle Ereignis repräsentiert oder symbolisiert dann das vergangene.

Um eine »symbolische CISM-Nachbesprechung« durchzuführen, muss das CISM-Team zunächst um dieses Phänomen wissen. Dann muss das Team realisieren, dass alte Einsätze in der Nachbesprechung auftauchen. Die Teammitglieder müssen darüber hinaus erkennen, wie die alten und neuen Ereignisse miteinander in Verbindung stehen. Anschließend unternimmt das Team den Versuch, den aktuellen Vorfall wieder in den Vordergrund zu rücken. Dies kann beispielsweise mit folgendem Satz erfolgen: »Wir können sehen, wie Sie diese Situation an viele Ereignisse in der Vergangenheit erinnert, und wir schätzen es, dass Sie sie hier ansprechen. Die Brücke, die Sie zur Vergangenheit schlagen, ist wichtig, aber wir würden gerne noch eine weitere Frage zu der aktuellen Situation stellen.«

Wenn das Gespräch jedoch wieder zu den alten Vorfällen abdriftet, kann das ein Zeichen dafür sein, dass die alten, schmerzlichen Erfahrungen nie bearbeitet wurden und jetzt besprochen werden müssen. Es wird in diesem Falle nicht weiter versucht, den aktuellen Einsatz wieder in den Vordergrund zu rücken.

Wenn in einer »symbolischen CISM-Nachbesprechung« alte Einsätze eingebracht werden, muss das CISM-Team sehr sorgfältig zuhören und versuchen, Parallelen zum aktuellen Fall zu ziehen. Diese werden dann in der Informationsphase besprochen. Das Team versucht hier, alle offenen Fragen zu klären und die wichtigsten Themen aus den verschiedenen Einsätzen sinnvoll zu verknüpfen. Das CISM-Team muss bei Anzahl und Auswahl seiner Fragen sehr flexibel sein. Die verschiedenen Ereignisse machen dies erforderlich. Eine große Anzahl von Fragen stellt dabei sicher, dass die alten und neuen Vorfälle gut miteinander verbunden werden können, damit am Ende der Nachbesprechung die Themen der Teilnehmer weitgehend geklärt sind.

13.7 Zusammenfassung

Schwierige Interventionen sollten ausschließlich von erfahrenen CISM-Teams bearbeitet werden.

14 Die CISM-Nachbesprechung bei Großschadensereignissen und für die Zivilbevölkerung

14.1 Einführung

In den vergangenen Jahren wurden die Anwendungsmöglichkeiten der CISM-Nachbesprechung breit diskutiert. Mitchell (und andere) hatten die Nachbesprechung ursprünglich für die Arbeit mit Einsatzkräften nach eher »alltäglichen« und »überschaubaren« belastenden Ereignissen entwickelt. Herman (1992) und andere haben eine Variante der posttraumatischen Belastungsstörung als »komplexe« PTBS beschrieben.

Die komplexe Variante der PTBS ist gekennzeichnet durch verlängerte chronische Traumatisierung und/oder eine erneut ausgebrochene chronische PTBS. Mit Blick auf die komplexe Form der PTBS wurde die CISM-Nachbesprechung (Mitchell, 1983) für die Anwendung bei Großschadensereignissen entsprechend modifiziert (Everly und Mitchell, 1992).

14.2 Entwicklung

Über Jahre hinweg haben erfahrene CISM-Anwender die Nachbesprechung (Mitchell, 1983) auch im Kontext von Großschadenslagen und im Blick auf die oben genannte komplexe PTBS erfolgreich angeboten. Dazu wurde das Konzept der Nachbesprechung etwas geändert.

Die Erfahrungen mit dem Hurrikan Iniki, Hurrikan Andrew, der Balkankrise, den anhaltenden Unruhen im Nahen Osten und den Interventionen der USA in Somalia überzeugten die amerikanischen Autoren, das ursprüngliche Modell der CISM-Nachbesprechung für derartige »Extremfälle« entsprechend zu ändern. Damit sollte ein Modell der CISM-Nachbesprechung für Großschadensereignisse geschaffen werden, das die Reduzierung der komplexen PTBS nach Kampfhandlungen, langanhaltenden Bürgerunruhen, Großschadensereignissen oder lang anhaltenden Einsätzen im kommunalen Bereich ermöglicht. Dieses modifizierte Modell kann grundsätzlich auch bei der Bearbeitung von »Burnout« nach Kampfhandlungen oder bei kumulativem Stress angewandt werden.

14.3 Die CISM-Nachbesprechung bei Großschadensereignissen

14.3.1 Allgemeines

Die Großschadensvariante der CISM-Nachbesprechung lässt sich gut anhand eines Vergleichs beschreiben. Abbildung 14.1 beschreibt die Phasen des ursprünglichen Modells der CISM-Nachbesprechung (Mitchell, 1983, 1988). Abbildung 14.2 zeigt zum Vergleich das Modell der CISM-Nachbesprechung bei Großschadensereignissen (Everly und Mitchell, 1992).

Es wird deutlich, dass die Großschadensvariante der CISM-Nachbesprechung den Akzent auf das direkte Ausdrücken von Emotionen (Stufe 4) und auf die konstruktiven Aspekte der Erfahrung (Stufe 5) legt. Das Ziel besteht darin, möglichst schnell einen Zustand emotionalen Gleichgewichts herzustellen. Auch an schrecklichen, grausamen und destruktiven Situationen, an denen Betroffene zunächst nichts Positives erkennen können, kann hervorgehoben werden, dass das grundsätzlich Positive einer solchen Situation darin liegt, dass die Betroffenen überlebt haben. Es ist eine enorme Leistung, in gefährlichen und chaotischen Situationen Überlebensstrategien erfolgreich umzusetzen. In anderen Situationen werden entsprechend andere Aspekte betont.

14.3.2 Anwendungsbereiche der Großschadensvariante

Dieses Modell der CISM-Nachbesprechung wurde für Einsatzkräfte entwickelt, die während einer Katastrophe mehrfach traumatisierenden Ereignissen ausgesetzt waren. Es wurde konzipiert, um Katastrophenschutzkräften Unterstützung anzubieten, die über lange Zeit hinweg oder bei mehreren Großschadensstellen im Einsatz waren. Ersteinsatzkräfte aus dem Rettungsdienst und Katastrophenhelfer des Roten Kreuzes haben an einer solchen Großschadensvariante bereits erfolgreich teilgenommen. Die Anwendung dieses Modells der CISM-Nachbesprechung setzt voraus, dass verschiedene Faktoren berücksichtigt werden:

- Die Einsatzkräfte wurden von ihren Aufgaben entlassen und in ihren Stützpunkt zurückgeschickt, um sich auszuruhen.
- Die Einsatzkräfte wurden aus dem Einsatz genommen. Sie müssen nicht mehr damit rechnen, an die Einsatzstelle zurückzukehren (mindestens für eine Woche, besser für zwei oder drei Wochen).
- Die Einsatzkräfte hatten bereits Zeit, ihre Familien und Freunde aufzusuchen. Wenn dazu keine Zeit war, lehnen Mitarbeiter häufig jegliche Unterstützungsangebote ab, gleichgültig, ob es sich um CISM-Nachbesprechungen oder andere Angebote handelt.

CISM-Nachbesprechung – ursprüngliches Modell

Phase 1	Einführung	die Mitglieder des CISM-Teams vorstellen, den Ablauf erklären, Erwartungsabklärung, Perspektiven aufzeigen
Phase 2	Tatsachen	das traumatische Ereignis aus der Sicht der Betroffenen auf der kognitiven Ebene beschreiben lassen
Phase 3	Gedanken	den Teilnehmern ermöglichen, Gedanken und Eindrücke zu beschreiben; Überleitung zu emotionalen Reaktionen
Phase 4	Emotionen	den Aspekt des Ereignisses herausfinden, der für die Teilnehmer am belastendsten ist
Phase 5	Reaktionen	die persönlichen Stresssymptome thematisieren und erklären; Überleitung zurück zur kognitiven Ebene
Phase 6	Informationen	Reaktionen normalisieren, angemessene Bewältigungsstrategien aufzeigen (z.B. Stressbearbeitung), den Betroffenen einen »kognitiven Anker« anbieten
Phase 7	Abschluss	Mehrdeutiges eindeutig machen und die CISM-Nachbesprechung abschließen

Abb. 14.1

14.4 Durchführung einer CISM-Nachbesprechung nach Großschadenslagen

Eine CISM-Nachbesprechung nach Großschadenslagen wird geleitet wie eine Nachbesprechung für Einsatzkräfte, die in ihrem alltäglichen Dienst einen belastenden, aber überschaubaren Einsatz hatten. In der Durchführung gibt es jedoch einige wesentliche Unterschiede. Am deutlichsten zeigen sie sich in der dritten, vierten und fünften Phase der CISM-Nachbesprechung. Darum wurden auch die Namen dieser Phasen entsprechend verändert (vgl. dazu Abb. 14.1 und 14.2).

Der dritte Schritt wurde zur Phase »Gedanken und Reaktionen«. Um einer Gruppe die Überleitung von den kognitiven Aspekten einer Erfahrung zu den emotionalen zu erleichtern, verlagert sich die Gewichtung von einer nichtspezifischen Frage wie »Was war Ihr erster Gedanke, nachdem Sie das Ausmaß des Ereignisses realisiert hatten?« zu einer direkten Frage wie »Welcher Aspekt hatte den negativsten Einfluss?«.

Es ist wahrscheinlich, dass ein CISM-Team in dieser Art der CISM-Nachbesprechung mit stärkeren emotionalen Reaktionen konfrontiert wird als sonst in einer CISM-Nachbesprechung. Manchmal sind die Teilnehmer so belastet, dass sie ihre Gedanken bereits während der Tatsachen-Phase beschreiben. Wenn die Teilnehmer diese beiden Phasen verbinden, kann man das hinnehmen und mit der Phase der (emotionalen) Reaktionen fortfahren.

In der vierten Phase werden zu den emotionalen Aspekten der Situation direkte Fragen gestellt. Man kann fragen: »Wie haben Sie emotional reagiert?« Während bei

CISM-Nachbesprechung bei Großschadensereignissen

Phase 1	Einführung	die Mitglieder des CISM-Teams vorstellen, den Ablauf erklären, Erwartungsabklärung, Perspektiven aufzeigen
Phase 2	Tatsachen	jeden Teilnehmer die Aufgabe im Einsatz/die Art der Beteiligung kognitiv beschreiben lassen
Phase 3	Gedanken und Reaktionen	eher »kognitive Antworten« auf die Frage 1. »Was hat Sie in dieser Situation am meisten belastet?« 2. »Was war das Schlimmste für Sie?« anschließend Überleitung zur »emotionalen Ebene«
Phase 4	Emotionen	Antwort auf Phase 3, emotionale Reaktion, Reaktionen oder Konsequenzen erbitten
Phase 5	Neubewertung	Überleitung von der emotionalen Ebene zur kognitiven. »Was kann man aus dieser Erfahrung lernen?« und »Können Sie auch positive Dinge aus dieser Erfahrung ziehen?«
Phase 6	Informationen	Reaktionen normalisieren, Grundsätze der Stressbearbeitung aufzeigen
Phase 7	Abschluss	Erfahrungen unter besonderer Betonung der positiven Erfahrungen und Lerneffekte: Abschluss der Nachbesprechung

Abb. 14.2

CISM-Nachbesprechungen über Gefühle gewissermaßen versteckt gesprochen wird, stellt man hier direkte Fragen zu den Gefühlen und Reaktionen, um die Katharsis, das Ausdrücken der Emotionen, zu fördern.

Die so genannte *Neubewertungs-Phase* ersetzt die Reaktions-Phase, wie sie bei CISM-Nachbesprechungen mit Einsatzkräften aus Polizei, Feuerwehr und Rettungsdienst üblich ist. Stattdessen werden die Teilnehmer in der Gruppe gefragt, was sie aus dieser Erfahrung gelernt haben. Übliche Fragen in dieser Phase wären: »Was können Sie aus dieser Erfahrung lernen?«, »Welche positiven Aspekte sehen Sie in dieser Erfahrung?« oder »Gab es Situationen, in denen Sie stolz darauf waren, am Einsatz teilgenommen zu haben?«

Die Mitglieder des CISM-Teams haben eine aktive Rolle und motivieren die Teilnehmer, ihre Erfahrungen in einem positiven Licht zu sehen. Wenn sich eine Person in der Gruppe z.B. schuldig oder feige fühlt, weil sie vor der Gefahr davonlief, während andere getötet oder verletzt wurden, hilft das CISM-Team dieser Person, zu sehen, wie klug es war, sich selbst zu retten, weil sie so den anderen, die verletzt waren, helfen konnte. Die Idee der Neubewertungs-Phase liegt darin, inmitten aller chaotischen und negativen Aspekte etwas Positives wahrzunehmen. Die Interventionen des CISM-Teams in dieser Art von Nachbesprechung gehen weiter als bei »normalen Nachbesprechungen«. Die übrigen Phasen der Nachbesprechung bleiben jedoch unverändert.

14.5 Kommunale CISM-Teams

Um Zivilpersonen zu helfen, die nach Naturkatastrophen psychisch traumatisiert wurden, greifen viele Gemeinden in den USA auf CISM-Teams aus dem Rettungsdienstbereich zurück. Andere Gemeinden wiederum haben Teams gegründet, die ausschließlich auf kommunaler Ebene nach entsprechenden Ereignissen ihre Hilfsdienste anbieten. Mitglieder der Feuerwehren und der Hilfsorganisationen sind daran nicht beteiligt. Die Bedürfnisse und Reaktionen von Zivilpersonen unterscheiden sich deutlich von den Bedürfnissen und Reaktionen der Einsatzkräfte. Deshalb muss die CISM-Nachbesprechung auch hier modifiziert werden, um Betroffenen aus einer Gemeinde eine adäquate Unterstützung bieten zu können.

Anstatt zeitaufwändige und teure CISM-Nachbesprechungen für jede Gruppe oder Untergruppe in einer Gemeinde zu organisieren, ist es effizienter, große Gruppen an einem Versammlungsort zusammenzubringen, um sie kurz über posttraumatische Belastungen und ihre Auswirkungen zu informieren. Auf diese Weise erreicht man viele Menschen gleichzeitig und beantwortet ihre Fragen. Zusätzlich werden Informationsblätter oder Broschüren verteilt. Ein »Informationstreffen« dauert eine bis anderthalb Stunden. Hier kann in besonderer Weise auf die neu entwickelte CISM-Informationsveranstaltung zurückgegriffen werden. Die CISM-Informationsveranstaltung ist ein Großgruppenprozess, bei dem die Mitarbeiter einer großen Firma oder die Bürger einer Gemeinde zusammengebracht werden und in einer Veranstaltung von etwa 45 Minuten Dauer Informationen über die Krisensituation und die Möglichkeiten erhalten, die zu ihrer Bewältigung gemacht werden.

Eine solche CISM-Informationsveranstaltung ähnelt dem CISM-Einsatzabschluss für Einsatzkräfte, ist allerdings mehr interaktiv, da hier die Teilnehmer zu Fragen und Anmerkungen ausdrücklich ermuntert werden. Die CISM-Informationsveranstaltung eröffnet ein kurzes Gespräch über die Erfahrung in der traumatischen Situation und bietet Informationen, Orientierung und mögliche Handlungsanweisungen für die Teilnehmer.

Den Gruppen, die darüber hinaus weitere Hilfe benötigen, können an CISM-Nachbesprechungen teilnehmen, die von kommunalen CISM-Teams durchgeführt werden. Bei solchen Veranstaltungen stellt sich in der Regel heraus, wer eventuell eine individuelle, kurze Beratung braucht oder an eine psychosoziale Beratungsstelle vermittelt werden muss. Die durch kommunale CISM-Teams angebotenen Dienste sollten:

- situationsangemessen und
- auf die Bedürfnisse der Gruppe, mit anderen Angeboten vor Ort abgestimmt und auf das Alter der Betroffenen abgestimmt sein,
- Möglichkeiten für eine weitere Nachsorge und Vermittlung in weiterführende Angebote (ggf. Therapie) bieten,
- kurzfristig realisiert werden können und
- grundsätzlich mit weiterer Nachsorge angeboten werden.

14.6 Zusammenfassung

Die CISM-Nachbesprechung und die CISM-Kurzbesprechung sind Interventionen, die von einem der Autoren konzipiert wurden (Mitchell, 1983; 1988a; 1988b; 1991), um posttraumatischen Belastungen und PTBS bei Risikogruppen wie Einsatzkräften aus Feuerwehr, Polizei, Rettungsdienst, Sicherheitskräften, Pflegepersonal, Leitstellenpersonal, Katastrophenhelfern und Soldaten vorzubeugen. Die modifizierte CISM-Nachbesprechung, so wie sie in diesem Kapitel vorgestellt worden ist, hat sich in der Anwendung bei Großschadenslagen und in diesem Zusammenhang auch mit Betroffenen aus der Bevölkerung als nützlich erwiesen. Das »Großschadensmodell« wird im Rahmen der verschiedenen Ansätze zur Traumabearbeitung seinen festen Platz finden. Kleinere Veränderungen waren notwendig, um seine Effektivität in bestimmten Situationen noch zu vergrößern.

In den meisten Fällen bleibt das Modell erhalten, auch wenn sich die Bezeichnungen für verschiedene Phasen geändert haben. Solche modifizierten Nachbesprechungen werden nur von Mitarbeitern mit umfassender CISM-Ausbildung und langjähriger Erfahrung in der Anwendung des »klassischen Modells« durchgeführt.

15 Pastorale Krisenintervention

15.1 Einleitung

Um es gleich vorweg zu sagen: Bei diesem Kapitel wird der kundige Leser feststellen, dass die Inhalte nur einen Bruchteil dessen bieten, was sich in den letzten zehn Jahren in Deutschland in dem Feld der so genannten »Notfallseelsorge« entwickelt hat. Zu vielfältig sind in den USA die religiösen Denominationen, als dass sich eine ökumenische Zusammenarbeit wie in der deutschsprachigen Notfallseelsorge entwickelt hätte. Allerdings ist im Bewusstsein der amerikanischen Autoren die Bedeutung von Religiosität und der Weltanschauung für die Bewältigung einer traumatischen Erfahrung enorm gewachsen.

Verbrechen, terroristische Anschläge, Katastrophen wie der 11. September 2001 können Schockwellen durch ein Gemeinwesen senden, die die psychologischen Fundamente und Grundlagen der Gesellschaft gefährden können. Eines der terroristischen Ziele besteht ja gerade darin, den psychischen Zusammenhalt in einem Gemeinwesen zu bedrohen. Aber der Gruppenzusammenhalt kann auch bei Unfällen, Verbrechen und Naturkatastrophen in gleicher Weise gefährdet werden.

Es ist häufig zu beobachten, dass gerade in Zeiten von Krisen und Katastrophen viele Menschen nach religiöser und spiritueller Führung und Orientierung suchen. Nur so ist es auch zu erklären, dass der zuvor durchaus in der Kritik stehende Oberbürgermeister von New York, Rudolf Giuliani, nach dem 11. September 2001 als Politiker zu einer Symbolfigur wurde. Auch nach dem Amoklauf von Erfurt im Jahr 2002 z.B. versammelten sich Menschen zu Gottesdiensten in den Kirchen.

15.2 Definition der pastoralen Krisenintervention

Auch wenn es mittlerweile nicht mehr zu übersehen ist, dass in Krisen oder Katastrophen viele Menschen eine auf dem Glauben basierende Unterstützung, Führung und Vergewisserung benötigen, so ist die pastorale Krisenintervention – wie in Deutschland die Notfallseelsorge – noch nicht überall als selbstverständlicher Bestandteil der »formalisierten«, kommunalen Krisenintervention und des Katastrophenschutzes anerkannt. Traditionell wurden diese Angebote im Rahmen pfarramtlicher Dienste für die jeweiligen religiösen Gemeinden vorgehalten, bis Mitte der neunziger Jahre fehlten sie bei Großschadensfällen. Pastorale Beratungsdienste wurden sicherlich auch in der Vergangenheit bei kommunalen Krisen und bei Katastrophen genutzt, aber nicht im Rahmen zentraler Krisenintervention als »psychische Erste Hilfe«.

Die Ziele der Krisenintervention sind ganz allgemein:

- Anzeichen und Symptome von Stress und Fehlfunktionen stabilisieren
- Anzeichen und Symptome von Stress und Fehlfunktionen mildern
- zur Rückkehr angemessenen Funktionierens verhelfen oder
- weitere Hilfe suchen, in der Regel einen höheren Grad der Betreuung.

Mittlerweile ist die pastorale Krisenintervention auch aus den USA nicht mehr wegzudenken. Abbildung 15.1 listet die aktiven Bestandteile dieser besonderen Form der Krisenintervention auf. Abbildung 15.2 beschreibt die Indikationen für einen eher seelsorgerlichen Zugang zur Krisenintervention, während in Abbildung 15.3 mögliche Probleme in Verbindung mit der Anwendung pastoraler Krisenintervention aufgelistet sind.

Mechanismen der Krisenintervention

Traditionelle Mechanismen

frühzeitige Intervention
soziale Unterstützung
kathartische Ventilation
Problemlösungsangebote
kognitive Reinterpretation

Einzigartige Mechanismen pastoraler Krisenintervention

biblische Unterweisung, Einsicht, Schriftauslegung
individuelles und gemeinsames Gebet
Glaube an die Kraft der Fürbitte
gemeinsame Weltanschauung
gemeinsames Glaubensbekenntnis
diakonisch-caritative soziale Unterstützungssysteme
Rituale und Sakramente
Glaube an göttliches Eingreifen/göttliche Vergebung
Glaube an ein Leben nach dem Tod
einzigartiges Ethos der Kriseninterventionsmitarbeiter
einzigartig vertrauliche Form der Kommunikation (Beichtgeheimnis)

zu beachten: Abhängig vom persönlichen Glauben mögen mehr oder weniger dieser Mechanismen wirken

(Nach: Everly, 2000)

Abb. 15.1

Indikationen für pastorale Krisenintervention

1. Beste Voraussetzung ist: Betroffene erwarten Gebete, Schriftauslegung, Empfang von Sakramenten, Rituale usw.

2. Notwendige Voraussetzung ist: Betroffene sind empfänglich für pastorale Krisenintervention. In der akuten Krise muss allerdings vermieden werden, in ein Streitgespräch über Überzeugungen und Glaubensinhalte zu geraten. Solche Aktionen würden den Anbieter der pastoralen Krisenintervention zum Teil des Problems machen, statt zu einer Lösung führen.

3. Pastorale Krisenintervention ist nicht nur für Opfer, sondern auch für Familienangehörige und für Einsatzkräfte geeignet. Für sie gelten aber die gleichen Richtlinien (s.o.).

Abb. 15.2

15.3 Pastorale Krisenintervention im Gesundheitswesen

Nach einem traumatischen Geschehen suchen viele Menschen direkte Unterstützung bei ihren Pastoren, Pfarrern, Ordensgeistlichen oder anderen spirituellen Führern. Viele von ihnen werden akute pastorale Krisenintervention oder seelsorgliche Beratung benötigen und von ihr profitieren. Andere Personen wiederum benötigen eher traditionelle psychologische Unterstützung oder therapeutische Interventionen. Daher ist es unbedingt erforderlich, dass die Träger pastoraler Krisenintervention in der psychologischen Triage geschult sind und mit den kommunalen Ressourcen als Gesamtsystem vertraut sind. In einer Katastrophe oder in einer regionalen Krisensituation gibt es immer Betroffene, die in eine Glaubenskrise geraten und von einer Vermittlung aus den traditionellen Kriseninterventionsdiensten zu einer pastoralen Krisenintervention den größeren Nutzen ziehen. Dabei gilt es zu beachten, dass sich die pastorale Krisenintervention von der Seelsorge als Beratung deutlich unterscheidet. Die pastorale Krisenintervention verhält sich zur Seelsorge als Beratung wie die allgemeine Krisenintervention zur Psychotherapie.

Nach einem traumatischen Geschehen werden zahlreiche Personen direkt Unterstützung bei ihren Pastoren, Pfarrern, Ordensgeistlichen oder anderen spirituellen Führern suchen. Viele von ihnen werden akute pastorale Krisenintervention oder seelsorgliche Beratung benötigen und von ihr profitieren. Einige werden aber eher traditionelle psychologische Unterstützung oder therapeutische Interventionen benötigen. Daher ist es unbedingt erforderlich, dass die Anbieter von pastoraler Krisenintervention in der psychologischen Triage und in der Überweisung zu weiteren, angemesseneren kom-

Mögliche Probleme der pastoralen Krisenintervention

1. Die säkularen Bedürfnisse der Person in der Krise werden nicht (oder nicht angemessen) wahrgenommen.
2. Es fehlt ein strukturierter Interventionsplan oder eine abgestimmte Herangehensweise.
3. Es werden spirituelle oder theologische Themen »diskutiert«.
4. Es wird versucht, eine theologische oder spirituelle Begründung für das Eintreten eines Traumas zu geben.
5. Eine nicht dafür empfängliche Person wird »angepredigt« oder zum Beten genötigt.
6. Es wird versucht, eine Person zu bekehren.
7. Klinische Symptome werden nicht differenziert wahrgenommen.
   a. endogene oder typische Depression vs. Trauerreaktion
   b. kurze psychotische Reaktion vs. Intrusion
   c. kurze psychotische Reaktion vs. Dissoziation
   d. Dissoziation vs. Intrusion
   e. Folge einer Lernerfahrung vs. Persönlichkeitsstörung
   f. akute vorübergehende kognitive Beeinträchtigung vs. schwere Unfähigkeit
   g. fehlendes Gespür für Suizidalität oder Tötungsverlangen
   h. Es fehlt die Vertrautheit mit Richtlinien einer psychologischen Triage, insbes. Anzeichen für PTBS und der Notwendigkeit für eine Vermittlung/Überweisung.
   i. Depression vs. Verstimmung
   j. Es wird nicht an eine psychiatrische Einrichtung vermittelt, auch wenn es angezeigt wäre.

Abb. 15.3

munalen Ressourcen geschult sind. Nach einem traumatischen Geschehen werden andere Personen traditionelle Krisendienste und therapeutische Angebote suchen oder an sie vermittelt werden. Die meisten werden von diesen Diensten profitieren. Es wird in solchen Situationen Menschen geben, die in eine Glaubenskrise geraten und von einer Vermittlung aus den traditionellen Kriseninterventionsdiensten zur einer pastoralen Krisenintervention größeren Nutzen ziehen.

Die Bedeutung der Krisenintervention, egal ob aus der traditionellen oder seelsorglichen Perspektive, wird gesteigert, wenn sie als direkt erreichbare kommunale Komponente angeboten wird. Der größte Nutzen solcher Dienste ist vorhersehbar, wenn sie in Sichtweite der Kommune angeboten werden.

Einbindung der pastoralen Krisenintervention
in das kommunale Gesundheitssystem

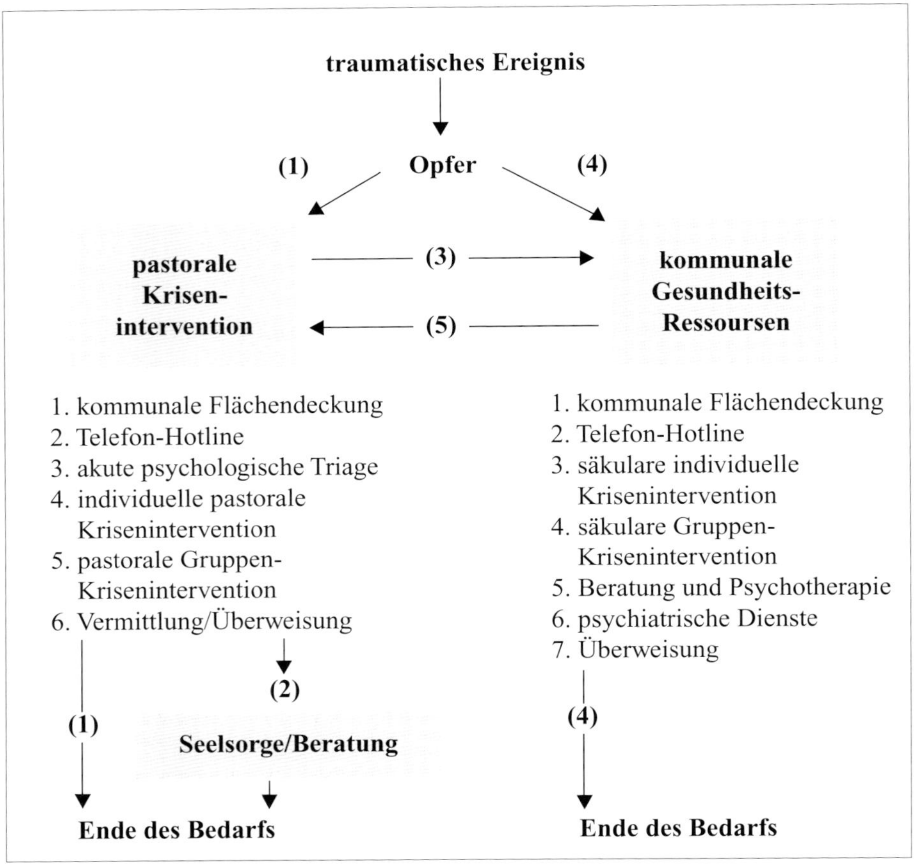

Abb. 15.4

15.4 Zusammenfassung

Die pastorale Krisenintervention ist nicht allein eine Krisenintervention, die von Personen angeboten wird, die selbst eine spirituelle oder religiöse Orientierung besitzen. Pastorale Krisenintervention ist auch nicht seelsorgliche Beratung. Die pastorale Krisenintervention verhält sich zu seelsorglicher Beratung wie Krisenintervention zu Psychotherapie. Wie in Abbildung 15.4 aufgezeigt, ist die pastorale Krisenintervention die funktionale Integration pastoraler Dienste in die traditionelle Krisenintervention des kommunalen Gesundheitswesens. In Zeiten menschlichen Stresses stellt sie eine reiche Ressource dar und sollte Teil jedes kommunalen Kriseninterventionsprogrammes sein.

Anhang

A. Arbeitsgrundlage und Struktur eines CISM-Teams für Einsatzkräfte aus Feuerwehr, Rettungsdienst und Polizei

1. Einführung

In diesem Anhang werden Arbeitsgrundlagen, Rollen und Struktur eines CISM-Teams für Einsatzkräfte näher beschrieben. Es ist wichtig, sich in Erinnerung zu rufen, dass die Bemerkungen im Kontext eines CISM-Teams für Einsatzkräfte gemacht werden. Für diejenigen, die das Buch aufmerksam durchgearbeitet haben, werden einige Ausführungen als Wiederholungen erscheinen, aber wir haben entschieden, in diesem Anhang die Arbeitsgrundlagen für ein Team noch einmal im Zusammenhang darzustellen. Die Erarbeitung dieses Materials kann für Personen in Militär, Wirtschaft und Industrie genauso nützlich sein wie für Schulsysteme, Organisationen außerhalb des Rettungsdienstes und für Gemeinden.

CISM-Teams, die für verschiedene Bereiche aus Wirtschaft, Industrie und kommunalen Gruppen zuständig sind, sind anders organisiert als die für Einsatzkräfte. Kommunale CISM-Teams können Peers einbinden oder darauf verzichten. Dies hängt davon ab, ob es einen großen und gleichbleibenden Mitarbeiterstamm gibt, aus dem die Peers rekrutiert werden können. Grundsätzlich stützen sich kommunale CISM-Teams eher auf psychosoziale Fachleute und Ärzte. Sie bieten nur bestimmten Gruppierungen, wie Firmen, Schulen und Gemeinden, ihre Dienste an. Die Interventionen eines solchen Teams folgen denselben Modellen, die für die Anwendung mit Einsatzkräften beschrieben wurden. Mitunter verändern sich jedoch die Bezeichnungen und Fragestellungen, die gebraucht werden, um das Gespräch über das traumatische Geschehen zu beginnen oder aufrecht zu halten. Unter bestimmten Voraussetzungen können auch die Interventionsstrategien verändert werden, um den Bedürfnissen bestimmter industrieller, kommerzieller oder kommunaler Gruppen gerecht zu werden. Jede Veränderung sollte spezifische nachvollziehbare Gründe haben und niemals willkürlich sein.

2. Übersicht

Ein CISM-Team ist eine Partnerschaft aus unterschiedlichen Personen, die mit folgenden Zielen zusammen arbeiten:

- die Verringerung der Auswirkungen von traumatischen Belastungen auf Einsatzkräfte,
- die Beschleunigung der Erholung von besonders belastenden Ereignissen sowie
- die Stärkung der psychischen Gesundheit bei Einsatzkräften.

CISM-Mitarbeiter sind gut motiviert und bereit, sich für andere Menschen einzusetzen. Der Arbeitsbereich vieler Teams ist nicht auf bestimmte Organisationen oder Zuständigkeitsbereiche beschränkt. Sie bieten ihre Dienste grundsätzlich allen Einsatzkräften an. Die Teams können unter bestimmten Umständen auch für kommunale Gruppen zuständig sein.

Ein CISM-Team besteht aus zwei eigenständigen Gruppen von Mitgliedern, die sich in ihrer Arbeit auf die Einschätzung der anderen verlassen. In einem CISM-Team gibt es sowohl professionelle Helfer als auch Peers.

Professionelle Helfer sind unter anderem psychosoziale Fachleute und Geistliche. Die Rollen der psychosozialen Fachleute und der Geistlichen unterscheiden sich voneinander und werden an anderer Stelle genauer beschrieben. Peers sind z.B. Polizisten, Feuerwehrleute, Rettungsdienstmitarbeiter, Notärzte, Leitstellenbedienstete.

Professionelle Helfer und Peers

Professionelle Helfer

1. psychosoziale Fachleute
2. Geistliche

Peers

1. Angehörige von Feuerwehren
2. Polizeibeamte
3. Rettungssanitäter
4. Rettungsassistenten
5. Pflegepersonal, besonders aus der Intensiv- und Notfallmedizin
6. Leitstellenpersonal
7. Such- und Bergungsmannschaften
8. Aufseher von Naturparks
9. Beamte im Strafvollzug
10. Angehörige der Bergwacht
11. Mitarbeiter von Rettungshundestaffeln
12. Angehörige von Feuerwehren in Waldgebieten
13. Katastrophenschutzhelfer
14. Mitarbeiter der DLRG und Wasserwacht
15. Ärzte
16. weitere Ersteinsatzkräfte

Abb. A1

CISM-Teams führen Angebote durch, die von Peers getragen bzw. wesentlich bestimmt und von psychosozialen Fachleuten geleitet werden. Ziel der Intervention ist die Stabilisierung chaotischer und belastender Situationen, bevor sie bei Einsatzkräften negative Stressreaktionen hervorrufen und diese sich etablieren. Prävention ist in diesem Zusammenhang viel stärker zu betonen als »Behandlung«.

Es gab Versuche, Kriseninterventionsdienste für Einsatzkräfte ins Leben zu rufen, ohne dabei wichtige Grundvoraussetzungen zu beachten. So wurde versucht, Hilfsteams entweder ohne psychosoziale Fachleute oder ohne Peers aufzubauen. Beide Ansätze führten nicht zum gewünschten Ziel. Die Peers können im Hinblick auf Leitung und Beratung psychosoziale Fachleute nicht ersetzen. Gibt es in einem Team andererseits keine Peers, so müssen die betroffenen Einsatzkräfte lange warten, bis sie Unterstützung von psychosozialen Fachleuten erhalten. Peers erkennen schnell, ob Einsatzkräfte Stresssymptome zeigen oder sich deren Verhalten signifikant verändert hat. Auch haben psychosoziale Fachleute eher Schwierigkeiten, Beziehungen zu den Einsatzkräften aufzubauen, da ihnen deren Arbeit in der Regel fremd ist. Die Peers schlagen also eine »psychologische Brücke« von den Einsatzkräften zu den Vertretern der psychosozialen Fachleute. Peers, die aus dem gleichen täglichen Arbeitszusammenhang kommen, finden schneller Zugang zu belasteten Kollegen.

Interventionen durch CISM-Teams werden kurzfristig angeboten. Die Teams vermitteln diejenigen, die nach drei bis fünf Treffen keine Zeichen von Besserung zeigen, an psychosoziale Fachleute weiter. Die primären Aufgaben eines CISM-Teams sind nicht eine langfristige Beratung oder gar eine Psychotherapie. Interventionen können zwar therapeutische Elemente haben, sie sind aber keinesfalls als Ersatz für eine Psychotherapie gedacht.

3. Teamstruktur

3.1 Gesamtleitung eines CISM-Teams

Viele organisationsübergreifend arbeitende CISM-Teams nutzen eine Organisation (z.B. Feuerwehr, Polizei, Rettungsdienst) als »Dachorganisation«.Grundsätzlich unterscheiden sich Ausbildung in und Zusammenarbeit mit den Hilfsorganisationen nicht nur von Fall zu Fall, sondern auch aufgrund des Entwicklungsstandes des Teams. Ein neu gegründetes Team braucht andere Unterstützung als ein etabliertes.

Wie das CISM-Team innerhalb der Organisation mit anderen Stellen vernetzt ist, und wer die Arbeit des Teams leitet und verantwortet, hängt ebenfalls von den örtlichen Gegebenheiten ab. Dies gilt ganz besonders dann, wenn sich eine Kommune entschließt, ein organisationsübergreifendes CISM-Team (mit entsprechenden Leitungs- und Koordinationsverantwortlichen) ins Leben zu rufen; d.h. mehrere Organisationen unterstützen und nutzen dasselbe Team.

Unabhängig von der genauen Struktur eines CISM-Teams gibt es folgende Aufgaben für eine »übergeordnete Organisationsstelle«:

- Bereitstellung von finanziellen Mitteln oder Beschaffung von Geldmitteln für die Gründung eines Teams,

- Einrichtung eines Leitungsgremiums,
- Bereitstellung von geeigneten Mitarbeitern,
- Bildung eines Gremiums, das über Mitgliedschaft im CISM-Team berät und entscheidet,
- Koordination und Durchführung von Aus- und Fortbildungsmaßnahmen,
- Unterstützung bei der Integration und Information neuer Teammitglieder,
- Unterstützung bei der Suche nach passenden Teamleitern,
- grundsätzliche Unterstützung der Aktivitäten des CISM-Teams,
- Unterstützung in der Entwicklung von Forschungs-, Evaluations- und Qualitätssicherungsmethoden/-maßnahmen,
- Sammlung und Auswertung von Daten für statistische Berichte und Forschungen,
- Bereitstellung von Büroräumen,
- Bereitstellung von notwendigen Arbeitsmaterialien und Büroausstattung,
- Hilfe bei der Freistellung von Mitarbeitern für die Arbeit im CISM-Team,
- Aufstellung und Anwendung von Regeln für die Arbeit im Team
- Führen einer aktuellen Einsatzliste und einer Personalakte über jedes Teammitglied.

3.2 Koordinator des CISM-Teams

Jedes Team braucht mindestens einen Teamkoordinator (u.U. auch einen Vertreter), der die Tagesgeschäfte des Teams erledigt. Dafür eignen sich besonders Mitarbeiter der Hilfsorganisationen. Psychosoziale Fachleute und Geistliche wissen in der Regel zu wenig über Gepflogenheiten und Organisationsabläufe in den Organisationen. Sie sind keine »Insider«. Sie hören nicht schnell genug von außergewöhnlichen Einsätzen oder Belastungen bei Einsatzkräften, um die Effektivität der Interventionen zu vergrößern.

Bei der Bildung von CISM-Teams wird darauf geachtet, Funktionen doppelt zu besetzen, z.B. genügend Teamkoordinatoren bereitzuhalten, da ein einzelner Koordinator in Spitzenzeiten mitunter überlastet ist; außerdem müssen auch hier Krankheitstage und Urlaubsregelungen einkalkuliert werden. Kann ein CISM-Team durch den Ausfall des Koordinators nicht oder nur eingeschränkt reagieren, verunsichert das die Betroffenen und stellt das Anliegen der schnellen und kompetenten Hilfe infrage.

In manchen CISM-Teams wechseln die Koordinatoren, je nachdem, für welche Organisation sie gerade arbeiten. Es kann zum Beispiel zwei Koordinatoren für die Polizei, zwei für die Feuerwehr, zwei für den Rettungsdienst und zwei für das Pflegepersonal geben. Größe und Zusammensetzung der Teams spielen keine Rolle, solange die Aufgaben der Teamkoordination gut ausgeführt werden. Diese Aufgaben sind:

- Organisation des CISM-Teams,
- Bedarfsabklärung nach Alarmierung dahingehend, ob ein Team eingesetzt wird oder andere Angebote durchgeführt werden sollen,
- Benachrichtigung der entsprechenden Teammitglieder (nach Alarmierung durch die Leitstelle),
- Unterstützung bei der Teamentwicklung,

- Repräsentation des Teams in der Öffentlichkeit und in den Organisationen,
- Unterstützung bei der Auswahl passender Mitglieder für das Team,
- kontinuierliches Angebot an Fortbildungen,
- Absprachen mit dem fachlichen Leiter, um die Qualität der Arbeit zu gewährleisten,
- Reflexion und Weiterentwicklung aller Angebote und Maßnahmen des CISM-Teams,
- Entwicklung positiver Beziehungen zu den jeweiligen Gemeinden, den Hilfsorganisationen und anderen kommunalen Einrichtungen,
- Bearbeitung von Anfragen nach Unterstützung in kommunalen Einrichtungen und Alarmierung von Teammitgliedern, wenn die Anforderung für eine Teamintervention angemessen ist,
- Anfrage nach Unterstützung durch andere Hilfsorganisationen (im Bedarfsfall),
- Unterstützung bei der Erledigung der Verwaltung (Dienstpläne, Auswertungsbögen, Protokolle ...),
- Absprachen mit den stellvertretenden Teamleitern und dem fachlichen Leiter,
- Bereitstellung von angemessener Hilfe für gestresste Teammitglieder (durch Interventionen),
- Qualitätssicherung der CISM-Angebote,
- Verantwortung für die Durchführung von Supervision für Peers,
- Organisation und Einladung zu Gruppentreffen,
- Aufzeichnungen und Auswertung von Einsätzen bzw. Angeboten des Teams,
- Führen einer Liste mit Adressen zur Vermittlung an Beratungs- und Therapieeinrichtungen,
- Hilfe bei der Klärung der Kostenübernahme bei Therapiebedarf (Dienstunfall),
- Verantwortung für die Durchführung von Workshops, Seminaren und Schulungen für das CISM-Team,
- Unterrichte über Stressbewältigungsprogramme für Rettungsdienstmitarbeiter,
- Verbindung zu nationalen und internationalen Organisationen, die in der Bearbeitung von Stressbelastung nach belastenden Ereignissen tätig sind,
- Bereithaltung aktueller Informationen über Forschungen und Untersuchungen von einsatzspezifischen Belastungen bei Einsatzkräften, berufsbedingtem Stress, Stress nach belastenden Ereignissen, PTBS und verwandten Themen,
- Führen und Aktualisieren einer Telefonliste aller Teammitglieder.

3.3 Fachlicher Leiter des CISM-Teams

Teams brauchen, wie schon zuvor angemerkt, die Unterstützung von psychosozialen Fachleuten. Zu den psychosozialen Fachleuten gehören Psychologen, Sozialarbeiter, Psychiater, Psychiatrieschwestern und andere psychologische Berater.

Es ist nicht notwendig, verschiedene psychosoziale Fachleute in einem Team zu haben, man braucht jedoch mehr als einen, um eine Überlastung eines einzelnen zu vermeiden. Einer der psychosozialen Fachleute wird zum fachlichen Leiter ernannt. Er überwacht die Aktivitäten des Teams und stellt sicher, dass die richtigen Angebote durchgeführt werden und alle Teammitglieder innerhalb des Rahmens ihrer Ausbildung und Erfahrung arbeiten. Der Zuständigkeitsbereich des fachlichen Leiters umfasst folgende Tätigkeiten:

- enge Zusammenarbeit mit dem Teamkoordinator, um die Qualität der Arbeit sicherzustellen,
- Repräsentation des CISM-Teams in der Öffentlichkeit und bei den Organisationen, die die Dienste des CISM-Teams in Anspruch nehmen,
- Reflexion abgehaltener CISM-Nachbesprechungen und Anregungen für zukünftige CISM-Nachbesprechungen und Betreuungsangebote,
- Unterstützung des Teamkoordinators, um eine angemessene und kontinuierliche Fortbildung für die CISM-Teams zu gewährleisten,
- Durchführung von Schulungen für das Team,
- Unterstützung des Teamkoordinators und der Teammitglieder bei der Erledigung der Verwaltung (Dienstpläne, Auswertungsbögen, Protokolle),
- Entwicklung und Durchführung eines Ausbildungsprogramms, das es psychosozialen Fachleuten ermöglicht, die Hilfsorganisationen und die Arbeit der Einsatzkräfte besser kennen zu lernen,
- Beratung bei der Auswahl der Teammitglieder,
- Teilnahme an Team-Supervisionen,
- Evaluation der vom Team geleisteten Arbeit,
- Unterstützung des Team-Koordinators bei der Führung einer umfassenden Referenzliste für Vermittlungen,
- Sicherstellung adäquater und qualifizierter weiterer Nachsorgeangebote,
- fachliche Begleitung von Koordinatoren und Teammitgliedern.

Der versicherungsrechtliche Aspekt der Arbeit des CISM-Teams ist zurzeit noch nicht geklärt. Dennoch ist es ratsam, dass die psychosozialen Fachleute der Teams eine Berufshaftpflichtversicherung abschließen. (Die andere Rechtslage in den USA ermöglicht zivile Schadensersatzklagen gegenüber professionellen, auf wirtschaftlicher Basis arbeitenden Hilfsorganisationen. Für Mitglieder der Bundesvereinigung Stressbearbeitung nach belastenden Ereignissen und ihre Regionalgruppen bestehen eine Haftpflichtversicherung und eine Vollkaskoversicherung.)

3.4 Geschäftsführer des CISM-Teams

Jedes Team ist mit Korrespondenz und anderen Verwaltungsaufgaben beschäftigt. Es benötigt geeignete Räumlichkeiten, Telefon- und Internetanschlüsse und einen Etat. Der Geschäftsführer des CISM-Teams erledigt die Tagesgeschäfte des Teams und koordiniert die Zusammenarbeit mit dem Teamkoordinator und dem fachlichen Leiter. Der Geschäftsführer ist Buchhalter, Sekretär, Schatzmeister und Logistiker. Diese Person hat einen ausreichend hohen Rang innerhalb der Organisationen, um sicherzustellen, dass alle Bedürfnisse des Teams schnell und effizient befriedigt werden können. Ebenso ist wichtig, dass der Geschäftsführer an die Erfolge des Teams glaubt und gewillt ist, sich dafür zu engagieren.

Psychosoziale Fachleute

Die Mindestanforderungen, die eine psychosoziale Fachkraft erfüllen muss:

- Anerkanntes Diplom oder vergleichbarer Abschluss z.B. in:
  A. Psychologie
  B. Sozialpädagogik
  C. psychiatrischer Fachpflege
  D. Seelsorge
  E. psychosozialer Beratung
  F. Psychiatrie (Ausbildung zum Facharzt)

- Regelmäßige Tätigkeit in mindstens einem der folgenden Arbeitsbereiche:
  A. Sozialdienste
  B. psychologische oder psychiatrische Dienste
  C. Krisenintervention
  D. Seelsorge
  E. psychiatrische Fachpflege
  F. andere Beratungsdienste

- Anerkannte Zusatzausbildung in den folgenden Bereichen:
  A. Stressbearbeitung nach belastenden Ereignissen:
    1. CISM-Grundkurs(e)
    2. CISM-Aufbaukurs
    3. psychotraumatologische Zusatzqualifikation
  B. Krisenintervention
  C. Stress/Stresssymptome
  D. Gruppendynamik
  E. Gesprächsführung/Kommunikation
  F. direkte Gesprächsführung/Interventionstechniken
  G. Ausbildung in organisationsübergreifender Zusammenarbeit und Praktikum bei Polizei, Feuerwehr oder Rettungsdienst

- Anerkannte Zusatzausbildung in den folgenden Bereichen ist hilfreich:
  A. legaler und illegaler Suchtmittelmissbrauch
  B. Familientherapie
  C. Neuropsychologie
  D. physiologische Verhaltensgrundlagen

- Hauptberufliche Mitarbeiter sollten eine Berufshaftpflichtversicherung abgeschlossen haben.

- Wenn nicht anders vereinbart, stehen hauptamtliche Mitarbeiter einer Organisation auch für CISM-Arbeit zur Verfügung.

Abb. A.2

3.5 Psychosoziale Fachleute als Teammitglieder

Hierbei handelt es sich um psychosoziale Fachleute, die in einem Bereich der psychosozialen Arbeitsfelder einen Fachhochschul- bzw. Universitätsabschluss besitzen (z.B. Diplom oder Promotion) und im psychosozialen Bereich (z.B. Krankenhaus, Beratungseinrichtung, Krisenintervention, private Praxis ...) arbeiten; Abbildung A.2 bietet eine entsprechende Übersicht.

Psychosoziale Fachleute sind für eine qualifizierte Arbeit im Team essenziell. Sie werden hauptberufliche Mitarbeiter genannt und haben in einem CISM-Team mehrere Aufgaben. Sie leiten und begleiten CISM-Nachbesprechungen, beraten Peers und den fachlichen Leiter und bieten auch Nachbetreuung für Einzelpersonen an, wenn sie von einem stressbelasteten Ereignis überwältigt worden sind und es ersichtlich ist, dass eine CISM-Nachbesprechung allein nicht ausreichen würde, um das Problem zu beheben. Psychosoziale Fachleute können Menschen, die eine längerfristige und professionelle Beratung brauchen, an entsprechende Institutionen überweisen. Doch sollten psychosoziale Fachleute, die Mitglieder in CISM-Teams sind, traumatisierte Menschen, mit denen sie im Rahmen der CISM-Arbeit zu tun hatten, keinesfalls in die eigene Praxis vermitteln. Die psychosozialen Fachleute erfüllen ihre Aufgaben im Rahmen der Stressbearbeitung nach belastenden Ereignissen unter der Leitung des fachlichen Leiters. Diese Aufgaben beinhalten:

- Unterstützung bei Aus- und Fortbildungsveranstaltungen des CISM-Teams,
- Leitung von CISM-Nachbesprechungen,
- Unterstützung bei der Entwicklung von Vermittlungsdiensten,
- Unterstützung des Team-Koordinators bei der Entscheidung, ob eine CISM-Nachbesprechung indiziert ist,
- Unterstützung der weiteren Nachsorgeangebote nach der CISM-Nachbesprechung,
- Durchführung der Team-Supervision (in Deutschland wird ein externer Supervisor bevorzugt),
- Übernahme von Vermittlungen in Langzeittherapien (wenn notwendig),
- aktive Teilnahme an Ausbildungsprogrammen für psychosoziale Fachleute (Organisationsstruktur und Arbeitsweise der Einsatzkräfte),
- regelmäßige Teilnahme an den Teamsitzungen,
- Repräsentation des CISM-Teams bei RD-Organisationen und in der Öffentlichkeit,
- fachliche Unterstützung und Beratung der Peers,
- Unterstützung bei der Auswertung der vom Team gesammelten Arbeitsergebnisse und Daten,
- Beratung bei der Auswahl der Teammitglieder.

3.6 Geistliche

In den meisten CISM-Teams der USA sind Geistliche vertreten. Sie gehören zu den hauptamtlichen Mitarbeitern. Wenn sie in einen psychosozialen Arbeitsbereich entsprechend qualifiziert sind (siehe Abschnitt »psychosoziale Fachleute als Teammitglieder«), können sie auch die Rolle der psychosozialen Fachkraft übernehmen. Wenn sie in ihren Gemeinden in Feuerwehr oder Rettungsdienst aktiv sind, können sie unter Umständen auch als Peers tätig werden. In seltenen Fällen sind Geistliche sowohl aktive Einsatzkräfte als auch anerkannte Vertreter der psychosozialen Fachleute. Da es für ihre Kollegen verwirrend ist, wenn sie ständig ihre Rolle wechseln, ist es ratsam, dass sie als psychosoziale Fachleute agieren – sofern sie den nötigen akademischen Grad und die entsprechende Erfahrung besitzen.

Die Geistlichen treten im CISM-Team als aktive Zuhörer auf und achten darauf, dass die Einsatzkräfte ihre Probleme verbalisieren. Geistliche können spirituelle Hilfe geben, wenn deutlich wird, dass ein Betroffener diese Art der Unterstützung sucht. Geistliche machen im Rahmen von CISM-Angeboten keine religiösen Aussagen oder Sinnangebote. Für Einzelberatung und Gruppen gilt: Religion und Philosophie sind sehr persönliche Angelegenheiten. Viele Menschen wollen diese Ansichten für sich behalten. Solche Themen können besprochen werden, wenn die Betroffenen das wünschen und für ein derartiges Gespräch auch bereit sind. Geistliche wirken dann segensreich, wenn Betroffene als Folge ihrer Arbeit bei einem traumatischen Ereignis in eine Glaubenskrise kommen. Dann haben Geistliche eine besonders kraftvolle Rolle in der Stressbearbeitung nach belastenden Ereignissen.

Geistliche werden gelegentlich gebeten, nach einer besonders belastenden Situation ein gemeinsames Gebet zu sprechen. Es ist gut, einer Anfrage aus einer betroffenen Gruppe nachzukommen. Es sollte aber vorher sichergestellt sein, dass die gesamte Gruppe es wünscht.

Geistliche mit CISM-Ausbildung sind auf ihre Rolle in einem CISM-Team besser vorbereitet, wenn sie an der Ausbildung in organisationsübergreifender Zusammenarbeit teilnehmen. Sie müssen so viel wie möglich über die Arbeit und über die Persönlichkeiten wissen, denen sie helfen möchten. Dies gilt auch für die psychosozialen Fachleute eines CISM-Teams.

3.7 Peers

In den Bereichen der Wirtschaft und in Schulen ist es nicht notwendig, mit Peers zu arbeiten. Im Rettungsdienst allerdings ist die Anwesenheit von Peers zwingend notwendig. Ein Rettungsassistent weiß am besten, wie man Kollegen unterstützen kann. Zudem ist ihre Akzeptanz als Berater höher als bei psychosozialen Fachkräften oder Seelsorgern. Angehörige der Feuerwehren nehmen Unterstützung aus ihren eigenen Reihen leichter an. Polizisten berichten, dass sie sich von anderen Polizisten am besten verstanden fühlen.

Es kann nicht oft genug betont werden, wie wichtig Peers aus den eigenen Reihen sind. Besonders gilt dies für die Zeit kurz nach einem traumatischen Ereignis. Falls die »Sofortintervention« der Peers nicht ausreicht, müssen die Betroffenen an psychosoziale Fachleute und/oder Geistliche weiter vermittelt werden. Viele CISM-Angebote sind an Peers orientiert und werden von Peers angeleitet. Die Leitung bleibt aber den psychosozialen Fachleuten vorbehalten.

Ein CISM-Team hat von allen Organisationen, für die es Angebote macht, Peers in ihren Reihen. Jede Hilfsorganisation und jede Spezialeinheit kann Peers in ein Team schicken. Spezialeinheiten sind u.a. Bergwacht, Taucher, Deutsche Lebensrettungsgesellschaft (DLRG), Technisches Hilfswerk (THW), Rettungshundestaffeln oder jede andere Gruppe von Ersteinsatzkräften.

Peers brauchen für ihre Arbeit persönliche Reife, einen entsprechenden Reflexionsgrad und die Fähigkeit, mit Menschen zu arbeiten. Sie sind engagierte Menschen, die bereit sind, ihre Zeit und ihre Kompetenzen zu investieren, um Kollegen zu helfen. Peers sind der eigentliche Motor des CISM-Teams. Während des letzten Jahrzehnts hat sich ihre Rolle in den CISM-Teams stark erweitert. Sie werden umfangreicher ausgebildet und können auf einen großen Erfahrungs- und Wissensschatz zurückgreifen. Sie haben sich in der Kollegenhilfe als kompetent erwiesen. Die Peers stellen den ersten Kontakt mit denen her, die Belastungsreaktionen entwickelt haben. Sie helfen, den Bedarf für CISM-Kurzbesprechung, CISM-Nachbesprechung, Einzelgespräche, Familienunterstützungsangebote, Vermittlung an psychosoziale Fachleute usw. einzuschätzen und nehmen Kontakt mit dem Teamkoordinator auf, um den Einsatz für das CISM-Team abzusprechen. Peers achten aufmerksam auf Zeichen und Symptome von posttraumatischen Belastungsreaktionen und sich entwickelnden Stressproblemen. Sie führen Angebote wie CISM-Kurzbesprechungen unter Begleitung und Beratung der im Team vertretenen psychosozialen Fachleute durch und übernehmen eine aktive Rolle während der CISM-Nachbesprechung. Peers bieten Einsatzbegleitung für Einzelpersonen an, die Stresssymptome an sich wahrnehmen, und bitten psychosoziale Fachleute um Unterstützung, wenn Aufgaben ihre Möglichkeiten und Kompetenzen überschreiten. Zum Aufgabenbereich der Peers gehört die Unterstützung des CISM-Teams im Rahmen der Aus- und Fortbildung und die weitere Nachsorge nach CISM-Kurzbesprechungen, CISM-Nachbesprechungen und anderen Interventionen. Sie bieten bei Bedarf Einzelberatungen an, führen nach jeder Maßnahme/Intervention ein Gespräch mit einem Fachmann durch und unterstützen das Team bei allen CISM-Projekten. Grundsätzlich gilt jedoch, dass Peers ihr Aufgaben ausschließlich innerhalb ihrer Kompetenzen ausführen.

Abbildung A.3 beschreibt die Mindestanforderungen für die Auswahl von Peers. Es wird die Struktur eines CISM-Teams aufgezeigt. Das gesamte Team ist aufgrund seiner klaren Struktur in der Lage, direkt und indirekt mit einem der Mitarbeiter oder dem Leitungsgremium zu kommunizieren. Der fachliche Leiter und der Teamkoordinator arbeiten eng zusammen und werden durch das Leitungsgremium und den Geschäftsführer unterstützt.

4. Auswahl der Teammitglieder

Mit Blick auf die Kontinuität und Effizienz der Arbeit werden nur geeignete Mitarbeiter ausgewählt. Eine falsche Hilfe könnte destruktiver sein als gar keine Hilfe. Die Auswahl geeigneter Mitarbeiter ist eine Herausforderung für das Leitungsgremium oder den Mitgliedsausschuss.

Peers

Die Mindestanforderungen für die Auswahl von Peers sind:
- Einsatzerfahrung
- persönliche Reife
- Anerkennung bei Kollegen
- Fähigkeit, Sachverhalte vertraulich zu behandeln
- Sensibilität für die Bedürfnisse anderer
- Bereitschaft und Fähigkeit, im Team zu arbeiten
- Bereitschaft, sich mit psychosozialen Fragestellungen auseinanderzusetzen
- Einverständnis, nur innerhalb der eigenen Grenzen tätig zu werden
- Einverständnis, die Regeln des CISM-Teams zu akzeptieren
- CISM-Grundkurs(e)
- CISM-Aufbaukurs
- Zusatzausbildung im psychosozialen Bereich
- Zusatzausbildung in Gesprächsführung/Kommunikation (empfohlen)
- psychotraumatologische Zusatzqualifikation (empfohlen)
- Zusatzausbildung Krisenintervention (empfohlen)
- Zusatzausbildung kollegiale Beratung, Grund- und Aufbaukurs (empfohlen)

Abb. A.3

Es hat sich als sinnvoll erwiesen, einen Mitgliedsausschuss einzusetzen und eine Methode zu erarbeiten, wie Teammitglieder ausgewählt werden. Die Mitglieder des Ausschusses müssen in der Stressbearbeitung nach belastenden Ereignissen qualifiziert sein, damit sie die geeigneten Mitarbeiter finden. Häufig werden neue Mitglieder über Fortbildungen rekrutiert. Manchmal muss man auch auf geeignete Kollegen zugehen und sie fragen, ob sie nicht dem Team beitreten wollen. Eine Möglichkeit, aktiv Teammitglieder zu werben, besteht darin, Stressbewältigungsprogramme durchzuführen und daran teilnehmende Personen einzuladen. Häufig entwickeln Teilnehmer solcher Programme ein verstärktes Interesse an einem Team und möchten gerne beitreten.

5. Critical Incident Stress Management – ein Mehrkomponenten-Programm

Ein Team, das der Meinung ist, es brauchte nur eine CISM-Nachbesprechung abzuhalten, und posttraumatische Belastungen der Einsatzkräfte wären wie weggeblasen, wird den Anforderungen nicht gerecht. Eine solche Attitüde könnte sogar schädlich für die Hilfesuchenden sein. Zur Erinnerung: Die Stressbearbeitung nach belastenden Ereignissen ist eine umfassende, systematische und aus vielen Bestandteilen zusammengesetzte Herangehensweise, um traumatischem Stress und seinen Folgen zu begegnen. Es bedarf weitaus mehr als nur CISM-Nachbesprechungen, um sich CISM-Team nennen zu können.

Die folgenden Bestandteile sind die lebensnotwendige Grundlage für eine umfassende Herangehensweise an die Stressbearbeitung nach belastenden Ereignissen:

- Programme zur Stressprävention und kontinuierliche Fortbildungen (Psychotraumatologie, Stress ...),
- ein einsatzfähiges und abrufbereites CISM-Team,
- Programme zur Unterstützung von Angehörigen,
- Programme zur Schulung von Verwaltungsangestellten und Vorgesetzten,
- Strategien für Unterstützungsangebote durch Peers,
- Hilfsangebote für die Bevölkerung,
- eine Auswahl flexibler Interventionsformen:
  A. Unterstützung während des Einsatzes (CISM-Einsatzbegleitung)
  B. Einzelgespräche durch Peers
  C. CISM-Kurzbesprechungen
  D. CISM-Einsatzabschlüsse (nur bei Katastrophen)
  E. CISM-Nachbesprechungen
  F. weitere Nachsorge
  G. informelle Gespräche
  H. Angebote von Geistlichen
  I. professionelle Beratungsdienste
  J. Programme zur gegenseitigen Unterstützung mit verschiedenen Organisationen
  K. kommunale Schulungsprogramme
  L. weitere Angebote je nach Bedarf.

Struktur eines CISM-Teams

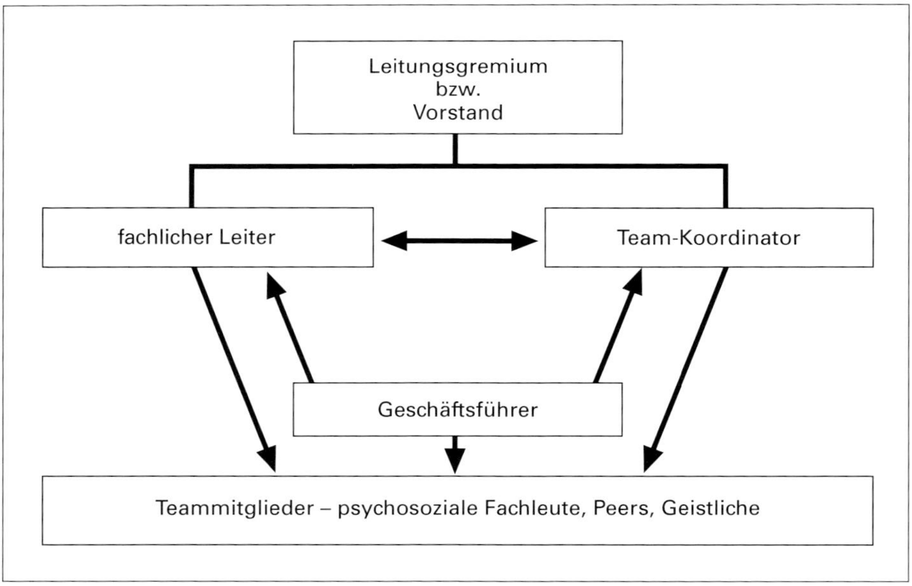

Abb. A.4

B. Aufbau und Unterhaltung eines CISM-Teams für Einsatzkräfte

1. Einführung

Unterstützung für die Gründung eines CISM-Teams geben in Deutschland alle mit CISM arbeitenden Organisationen, so die Bundesvereinigung Stressbearbeitung nach belastenden Ereignissen e.V., der Malteser Hilfsdienst, die Deutsche Gesellschaft für Posttraumatische Stressbewältigung und die Stiftung Mayday (Anschriften siehe Anhang E - die International Critical Incident Stress Foundation, Inc. hat die Telefonnummer 001-410-750-9600).

2. Erste Schritte

Zunächst muss der Bedarf für ein CISM-Team deutlich gemacht werden. Es hat sich bewährt, (Verwaltungs-)Verantwortliche in einem ersten Schritt zu befragen, ob Mitarbeiter in der Organisation über die Pläne, ein CISM-Team zu gründen, informiert werden dürfen. Ergibt diese Sondierungsphase, dass echter Bedarf besteht, wird die Führung der Organisation informiert. Man sollte den Bedarf für ein CISM-Team nicht einfach abschätzen. Eine Schätzung wird zweifelnde Entscheidungsträger nicht überzeugen. Stattdessen sollten Experten für eine groß angelegte Informationsveranstaltung eingeladen werden. Es sollten Stellungnahmen und Einschätzungen von Organisationsangehörigen innerhalb des Zuständigkeitsbereiches gesammelt und diese der Leitung vorgelegt werden. Darüber hinaus bietet es sich an, eine hausinterne Recherche durchzuführen, um herauszufinden, wie viele und welche Ereignisse sich in den letzten drei, fünf oder zehn Jahren ereignet haben. Diese Erfahrungen müssen ausgewertet und evaluiert werden. Anhand dieser Daten lässt sich herausfinden, welche Ereignisse es gegeben hat, welche Stressreaktionen diese hervorgerufen haben, wie lange die Symptome andauerten, welche Auswirkungen die belastenden Ereignisse auf Familienmitglieder hatten oder welche Veränderungen sich als Folge des Ereignisses im Leben der Einsatzkräfte ergeben haben. Die Ergebnisse müssen den Entscheidungsträgern vorlegt werden. Es lohnt sich häufig, erfahrene Beamte oder Vorgesetzte aus Organisationen einzubinden, die bereits an Angeboten von CISM-Teams teilgenommen haben oder der Verwaltung entsprechende Literatur zur Verfügung stellen. Überzeugend wirkt eine Kosten-Nutzen-Analyse oder eine Auswertung der Aufzeichnungen anderer Organisationen mit CISM-Teams. Grundsätzlich kann zur Gründung eines Teams jede mit CISM arbeitende Organisation (oder die International Critical Incident Stress Foundation, Inc.) in Anspruch genommen werden.

2.1 Wichtige Fragen zur Gründung eines Teams

Der nachfolgende Fragenkatalog wurde als Leitfaden für Verantwortliche eines CISM-Teams entwickelt. Aufgrund der jeweiligen Situation vor Ort und der damit verbundenen besonderen Anforderungen ist es notwendig, die Fragen zu modifizieren. Gegebenenfalls können Fragen auch ergänzt und erweitert werden. Fragenkatalog:

- Sprechen die Informationen dafür, in die strukturierte CISM-Arbeit einzusteigen?
- Gibt es in der Nähe bereits ein arbeitendes CISM-Team?
- Besteht die Möglichkeit oder die Notwendigkeit, mit bereits bestehenden Teams zusammenzuarbeiten?
- Reichen die Kapazitäten eines bestehenden Teams aus, oder muss ein neues Team gegründet werden?
- Wie oft käme ein neues Team durchschnittlich pro Jahr zum Einsatz?
- Zu welchem Termin kann das Team seine Arbeit aufnehmen?
- Welche Aufgaben kann das Team übernehmen?
- Wer kann/soll Mitglied werden (sind die Kriterien dafür entwickelt)?
- Wie soll das Bewerbungsverfahren für zukünftige Mitglieder laufen?
- Wer wählt die Teammitglieder aus?
- Welche Teamstruktur ist notwendig?
- Haben die psychosozialen Fachleute eine eigene Berufshaftpflichtversicherung?
- Wäre es vorteilhafter, ein neues Team zu gründen oder sich an ein bestehendes an zu gliedern?
- Für welche Bereiche soll das Team genau zuständig sein?
- Gibt es eine passende Organisation bzw. einen Dachverband?
- Wird das Team von Einsatzkräften gewünscht?
- Stehen ausreichend und entsprechend qualifizierte psychosoziale Fachleute zur Verfügung?
- Ist die Weitervermittlung an psychosoziale Fachleute gewährleistet?
- Welche psychosoziale Fachkraft übernimmt die Aufgabe des fachlichen Leiters?
- Sind die psychosozialen Fachleute auch bereit, sich gemeinsam mit den Peers ausbilden zu lassen?
- Welche Organisationen arbeiten im CISM-Team mit?
- Stehen ausreichend und entsprechend erfahrene und qualifizierte Peers zur Verfügung?
- Wer übernimmt in der Aufbauphase des CISM-Teams die Leitung?
- Soll ein Leitungsgremium eingesetzt werden?
- Gibt es einen Mitgliederausschuss?
- Gibt es Bewerber für das CISM-Team?

- Besteht die Möglichkeit, an einer CISM-Ausbildung einer anderen Organisation teilzunehmen, oder muss die Ausbildung selbst organisiert werden?
- Kennen die Einsatzkräfte Möglichkeiten und Ziele der CISM-Angebote?
- Wie werden betroffene Einsatzkräfte über die Angebote des Teams informiert?
- Wer entwickelt ein passendes Konzept für diese Situation und erstellt verbindliche CISM-Richtlinien für die Arbeit?
- Sind die Teammitglieder bereit, sich regelmäßig zu treffen, sich zu beraten und fortzubilden?
- Ist das CISM-Team finanzierbar? Es sind für die CISM-Grundausbildung (in den USA) 6.000 bis 10.000 $ zu veranschlagen (genaue Zahlen liegen für Deutschland noch nicht vor, dennoch kann man sagen, dass für die grundlegende CISM-Ausbildung und die Einrichtung des Teams auf jeden Fall Kosten entstehen).
- Gibt es eine Leitstelle, die 24 Stunden lang besetzt ist und die hereinkommende Anfragen für ein CISM-Team aufnehmen und weiterleiten kann?
- Gibt es genügend Teamkoordinatoren, die Anrufe rund um die Uhr bearbeiten, Prioritäten setzen und CISM-Teams zusammenstellen können?
- Sind die Teammitglieder bereit, sich kontinuierlich – zumindest in den nachfolgend beschriebenen Themenbereichen – fortzubilden:

1. Krisenintervention,
2. Gesprächsführung/Kommunikation,
3. Stress/Belastungsreaktionen und -symptome,
4. physiologische Stressreaktionen,
5. Psychotraumatologie,
6. Konfliktmanagement,
7. kollegiale Beratung,
8. direktive Gesprächs- bzw. Interventionstechniken,
9. Grundlagen der Einsatzleitung,
10. Grundlagen des Katastropheneinsatzes,
11. Dienstunfälle mit tödlichem Ausgang,
12. Unterstützung für Angehörige,
13. Gruppendynamik,
14. Organisationskunde (Feuerwehr, Rettungsdienst ...),
15. Aufbaukurs/CISM-Fortbildungen,
16. regelmäßige Fortbildung in den CISM-Interventionen,
17. Suizidprävention,
18. Vermittlung an psychosoziale Fachleute,
19. Trauerprozesse,
20. psychische Traumatisierung bei Kindern,
21. kumulativer Stress,
22. CISM-Teamprotokolle,
23. Ethik und Vertraulichkeit,
24. organisationsübergreifende Unterstützungsangebote,
25. Neuerungen in CISM, in den CISM-Interventionen usw.

2.2 Weitere Schritte beim Aufbau eines CISM-Teams

Die ersten Schritte zum Aufbau eines CISM-Teams sind getan, wenn die Bedarfsabklärung erfolgt ist, wenn man sich ein Bild über bestehende CISM-Angebote gemacht hat, das Programm genehmigt wurde und wenn sichergestellt ist, dass ausreichend Peers und psychosoziale Fachleute zur Verfügung stehen. Als Zwischenschritte müssen die Einrichtung eines Leitungs- und Organisationsgremiums, die Entscheidung für einen Dachverband, die Entwicklung einer Arbeitsstruktur für das Team, die Auswertung der Bewerbungen potenzieller Teammitglieder sowie die Erstellung eines Ausbildungsplans berücksichtigt werden. Als letzte Schritte müssen schließlich die Auswahl der Teammitglieder, deren Ausbildung, die Einsetzung einer qualifizierten Leitung und die Einführung der Auswertungsprotokolle von Angeboten geplant sowie die Entwicklung einer stetigen Alarmierungs- und Arbeitsstruktur und die kontinuierliche Auswertung der Arbeit des Teams koordiniert werden.

3. Ausbildung des Teams

Es gibt viele Dinge, die ein CISM-Team beachten muss, wenn es seine Arbeit aufnimmt. Am wichtigsten ist eine angemessene und qualifizierte Ausbildung. Ohne diese kann das Team seine Aufgaben nicht erfüllen. Auch alle psychosozialen Fachkräfte brauchen eine CISM-Ausbildung, um sicherzugehen, dass sie vertraut sind mit der Arbeitsweise im Team. Da das Team mit Einsatzkräften und Arbeitnehmern in der Industrie zusammenarbeitet, muss es über deren Persönlichkeiten und deren Arbeit Bescheid wissen. Im Rahmen der Ausbildung sollte in jedem Fall darauf geachtet werden, organisationsspezifische Besonderheiten auszutauschen und sich mit der Arbeit in der Industrie und der Wirtschaft vertraut zu machen.

Leider lernen psychosoziale Fachleute im Rahmen ihrer Ausbildung nichts bzw. wenig über Stress, Stresssymptome, berufsbedingten Stress oder posttraumatische Belastungsreaktionen. Sie müssen diese Erfahrungen also erst in der Praxis sammeln. Psychosoziale Fachleute verfügen allerdings über fundierte Kenntnisse in den unterschiedlichen Bereichen der psychologischen Arbeit. Die gemeinsame Ausbildung mit den Peers bringt daher in Bezug auf Stressbearbeitung nach belastenden Ereignissen alle auf den gleichen Stand. Stress nach belastenden Ereignissen und die Interventionsprogramme dafür sind ein spezielles Arbeitsfeld. Hierfür bedarf es in jedem Fall einer besonderen Ausbildung. Psychosoziale Fachleute, Geistliche und Peers müssen erfahren, fachlich kompetent und sensibel sein. Sie bieten präventive Hilfe an, keine Psychotherapie. Die Teammitglieder müssen sich stets bewusst sein, dass die CISM-Angebote für die Anwendung bei Einsatzkräften entwickelt wurden. Für ihre Anwendung bei Zivilpersonen müssen die Angebote modifiziert werden. Diese veränderte Form ist dann allerdings nicht für Einsatzkräfte geeignet.

Ein ganz besonders wichtiges Kriterium für alle CISM-Angebote ist, dass alle Teammitglieder eine mindestens viertägige CISM-Grundausbildung absolviert haben müssen. Darüber hinaus sollte jedes Teammitglied pro Jahr an mindestens einer CISM-Fortbildung teilnehmen.

Über die konkreten Lernziele und Inhalte eines CISM-Ausbildungsprogramms informiert für den deutschsprachigen Raum unter anderem ausführlich die »Bundesvereinigung Stressbearbeitung nach belastenden Ereignissen«. Siehe dazu auch den Artikel von Oliver Gengenbach Anhang C. Hier eine kurze Übersicht über die Inhalte eines CISM- Ausbildungsprogramms:

1. Darstellung einsatzspezifischer Belastungen, Ursachen, Formen, Auswirkungen und deren Bearbeitung,
2. Kennenlernen arbeitsbedingten Stresses bei Einsatzkräften, bezogen auf Arbeitsumfeld, belastende Ereignisse, kumulativer Stress,
3. Erkennen belastender Ereignisse für Einsatzkräfte und Indikationen für CISM-Angebote,
4. Erstellung von Persönlichkeitsprofilen der Einsatzkräfte,
5. Grundlegendes zum Team: Leitungsgremium und Vorstand, Teamstruktur, Teamleitung, Auswahl der Mitglieder, Qualitätssicherung, Protokollführung, rechtliche Angelegenheiten, Grenzen des Teams, Versicherung, Fortbildung,
6. Möglichkeiten für die Vermittlung an psychosoziale Fachleute,
7. Belastungen von Familien der Einsatzkräfte,
8. »Lehr-Nachbesprechung« (exemplarisches Rollenspiel),
9. Kommunikations- und Kriseninterventionstechniken;
10. Ausbildung in den speziellen CISM-Methoden:
    - Stressprävention (Informationsveranstaltungen und Fortbildungen),
    - CISM-Einsatzbegleitung,
    - CISM-Einsatzabschluss,
    - CISM-Kurzbesprechung,
    - CISM-Nachbesprechung,
    - Einzelberatung,
    - Weitere Nachsorge,
    - Unterstützung für Angehörige,
    - besondere CISM-Nachbesprechungen,
    - CISM-Informationsveranstaltung,
    - informelle Gespräche.

3.1 Organisationsstruktur eines CISM-Teams

Genaueres zu Aufbau und Struktur eines CISM-Teams finden Sie im Anhang A dieses Buches. Nachfolgend werden Mindestanforderungen für die Organisationsstruktur eines CISM-Teams beschrieben:

1. Leitungsgremium/Vorstand,
2. mindestens ein fachlicher Leiter,
3. mindestens ein erfahrener Teamkoordinator,
4. genügend Teamkoordinatoren, um eine 24-Stunden-Bereitschaft zu gewährleisten,
5. eine genügende Anzahl von psychosozialen Fachleuten,
6. Peers aus den beteiligten Organisationen.

3.2 Auswahl der Teammitglieder

Die Kriterien zur Auswahl von Teammitgliedern sind ausführlich in Anhang A beschrieben. Dieser Abschnitt beschreibt das Auswahlverfahren für neue Mitglieder: Der erste Schritt bei der Auswahl von Mitgliedern ist ein Bewerbungsverfahren. Die Bewerbungen werden zusammengetragen und dann von einem Auswahlgremium durchgesehen. In der Regel besteht dieses aus zwei bis drei psychosozialen Fachleuten oder Geistlichen und fünf bis sechs Peers. Das Auswahlgremium überprüft gegebenenfalls die Referenzen und organisiert Vorstellungsgespräche. Schließlich wählt es die Kandidaten aus, die für die Arbeit im Team geeignet erscheinen.

Wenn das Team einen Kandidaten nicht kennt, wenn es weiterer Auskünfte bedarf oder wenn Zweifel bestehen, ob eine Person wirklich geeignet ist, kann der Mitgliederausschuss ein Vorstellungsgespräch durchführen. Vier oder fünf Mitglieder des Ausschusses treffen sich mit dem Kandidaten, stellen Fragen und versuchen herauszufinden, ob Zweifel berechtigt oder unberechtigt sind. Ein Vorstellungsgespräch wird in jedem Fall durchgeführt, wenn der Kandidat erst vor kurzem selbst ein traumatisches Ereignis erlebt hat und geklärt werden muss, ob er mit anderen Menschen bereits zu dieser Thematik arbeiten kann. Nach dem Vorstellungsgespräch geben die »Interviewer« Empfehlungen an den Mitgliederausschuss. Der Ausschuss schließt dann den Auswahlprozess ab und informiert die Kandidaten über die Entscheidung.

4. Die verschiedenen Komponenten eines CISM-Programms

In Anhang A wird angeführt, dass ein CISM-Programm aus vielen Komponenten besteht. Auf den ersten Blick erscheint es sowohl schwierig als auch sehr kostspielig zu sein, ein umfassendes CISM-Programm aufzustellen. Doch lassen Sie sich nicht abschrecken! Wenn man richtig an die Sache herangeht und neue Ressourcen in der Zusammenarbeit mit anderen Abteilungen, Fachdiensten und Organisationen erschließt, kann der Aufbau eines CISM-Angebots sehr systematisch vorgenommen werden. Auch ist es nicht nötig, dass jede Organisation ein eigenes und umfassendes CISM-Programm erstellt. Es ist weitaus effektiver, sich mit anderen CISM-Anbietern zu vernetzen und gegenseitig zu kooperieren.

Zurzeit gibt es in den Vereinigten Staaten über 500 Teams zur Stressbearbeitung nach belastenden Einsätzen. Darüber hinaus gibt es inzwischen weltweit 200 Teams in 28 Ländern. In Deutschland bestehen etwa 45 Teams, und etliche befinden sich im Aufbau. Auch die Bundeswehr plant ein flächendeckendes Netz von Teams in allen Truppenteilen.

4.1 Organisationsübergreifende Zusammenarbeit

Die meisten CISM-Teams arbeiten für Personal und Einsatzkräfte aus Rettungsdienst und Feuerwehr, Krankenhäusern, Vollzugsorganen, für Beamte im Strafvollzug, Such-

und Rettungsmannschaften, Bergwachten, Helfer des Katastrophenschutzdienstes und des Militärs. Viele Teams halten aber auch Angebote für Schulen und für Kommunen vor. Da die CISM-Teams aus Einsatzkräften unterschiedlicher Organisationen zusammengesetzt sind, ist die Konkurrenz zwischen den Organisationen abgeschwächt und es besteht eine Atmosphäre gegenseitiger Kooperation und Unterstützung.

Die Teams aus Einsatzkräften unterschiedlicher Organisationen, die in den vorstehenden Abschnitten beschrieben wurden, arbeiten sehr effektiv. Sie verfügen über Mitglieder aller Organisationen, und jeder profitiert von den Erfahrungen des anderen. Sie teilen sich die Kosten für Aus- und Fortbildung des Teams und beschäftigen gemeinsam die psychosozialen Fachleute. Außerdem können sich die Mitglieder aus unterschiedlichen Organisationen bei ihrer belastenden Arbeit gegenseitig unterstützen.

Die Kooperation zwischen den Organisationen spart also Geld, nutzt bestmöglich Ressourcen, steigert die Vielfältigkeit und den Grad der Erfahrung und wirkt sich positiv auf die Ausbildung aus. Die eine Organisation beruft beispielsweise einen Geistlichen in das Team, eine andere benennt eine psychosoziale Fachkraft. Wieder eine andere Organisation hat einen Arzt, der sich im CISM-Team engagiert. Pflegepersonal, Feuerwehrleute, Beamte der Vollzugsorgane und anderes Rettungsdienstpersonal kommen aus den verschiedenen Organisationen.

Wenn ein CISM-Team entsprechend organisiert ist und genügend psychosoziale Fachleute zur Verfügung stehen, kann als Untergruppe eines CISM-Teams auch ein kommunales CISM-Team eingerichtet werden. Das kommunale CISM-Team ist für Hilfsangebote nach Krisenereignissen zuständig, die die Bürger betreffen. Nach traumatischen Ereignissen muss schnell und von entsprechend qualifizierten psychosozialen Fachleuten interveniert werden. Einsatzkräfte haben unterschiedliche Bedürfnisse und entwickeln nach traumatischen Ereignissen unterschiedliche Reaktionen. Außerdem unterscheidet sich auch ihre Persönlichkeit von der eines »Durchschnittsbürgers«. Es hat sich bewährt, dass ein fester Mitarbeiterstamm jeweils CISM-Angebote für Einsatzkräfte auf der einen Seite und für die betroffene Bevölkerung auf der anderen Seite durchführt.

In den USA kooperiert das *American Red Cross Disaster Mental Health Network* mit CISM-Teams und bildet kommunale CISM-Teams. Die Angebote für Einsatzkräfte sollten immer von Peers und hauptberuflichen Mitarbeitern des CISM-Teams gemeinsam angeboten werden. Die Interventionen für Zivilpersonen werden vom kommunalen CISM-Team durchgeführt, allerdings meist ohne Peers (im deutschsprachigen Raum arbeiten die Teams in der Regel mit Kriseninterventionsdiensten und Notfallseelsorgegruppen zusammen).

4.2 Vorsicht bei Angeboten für Freunde und Bekannte

CISM-Nachbesprechungen werden nicht mit Freunden oder Bekannten durchgeführt. Es spricht nichts dagegen, einem Freund im Rahmen einer Einzelberatung oder Einsatzbegleitung zu helfen. Diese Interventionen sind eher kurz. Dabei besteht keine

Gefahr, zu sehr in die Sache verwickelt zu werden. Wenn kein anderes ausgebildetes CISM-Mitglied innerhalb eines angemessenen Zeitraumes verfügbar ist, kann selbstverständlich ein Peer auch seinen Kollegen eine CISM-Kurzbesprechung anbieten, vorausgesetzt, er war nicht selbst in das Ereignis verwickelt. Dennoch ist Vorsicht geboten, da die Durchführung einer CISM-Nachbesprechung in einem solchen Fall verschiedene Probleme mit sich bringt. CISM-Nachbesprechungen sind komplex und emotional. Außerdem erlauben sie eine tiefergehende Besprechung des traumatischen Ereignisses, was einen Peer, der einem Betroffenen sehr nahe steht, ebenfalls belasten und irritieren kann.

Aus diesem Aspekt ergeben sich zwei weitere Gründe für die Effektivität eines organisationsübergreifenden Teams. Es ist nicht förderlich, wenn sich Anbieter und Teilnehmer von CISM-Interventionen zu gut kennen. Jede Person mit medizinischen Grundkenntnissen erkennt die inhärenten psychologischen Gefahrenquellen bei der Bereitstellung medizinischer Behandlung für ernsthaft kranke Verwandte oder enge Freunde. Diese Gefahr besteht auch für Mitarbeiter von CISM-Teams. Das gleiche Problem entsteht, wenn Vorgesetzte ihren unterstellten Mitarbeitern Unterstützung anbieten wollen. Eine zu enge Verbindung zwischen denen, die Hilfe geben, und denen, die sie erhalten, führt zu emotionaler Unruhe, da Rollen und Grenzen nicht klar definiert sind. CISM-Mitarbeiter sollten daher keine Hilfe anbieten, wenn:

1. sie selbst in das Ereignis involviert waren,
2. sie Einsatzleiter oder Vorgesetzter der Personen sind, die in das Ereignis verwickelt wurden (auch wenn sie nicht persönlich anwesend waren),
3. Freunde unter den Teilnehmern der CISM-Intervention sind,
4. sie normalerweise in der Gruppe arbeiten, die in das Ereignis verwickelt war (z.B. als Teil einer Einheit, auch wenn sie während des Vorfalls nicht anwesend waren),
5. sie Teil der Abteilung sind, die für interne Angelegenheiten zuständig ist und sie verantwortlich oder mitverantwortlich das Ereignis untersuchen oder
6. sie mit einer der betroffenen Personen verwandt sind.

4.3 Leitlinien für eine effektive Stressbearbeitung nach belastenden Ereignissen

Bei der Neueinführung von CISM-Angeboten müssen die Organisationen verschiedene Dinge in die Wege leiten. Als erstes muss eine passende Person aus der eigenen Organisation gefunden werden, die die CISM-Projektgruppe leitet. Die Projektgruppe nimmt anschließend Kontakt zu CISM-Teams auf, die in der Region schon existieren. Vor der Neugründung eines CISM-Teams sollte gründlich geprüft werden, ob der eigene Bedarf nicht durch die Kooperation mit einem anderen Team gedeckt werden kann. Die Praxis bestätigt: Die größte Effizienz erreichen Teams, die organisationsübergreifend arbeiten.

Das Leitungsgremium bzw. der Vorstand wählen hauptamtliche Mitarbeiter und Peers aus und setzen Gremien ein, die die nötigen Regeln, Zuständigkeiten und Abläufe des Teams festlegen. Die Leitungsgremien haben Untergruppen, die eng mit den CISM-Teams in der Umgebung und der Region kooperieren. Ebenso steht diese

Untergruppe mit der *International Critical Incident Stress Foundation, Inc.* (ICISF) in Kontakt. Die ICISF koordiniert weltweit CISM-Angelegenheiten, legt Standards für CISM-Teams fest und bietet Aus- und Fortbildungen an.

Ein CISM-Team wird von Peers getragen, die von psychosozialen Fachleuten und Geistlichen beraten werden. CISM-Arbeit innerhalb einer Organisation erfordert qualifizierte CISM-Mitarbeiter und Vertrauen. Das CISM-Team muss im Rahmen seiner Zuständigkeit frei und unbehindert arbeiten können. In diesem Zusammenhang kommt den Verantwortlichen eine große Bedeutung zu: Sie müssen den Mitarbeitern des CISM-Teams vertrauen und dafür sorgen, dass weder das CISM-Team noch die Organisation behindert oder gefährdet wird.

CISM-Teams können nur funktionieren, wenn sie in die Kommunikationsstruktur der Organisation eingebunden sind. Außerdem müssen die Einsatzkräfte wissen, wie sie das CISM-Team bzw. den jeweiligen Ansprechpartner erreichen können. Der kontinuierliche Austausch mit den lokalen, regionalen und nationalen CISM-Gruppen ist von größter Bedeutung.

5. Juristisches

Bis zur Drucklegung dieses Buches wurden die einzigen Prozesse, die in den USA stattgefunden haben und sich auf Situationen bezogen, in denen CISM-Angebote gemacht wurden, nicht gegen die Organisation geführt, die etwas für ihre gestressten Mitarbeiter getan hatten. Alle diese Prozesse wurden außergerichtlich beigelegt zugunsten des Klägers. Wenn eine Organisation keine Unterstützung für ihre Mitarbeiter angeboten hatte, bestand für die Mitarbeiter eine größere Chance, erfolgreich zu klagen. Darum gilt nicht nur in den USA: Organisationen, die ihre Fürsorgepflicht ernst nehmen, sind dann rechtlich abgesichert, wenn bei der Durchführung der Maßnahmen die Richtlinien exakt eingehalten werden.

In einem Fall wurde beispielsweise der Antrag der Verteidigung in einem Mordprozess, dass Polizeibeamte zum Inhalt der CISM-Nachbesprechung, an der sie teilgenommen hatten, etwas aussagen sollten, vom Schwurgericht verworfen. Der Richter betonte, dass psychologische Unterstützung mit einer Überprüfung der Fakten in dem Mordfall nichts zu tun hat. Das ist in den USA besonders wichtig, da die Entwicklung der Rechtsprechung sich ausschließlich auf Präzedenzfälle gründet. Insofern hat die Orientierung an Richtlinien in den USA eine erhöhte Bedeutung. Das Problem der Zeugnisverweigerung ist auch im deutschsprachigen Raum noch nicht endgültig geklärt.

Sollte bei einem CISM-Team das Bedürfnis nach juristischer Beratung bestehen, so sollten Anwälte konsultiert werden, die mit der Arbeit von Feuerwehr, Rettungsdienst, Katastrophenschutzorganisation und – wenn möglich – auch mit der Stressbearbeitung nach belastenden Ereignissen vertraut sind. In Deutschland bietet z.B. die *Bundesvereinigung Stressbearbeitung nach belastenden Ereignissen* für ihre Mitglieder eine Haftpflichtversicherung für die ehrenamtliche Tätigkeit in einem CISM-Team an. Das CISM-Team konstituiert sich dazu formal als rechtlich anerkannte Gruppierung, in Deutschland z.B. als Regionalgruppe der Bundesvereinigung Stressbearbeitung nach belastenden Ereignissen e.V..

Immer, wenn eine Person in einer CISM-Nachbesprechung eine klare und unmittelbare Gefahr für sich selbst (z.B. als Suizidandrohung) oder andere (z.B. als Morddrohung) darstellt, muss das Team im Interesse der Person oder der Personen handeln, die sich in Gefahr befinden könnten. Dies kann bedeuten, dass die Familie oder die Vorgesetzten des Betreffenden gewarnt werden müssen. Es kann aber auch sein, dass die Person unter Zwang in eine Klinik eingeliefert werden muss oder andere Mittel notwendig sind, um Leben zu retten. Rettung von Leben hat eine höhere Priorität als die strikte Einhaltung absoluter Vertraulichkeit. Bislang hat aber noch nie eine Einsatzkraft während einer Nachbesprechung solche Äußerungen gemacht. Wahrscheinlich ist, dass eine Zivilperson derartiges in einer CISM-Nachbesprechung andeutet. Daher müssen Teams, die in diesem Bereich CISM-Angebote durchführen, wachsam sein. Teams, die mit Einsatzkräften arbeiten, werden mit einer solchen Situation hingegen kaum konfrontiert.

In Deutschland besteht ein Zeugnisverweigerungsrecht umfassend nur für Juristen und Geistliche, eingeschränkt auch für Ärzte, die Rolle des Helfers ist noch nicht eindeutig geklärt. Aus diesem Grunde kann noch nicht generell gesagt werden, dass ein CISM-Team grundsätzlich Zeugnisverweigerungsrecht genießt. Damit auch nicht der geringste Anschein entstehen kann, dass durch ein CISM-Team eine Person geschädigt werden könnte, sind folgende Regeln strikt einzuhalten:

- Respektieren Sie, wenn sich jemand nicht aktiv beteiligt. Niemandem kann befohlen werden, in einer Nachbesprechung etwas zu sagen, wenn er nicht will. Wenn sich jemand weigert, hieran teilzunehmen, sollte das CISM-Team dies respektieren. Der Betreffende sollte aber darüber informiert werden, dass es aus fachlicher Sicht besser wäre, an der CISM-Nachbesprechung teilzunehmen. Außerdem informiert man ihn darüber, dass es weitere Arten von Unterstützung gibt, falls er zu einem anderen Zeitpunkt Hilfe in Anspruch nehmen möchte. Es empfiehlt sich, der Person eine Karte des CISM-Teams mit Namen und Telefonnummer des/der Ansprechpartner(s) auszuhändigen.
- Die Betroffenen müssen über Ziele und Inhalte eines CISM-Angebots Bescheid wissen und damit einverstanden sein. Der Ablauf einer CISM-Nachbesprechung darf Betroffene nicht überraschen. Man informiert über CISM-Nachbesprechungen sowohl in Programmen zur Stressprävention als auch in den einführenden Bemerkungen des CISM-Teams.
- Empfehlungen, die in einer CISM-Nachbesprechung gegeben werden, müssen praktikabel sein. Die Ratschläge sollten durch Literaturhinweise ergänzt werden.
- Empfehlungen beziehen sich ausschließlich auf die konkrete Situation.
- Die Teilnehmer werden darauf hingewiesen, nichts zu sagen, was eine Untersuchung oder ein Disziplinarverfahren nach sich ziehen könnte.
- Leiten Sie kein Debriefing in eine psychotherapeutische Sitzung über. Die CISM-Nachbesprechung ist keine Psychotherapie und kein Ersatz dafür.
- Aufzeichnungen und Kameras bzw. Rekorder sind während der Nachbesprechung nicht erlaubt.

- Teammitglieder wie Teilnehmer behandeln alles, was im Raum einer CISM-Nachbesprechung gesprochen wird, gleichermaßen vertraulich.
- Psychosoziale Fachleute müssen stets dem ethischen Verhaltenskodex ihrer Berufsgruppe und den Gesetzen, die aufgrund ihrer Arbeit im CISM-Team zur Anwendung kommen könnten, Folge leisten.

6. Qualitätssicherung im CISM-Team

Drei Komponenten erhalten die Qualität der Arbeit und die dauernde Arbeitsfähigkeit eines CISM-Teams: Eine qualifizierte Ausbildung, fundierte Erfahrungen in organisationsübergreifender Zusammenarbeit sowie regelmäßige Teamsitzungen.

6.1 Ausbildung

Stressprävention ist ein zentrales Element für die Gesundheit eines leistungsfähigen CISM-Teams. Sie unterteilt sich in zwei Bereiche: die Ausbildung jenes Personals in den Organisationen, die Angebote des Teams in Anspruch nehmen, und die Schulung des Teams. Ein Ausbildungsprogramm zur Stressprävention deckt dabei die Behandlung folgender Themen ab:

1. Entstehung und Auswirkung von Stress,
2. Umgang mit einsatzspezifischen Belastungen,
3. Umgang mit Stress nach belastenden Ereignissen,
4. Erkennen von Anzeichen und Symptome von Belastungen,
5. Erlernen von einfachen und praktikablen Stressbearbeitungsmöglichkeiten,
6. Struktur und Arbeitsweise des CISM-Teams,
7. Mitgliedschaft im Team.

Wenn ein Stresspräventionsprogramm Führungskräften der Organisationen vorgestellt wird, so müssen insbesondere Informationen über das Team und Kriterien zu seiner Alarmierung gegeben werden, da Vorgesetzte eher von dem Angebot Gebrauch machen, wenn sie gut und umfassend informiert werden.

Für weitere Informationen zum Thema Ausbildung in CISM siehe Mitchell, J. T. und Everly, G. S. (1994) Human Elements Training, Ellicott City, M.D., Chevron Publishing Corporation. Zudem informiert unter anderem die Sb*E*-Bundesvereinigung zu Ausbildung und Ausbildungsstandards. Siehe dazu den Artikel von Oliver Gengenbach Anhang C.

6.2 Organisationsübergreifende Zusammenarbeit

CISM-Teammitglieder arbeiten organisationsübergreifend. Dazu ist es für die Teamentwicklung existenziell, dass Peers und psychosoziale Fachleute Einblicke bekommen in den Tätigkeitsbereich der jeweils anderen. Peers werden in Bereichen ausgebildet, die sonst psychosozialen Fachleuten vorbehalten bleiben. Sie werden geschult in Krisenintervention, Gesprächsführung, Stressbearbeitung nach belastenden Ereignissen, Trauerhilfe und Psychotraumatologie. Psychosoziale Fachleute müssen sich umgekehrt Feldkompetenz durch Einsatzpraktika in den verschiedenen Organisationen erwerben.

6.3 Regelmäßige Teamsitzungen

Teams, die sich nicht regelmäßig treffen, werden Probleme entwickeln. Zu wenig Kontakt mit den Teammitgliedern isoliert die Leiter und spaltet das Team. Teams, die sich nicht treffen, arbeiten nicht effektiv. Das Resultat ist die Auflösung des Teams. Um das zu vermeiden, sollte sich ein CISM-Team alle vier bis sechs Wochen treffen.

Eine CISM-Teamsitzung besteht aus drei Bereichen:

1. Reflexion und Auswertung der durchgeführten Maßnahmen
2. Tagesgeschäfte
3. Fortbildung.

An der Reflexion und Auswertung der durchgeführten Angebote nehmen ausschließlich Teammitglieder teil. Die dort besprochenen Themen beziehen sich auf die belastenden Einsätze, die von den Teammitgliedern in den vergangenen vier bis sechs Wochen bearbeitet wurden. Dazu wird jede Situation kurz vorgestellt und die Arbeit des Teams besprochen und analysiert. Die Teammitglieder können Fragen stellen oder Anregungen geben. Brisante bzw. wichtige Punkte werden bei Bedarf diskutiert. Teammitglieder werden stets daran erinnert, dass die besprochenen Angelegenheiten vertraulich zu behandeln sind.

Im zweiten Teil befasst sich das Team mit den Tagesgeschäften. Korrespondenz wird besprochen und Entscheidungen getroffen. Angelegenheiten, die Mitgliedschaft, Ausbildung, finanzielle Unterstützung, Pläne für die Zukunft und andere Schwerpunkte der Arbeit des Teams betreffen, werden hier besprochen. An dieser Besprechung nehmen alle Teammitglieder teil.

CISM-Teamsitzungen sollten in einer entspannten Atmosphäre verlaufen. Um dies zu erreichen, beteiligen sich alle Teammitglieder gleichberechtigt. Eine angenehme Arbeitsatmosphäre wirkt sich zudem positiv auf Motivation und Arbeitsfähigkeit der Mitglieder aus und wirkt auf potenzielle Mitglieder einladend. Zur Erinnerung: Eine der Funktionen eines Teamtreffens ist Teamentwicklung und Zusammenhalt.

Ein weiteres Ziel von Teamsitzungen ist die kontinuierliche Fortbildung. Ohne Fortbildung ist ein Team den Anforderungen der CISM-Arbeit nicht gewachsen. Eine Liste empfohlener Themen für Schulungen findet sich im Abschnitt dieses Kapitels unter dem Titel »Wichtige Fragen zur Gründung eines Teams«. Diese und andere Themen sind für das Ausbildungsprogramm des Teams wichtig. Der Fortbildungsteil in einer Teamsitzung dauert zwischen 30 und 45 Minuten.

Zusätzlich zu dem normalen Fortbildungsteil der Teamsitzungen sollten sich Teammitglieder bei regionalen, nationalen oder internationalen Fortbildungen mindestens acht Stunden pro Jahr zu Stressbearbeitung nach belastenden Ereignissen, Krisenintervention oder anderen relevanten Schwerpunkten fortbilden. Es empfiehlt sich,

Schulungen und Kurse zu besuchen, bei denen man Kollegen aus anderen Teilen des Landes oder der Welt kennen lernt. Dies bereichert den Erfahrungsschatz, hinterfragt die eigene Arbeit und eröffnet neue Perspektiven. Teams, die nicht über den »eigenen Tellerrand« hinausschauen, verschenken diese Chance und arbeiten in der Regel weniger effektiv.

6.4 Aufzeichnungen

Teammitglieder möchten in ihrer Arbeit gewürdigt werden und die Ergebnisse ihrer Arbeit gerne schwarz auf weiß sehen. Aufzeichnungen werden aber auch für statistische Zwecke gemacht. Checklisten, die festhalten, wie oft eine Person CISM-Kurzbesprechungen, CISM-Nachbesprechungen oder andere Interventionen geleitet bzw. begleitet hat, sind für die Evaluation und Weiterentwicklung der Arbeit des Teams hilfreich.

6.5 Leitlinien

Teams brauchen schriftliche Leitlinien, nach denen sie arbeiten. Fehlen diese, verursacht dies während der Ereignisse Störungen zwischen Team und Einsatzkräften. Schriftliche Leitlinien, Protokolle, Rollenbeschreibungen und Abläufe geben den Mitgliedern Sicherheit. Es ist aber auch möglich, dass schriftliche Protokolle und Tätigkeitsberichte einen Schutz bieten können im – unwahrscheinlichen – Falle einer Klage oder einer Disziplinarmaßnahme gegen ein Teammitglied, das fehlerhaft gearbeitet haben soll.

6.6 Neuaufnahme von Mitgliedern

In jedem Team gibt es Fluktuation. Da der Dienst in den CISM-Teams ehrenamtlich ist und nicht bezahlt wird, können sich die Prioritäten der Mitglieder verändern, die dann ganz oder zeitweilig das Team verlassen.

Das Team muss ausreichend stark besetzt sein, um effektiv arbeiten zu können. Sowohl Peers als auch Hauptamtliche sollten daher eine Mitgliederwerbung im Blick haben. Manchmal reicht es, einen Bekannten anzusprechen und ihn zu fragen, ob er nicht mitarbeiten möchte. Manchmal muss man Ausschreibungen verteilen und aktiv Werbung betreiben, um neue Mitarbeiter für das Team zu finden.

Wenn ein neues Mitglied dem Team beitritt, sollte so schnell wie möglich eine umfangreiche CISM-Ausbildung durchgeführt werden. Niemand darf ohne eine entsprechende Ausbildung CISM-Angebote durchführen. Neue Teammitglieder werden zur Probe aufgenommen, damit sie in der »Probezeit« ausreichend Erfahrung sammeln können. Erst danach wird die endgültige Entscheidung über eine vollgültige Mitgliedschaft getroffen.

6.7 Öffentlichkeitsarbeit des CISM-Teams

Es genügt nicht, ein CISM-Angebot einmal zu präsentieren und dann zu erwarten, dass Einsatzkräfte über die Existenz und die Aufgabe des Teams Bescheid wissen.

CISM-Teams müssen vielmehr in Feuerwachen und Polizeidienststellen gehen sowie in Einsatzzentralen oder Krankenhäusern präsent sein, um über das Team und dessen Arbeit zu informieren.

6.8 Kommunale Stresspräventionsprogramme

In vielen Bereichen der USA versucht man, die Bevölkerung über die Gefahren traumatischen Stresses zu informieren. Überall dort, wo ein kommunales CISM-Programm dem CISM-Team angegliedert wurde, sind Zivilpersonen in den CISM-Teams vertreten. Stresspräventions- bzw. Informationsprogramme sind für den kommunalen Bereich wichtige Ansatzpunkte.

Zwar wurden die CISM-Teams ursprünglich zur Unterstützung von Einsatzkräften entwickelt, sie konnten aber auch Zivilpersonen oft adäquate Unterstützung anbieten. Nach einem Unglück oder einer Katastrophe in einer Gemeinde sind auch die CISM-Teams gefragt. Sie können psychosozialen Fachleuten effektiv zuarbeiten und diese unterstützen. CISM-Teams sollten auch bereitstehen, wenn in der Gemeinde humanitäre Hilfe gebraucht wird. Für eine umfassende und effiziente Hilfe ist eine enge Koordination und Kooperation zwischen dem CISM-Team, den Hilfsorganisationen, dem kommunalen CISM-Team und den lokalen psychosozialen Diensten notwendig.

Wenn die Hilfsorganisationen und die psychosozialen Beratungsstellen der Gemeinde noch kein kommunales CISM-Team eingerichtet haben und das CISM-Team gebeten wird, Einzelpersonen oder Gruppen aus der Bevölkerung zu helfen, müssen verschiedene Dinge bedacht werden. Bei den Überlegungen können die folgenden Fragen helfen:

1. Gibt es Organisationen oder Dienststellen, die für Betroffene in der Gemeinde psychosoziale Beratungsangebote in einer Krise durchführen?
2. Sind die Mitarbeiter der ortsansässigen psychosozialen Beratungsstellen ausreichend ausgebildet, um mit psychisch traumatisierten Menschen zu arbeiten?
3. Wie schnell können diese Organisationen und Dienststellen auf Anfragen reagieren?
4. Sind solche Organisationen von ihren Kapazitäten her auf Hilfsangebote »in großem Umfang« eingerichtet?
5. Verlangen die infrage kommenden Organisationen Unterstützung, oder kommt die Anfrage von Betroffenen oder anderen Einrichtungen?
6. Falls Organisationen oder Dienststellen anfragen: Was genau erwarten sie vom CISM-Team?
7. Bestehen ausreichende Kommunikationsmöglichkeiten zwischen dem CISM-Team, dem kommunalen CISM-Programm und/oder den anderen Hilfsgruppen?
8. Wie schnell kann das CISM-Team seine Mitarbeiter alarmieren, um auf die Situation reagieren zu können? Wer koordiniert den Einsatz, nimmt Rückmeldungen/Berichte entgegen, und wer übernimmt die fachliche Leitung?
9. Handelt es sich bei der Intervention um einen rein »humanitären Einsatz«? (Es ist u.U. ungünstig, wenn sich ein CISM-Team für diesen Dienst bezahlen lässt.)
10. Kann das CISM-Team während der Arbeit für Menschen aus der Bevölkerung

zeitgleich auch Angebote für Einsatzkräfte machen? Reichen die Personalressourcen dafür aus, oder muss Unterstützung angefordert werden?

Wenn ein CISM-Team angefragt wird, um kommunale CISM-Teams zu unterstützen oder direkt Angebote für die Bevölkerung durchzuführen, wird der fachliche Leiter des Teams über die Anfrage informiert. In der Regel werden Anfragen nicht abgelehnt, es gibt manchmal jedoch einige Punkte, die im Vorfeld abgeklärt werden müssen. Dazu gehören die Fragen nach den Zuständigkeiten, Kompetenzen und den vorhandenen Ressourcen.

6.9 Schulungen und Unterstützungsangebote für Angehörige von Einsatzkräften

Der Aufgabenbereich eines CISM-Teams umfasst weit mehr als die Durchführung von Nachbesprechungen. Das Team beschäftigt sich mit vielen Aspekten der Arbeit von Einsatzkräften. Schon im Vorfeld der Nachbesprechung gehören Stresspräventionsprogramme und Programme für Angehörige zu den wichtigen aktiven Tätigkeiten eines CISM-Teams. Es reicht auch nicht aus, nur die Einsatzkräfte selbst zu unterstützen. Die Unterstützung muss sich auf ihr gesamtes Umfeld erstrecken und beinhaltet auch ihre Familien – ein Zusammenhang, der leider häufig ignoriert wird.

Um diesem Mangel Abhilfe zu schaffen, haben CISM-Teams eigene Hilfsprogramme für die Familien der Einsatzkräfte entwickelt. Diese Hilfsprogramme beinhalten Angebote zur Stressprävention, CISM-Nachbesprechungen und weitere Nachsorge für nahe stehende Personen und Angehörige. Sie werden umfassend über einsatzbezogenen Stress, Stress nach belastenden Ereignissen und andere wichtige Aspekte informiert, um Angst zu vermindern und schädlichen Auswirkungen von Stress vorzubeugen. In manchen Fällen werden die Einsatzkräfte auch gebeten, während des Ausbildungsprogrammes anwesend zu sein.

Ein einschneidendes Ereignis verändert das Zusammenleben von Einsatzkräften mit ihren Familien. Daher können auch folgende Themen eine Bedeutung bekommen, um gegenseitiges Verständnis und familiäres Krisenmanagement zu fördern:

1. Die Persönlichkeit von Einsatzkräften,
2. Kommunikation für Paare,
3. konstruktive Konfliktlösungsstrategien,
4. Entscheidungshilfen für Familien,
5. Informationen über Einsatztätigkeit und Ausrüstung,
6. Besichtigung der Arbeitsstätte,
7. Begleitprogramme,
8. Partnerunterstützung,
9. Treffen mit den Führungskräften bzw. Vorgesetzten des Partners/der Partnerin,
10. Trauer und Trauerarbeit,
11. Umgang mit Angst,
12. Kindererziehung in Familien von Einsatzkräften,
13. Stressbearbeitung nach belastenden Ereignissen,

14. Hilfsangebote annehmen,
15. Unterstützung traumatisierter (Ehe-)Partner,
16. Kinder in Krisensituationen,
17. regelmäßige Gruppen zur Ehepartnerunterstützung.

Nach belastenden Ereignissen, die nicht nur ernste Auswirkungen auf die Einsatzkräfte, sondern auch auf deren Familien haben, ist es manchmal notwendig, weitergehende Angebote durchzuführen. Hier einige Beispiele für Angebote zur Stressbearbeitung für nahestehende Personen und Angehörige:

1. CISM-Nachbesprechung für die Partner der Überlebenden nach einen Dienstunfall mit tödlichem Ausgang,
2. trauer- und krisenorientierte Arbeit mit den Angehörigen einer verstorbenen Einsatzkraft,
3. Trauerseminare für die Familien der verstorbenen Einsatzkräfte (ca. sechs Monate bis ein Jahr nach dem Todesfall),
4. Nachsorge für trauernde Familienangehörige (über mehrere Wochen nach dem Todesfall),
5. »Jugendgruppen« für die Kinder überlebender Einsatzkräfte nach einem Dienstunfall mit tödlichem Ausgang,
6. »Kindergruppen« für Kinder von sechs bis zwölf Jahren nach einem äußerst belastenden Ereignis, das Eltern oder die Familie betroffen hat,
7. CISM-Nachbesprechungen für nahestehende Personen und Angehörige nach einem besonders belastenden Ereignis in der Gemeinde,
8. Beratung von Angehörigen in Fragen der Kindererziehung, bezogen auf eine Krise, die mit der Arbeit der Einsatzkraft in Verbindung steht,
9. Nachsorge für Angehörige von Einsatzkräften je nach Bedarf.

6.10 Debriefing für Debriefer
Unterstützung für CISM-Helfer

Das Sprichwort »Halbwissen kann gefährlich sein« trifft gelegentlich auch auf CISM-Mitarbeiter zu. Einige von ihnen denken, dass sie aufgrund ihrer Ausbildung und Erfahrung vor eigenen Stressbelastungen sicher seien. Das ist natürlich nicht der Fall. CISM-Teams wandern auf einem schmalen Grat. Psychisch traumatisierte Menschen sind sehr empfindlich und verletzbar. In gleicher Weise, wie CISM-Teammitglieder für Betroffene sorgen, sollten sie auch für sich selbst sorgen, damit die CISM-Arbeit nicht zu eigenen Belastungen führt.

Teammitglieder bleiben gesund und einsatzfähig, wenn sie die Regeln, die sie in Bezug auf Pausen, Ernährung und ausgeglichene Arbeit am Einsatzort unterrichten, selbst befolgen. Dies ist nicht nur für ihre eigene Gesundheit wichtig, sie gehen so auch mit gutem Beispiel voran. Wenn CISM-Mitarbeiter selbst Probleme haben oder mit dem Erlebten nicht zurechtkommen, müssen sie Unterstützung bekommen. Wenn sie familiäre Probleme haben, sollten sie als Teammitglied eventuell eine Zeitlang pausieren. Vielleicht müssen CISM-Mitarbeiter aber auch nach einer sehr anstrengenden

CISM-Arbeitsphase pausieren, wenn sie in zu kurzer Zeit zu viele CISM-Angebote durchführen mussten. In jedem Fall müssen Teammitglieder das Recht haben, sich eine »Auszeit« zu nehmen, wenn ihr persönliches Wohlbefinden oder Familienleben größere Aufmerksamkeit verlangt.

Ein besonders wichtiger Schutz für CISM-Teammitglieder ist in diesem Zusammenhang das Nachtreffen, das unmittelbar nach einer CISM-Nachbesprechung stattfindet. Dieses Zusammenkommen bietet die Möglichkeit eines »Debriefings für Debriefer«. Bei dem Treffen geht es um folgende Punkte:

1. kurzer Rückblick auf die CISM-Nachbesprechung mit einem Versuch, nachzuvollziehen, was gerade geschehen ist und aus welchem Grund,
2. Aufgabenverteilung für die weitere Nachsorge,
3. den Teammitgliedern Zeit lassen, um ihre eigenen Eindrücke über die CISM-Nachbesprechung wiederzugeben,
4. sicherstellen, dass sich jeder gut fühlt, bevor man auseinander geht.

Manche Ereignisse sind so gewaltig, und das CISM-Team braucht so viel Zeit und Energie bei den CISM-Nachbesprechungen und der Nachbetreuung, dass es sinnvoll ist, Mitglieder eines anderen Teams zur Unterstützung anzufordern. Dies ist wahrscheinlich notwendig nach Dienstunfällen mit tödlichem Ausgang und Katastrophen. Für die Nachbesprechung der CISM-Arbeit kommen nicht nur andere CISM-Teams infrage, sondern auch Mitglieder des eigenen Teams, die nicht in die Arbeit involviert waren.

Dieses Team muss sich klar darüber sein, dass das CISM-Team die Grundtechniken der CISM-Nachbesprechung kennt und eine Nachbesprechung, die zu starr dem Sieben-Phasen-Modell entspricht, vermutlich ablehnen wird. Das Team muss flexibel sein und damit rechnen, dass die anderen Teammitglieder Fragen stellen. Der Stil einer solchen CISM-Nachbesprechung ist weitaus lockerer und entspricht eher einem Gespräch. Oftmals hilft es, den Teammitgliedern die Möglichkeit zu geben, die Ereignisse in chronologischer Reihenfolge zu erzählen, um deutlich zu machen, wer wann wie an der Durchführung der CISM-Nachbesprechung beteiligt war. In dem Gespräch sollte auch die Frage gestellt werden, worauf die Teammitglieder im Rahmen der CISM-Nachbesprechung emotional reagiert haben. Die Nachbesprechung für die Teammitglieder ermöglicht, anders als die formale CISM-Nachbesprechung mit ihren sieben Phasen, auch eine etwas direktere Befragung durch das leitende CISM-Team. CISM-Teams achten darauf, dass keine offenen Fragen zurückbleiben. Manchmal werden die Debriefer klärende Anmerkungen machen oder auch Informationen zur Weiterbildung geben, von denen alle profitieren. Diese Art der CISM-Nachbesprechung ist beendet, wenn alle der Meinung sind, dass das Ereignis und die Reaktionen des Teams ausreichend besprochen wurden.

6.11 Auszeit für überlastete Teammitglieder

Im vorangehenden Abschnitt wurde angemerkt, dass Teammitglieder manchmal eine Auszeit nehmen und für eine bestimmte Zeit nicht im Team mitarbeiten. Leider erkennen nicht alle Teammitglieder eigene Überforderung. Sie verdrängen ihre Probleme und übernehmen sogar noch mehr Aufgaben und Verantwortung im Team. Ganz langsam werden sie ausgelaugt, da sie ihre eigenen Bedürfnisse nicht ernst nehmen. CISM-Mitarbeiter merken in der Regel schnell, wenn sich ein Kollege zu viel zumutet. Hier einige Warnzeichen, die auf die Überlastung eines CISM-Teammitglieds hinweisen könnten:

1. übersteigerte Sorge um diejenigen Personen, mit denen gearbeitet wurde; diese Sorge übersteigt das Ausmaß, das für eine angemessene Arbeit notwendig ist,
2. Gereiztheit bzw. aggressives Verhalten, wenn ein CISM-Kollege versucht, einem Teammitglied etwas zu sagen, was dieses aber schon zu wissen glaubt,
3. unbegründete Wut auf einen Mitarbeiter oder Angehörige im Anschluss an eine CISM-Nachbesprechung,
4. Verlust des Interesses an der eigenen Arbeit im Anschluss an CISM-Nachbesprechungen,
5. chronische Erschöpfung über einen langen Zeitraum nach CISM-Nachbesprechungen,
6. überzogenes Engagement für bestimmte Personen zeigen,
7. Nachbetreuungen durchführen und beibehalten, die eigentlich nicht notwendig sind,
8. »Einzelkämpferarbeit« ohne die Teamkollegen und ohne angemessene Supervision,
9. unerklärlicher Kontrollverlust über die eigenen Gefühle nach CISM-Nachbesprechungen,
10. Schlaflosigkeit nach CISM-Nachbesprechungen,
11. Unruhe, Rastlosigkeit nach CISM-Nachbesprechungen,
12. Vermeidung von Kontakten zu anderen Personen nach CISM-Nachbesprechungen,
13. übermäßiges Engagement, Bedürfnis, immer mehr CISM-Nachbesprechungen zu übernehmen,
14. Ärger und Eifersucht, wenn andere Personen Nachbesprechungen gehalten haben, in die man nicht einbezogen war,
15. verzerrte Wahrnehmung dahingehend, dass niemand sonst im Team eine »ordentliche« CISM-Nachbesprechung durchführen kann.

Peers in einem Team sind stärker gefährdet, weil sie kontinuierlich Kontakt zu den belasteten Kollegen haben. Aber auch psychosoziale Fachleute und Geistliche sind nicht grenzenlos belastbar. Überlastete CISM-Teammitglieder gefährden ihr eigenes Wohlbefinden und die Arbeit eines CISM-Teams. Sie brauchen Hilfe, um die Kontrolle über sich selbst zurückzuerlangen, bevor sie Schaden anrichten. Die Kollegen im Team können das Problem in der Regel benennen, der Teamkoordinator ist dafür ein möglicher Ansprechpartner. Wenn notwendig, muss auch der fachliche Leiter des Teams mit einbezogen werden. Jeder Versuch, der der Person helfen könnte, selbst zu erkennen, dass ihre CISM-Arbeit immer mehr außer Kontrolle gerät, muss unternommen werden. Normalerweise sind Betroffene wesentlich kooperativer, wenn sie das Problem selbst erkannt haben. Das Problem sollte in einer direkten und konfrontativen Art angesprochen werden, die die Gefahr bzw. die Brisanz deutlich macht. Die Person erhält jede nötige Hilfe und Anleitung. Es sollte auch ein Zeitrahmen für die Problembearbeitung und die Problemlösung bestimmt werden.

Zeigen sich schließlich innerhalb einer angemessenen Zeitspanne keine Veränderungen, kann die Person nicht weiter im CISM-Team mitarbeiten. Dies ist zwar ein schwieriger Schritt, aber die einzig konsequente Lösung.

6.12 Weitere Nachsorge

Keine Gemeinde oder Organisation sollte damit beginnen, ein CISM-Team aufzustellen, ohne zu erkennen, dass die weitere Nachsorge ein integraler Bestandteil der CISM-Angebote sein muss. Weitere Nachsorge-Angebote sind dabei hilfreich, dass Teammitglieder Interesse an ihrer Arbeit behalten. Die Folgeangebote müssen in die Entwicklung eines Teams eingeplant werden. Sie sollten ein integraler Bestandteil der Teamtätigkeit und der Philosophie des CISM-Teams sein.

7. Finanzierung

Da die meisten Teams ehrenamtlich arbeiten, sind die Gesamtkosten eines Teams eher niedrig. Dennoch fallen direkte und versteckte Kosten an. Bei der Neugründung eines Teams fallen für Ausbildung, Honorare, Verpflegung, Fahrten und sonstige Ausgaben die höchsten Kosten an. Als weitere »direkte« Kosten schlagen Telefon und Porto sowie Fahrkarten für das Team, Büroausstattung und weitere Ausgaben zu Buche.

»Versteckte Kosten« entstehen, wenn Mitarbeiter z.B. wegen einer CISM-Nachbesprechung aus ihrer Arbeit ausgelöst und durch Kollegen ersetzt werden müssen. Überstunden von Ersatzkräften machen den größten Anteil solcher »versteckten Kosten« eines Teams aus. Andere »indirekte Kosten« sind z.B. Telefondienst und Alarmierung durch die Einsatzzentrale, die dem Team in Rechnung gestellt wird, die Zeit, die Koordinatoren in die laufende Arbeit des Teams und die Organisation der Einsätze investiert haben, sowie die Zeit, in der CISM-Teammitglieder Aus- und Fortbildungen abgehalten haben.

Es ist schwierig, die allgemeinen Arbeitskosten eines Teams exakt zu bestimmen; noch schwieriger ist es, Finanzierungsmöglichkeiten für ein Team zu finden. Diese reichen von einem eigenen Haushaltsposten im Budget der Organisation bis hin zu Benefizveranstaltungen. Die meisten Teams versuchen, eine kommunale Förderung ihrer Arbeit durch Sachmittel zu erzielen oder eine Freistellung für die konkrete Nachsorgetätigkeit zu erlangen. Viele Teams nehmen Geld ein, indem sie ihre Ausbildungsprogramme gegen Honorar durchführen. Ganz gleich, welche Methode zur Teamfinanzierung gewählt wurde: In jedem Fall sollten die Teammitglieder mit einbezogen sein. Auch verantwortliche Funktionäre, die sich in der Organisation engagieren, sind wichtige Förderer. Wer solche Leute hier mit einbezieht, würdigt ihr Engagement und gibt ihnen im Rahmen der CISM-Arbeit einen passenden Platz.

7.1 Unterstützung vom Rettungsdienstpersonal erreichen und steigern

Es gibt zwei Hauptwege, auf denen Rettungsdienstpersonal den Wert eines CISM-Teams erkennt. Auf der einen Seite kann Unterstützung dadurch gewonnen werden, dass Teammitglieder in den Hilfsorganisationen zu stressbezogenen Themen regelmäßig Unterrichte erteilen. Ein enormer Auftrieb für die Glaubwürdigkeit eines Teams liegt darin, dass Peers die Kenntnisse über Stress und seine Folgen, die sie selbst erworben haben, in ihrer Organisation regelmäßig weitergeben.

Die zweite Methode, um Unterstützung zu erhalten, besteht natürlich darin, eine hervorragende Arbeit zu leisten, wenn es darum geht, CISM-Nachbesprechungen oder andere Interventionen durchzuführen. Wenn Teammitglieder schnell auf Hilfsanforderungen reagieren, effiziente und effektive Dienste durchführen für diejenigen, die ihrer Hilfe bedürfen, bekommt die Reputation eines Teams schnell eine feste Grundlage. Teammitglieder müssen stets ausstrahlen, dass sie niederschwellige Angebote unterbreiten und dürfen Menschen nicht glauben machen, dass sie ihre Dienste auf alle ausdehnen wollen, auch auf die, die gar keine Belastungen davongetragen haben. Ein Team muss dabei jeden Fehler sofort korrigieren. Das heißt also: Effektive Unterstützung ist nur möglich durch saubere CISM-Arbeit!

7.2 Unterstützung von Vorgesetzten erreichen und steigern

Vorgesetzte und Verwaltungsmitarbeiter der Organisation sollten grundsätzlich alles wissen, was die Teamangelegenheiten betrifft. Die Vorgesetzten müssen das Team und seine Funktionen kennen sowie die Indikationen und Alarmierungswege, nach denen es gerufen wird. Vorgesetzte können ein Team nicht sinnvoll einsetzen oder es angemessen unterstützen, wenn sie nicht darüber Bescheid wissen. Teammitglieder sind also gut beraten, die Führungskräfte der verschiedenen Organisationen schon in einer frühen Phase der Teamentwicklung zusammenzubringen. Informationen über die Arbeitsweisen und Grenzen eines Teams sind für Vorgesetzte und für die Verwaltung von besonderer Bedeutung. Manchmal kann es hilfreich sein, bei den Treffen, bei denen die psychosozialen Fachleute mit den Organisationen vertraut gemacht werden, die höchsten Führungskräfte der Organisation einzubeziehen oder ein anschließendes Treffen zu organisieren. Je mehr man den Personen in Schlüsselstellungen einer Organisation an persönlicher Aufmerksamkeit widmet, desto mehr werden sie das Team nutzen und unterstützen. Gerade wenn Teams in einigen Gegenden völlig neu sind, werden die Führungskräfte der Organisationen viele Fragen oder Bedenken haben. Vorgesetzte und Verwaltung müssen über folgende Dinge bestens informiert sein:

- Das CISM-Team wird geführt durch psychosoziale Fachleute und Geistliche.
- Das CISM-Team fördert die Erholung vom Stress. Sie fördert nicht Erwerbsunfähigkeitsansprüche, Schadensersatzansprüche und Prozesse gegen die Organisation und ihre Führung. Vorgesetzte brauchen also keine Bedenken in dieser Richtung zu haben.
- Die Stressbearbeitung nach belastenden Ereignissen ist ein Präventionsprogramm und kein Behandlungs- oder Therapieprogramm.

- Die Kosten der Teamtätigkeit sind minimal, aber der Nutzen ist maximal (wenn auch nicht immer eindeutig zu beziffern). Die Erfahrungen von weltweit 750 Teams in mehr als 40.000 Einsätzen haben die Methode glaubwürdig gemacht.
- Das CISM-Team kann keine Entscheidung eines Vorgesetzten aufheben, vor allem nicht während einer CISM-Einsatzbegleitung. Jede Entscheidung, die die Tätigkeit einer Einsatzkraft oder eine einsatztaktische Maßnahme betrifft, muss zuvor vom Team mit der Einsatzleitung abgeklärt werden. Wenn die Entscheidung die Operationen behindern würde, können die CISM-Teammitglieder zwar ihre Bedenken äußern, aber die letzte Entscheidung fällt immer der Vorgesetzte oder die Verwaltung.
- Das CISM-Team wird – wo immer nötig – die Vorgesetzten und die Verwaltung unterstützen und das Personal der Einsatzleitung in Situationen zu beraten, die Richtung und Führung von Vorgesetzen brauchen.
- Das CISM-Team wird die Führungskräfte und die Verwaltung über die Aktivitäten des Teams auf dem Laufenden halten.
- Das CISM-Team wird aktiv an Schulungsprogrammen für die Organisationen teilnehmen, die Dienste des CISM-Teams in Anspruch nehmen.
- Das CISM-Team nimmt aktiv an Katastrophenschutzübungen und anderen Aktivitäten, z.B. der organisationsinternen Fortbildung, teil, die ihre Professionalität steigern können.
- Das CISM-Team hält die Verwaltung über Entwicklungen auf dem Gebiet der Psychotraumatologie und der Krisenintervention auf dem Laufenden, besonders über abgeschlossene Forschungsvorhaben, angebotene Dienste oder andere das Team betreffende Entwicklungen.

8. Katastrophenschutzübungen

Eine weitere Fortbildungsmöglichkeit für das CISM-Team ist die Einbindung in Katastrophenschutzübungen. Inzwischen wird dem Einsatzabschnitt *Psychosoziale Unterstützung* mehr Aufmerksamkeit gewidmet als früher. Damit sind die Beteiligungsmöglichkeiten enorm gestiegen. Allerdings empfiehlt es sich für Mitglieder des CISM-Teams nicht, im Rahmen einer Übung die Rolle eines psychisch traumatisierten Opfers zu spielen, da es sehr schwierig ist, Emotionen nachzuahmen. Einsatzkräfte spielen diese Rolle häufig nicht gern, und das Team wird bei der künstlichen Krisenintervention eher als grotesk oder lächerlich erlebt. Das CISM-Team sollte sich daher bei Katastrophenschutzübungen auf folgende Punkte konzentrieren:

- die Alarmierung verfolgen,
- das Eintreffen der Einsatzkräfte beobachten,
- Möglichkeiten der Zusammenarbeit mit dem zuständigen Sicherheitsbeauftragten erproben,
- Absperrungen und Gefahrenbereiche kennen lernen,
- sich mit den Aufgaben der Einsatzleitung vertraut machen,
- die Ablösung und Rückführung von Einsatzkräften kennen lernen,

- Triage und Leichenablage kennen lernen,
- sich mit der Frage beschäftigen, wie mit dem Sachgebiet 5 (Presse und Medien) zusammengearbeitet wird und zu welchen Bereichen sie Zutritt haben,
- nach der Übung eine Informationsbroschüre mit Namen und Notfallnummern des Kontaktteams verteilen, die die Aufgaben des CISM-Teams beschreibt.

9. Evaluation des Teams

Die Arbeit des Teams zu evaluieren und zu bewerten, ist eine weitere Aufgabe der Leitung eines Teams. Einsatzkräfte sind es in der Regel nicht gewohnt, ihre Arbeit auf einem abstrakten Niveau zu reflektieren oder im Rahmen einer Auswertung nach »Befindlichkeiten« zu fragen. Die Organisationen haben bestimmte Traditionen und sind für Selbstbeobachtungsprozesse wenig empfänglich. Sie befürchten, dass externe Mitarbeiter, die ihre Organisation und ihre Arbeit von außen betrachten, sie nicht verstehen, Erwartungen oder Ansprüche formulieren und sie in ihrer Arbeit stören. Einzelne Einsatzkräfte schätzen es nicht, wenn sie dazu gebracht werden, sich mit ihren Emotionen auseinander zu setzen. Die Erkenntnis, wie sehr Gefühle ihr Leben bestimmen und beeinflussen, lässt sie befürchten, dies könnte ihre Arbeit im Einsatz gefährden. Einsatzkräfte bemühen sich, Emotionen zu unterdrücken; und jede Bestrebung, Emotionen an die Oberfläche zu bringen, ruft deutlichen Widerstand hervor. Sie sind überzeugt, dass sie ihre Gefühle unterdrücken müssen, um sicherzugehen, dass sie in einer Krise arbeiten können. Viele sind der Meinung, dass Emotionen die Arbeitsfähigkeit von Einsatzkräften nach traumatischen Ereignissen negativ beeinflussen.

Jede Studie über die Auswirkungen einer CISM-Nachbesprechung bei Einsatzkräften muss die Tatsache beachten, dass sich traumatische Ereignisse nach der Nachbesprechung wieder ereignen werden. Diese neuen Ereignisse können die Stresssymptome in ihrer Intensität steigern, wenn die betroffene Person sich nach dem traumatischen Ereignis nicht ein oder zwei Wochen erholen konnte. Studien, die die Arbeit eines CISM-Teams bewerten, müssen stets die authentischen Personen in den authentischen Situationen beobachten. Es gibt kein Labor, in dem Einsatzkräfte unter kontrollierten Bedingungen »erforscht« werden könnten.

Selbst wenn alle oben genannten Gründe aufeinander treffen und so die Bewertung der Arbeit eines Teams erschweren, entbindet dies ein Team keinesfalls von seiner Verantwortung, Angebote und Arbeitsergebnisse zu evaluieren. Teams müssen nach neuen Methoden suchen, um ihre Arbeit zu hinterfragen. Interventionen ohne angemessene Bewertung können nicht verändert werden. Es kann auch sein, dass Änderungen vorgenommen werden, die sich negativ auswirken. Ohne Bewertung können diese Änderungen Schaden anrichten.

Studien zu Effektivität und Effizienz des Teams sind in jedem Fall notwendig, jedoch müssen folgende, grundlegende Richtlinien beachtet werden:

1. Forschungen und Studien sind in Bezug auf die eigentliche CISM-Arbeit stets nachrangig einzustufen.

2. Es muss sichergestellt werden, dass Informationen über Betroffene stets vertraulich behandelt werden.
3. Studien sollten nur auf freiwilliger Basis durchgeführt werden.
4. Die Teilnehmer einer Studie sollten angemessen darüber informiert sein, warum und in welcher Rolle sie teilnehmen.
5. Die Studie sollte sich auf das reale Lebens- und Arbeitsfeld der beteiligten Personen beziehen.
6. Die Ziele und Grenzen der Studie müssen klar formuliert sein.
7. Den Teilnehmern und ihren Organisationen sollte bei Beendigung der Studie ein Feedback gegeben werden.
8. Schlussfolgerungen sollten nie aus falschen bzw. unvollständigen Angaben oder aufgrund von Interpretationen nicht repräsentativer Ergebnisse gezogen werden.
9. Der Forscher ist dazu verpflichtet, den Teilnehmern nicht nur die Daten zur Verfügung zu stellen, sondern ihnen auch behilflich zu sein, die Daten zu interpretieren.

Forschungsprojekte sind nur eine Möglichkeit, um die Arbeit eines Teams zu bewerten. Es gibt verschiedene weitere Vorgehensweisen. Teilnehmer einer CISM-Nachbesprechung sollten zu einem Feedback ermutigt werden. Die Teilnehmer einer CISM-Nachbesprechung sind oft die beste Informationsquelle in Bezug auf den Arbeitserfolg des Teams. Sie können gute Rückmeldungen zu den kommunikativen Fähigkeiten der Teammitglieder geben, die Informationsphase bewerten und mitteilen, ob das Team überzeugend gehandelt hat. Ebenso können sie zur inneren Stimmigkeit des Angebots und zu Defiziten befragt werden.

Das Team sollte, wie in dem Abschnitt »Regelmäßige Teamsitzungen« beschrieben, seine Arbeit regelmäßig nachbesprechen. Die Fallbesprechungen bieten dem Team eine Möglichkeit, Situationen zu analysieren und verschiedene Lösungsmöglichkeiten eines Problems zu diskutieren. Solche Sitzungen ermöglichen auch konstruktive Kritik an Kollegen oder Veränderungen in der Zusammenarbeit des Teams.

Eine weitere Bewertungsmöglichkeit stellt die so genannte »fallspezifische Untersuchungsgruppe« dar. Diese wird eingesetzt, wenn sich Betroffene über einen oder mehrere Peers beschwert haben oder deutlich wird, dass im Rahmen der CISM-Arbeit offensichtlich Fehler gemacht wurden.

Die fallspezifische Untersuchungsgruppe besteht aus drei bis fünf hauptamtlichen und ehrenamtlichen Helfern, die vom fachlichen Leiter und dem Koordinator ausgewählt werden. Mindestens zwei sollten bereits an vorhergehenden Untersuchungen teilgenommen haben. Bei Bedarf kann die Zahl der Mitglieder erhöht werden.

Die Untersuchungsgruppe sollte ihre Recherchen innerhalb von drei Tagen nach Beschwerde- oder Berichteingang abgeschlossen haben. Anschließend werden die Informationen ausgewertet. Innerhalb von zwei Tagen nach dem Treffen mit den Teammitgliedern wird ein schriftlicher Bericht erstellt und dem Leiter bzw. dem Teamkoordinator vorgelegt. Der fachliche Leiter und der Teamkoordinator werden die im Bericht gegebenen Empfehlungen entweder entsprechend berücksichtigen oder den Bericht zur weiteren Bearbeitung weiterleiten.

10. Aufhebung und Aussetzung der Mitgliedschaft

Jede Organisation, die ein Konzept zur Mitgliedergewinnung entwickelt hat, muss sich darüber Gedanken machen, wie sie Mitglieder entlässt, die den Anforderungen nicht entsprechen. Dies ist wichtig, wenn die schlechte Arbeit eines Mitarbeiters einer Person oder Gruppe schadet. Die Mitgliedschaft in einem Team kann durch den fachlichen Leiter, den Teamkoordinator oder die fallspezifische Untersuchungsgruppe aufgehoben werden. Normalerweise trifft man diese Entscheidung, wenn die Teamleitung sich besprochen und den Fall ausreichend diskutiert hat. Jeder der nachfolgend aufgeführten Punkte ist ein Grund für disziplinarische Maßnahmen bzw. für die Entlassung aus einem CISM-Team:

1. jeder Bruch der Vertraulichkeit,
2. das Nichtbefolgen dienstlicher Vorgehensweisen und Abläufe,
3. Organisation oder Durchführung einer CISM-Nachbesprechung ohne Absprache mit dem Teamkoordinator,
4. Organisation oder Durchführung einer CISM-Kurzbesprechung ohne Absprache mit dem Teamkoordinator,
5. Organisation und Durchführung jeder anderen CISM-Maßnahme und jedes anderen Angebots ohne Absprache mit dem Teamkoordinator,
6. Missbrauch der Mitgliedschaft im Team, um sich private Vorteile zu verschaffen,
7. Missbrauch der Mitgliedschaft im Team, um sein Sozialprestige zu verbessern (das bedeutet, dass ein Teammitglied seine Mitgliedschaft benutzt, um auf »dienstlichem Wege« Zugang zu einer anderen Person zu erhalten),
8. eigenmächtiges Arbeiten am Einsatzort im Namen des CISM-Teams ohne Absprache mit dem Teamkoordinator oder einer anderen zuständigen Person,
9. unentschuldigtes Fehlen bei einer CISM-Nachbesprechung,
10. ständiges unentschuldigtes Fehlen bei Teamsitzungen und Fortbildungen,
11. Nichtbeachtung verbindlicher Anweisungen des fachlichen Leiters oder des Teamkoordinators,
12. durch Aussagen und Darstellung in der Öffentlichkeit ein schlechtes Licht auf das CISM-Team werfen,
13. Nachlässigkeit bei Schreibarbeiten, die erledigt werden müssen.

C. Ausbildung im deutschsprachigen Bereich

Oliver Gengenbach

1. Geschichte des CISM in Deutschland

Die Methode des *Critical Incident Stress Management* wird im deutschsprachigen Bereich unter der Bezeichnung »Stressbearbeitung nach belastenden Ereignissen« bzw. in der englischen Originalbezeichnung gelehrt.

In Deutschland begannen die ersten Ausbildungen 1994 und 1995. Zum einen entstanden nach einem Besuch von Professor Jeffrey Mitchell in Münster CISM-Teams in Bayern und Nordrhein-Westfalen, die erste Erfahrungen mit der Methode machten und gleichzeitig begannen, Trainer in die USA zur Ausbildung zu schicken. Gleichzeitig bildete der Psychologe der US Airforce in Deutschland, Dr. Thomas Appel-Schumacher, im Auftrag der entstehenden CISM-Teams und des Malteser Hilfsdienstes erste Teilnehmerinnen und Teilnehmer in CISM aus. Daneben wurden CISM-Trainer im Bereich der Bundeswehr ausgebildet.

1996 wurde die Bundesvereinigung »Stressbearbeitung nach belastenden Ereignis-

Die International Critical Incident Stress Foundation

In den USA wurde zur Verbreitung der CISM-Methode die International Critical Incident Stress Foundation gegründet. Sie hat es übernommen, den Erfahrungsaustausch der inzwischen weltweit 750 Teams durch regelmäßige Informationen, der Publikation der Zeitschrift Life Net und durch regelmäßige Weltkongresse zu gewährleisten.

Die ICISF ist erreichbar:
ICISF
3290 Pine Orchard Lane, Suite 106
Ellicott City, MD 21042

Tel: 001-410-750-9600, Fax: 001-410-750-9601
www.icisf.org

sen - Sb*E* e.V.« gegründet, die es sich zur Aufgabe gemacht hat, die CISM-Methode im deutschsprachigen Bereich zu verbreiten und die Ausbildung auf deutsche Verhältnisse zu übertragen und zu standardisieren. Die Sb*E*-Bundesvereinigung fühlt sich zum einen der in den USA entwickelten und weltweit bewährten Methode des CISM verpflichtet. Zum anderen passt sie Inhalte und Ausbildungsmethoden an die deutschen bzw. europäischen Bedingungen an. Die »*International Critical Incident Stress Foundation*« hat mit der Bundesvereinigung Stressbearbeitung nach belastenden Ereignissen die Ausbildungsinhalte und -methoden miteinander abgestimmt.

Innerhalb der Sb*E*-Bundesvereinigung wird die konzeptionelle Weiterentwicklung der Ausbildung im Kursleiterprogramm (KULP) geleistet, zu dem sich die CISM-Trainerinnen und Trainer regelmäßig treffen. Gemeinsam mit den anderen Organisationen, die in CISM ausbilden, werden im Rahmen der 2002 gegründeten »*Bundesarbeitsgemeinschaft Psychosoziale Unterstützung*« Ausbildungsstandards weiterentwickelt. Dass psychosoziale Fachleute und Peers in der Einsatznachsorge organisationsübergreifend gleiche Ausbildungsvoraussetzungen mitbrachten, hat bei den zurückliegenden Großeinsätzen (wie z.B. in Eschede, Erfurt, Überlingen oder Sachsen) eine gute Zusammenarbeit möglich gemacht.

In Deutschland gibt es zurzeit etwa 20 ausgebildete und anerkannte CISM Basic Trainer und zwei CISM Advanced Trainer (Stand Februar 2004).

Die Sb*E*-Bundesvereinigung hat in den letzten fünf Jahren Kurse von zwei bis drei Tagen Dauer für 3.800 Kursteilnehmer durchgeführt. In etwa 65 regionalen Teams sind um die 750 psychosoziale Fachleute und Peers jederzeit einsatzbereit. Zu den Sb*E*-Mitarbeitern gehören Psychiater, Psychologen, Therapeuten, Supervisoren, Ärzte verschiedener Disziplinen sowie Mitarbeiter und Einsatzkräfte aus allen Einsatzorganisationen: Berufs- und Freiwillige Feuerwehren, Rettungsdienst, Technisches Hilfswerk, div. Hilfsorganisationen, Militär, Polizei, BGS, Gesundheitswesen sowie Betreuer in Unternehmen (z.B. Bergbau, chem. Industrie).

2. CISM-Ausbildungen im deutschsprachigen Bereich

Neben der Sb*E*-Bundesvereinigung, der größten Einsatznachsorge-Organisation im deutschsprachigen Bereich, gibt es andere Organisationen, die ebenfalls die Methode des Critical Incident Stress Management schulen.

Der Malteser Hilfsdienst bildet seit 1995 im Bereich CISM aus und unterhält mehrere Teams in Deutschland. Die Malteser stellen die Einsatznachsorge in den Rahmen ihres Programms »Mensch im Mittelpunkt« und schulen CISM als Teil einer umfassenderen so genannten »Mediatoren-Ausbildung«. Solche Mediatoren kommen aus dem Kreis der Einsatzkräfte, stehen als Gesprächs- und Ansprechpartner zur Verfügung, sorgen für notwendige Fortbildungsangebote, sichern bei Bedarf durch Anforderung die strukturierte Einsatznachsorge und vermitteln weitere Hilfen. Genauere Informationen sind im Internet unter *http://www.malteser.de* zu finden.

Auch in der Bundeswehr wird nach der Methode des CISM gearbeitet. Die Bundeswehr hat z.Z. drei CISM-Teams, die als Kriseninterventionsteams bezeichnet werden und in Fürstenfeldbruck (Flugmedizinisches Institut der Luftwaffe), Kiel (Schifffahrtmedizinisches Institut der Marine) und Koblenz (Zentrum Innere Führung) etabliert sind. Zusätzlich hält das Kommando Spezialkräfte ein eigenes Team ständig einsatzbereit, das aber nur für den internen Einsatz innerhalb des eigenen Verbandes vorgesehen ist. Die Alarmierung der Teams soll künftig über eine Zentralstelle geregelt werden.

Die Zahl ausgebildeter Teamleiter beläuft sich derzeit auf etwa 200, die der ausgebildeten Peers auf ca. 1.500. Die Ausbildung erfolgt nach den Richtlinien der ICISF, wobei »Basic«, »Advanced« und »Peer Support« in einer zweiwöchigen Ausbildung zusammengefasst werden. Auch alle evangelischen Militärpfarrerinnen und -pfarrer sind in die Einsatznachsorge integriert, sie erhalten obligatorisch einen CISM-Kurs.

Ursprünglich aus Spendengeldern aus einer Hilfsaktion für die Familie eines verstorbenen Piloten ist die Stiftung »Mayday« entstanden, die CISM besonders im Bereich der Luftfahrt ausbildet und anbietet. Informationen sind im Internet unter *http://www.stiftung-mayday.de* und *http://www.cism-team.de* zu finden.

Im Bereich der Luftfahrt und inzwischen auch in anderen Einsatzbereichen bildet auch die Deutsche Gesellschaft für Post-Traumatische Stress-Bewältigung e.V. (DG PTBS e.V.) aus. Nähere Informationen sind im Internet unter *http://www.dgptsb.de* zu finden.

In Österreich schult das Österreichische Rote Kreuz und unterhält Einsatznachsorge-Teams. Informationen im Internet unter *http://www.roteskreuz.at*.

In der Schweiz bildet die meisten Einsatznachsorgegruppen das Institut Psychotrauma Schweiz (IPTS) aus, das von Frau Dr. med. Gisela Perren-Klingler gegründet wurde. Frau Perren-Klingler geht auch von den Grundideen Mitchells aus, hat aber die Inhalte des Debriefings an verschiedenen Stellen modifiziert. Nähere Informationen sind im Internet unter *http://www.institut-psychotrauma.ch* zu finden.

In Luxembourg wird die Einsatznachsorge von der Unité de Support Psychologique Luxembourg übernommen und landesweit nach Sb*E*-Standards durchgeführt. Ansprechpartner für Sb*E* Luxembourg ist der Sb*E*/CISM-Trainer Leon Kraus.

In Südtirol ist für die Einsatznachsorge Ansprechpartner das ENS-Team des Landesrettungsvereins Weißes Kreuz, das sowohl nach der Sb*E*-Methode als auch nach der IPTS-Methode arbeitet. Informationen im Internet unter *www.wk-cb.bz.it*.

3. Konzeption der CISM-Ausbildung der Bundesvereinigung Sb*E*

Am Beispiel der Bundesvereinigung Stressbearbeitung nach belastenden Ereignissen stellen wir im folgenden eine Konzeption vor, die sich im Bereich von Feuerwehr und Rettungsdienst sowie in den Einsatznachsorgeteams des Bundesgrenzschutz, der Militärseelsorge und einigen Landespolizeien durchgesetzt hat.
Schon 1997 hat die Bundesvereinigung Stressbearbeitung nach belastenden Ereignissen ein deutschsprachiges Ausbildungskonzept erstellt, das seitdem als Grundlage für die Qualifizierung von Mitgliedern eines Sb*E*-Teams dient. Die aktuellen Ausbildungsange-

bote und Detailinformationen der SbE-Bundesvereinigung findet man im Internet unter *http://www.sbe-ev.de.*

Diesem Konzept liegt eine Analyse der konkreten Situationen zugrunde, mit denen die Teammitglieder (psychosoziale Fachleute und Peers) im Einsatz konfrontiert werden können. Um diese Situationen zu bewältigen, brauchen Teammitglieder spezifische persönliche, soziale und fachliche Kompetenzen. Die Ausbildung will einen Qualifizierungsprozess in diesem umfassenden Sinne in Gang setzen. Sie beschränkt sich nicht auf die Vermittlung von Fertigkeiten und Kenntnissen, sondern berücksichtigt auch personale Kompetenzen wie Selbstverantwortung und Kooperationsfähigkeit.

Die Teilnahme an der Ausbildung führt nicht zwingend zur Aufnahme in ein Sb*E*-Team. Die einzelnen Ausbildungsmodule werden für Peers und psychosoziale Fachleute gemeinsam angeboten und sind in sich geschlossen.

Aufgrund der späteren Erfordernisse, gemeinsam im Team zu arbeiten, legt die Sb*E*-Bundesvereinigung zum einen Wert darauf, dass psychosoziale Fachleute (Psychologen, Therapeuten, Seelsorger, Ärzte u. a.) und Peers aus den verschiedenen Einsatzorganisationen gemeinsam geschult werden. Beide Gruppen durchlaufen die Ausbildung gemeinsam, weil so das gegenseitige Verständnis wächst und eine Teambildung ermöglicht. Zum anderen favorisiert die Sb*E*-Bundesvereinigung die Ausbildung regionaler Gruppen in Inhouse-Seminaren im Unterschied zu offenen Kursen, zu denen sich Einzelpersonen anmelden können. Durch die gemeinsame Ausbildung im Team entsteht von Anfang an eine Vertrautheit untereinander und ein gegenseitiges

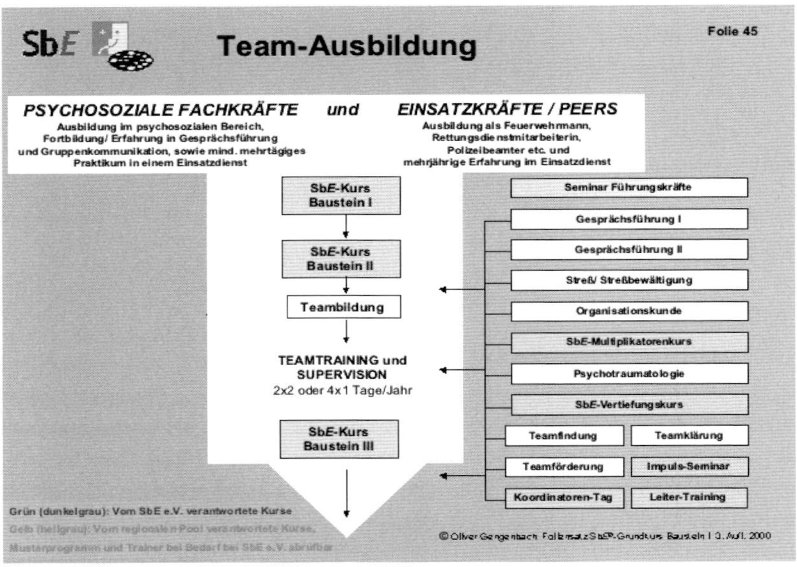

Abb. C1

Verstehen, das für die spätere Nachsorgearbeit essentiell ist. Offene Kurse werden ergänzend und unterstützend angeboten für Initiatoren oder aber später hinzukommende Interessenten regionaler Gruppen.

Für die Ausbildung von Sb*E*-Regionalgruppen bietet die Sb*E*-Bundesvereinigung ein umfassendes Ausbildungsangebot an.

Grundsätzlich umfasst die Ausbildung CISM-(Methoden-)Kurse und Sb*E*-Module. Die CISM-Kurse werden von der Sb*E*-Bundesvereinigung verantwortet und durchgeführt, die Module hingegen werden in regionaler Verantwortung ausgewählt und durchgeführt, wobei die Regionalgruppen entweder auf regionale Trainer zurückgreifen können und/oder auch Trainer der Bundesvereinigung auf Wunsch anfordern können.

Die Ausbildung beginnt mit einer Vorbereitungs- und Ausbildungsphase, zu der verbindlich der CISM-Grundkurs (Bausteine I und II) und ein Teambildungstag gehören. Dringend empfohlen werden in dieser Phase darüber hinaus die Module »Stress« und »Stressbewältigung«, »Gesprächsführung I« und »Organisationskunde«. Danach kann das Team erste Erfahrungen in der Arbeit sammeln.

Für die weitere Arbeit des Teams hält die Bundesvereinigung Sb*E* 2 x 2 oder 4 x 1 Tag pro Jahr Fortbildung und Supervision für erforderlich. Für diese Fortbildung sind die erwähnten Module vorgesehen, soweit sie nicht schon in der Vorbereitungsphase durchlaufen wurden, sowie als weitere Module »Gesprächsführung II«, »Psychotraumatologie«, »Teamfindung«, »Teamklärung« und »Teamunterstützung«. Spezielle Angebote sind außerdem: das Leitertraining für Debriefing-Leiter, sowie ein Multiplikatorenkurs und ein Koordinatorentag.

Nach ersten Erfahrungen ist der CISM-Kurs Baustein III ein verbindlicher Aufbaukurs, der als Schwerpunkt die Durchführung von CISM-Nachbesprechungen (Debriefings) zum Inhalt hat, die Standards des CISM Advanced Course erfüllt und als solcher zertifiziert wird.

Überblick, Kursbeschreibungen und die Termine der Offenen Kurse im Ausbildungszentrum Witten sind auf der Ausbildungsseite im Internet unter *http://www.sbe-ev.de* abzurufen.

4. Sb*E*-Kursinhalte

1. CISM-Kurse

CISM-Kurs Baustein I
(Psychische Belastungen bei Einsatzkräften)

Der Kurs richtet sich an

haupt- und ehrenamtliche Mitarbeiterinnen und Mitarbeiter aller Rettungs- und Einsatzdienste (z.B. Feuerwehr, Polizei, Rettungsdienst, Hilfsorganisationen, Militär, Gesundheitswesen), die nach Möglichkeiten suchen, einsatzspezifische Belastungen bei sich selbst und anderen wahrzunehmen und verantwortlich zu bearbeiten; des Weiteren an Fachleute aus dem psychosozialen Bereich (Psychologen, Seelsorger, Sozialpädagogen, Ärzte etc.), die mit Einsatzkräften zu einsatzspezifischen Belastungen arbeiten.

Die Ziele des Kurses
setzen neben einer Einführung in die Psychotraumatologie und in die Methodik der Stressbearbeitung nach belastenden Ereignissen auf zwei Schwerpunkte: Auseinandersetzung mit der eigenen (Einsatz-)Tätigkeit und den daraus resultierenden Belastungen und Möglichkeiten der Unterstützung durch Kollegen nach belastenden Einsätzen und Ereignissen im Einzelgespräch.

Die Inhalte des Kurses
konzentrieren sich auf die Bereiche Stress und Belastung, Grundlagen der Psychotraumatologie, Grundlagen der Kommunikation und Gesprächsführung, Stressbearbeitung nach belastenden Ereignissen: Grundlagen und Interventionsarten im Überblick, CISM-Einzelgespräch im Detail (mit Übungen).

CISM-Kurs Baustein II (CISM-Gruppeninterventionen)

Der Kurs richtet sich an
haupt- und ehrenamtliche Mitarbeiter aller Rettungs- und Einsatzdienste (z.B. Feuerwehr, Polizei, Rettungsdienst, Hilfsorganisationen, Militär, Gesundheitswesen), die beabsichtigen, in einem CISM-Team zu arbeiten bzw. ein CISM-Team in ihrem Verantwortungsbereich zu institutionalisieren, sowie an Fachleute aus dem psychosozialen Bereich (Psychologen, Seelsorger, Sozialpädagogen, Ärzte etc.), die in einem CISM-Team arbeiten wollen. Die Teilnehmer erhalten ein CISM-Basic-Course-Zertifikat der *International Critical Incident Stress Foundation* (ICISF).

Die Ziele des Kurses
liegen in erster Linie auf der Vorstellung und Einübung der CISM-Gruppeninterventionen CISM-Kurzbesprechung (*Defusing*) und CISM-Nachbesprechung (*Debriefing*) durch Rollenspiel.

Die Inhalte des Kurses
Psychische Traumatisierung und deren Auswirkung auf Einsatzkräfte, Stressbearbeitung nach belastenden Ereignissen: Entstehungsgeschichte, Methoden im Überblick, CISM-Einsatzbegleitung, CISM-Einsatzabschluss (*Demobilization*), CISM-Kurzbesprechung (*Defusing*) im Detail mit Rollenspiel, CISM-Nachbesprechung (*Debriefing*) im Detail mit Rollenspiel, Ausbildung und Teamaufbau.

Teilnahmevoraussetzung:
CISM-Kurs Baustein I (Psychische Belastungen bei Einsatzkräften, Einzelinterventionen).

Die CISM-Bausteine I und II entsprechen dem CISM Basic Course und werden als solcher zertifiziert. Der Baustein I umfasst zusätzlich zu den Inhalten des CISM Basic Course auch Inhalte des CISM Peer Counseling Course.

CISM-*Kurs Baustein III (CISM-Nachbesprechungen)*

Der Kurs richtet sich an
haupt- und ehrenamtliche Mitarbeiter aller Rettungs- und Einsatzdienste (z.B. Feuerwehr, Polizei, Rettungsdienst, Hilfsorganisationen, Militär, Gesundheitswesen), die in einem CISM-Team arbeiten bzw. ein CISM-Team in ihrem Verantwortungsbereich institutionalisieren wollen, sowie an Fachleute aus dem psychosozialen Bereich (Psychologen, Seelsorger, Sozialpädagogen, Ärzte etc.), die in einem CISM-Team arbeiten.

Die Ziele des Kurses
bestehen in der Vertiefung der Kenntnisse und Erweiterung der Anwendungskompetenzen für die CISM-Nachbesprechung (*Debriefing*). Ebenso werden psychotraumatologische Grundlagen sowie Möglichkeiten der weiterführenden Beratung und Therapie für Betroffene behandelt.

Die Inhalte des Kurses
beziehen sich auf die Themenkomplexe psychische Traumatisierung und deren Auswirkung auf Einsatzkräfte, Reflexion der eigenen Erfahrungen mit CISM-Gruppeninterventionen, CISM-Nachbesprechung (*Debriefing*): Prozess, Sonderformen (tödlicher Dienstunfall oder Suizid, Großschadensereignisse), Rollenspiele zur Nachbesprechung, Vermittlung weitergehender Hilfen, Standards für CISM-Teams und regionale Pools.

Teilnahmevoraussetzung
Nachweis der Teilnahme an den CISM-Kursen Baustein I und II.

Der CISM Baustein III entspricht dem CISM Advanced Course und wird als solcher zertifiziert.

CISM-Vertiefungskurs

Der Kurs richtet sich an
ausgebildete CISM-Teams bzw. Einzelpersonen, die ihre CISM-Kenntnisse auffrischen und vertiefen wollen.

Die Ziele des Kurses
Neben einer Auffrischung der Kenntnisse in Psychotraumatologie sowie in der Methodik der Stressbearbeitung nach belastenden Ereignissen setzt der Vertiefungskurs zwei Schwerpunkte: Reflexion der eigenen CISM-Tätigkeit und Gewinnung von größerer Sicherheit in der Anwendung der verschiedenen CISM-Interventionen.

Die Inhalte des Kurses
liegen im Bereich Stress und Belastung, Psychotraumatologie, Kommunikation und Gesprächsführung, Stressbearbeitung nach belastenden Ereignissen, Training der CISM-Einzel- und Gruppeninterventionen. Die genauen Inhalte werden individuell und teilnehmerorientiert auf das jeweilige Team bzw. die Teilnehmer zugeschnitten.

CISM-Multiplikatorenkurs

Der Kurs richtet sich an
Peers und psychosoziale Fachleute, die in ihren Organisationen Prinzip, Möglichkeiten und Methodik der Stressbearbeitung nach belastenden Ereignissen bekannt machen wollen mit dem Ziel, eine strukturierte Einsatznachsorge in ihrer Organisation zu verankern.

Die Ziele des Kurses
liegen in der Vermittlung von Fähigkeiten und Kenntnissen, die Ziele und Inhalte der Stressbearbeitung nach belastenden Ereignissen sollen in den Organisation bekannt gemacht und als Methode verankert werden.

Die Inhalte des Kurses
bestehen in der Auffrischung der grundlegenden Inhalte, der didaktischen Umsetzung, dem Einüben von Möglichkeiten der Präsentation mit Hilfe von Medien, Methoden, Lehrverhalten; des Weiteren im sachgemäßen Umgang mit Akzeptanzproblemen und organisatorischen Rahmenbedingungen.

CISM-Modul »Teambildung«

Das Modul richtet sich an
ein CISM-Team in der Gründungsphase.

Die Ziele des Moduls
bestehen im organisatorischem Aufbau eines CISM-Teams.
Die Inhalte des Moduls
liegen in der Vermittlung von Struktur und Funktionen im Pool, Mitgliederpflege, Öffentlichkeitsarbeit, Alarmierungswege, Bereitschaftsplan, Vernetzung mit psychosozialen Einrichtungen in der Region, organisatorische Einbindung in Einsatzorganisationen, Kontakt zur Sb*E*-Bundesvereinigung, Fortbildung und Supervision, Zuständigkeitsbereiche.

CISM-Seminar für Führungskräfte

Das Seminar richtet sich an
Führungskräfte einer Organisation, in der ein CISM-Team aufgebaut wird.

Die Ziele des Seminars
bestehen in der Vermittlung von Grundlagen der Psychotraumatologie und Angeboten der Einsatznachsorge, Hilfen zu einer sachgerechten Einschätzung der möglichen Belastungen von Einsatzkräften, Kenntnis der Arbeitsweise des CISM-Teams.

Die Inhalte des Seminars
liegen auf den Themenkomplexen Stress und Belastung, Einsatz- und Traumastress, Frühwarnzeichen besonderer Belastung; des Weiteren wird eine Übersicht über die CISM-Interventionsarten, Arbeitsweisen des CISM-Teams und die Zusammenarbeit mit der Führung gegeben.

2. Sb*E*-Module

Sb*E-Modul »Stress und Stressbewältigung«*

Der Kurs richtet sich an
haupt- und ehrenamtliche Mitarbeiter aller Rettungs- und Einsatzdienste (z.B. Feuerwehr, Polizei, Rettungsdienst, Hilfsorganisationen, Militär, Gesundheitswesen) und Fachleute aus dem psychosozialen Bereich (Psychologen, Seelsorger, Sozialpädagogen, Ärzte etc.), die in CISM-Teams arbeiten, sowie am Thema Interessierte.

Die Ziele des Kurses
liegen darin, Kenntnis über die Ursachen und Entstehungsmechanismen von Stress und Einschätzung der Auswirkungen zu erlangen sowie in der Befähigung, persönliches Stressverhalten zu analysieren und verschiedene Stressebenen zu unterscheiden, um berufsbedingten Stress herauszufiltern; schließlich in der Sensibilisierung für die Wahrnehmung von Stressreaktionen bei sich und anderen sowie der Kenntnis verschiedener Möglichkeiten von Stressbewältigung und Entspannungstechniken.

Die Inhalte des Kurses
bestehen darin, neurophysiologische Vorgänge bei Stress, Stressarten und -typen und Stress in den Einsatzdiensten (Alltags-, Berufs-, Organisations-, Einsatz- und Ereignisstressoren) zu erkennen, persönliche Stresssituationen zu analysieren, Möglichkeiten der kurzfristigen und langfristigen Stressbewältigung aufzustellen sowie persönliche Strategien zur Abgrenzung kumulativen und traumatischen Stresses und Möglichkeiten der Stressbearbeitung nach belastenden Ereignissen zu erarbeiten.

Sb*E-Modul »Gesprächsführung I«*

Der Kurs richtet sich an
haupt- und ehrenamtliche Mitarbeiter aller Rettungs- und Einsatzdienste (z.B. Feuerwehr, Polizei, Rettungsdienst, Hilfsorganisationen, Militär, Gesundheitswesen) und Fachleute aus dem psychosozialen Bereich (Psychologen, Seelsorger, Sozialpädagogen, Ärzte etc.), die in CISM-Teams arbeiten, sowie am Thema Interessierte.

Die Ziele des Kurses
liegen in der Vermittlung von Kenntnissen und Fähigkeiten auf dem Gebiet der Gesprächsführung und der verbalen und nonverbalen Kommunikation sowie der Kenntnis der besonderen Bedingungen zur Gesprächsführung nach Extrembelastungen.

Die Inhalte des Kurses
bestehen darin, Kommunikationsmodelle ebenso kennen zu lernen wie die Grundlagen der Gesprächsführung, die Reflexion eigener Gesprächshaltungen, Ziele in der Gesprächsführung, Gestaltung von Gesprächssituationen (Setting) und Einübung eigenen Gesprächsverhaltens sowie Einzelgesprächen nach belastenden Ereignissen.

Sb*E-Modul »Gesprächsführung II«*

Der Kurs richtet sich an
haupt- und ehrenamtliche Mitarbeiter aller Rettungs- und Einsatzdienste (z.B. Feuerwehr, Polizei, Rettungsdienst, Hilfsorganisationen, Militär, Gesundheitswesen) und Fachleute aus dem psychosozialen Bereich (Psychologen, Seelsorger, Sozialpädagogen, Ärzte etc.), die in CISM-Teams arbeiten, sowie am Thema Interessierte. Der Kurs baut auf den Grundlagen des Moduls »Gesprächsführung I« auf, kann jedoch bei entsprechendem Vorwissen auch einzeln belegt werden.

Die Ziele des Kurses
bestehen in der Vermittlung von Kenntnissen und Fähigkeiten zur Gesprächsführung, vor allem in schwierigen Situationen und im Setting einer Gruppe.

Die Inhalte des Kurses
liegen beim Gesprächssetting (v.a. Gruppensetting), Gesprächsführung bei Krisen und Suizidalität, Hilfen zur Externalisierung von Intrusionen und Stabilisierung sowie bei kritischen Situationen wie Dissoziation und Trancen.

Sb*E-Modul »Organisationskunde«*

Der Kurs richtet sich an
haupt- und ehrenamtliche Mitarbeiter aller Rettungs- und Einsatzdienste (z.B. Feuerwehr, Polizei, Rettungsdienst, Hilfsorganisationen, Militär, Gesundheitswesen) und Fachleute aus dem psychosozialen Bereich (Psychologen, Seelsorger, Sozialpädagogen, Ärzte etc.), die in CISM-Teams arbeiten, sowie am Thema Interessierte.

Die Ziele des Kurses
bestehen darin, Kenntnisse über den Dienstalltag von Polizei, Bundesgrenzschutz, Feuerwehr, Hilfsorganisationen und Katastrophenschutz und die Zusammenhänge zu gewinnen; ebenso werden die Möglichkeiten der organisationsübergreifenden Zusammenarbeit in der zivilen Gefahrenabwehr und die länderspezifischen Regelungen für Großschadensereignisse und Katastrophen thematisiert.

Die Inhalte des Kurses
fokussieren sich auf Rechtsgrundlagen, Aufgaben und Organisation, Personal-, Leitungs- und Führungsstrukturen, Bewältigung des Alltags und besondere Situationen bei Polizei, Bundesgrenzschutz, Feuerwehr, Hilfsorganisationen und Katastrophenschutz sowie die organisationsübergreifende Zusammenarbeit und Einsatzleitungen bei Großschadensereignissen und Katastrophen. Neben Theorieeinheiten werden Besichtigungen bei verschiedenen Organisationen durchgeführt.

Sb*E-Modul »Psychotraumatologie«*

Der Kurs richtet sich an
haupt- und ehrenamtliche Mitarbeiter aller Rettungs- und Einsatzdienste (z.B. Feuerwehr, Polizei, Rettungsdienst, Hilfsorganisationen, Militär, Gesundheitswesen) und Fachleute aus dem psychosozialen Bereich (Psychologen, Seelsorger, Sozialpädagogen, Ärzte etc.), die in CISM-Teams arbeiten, sowie am Thema Interessierte.

Die Ziele des Kurses
bestehen in der Vermittlung und Vertiefung von Kenntnissen der Psychotraumatologie und dem Erlernen von Techniken zum Eigenschutz während CISM-Einsätzen.

Die Inhalte des Kurses
spiegeln die Grundlagen der Psychotraumatologie wider, es werden Definitionen von Traumata gegeben und Konzepte der Ohnmacht thematisiert sowie neurophysiologische und psychobiologische Vorgänge bei Traumatisierungen, Dissoziation und Trancen aufgezeigt, außerdem Akutauswirkungen und chronifizierte Folgen von Traumata, Techniken zur Realitätsbindung, Erarbeitung der persönlichen Trauma-Skripte, Gefährdungspunkte, Techniken zur Abgrenzung.

Sb*E-Modul »Teamfindung«*

Das Modul richtet sich an
ein CISM-Team in der Anfangsphase.

Die Ziele des Moduls
bestehen in der Förderung von Offenheit, Austausch und Kontakt, Reflexion eigener Eigenschaften und Fähigkeiten sowie in der Förderung des Prozesses, diese Eigenschaften als Qualitäten zu begreifen; es wird auf eine gemeinsame Linie eingestimmt sowie das Wachstum von Vertrauen und Wir-Gefühl gestärkt.

Die Inhalte des Moduls
bilden gruppendynamische und erfahrungsorientierte Elemente aus den Bereichen der Supervision und der systemisch-integrativen Gruppenarbeit.

Sb*E-Modul »Teamförderung«*

Das Modul richtet sich an
ein bestehendes CISM-Team, das sich neue Impulse erarbeiten möchte.

Die Ziele des Moduls
bestehen darin, einen Klärungsprozess in Gang zu setzen, an welcher Stelle und wodurch Teamarbeit gehemmt wird; Blockaden sollen aufgelöst und Gestaltungsmöglichkeiten entwickelt werden, um neue Beweglichkeit zu fördern.

Die Inhalte des Moduls
bilden gruppendynamische und erfahrungsorientierte Elemente aus den Bereichen der Supervision und der systemisch-integrativen Gruppenarbeit.

Sb*E-Modul »Teamklärung«*

Das Modul richtet sich an
ein CISM-Team, in dem es zu Streitigkeiten gekommen ist.

Die Ziele des Moduls
bestehen darin, die Wahrnehmung von Konflikten zu schulen, deren Art und Ausmaß abzuschätzen und eine Atmosphäre zu schaffen, die Offenheit und Respekt in der Konfliktlösung ermöglicht; es sollen Grundsätze von Gesprächsführung und Kommunikation vermittelt und die Entwicklung zukünftiger Strategien zur Konfliktlösung gefördert werden.

Die Inhalte des Moduls
bilden gruppendynamische und erfahrungsorientierte Elemente aus den Bereichen der Supervision und der systemisch-integrativen Gruppenarbeit.

3. Spezielle Sb*E*-Seminare

Sb*E-Leitertraining*

Der Kurs richtet sich an
Fachleute aus dem psychosozialen Bereich (Psychologen, Seelsorger, Sozialpädagogen, Ärzte etc.), die Erfahrungen in der CISM-Arbeit haben und die als Leiter von CISM-Nachbesprechungen (*Debriefings*) gearbeitet haben bzw. sich darauf vorbereiten.

Die Inhalte des Kurses
setzen neben einem intensiven Erfahrungsaustausch auf folgende Schwerpunkte: kritische Situationen im Debriefing (z.B. emotionale Dekompensation in der CISM-

Nachbesprechung), hirnphysiologische Zusammenhänge bei Traumatisierungen, Abgrenzung peritraumatischer Interventionen der akuten Krisenintervention von traumatherapeutischen und anderen therapeutischen Verfahren, Überblick und kritische Würdigung der gegenwärtigen Forschung.

Die Voraussetzungen sind
eine Grundqualifikation als psychosoziale Fachkraft, fundierte Erfahrungen in Gesprächsführung und im Umgang mit Gruppen, CISM-Kurse Baustein I und II, Einbindung in ein CISM-Team, Erfahrung in der Leitung von CISM-Kurzbesprechungen und CISM-Nachbesprechungen, Vorgespräch.

Sb*E-Koordinatorentag*

Die Veranstaltung richtet sich an
Koordinatoren von regionalen CISM-Teams.

Die Inhalte des Tages
sind neben einem intensiven Erfahrungsaustausch: Teamstruktur, Teamentwicklung, Öffentlichkeitsarbeit, Vorstellung der Sb*E*-Fortbildungsangebote. Es besteht die Möglichkeit, weitere Themen der Koordinatoren aufzugreifen.

Sb*E-Impuls-Seminar*

Das Seminar richtet sich an
Vertreter regionaler CISM-Teams, die nach Impulsen für eine Weiterentwicklung ihres Pools suchen.

Die Ziele des Seminars
bestehen in der Erarbeitung von Ideen zur Teamförderung entsprechend eingebrachter Anliegen und der Entwicklung verschiedener Perspektiven der Betrachtung sowie der Reflexion möglicher Schwierigkeiten.

Die Inhalte des Seminars
bilden gruppendynamische und erfahrungsorientierte Elemente aus den Bereichen der Supervision und der systemisch-integrativen Gruppenarbeit.

D. Die Stressbearbeitung nach belastenden Ereignissen als integraler Bestandteil der psychosozialen Unterstützung von Helfern und Betroffenen während und nach einem Katastrophenfall oder einem Großschadensereignis (KAT/GSE)

Joachim Häcker

Die Stressbearbeitung nach belastenden Ereignissen kann als ein aus vielen Teilen bestehendes System verstanden werden, das Menschen akute Hilfe bei der Bewältigung von belastenden Ereignissen anbietet. Es hält eine Reihe unterschiedlicher Hilfsangebote zur Begleitung und Betreuung von Helfern und Betroffenen bereit.

Welchen Platz nimmt die Stressbearbeitung nach belastenden Ereignissen im Fall einer Katastrophe oder eines Großschadensereignisses mit ihren Möglichkeiten in einem für Helfer und Betroffene installierten psychosozialen Unterstützungssystem ein?

1. Begriffsklärung

Zunächst muss zur Beseitigung möglicher Irritationen ein Blick auf die Begriffe »Katastrophe« und »Großschadensereignis« geworfen werden, die häufig gleichbedeutend verwendet werden und auf den Begriff »psychosoziale Unterstützung«, der in doppelter Weise besetzt ist.

Es gibt keine einheitlich verwendete Beschreibung des Katastrophenfalls und des Großschadensereignisses. Dies erweist sich allein deswegen als sehr schwierig, weil die Zuordnung eines Ereignisses als Katastrophe oder Großschadensereignis von individuellen Gegebenheiten abhängig und regionsbezogen zu betrachten ist. Es gibt Bundesländer, die aus diesem Grund den Begriff Katastrophe aus ihrem gesetzes- und verordnungsrechtlichen Sprachgebrauch gestrichen und durch den Begriff Großschadensereignis ersetzt haben. Es ist allenfalls möglich – aber sehr problembehaftet – eine Abgrenzung beider Ereignisarten über charakteristische Merkmale vorzunehmen. Für die Betrachtung des Themas ist eine Unterscheidung jedoch völlig unbedeutend. Beiden Ereignisarten, bei denen zahlreiche Menschen und Sachwerte betroffen sein können, liegt ein außergewöhnlicher Charakter zugrunde. Dies bedeutet wiederum, dass eine Vielzahl von Helfern unterschiedlicher Institutionen und Organisationen an der Bewältigung beteiligt sein können. Das Spektrum der Betroffenen reicht von Opfern über Angehörige und Zeugen bis hin zu den Helfern. Maßgeblich für die Betrachtung des Themas sind folgende Kriterien: Größe, Umfang und Schwere des Ereignisses sowie die Anzahl der beteiligten und möglicherweise psychisch belasteten Personen.

Der Begriff »psychosoziale Unterstützung« bedeutete ursprünglich psychosoziale

Begleitung und Betreuung. Später wurde dieser Begriff für die Kennzeichnung des Modells »Psychosoziale Unterstützung – PSU« verwendet, das von einer Fachgruppe der Koordinierungsstelle Einsatznachsorge Eschede für den Katastrophenfall und das Großschadensereignis entwickelt worden war. Die äußerliche Unterscheidung liegt in der Groß- und Kleinschreibung. Um auf Dauer Verständigungsprobleme zu vermeiden, bedarf es einer klareren Abgrenzung und Unterscheidung. Ich empfehle eine Begriffskorrektur dahingehend, dass für das System (PSU) ein neuer Terminus gefunden wird. Hierauf sollten sich die zuständigen Fachgruppen des Katastrophenschutzes verständigen.

2. Entwicklung des Begriffs »Psychosoziale Unterstützung« – PSU

Als sich am 3. Juni 1998 das schwerste Zugunglück in der Geschichte der Bundesrepublik Deutschland ereignete, ahnte niemand, dass sich daraus die bis dahin umfangreichste und intensivste psychosoziale Begleitung und Betreuung von Opfern, Angehörigen und Helfern gleichermaßen entwickeln würde.

Erstmalig gab es in der Bevölkerung bei Institutionen, Behörden und Regierungen einen hohen Zuspruch im Hinblick auf die Notwendigkeit, den betroffenen Personengruppen psychologische Hilfe zukommen zu lassen. Zahlreiche Einrichtungen, Gruppen und Einzelpersonen, die sich schon im Rahmen von Krisenintervention, Psychotherapie und auch Forschung mit dieser Thematik befasst hatten, boten ihre Unterstützung an.

Die psychosoziale Betreuung und Begleitung der am Ereignis beteiligten Personengruppen wurde wegen der unterschiedlichen Bewältigungsmöglichkeiten getrennt durchgeführt: Auf der einen Seite Opfer und Angehörige und auf der anderen Seite Helfer und ihre Familien.

Bei den Helfern entwickelte sich innerhalb kurzer Zeit ein Unterstützungssystem, das zunächst die Bezeichnung »Einsatznachsorge« erhielt. Hinter diesem Begriff verbarg sich anfänglich die akute psychologische Begleitung und Betreuung der Helfer. Zu diesem Zweck war eine *Koordinierungsstelle Einsatznachsorge* eingerichtet worden, die die Zusammenarbeit der psychosozialen Helfer und Gruppen institutionalisiert und bis zum 23. Juni 1998 organisiert, geleitet und gelenkt hat. Mit Abschluss der akuten Versorgung der Helfer wäre auch die Arbeit der Koordinierungsstelle beendet gewesen.

Eine zunehmende Anfrage nach Unterstützung, die Notwendigkeit der Sicherstellung einer mittel- und langfristigen Weiterbetreuung von Personen, die bereits Unterstützung erhalten hatten, ein aus psychotraumatologischer Sicht zu erwartender Versorgungsbedarf in den auf das Ereignis folgenden Wochen und Monaten sowie die nationalen und internationalen Erfahrungen bei Großschadenereignissen machten jedoch deutlich, dass damit die Arbeit noch nicht zu Ende sein durfte. Es schloss sich daher ein anderthalbjähriges Nachsorgeprojekt an.

In Abstimmung und mit finanzieller Unterstützung des Niedersächsischen Ministeriums für Frauen, Arbeit und Soziales und später mit der Deutschen Bahn AG wurde dann im Rahmen eines Projektes ein Einsatznachsorgeprogramm gestartet, das eine längerfristige Nachbetreuung von Einsatzkräften und anderen Betroffenen gewährleisten und gleichzeitig als Modell für die Entwicklung von Konzepten für Katastrophenschutzpläne und Pläne für Großschadenereignisse fungieren sollte.

Folgende Projektziele wurden dabei festgeschrieben:

1. Förderung einer regionalen Nachsorge.
Für Helferinnen und Helfer und andere von dem Zugunglück Betroffene sollte mittel- und langfristig ein niederschwelliger Zugang zu den in der Region bereits vorhandenen psychosozialen Ressourcen ermöglicht und eine entsprechend längerfristige Versorgung sichergestellt werden

2. Dokumentation und Auswertung gewonnener Erkenntnisse »Einsatznachsorge: Modell Eschede«.
Die gewonnenen Erfahrungen und Erkenntnisse sollten dokumentiert, ausgewertet, wissenschaftlich aufgearbeitet und der Fachöffentlichkeit zur Verfügung gestellt werden. Zweck dieser Maßnahme war, die psychosoziale Versorgung auch anderer Menschen, die künftig von Auswirkungen einer Katastrophe oder eines Großschadenereignisses betroffen sein werden, zu verbessern.

Um die Projektziele erreichen zu können, wurden regionale und überregionale Arbeitsgruppen eingerichtet. Eine Fachgruppe befasste sich mit der regionalen Nachsorge, und eine andere, die den Namen »Einsatznachsorge: Modell Eschede« erhielt, mit Organisationsstrukturen eines psychosozialen Unterstützungssystems und Aus- und Fortbildung sowie Qualitätsstandards der an der psychosozialen Betreuung und Begleitung beteiligten Personen und Institutionen. Parallel dazu unterhielt die Koordinierungsstelle ein Anlauf- und Beratungsbüro für Unterstützung suchende Helfer.

Im Dezember 1999 konnten die Projektarbeiten abgeschlossen und die Koordinierungsstelle Einsatznachsorge aufgelöst werden. Im Frühjahr 2002 wurde der Fachöffentlichkeit die Dokumentation über den Aufbau und die Organisation der Koordinierungsstelle Einsatznachsorge, das anderthalbjährige Nachsorgeprojekt und die Ergebnisse und Modelle aus den Projektarbeiten vorgestellt und übergeben.

Aus dem anfänglich mit »Einsatznachsorge« bezeichneten Unterstützungssystem war das Modell »Psychosoziale Unterstützung« zur Sicherstellung der psychosozialen Betreuung und Begleitung der von einer Katastrophe oder einem Großschadenereignis betroffenen Personen erwachsen. Hier liegt der Ursprung des Begriffes »Psychosoziale Unterstützung (PSU)«.

3. Modell »Psychosoziale Unterstützung« – PSU

PSU ist als ein eigenständig arbeitendes, sich selbst organisierendes, strukturiertes psychosoziales Versorgungssystem auf der Grundlage der Erfahrungen von Eschede entwickelt worden. Es ist so konzipiert, dass es sowohl bei Katastrophen und Großschadensereignissen als auch in reduzierter Form im Einsatzalltag zum Tragen kommen kann. Berücksichtigt wurde hierbei auch, dass eine Integration des Systems in regionale Infrastrukturen einer Gebietskörperschaft sowie in die Führungs- und Leitungsabläufe im Einsatzfall möglich ist. Damit ist den Kreisen, Städten, Gemeinden und den Behörden mit Ordnungs- und Sicherheitsaufgaben (BOS-Organisationen) die Möglichkeit eröffnet, ein derartiges System den örtlichen Bedingungen angepasst, aufzubauen oder sich eines bestehenden Systems zu bedienen. PSU gilt für alle betroffenen Personenkreise. Eine wichtige Voraussetzung für die Einrichtung, für die Umsetzung und das Funktionieren der PSU ist die Anwesenheit eines *Fachberaters/Koordinators Psychosoziale Unterstützung*, der als externe Fachkraft im Bedarfsfall angefordert werden oder in einer Region schon fest installiert sein kann. Da er maßgeblich das Gelingen der PSU mitbestimmt, ist es nahe liegend, dass diese Fachberater die für diese Aufgabe erforderlichen Qualifikationen nachweist. Die Fachgruppe »Einsatznachsorge: Modell Eschede« hat die Qualifikationen eines *Fachberaters/Koordinators Psychosoziale Unterstützung* wie folgt beschrieben:

A. Persönliche und soziale Qualifikationen
- Führungsqualifikation,
- Durchsetzungsvermögen,
- Emotionale Stabilität und Belastbarkeit,
- Kooperationsfähigkeit,
- Kommunikationsfähigkeit,
- Konfliktfähigkeit,
- Organisationstalent.

B. Formale und fachliche Qualifikationen
- Kenntnisse in der Psychotraumatologie,
- Kenntnisse über Interventionsmöglichkeiten und Konzepte,
- Kenntnisse über psychosoziale Angebote,
- Kenntnisse der Verwaltungs- und Organisationsstrukturen im helfenden Bereich,
- Einsatzerfahrung (Feldkompetenz),
- Kenntnisse über die Arbeit einer Koordinierungsstelle,
- Psychosoziale Dienste bei Katastrophen und im Großschadensereignis,
- Ortskenntnisse von Vorteil.

Im Ereignisfall zählen zu den Hauptaufgaben des Fachberaters die Beratung der entsprechenden Entscheidungsträger, die Initiierung sowie Umsetzung und Koordinierung der PSU.

Der PSU, als kompaktes psychosoziales Versorgungssystem, sind von der Fachgruppe Eschede die nachfolgenden Aufgaben für den Ereignisfall zugeschrieben worden:
1. Beratung der Behörden über Notwendigkeit und Aufbau einer PSU,
2. Beratung der Einsatzleitung und Führungskräfte,

3. Ermittlung des psychosozialen Unterstützungsbedarfs und Durchführung der psychologischen Triage,
4. im Akutfall Veranlassung und Organisation notwendiger Interventionen,
5. Erarbeitung eines ereignis- und bedarfsorientierten Konzepts der PSU,
6. Umsetzung des jeweiligen PSU-Konzepts,
7. Bündelung, Sichtung, Bewertung und Bereitstellung regionaler und überregionaler psychosozialer Unterstützungsangebote,
8. Organisation und Durchführung der psychosozialen Unterstützung während und nach dem Ereignisfall,
9. fachliche Überwachung der Durchführung psychosozialer Unterstützung,
10. Bereitstellung längerfristiger psychosozialer Angebote,
11. Einrichtung und Besetzung einer Hotline,
12. Durchführung von Informationsveranstaltungen insbesondere für Helfer und deren Familienangehörige,
13. Einrichtung und Unterhaltung einer Koordinierungsstelle für psychosoziale Dienste,
14. Einrichtung und Unterhaltung einer Anlauf- und Beratungsstelle für Unterstützung suchende Helfer,
15. Vermittlung weiterführender professioneller Hilfe,
16. Dokumentation und Evaluation der PSU.

Das Unglück in Eschede hat gezeigt, dass die PSU in einem Katastrophenfall oder bei einem Großschadenereignis ohne Einrichtung einer Koordinierungsstelle, die das Zentrum der PSU bildet, nicht funktionieren kann. In der Koordinierungsstelle laufen alle Fäden zusammen. Sie ist Schalt-, Organisations- und Informationszentrale. Die Fachgruppe »Einsatznachsorge: Modell Eschede« hat sich auch mit dieser Frage befasst und anhand von Leistungen, die zu erbringen sind, das Produkt *»Koordinierungsstelle Psychosoziale Dienste«* beschrieben.

4. Leistungen der Koordinierungsstelle Psychosoziale Dienste

1. Leistung »Fachberater/Koordinator PSU«
Im Ereignisfall wird der Fachberater/Koordinator PSU zu einem Teil der Koordinierungsstelle. Er trägt damit die Verantwortung für den Kontakt und die Zusammenarbeit mit der Einsatzleitung im Gesamteinsatz und vertritt die PSU nach außen. Er initiiert die nächste Leistung und baut die Koordinierungsstelle in die im Ereignisfall bestehenden Leitungs- und Führungsstrukturen einer betroffenen Region ein. Nach der Einschätzung des zu erwartenden psychosozialen Unterstützungsbedarfs richtet er Einsatzabschnitte der Koordinierungsstelle ein und besetzt sie mit entsprechendem Personal.

2. Leistung »Leitung der Koordinierungsstelle Psychosoziale Dienste«
Die zweite einzurichtende Leistung ist die »Leitung der Koordinierungsstelle Psychosoziale Dienste«, die von dem Fachberater/Koordinator Psychosoziale Unterstützung mit einer entsprechend qualifizierten Person besetzt wird. Diese führt die Leistungsbereiche der Koordinierungsstelle zusammen und koordiniert die Zusammenarbeit. Sie überwacht die psychosozialen Einsätze, fordert die wissenschaftliche Betreuung für die PSU an und nimmt Kontakt zu Anbietern auf. Der Verantwortliche schätzt auch den längerfristigen Unterstützungsbedarf und leitet rechtzeitig Schritte zur weiteren Sicherstellung der psychosozialen Versorgung ein.

3. Leistung »(Einsatz-)Planung Psychosoziale Dienste«
Mit »(Einsatz-) Planung Psychosoziale Dienste« ist der Leistungsteil der Koordinierungsstelle angesprochen, der psychosoziale Helfer und Institutionen anfordert und deren Unterstützungseinsätze koordiniert.

4. Leistung »Verpflegung/Unterbringung/Betreuung«
Verpflegung, Unterbringung und Betreuung der psychosozialen Helfer wird von der gleichnamigen Leistung übernommen. Der Verantwortliche ist als Fürsorger für das eingesetzte Personal zu verstehen.

Leistungsbeschreibung und Alarmierung einer Koordinierungsstelle Psychosoziale Dienste – Arbeitsergebnis der Fachgruppe »Einsatznachsorge: Modell Eschede«

(Nach: Cronenberg, U.; Folkerts, H.-J.; Häcker, J. et al., S. 166)

Abb. D.2

5. Leistung »Pressearbeit«
Das Interesse der Presse und Medien an der Arbeit der PSU, so hat es sich in zurückliegenden Ereignisfällen gezeigt, ist enorm gestiegen. Um unangenehme Kontakte mit Presse- und Medienvertretern und fehlerhafte Berichterstattungen zu vermeiden, ist eine enge Zusammenarbeit erforderlich. Durch die Einrichtung der Leistung »Pressearbeit der Koordinierungsstelle Psychosoziale Dienste«, die den Medien- und Pressevertretern als Ansprech- und Informationsstelle dienen soll, wird eine konstruktive Zusammenarbeit garantiert. Sie arbeitet der Presse zu.

6. Leistung »Verwaltung«
Ganz gleich, in welcher Größenordnung die PSU aufgebaut und geführt wird: Verwaltungstätigkeiten wie die Anmietung von Räumlichkeiten, Beschaffung von Büromaterial oder Abrechnung anfallender Kosten werden immer anfallen. Auch hierfür sollte eine Leistung eingerichtet und betrieben werden.

7. Leistung »Kommunikationszentrale«
Was wäre eine Koordinierungsstelle mit Innen- und Außenkontakten ohne eine Kommunikationszentrale? Ein wichtiges Kriterium für die Schaffung dieser Leistung ist die Schaltung einer Hotline.

8. Leistung »Dokumentation und Evaluation«
Die PSU-Arbeit in Eschede hat gezeigt, dass ohne Dokumentation und Evaluation die notwendige Qualitätssicherung nicht gewährleistet werden kann. Daher ist dieser Leistungsteil mit gleicher Gewichtung wie die anderen zu betrachten und somit auch zwingend zu installieren.

Die PSU soll alle von einem Ereignis betroffenen Personenkreise erfassen. Hinsichtlich der psychosozialen Versorgung muss aber zwischen den Verletzten, betroffenen Unverletzten, Angehörigen und Augenzeugen auf der einen Seite und den Helfern auf der anderen Seite unterschieden werden. Die Art und Weise des Erlebens, u.a. die jeweilige Rolle, in der sich der Betroffene hierbei befand, macht unterschiedliche Betreuungsansätze erforderlich. Insofern macht es Sinn, die PSU in zwei Einsatzabschnitte aufzuteilen. Die nachfolgende Grafik der Fachgruppe »Einsatznachsorge: Modell Eschede« gibt hierzu einen Überblick.

Das beschriebene Modell PSU, die Koordinierungsstelle Psychosoziale Dienste mit eingeschlossen, ist in seiner maximalen Ausführung dargestellt. Umfang und Ausgestaltung richten sich nach dem Ereignisfall. Es ist möglich, das Modell sowohl für den Katastrophenfall und das Großschadensereignis als auch in reduzierter Form für den Einsatzalltag anzuwenden.

Mittlerweile ist dieses Modell schon oft als Grundlage für die Einrichtung und Durchführung einer PSU nach Katastrophen und Großschadenslagen herangezogen worden; exemplarisch seien der Amoklauf in Erfurt 2002, der Flugzeugabsturz am Bodensee 2002 und das Elbe-Hochwasser 2002 genannt. Bewährt hat sich hierbei insbesondere die Flexibilität dieses Modells, vor allem bei der Einbindung in die Infrastrukturen und Leitungs- und Führungsabläufe der von dem Ereignis betroffenen

Regionen. Es ist davon auszugehen, dass sich die PSU in gleicher oder ähnlicher Form wie das Modell Eschede in vielen Regionen der Bundesrepublik Deutschland etablieren wird.

5. Stressbearbeitung nach belastenden Ereignissen als integraler Bestandteil der Psychosozialen Unterstützung – PSU

Die nachfolgende Betrachtung orientiert sich an dem vorab beschriebenen Modell »Psychosoziale Unterstützung – PSU« der Fachgruppe »Einsatznachsorge: Modell Eschede«. Im Vergleich beider Systeme ist festzustellen, dass Zweck und Ziele grundlegend übereinstimmen. Damit erfüllt die Stressbearbeitung nach belastenden Ereignissen eine wichtige Voraussetzung, um in PSU-Systeme – gleich oder ähnlich dem Modell Eschede – eingegliedert zu werden.

Die Qualifikation der CISM-Mitarbeiter ist mehr als ausreichend, um Funktionen innerhalb der PSU zu besetzen und die entsprechenden Aufgaben zu erfüllen.

Koordinierungsstelle Psychosoziale Dienste: Einsatzabschnitte und Einsatzplanung – Arbeitsergebnis der Fachgruppe »Einsatznachsorge: Modell Eschede«

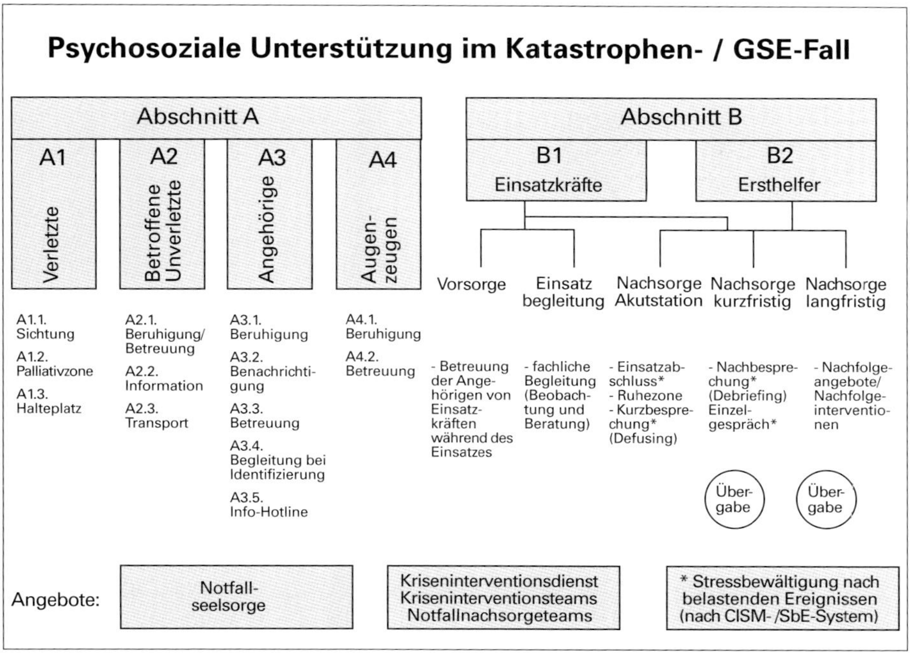

Abb. D.3

Feldkenntnisse der Peers aber auch der psychosozialen Fachkräfte schaffen eine schnelle und problemlose Akzeptanz bei den Behörden, Institutionen und Organisationen und den zu betreuenden Personenkreisen einer betroffenen Region. Dieses wiederum beschleunigt die Umsetzung der PSU und erleichtert ihre Arbeit. Ereignisse wie der Amoklauf von Erfurt 2002, der Flugzeugabsturz am Bodensee 2002 und das Elbe-Hochwasser 2002 haben dies eindeutig bewiesen.

Ein Großteil der im Modell PSU beschriebenen Aufgaben findet sich im Aufgaben- und Angebotsspektrum der Stressbearbeitung nach belastenden Ereignissen wieder. Hinsichtlich des Interventionsangebots kann Stressbearbeitung nach belastenden Ereignissen, unter dem Dach der PSU, neben anderen Anbietern und Systemen, das wohl umfangreichste und kreativste psychosoziale Unterstützungsangebot vorlegen. Hinzu kommt, dass die Stressbearbeitung nach belastenden Ereignissen über zwei Jahrzehnte seit der Entwicklung gewachsen ist und somit auf einen umfangreichen Erfahrungsschatz zurückgreifen kann.

Im Falle einer PSU können voraussichtlich nur die Begleitung und die Nachsorge zum Tragen kommen, da PSU bisher nur auf Grund eines Ereignisses installiert worden ist und absehbar auch erst installiert wird. Die präventiven Anteile der Stressbearbeitung nach belastenden Ereignissen werden nur im Rahmen der Tätigkeit einer CISM-*Regionalgruppe* in einer Region zur Entfaltung kommen. Das aber bedeutet, dass Mitarbeiter, Angebote und das System in der Region unter den Helfern bekannt werden und so schon im Vorfeld eine breite Akzeptanz für die Stressbearbeitung nach belastenden Ereignissen erreicht wird.

Zusammenfassend bleibt festzustellen, dass auf die Stressbearbeitung nach belastenden Ereignissen als integraler Bestandteil einer PSU nicht verzichtet werden kann.

Bibliografie

Adams, J.D. (Hrsg.) (1980) Understanding and managing stress. San Diego, CA, University Associates.

Aguilera, D.C., Messick, J.M., and Farrell, M.S. (1974) Crisis intervention: Theory and methodology. St. Louis, MO, C.V. Mosby.

American College of Sports Medicine (1980) Guidelines for graded exercise testing and exercise prescription. Philadelphia, Lea, Febiger.

American Psychiatric Association (1964) First aid for psychological reactions in disasters. Washington, DC, American Psychiatric Association.

American Psychiatric Association (1968) Diagnostic and statistical manual of mental disorders, Second Edition. Washington DC, Author.

American Psychiatric Association (1980) Diagnostic and statistical manual of mental disorders, Third Edition, Washington DC, Author.

American Psychiatric Association (1987) Diagnostic and statistical manual of mental disorders, Third Edition, Revised. Washington DC, Author.

American Psychiatric Association (1994) Diagnostic and statistical manual of mental disorders, Fourth Edition. Washington DC, Author.

Appel, J.W., Beebe, G.W., Hilger, D.W. (1946) Comparative incidence of neuropsychiatric casualties in World War I and World War II. In: American Journal of Psychiatry, 102, 196-199.

Appel, J.W. (1966) Preventive psychiatry. In: A. J. Glass and R. J. Bernucci (Hrsg.) Neuropsychiatry in World War II (373-415) Washington, DC, US Government Printing Office.

Appelbaum, S.H. (1981) Stress management for health care professionals. Rockville, MD, Aspen Systems Corp.

Arnold, M. (1970) Feelings and emotions. New York, Academic.

Arnold, M. (1984) Memory and the brain. Hillsdale, NJ, Erlbaum.

Back, K.J. (1991) Critical incident stress management for care providers in the pediatric emergency department. In: Critical Care Nurse, 12 (1), 78-83.

Bailey, P. (1918) War neuroses, shell shock, and nervousness in soldiers. In: Journal of the American Medical Association, 71, 2148-2153.

Beck, A. (1979) Cognitive Therapy of Depression. New York, Basic Books.

Beck, A., Emery, G. (1985) Anxiety disorders and phobias. New York, Basic Books.

Benson, H. (1975) The relaxation response. New York, Morrow.

Benson, H. (1983) The relaxation response. In: Trends in Neuroscience, 6, 281-284.

Benson, H., Alexander, S., Feldman, C. (1975) Decreased premature ventricular contractions through the use of the relaxation response. In: Lancet, 2, 380-382.

Berg, D. (1970) Crisis intervention concepts for emergency telephone services. In: Crisis Intervention, 4, 11-19.

Bettleheim, B. (1984) Afterword. In: C. Vegh, I didn't say good-bye. New York, E.P. Dutton.
Bisson, J.I., Jenkins, P., Alexander, J., Bannister, C. (1997) Randomized controlled trial of psychological debriefings for victims of acute burn trauma. In: British Journal of Psychiatry, 171, 78-81.
Bisson, J.I., McFarlane, A., Rose, S. (2000) Psychological debriefing. In: E. Foa, A. McFarlane, M. Friedman (Hrsg.) Effective Treatments for PTSD (39-59). New York, Guilford.
Blampied, N.M. (2000) Single-case research designs: A neglected alternative. In: American Psychologist, 55, 960.
Blau, T.H. (1994) Psychological services for law enforcement. New York, John Wiley, Sons, Inc.
Bohl, N. (1991) The effectiveness of brief psychological interventions in police officers after critical incidents. In: J.T. Reese, J. Horn, and C. Duning (Hrsg.) Critical Incidents in Policing, revised (31-38). Washington, D.C., Department of Justice.
Bohl, N. (1995) Measuring the effectiveness of CISD. In: Fire Engineering, 125-126.
Bordow, S., Porritt, D. (1979) An experimental evaluation of crisis intervention. In: Social Science and Medicine, 13, 251-256.
Borkovec, T.D., Wilkenson, L., Folensbee, R., Lerman, C. (1983) Stimulus control applications to the treatment of worry. In: Behavioral Research and Therapy, 21, 247-251.
Breslau, I.N., Davis, G.C., Andreski, P., Peterson, E. (1991) Traumatic events and post-traumatic stress disorders in an urban population of young adults. In: Archives of General Psychiatry, 48, 216-222.
Brett, E.A., Ostroff, R. (1985) Imagery and post-traumatic stress disorder. In: American Journal of Psychiatry, 142, 417-424.
Breznitz, S. (1980) Stress in Israel. In: Selye, H. (Hrsg.) Selye's guide to stress research. New York, Van Nostrand Reinhold Co.
British Psychological Society (1990) Psychological Aspects of Disaster. Leicester, British Psychological Society.
Brown, M.W., Williams (1918) Neuropsychiatry and the war: A bibliography with abstracts. New York, National Committee for Mental Hygiene.
Bunn, T., Clarke, A. (1979) Crisis intervention. In: British Journal of Medical Psychology, 52, 191-195.
Burgess, A. W., Balwin, B.A. (1981) Crisis intervention theory and practice, a clinical handbook. Englewood Cliffs, NJ, Prentice Hall, Inc.
Burns, C., Harm, I. (1993) Emergency nurses' perceptions of critical incidents and stress debriefing. In: Journal of Emergency Nursing, 19 (5), 431-436.
Busuttil, A., Busuttil, W. (1995) Psychological debriefing. In: British Journal of Psychiatry, 166, 676-677.
Busuttil, W., Turnbull, G., Neal, L., Rollins, J., West, A., Blanch, N., Herepath, R. (1995) Incorporating psychological debriefing techniques within a brief group psychotherapy programme for the treatment of post-traumatic stress disorder. In: British Journal of Psychiatry, 167, 495-502.
Butcher, J. (1980) The role of crisis intervention in an airport disaster plan. In: Aviation, Space and Environmental Medicine, 51, 1260-1262.
Campbell, D.T., Stanley, J.C. (1963). Experimental and Quasi-experimental Designs for Research. Chicago, Rand Mc Nally.
Caplan, G. (1961) An approach to community mental health. New York, Grine and Stratton.
Caplan, G. (1964) Principles of preventive psychiatry. New York, Basic Books.
Caplan, G. (1976) Support systems and community mental health. New York, Behavioral Publications, Inc.

Carkhuff, R., Truax, C. (1965) Lay mental health counseling. In: Journal of Consulting Psychology, 29, 426-431.

Chemtob, C., Thomas, S., Law, W., Cremniter, D. (1997) Postdiaster psychosocial intervention. In: American Journal of Psychiatry, 134, 415-417.

Cherniss, C. (1980) Staff burnout in human service organizations. New York, Praeger Publishers.

Cohen, R.E., Ahearn, F. L. (1980) Handbook for mental health care of disaster victims. Baltimore, MD, Johns Hopkins University Press.

Corneil, D. W. (1993) Prevalence of post-traumatic stress disorders in a metropolitan fire department. Unpublished Doctoral Dissertation. The Johns Hopkins University, Baltimore.

Couchaine, K.E., Dowd, E.T. (1994) Group Approaches. In: F. Dattilo and A. Freeman (Hrsg.) Cognitive-behavioral strategies in crisis intervention. New York, Guilford.

Craren, E.J. (Hrsg.) (1992) Nebraska statewide CISD program, rules and regulations (vol. 1) and Operational policies and procedures (vol. 2) Lincoln, NE, Nebraska Interagency CISD Council.

Cronenberg, U., Folkerts, H.-J., Häcker, J. et.al.: Arbeitsergebnisse der Fachgruppe »Einsatznachsorge: Model Eschede«. In: Hilfe für Helfer – Einsatznachsorge nach dem ICE-Unglück in Eschede, Hannover, 2002

Davidson, L., Baum, A. (1986) Chronic stress and post-traumatic stress disorders. In: Journal of Consulting and Clinical Psychology, 54, 303-308.

de Vries, H., Adams, G. (1972) Electromyographic comparison of single dose of exercise and meprobamate as to effects of muscular relaxation. In: American Journal of Physical Medicine, 52, 130-141.

de Vries, H. (1981) Tranquilizer effect of exercise. In: American Journal of Physical Medicine, 60, 57-66.

Deahl, M., Srinivasan, M., Jones, N., Thomas, J., Neblett, C., Jolly, A. (2000) Preventing psychological trauma in soldiers. The role of operational stress training and psychological debriefing. In: British Journal of Medical Psychology, 73, 77-85.

Decker, J., Stubblebine, J. (1972) Crisis intervention and prevention of psychiatric disability: A follow-up. In: American Journal of Psychiatry, 129, 725-729.

Donnovan, D. (1991) Traumatology: A field whose time has come. In: Journal of Traumatic Stress, 4, 433-436.

Drews, U. (2001) Ausbildung von militärischen Helfern (Peers) zur Unterstützung bei der Bewältigung von Belastungen. In: Puzicha, K.J. et al. (Hrsg.) Psychologie für Einsatz und Notfall. Internationale truppenpsychologische Erfahrungen mit Auslandseinsätzen, Unglücksfällen, Katastrophen (121-126) Bonn, Bernard, Graefe

Duffy, J. (1978) Emergency mental health services during and after a major aircraft accident. In: Aviation, Space and Environmental Medicine, 49, 1004-1008.

Duffy, J. (1979) The role of CMHCs in airport disasters. In: Technical Assistance Center Report, 2 (1), 7-9.

Dyregrov, A. (1989) Caring for helpers in Disaster situations: Psychological debriefing. In: Disaster Management, 2, 25-30.

Dyregrov, A. (1997) The process of psychological debriefing. In: Journal of traumatic Stress, 10 589-604.

Dyregrov, A. (1998) Psychological debriefing: An effective method? In: Traumatology, 4, (2), Article 1.

Dyregrov, A. (1999) Helpful and hurtful aspects of psychological debriefing groups. In: International Journal of Emergency Mental Health, 1, 175-181.

Dyregrov, A., Reidar T. (1988) Rescue workers emotional reactions following a disaster. In: Scandinavian Journal of Psychology.
Dyregrov, A., Mitchell, J. (1992) Work with traumatized children – Psychological effects and coping strategies. In: Journal of Traumatic Stress, 5, 5-17.
Ellis, A. (1973) Humanistic psychology: The rational-emotive approach. New York, Julian.
Epperson, M.M. (1977) Families in sudden crisis. In: Social Work Health Care, 2, 3.
Epperson-Sebour, M.M. (1985) Response. In: Green (Hrsg.) Role stressors and supports for emergency workers. Washington, DC, Center For Mental Health Studies of Emergencies., U.S. Department of Health and Human Services.
Everly, G.S. (1979) A technique for the immediate reduction of psychophysiologic stress reactivity. In: Health Education, 10, 44.
Everly, G.S. (1989) A clinical guide to the treatment of the human stress response. New York, Plenum.
Everly, G.S. (1990) Post-traumatic stress disorder as a »disorder of arousal.« In: Psychology and Health: An International Journal, 4, 135-145.
Everly, G.S. (1992) »Psychotraumatology : A two-factor theory.« Paper presented at the Fourth Montreux Congress on Stress, Montreux, Switzerland.
Everly, G.S. (1993a) Psychotraumatology: A two-factor formulation of post-traumatic stress. In: Integrative Physiological and Behavioral Science, 28, 270-278
Everly, G.S. (1993b) Neurophysiological considerations in the treatment of post-traumatic stress disorder. In: J. Wilson and B. Raphael (Hrsg.) Handbook of traumatic stress syndromes (795-801) New York, Plenum.
Everly, G.S. (1994) Short-term psychotherapy of acute adult onset post-traumatic stress: The role of Weltanschauung. In: Stress Medicine, 10, 191-196.
Everly, G.S., Jr. (1995) An integrative two-factor model of posttraumatic stress. In: G.S. Everly, Jr., J. Lating (Hrsg.) Psychotraumatology: Key Papers and Core Concepts. In: Post-traumatic Stress (27-48). New York, Plenum.
Everly, G.S., Jr. (1999a) Emergency mental health: An overview. In: International Journal of Emergency Mental Health, 1, 3-7.
Everly, G.S., Jr. (1999b) A Primer on Critical Incident Stress Management: What's really in a name? In: International Journal of Emergency Mental Health, 1, 77-80.
Everly, G.S., Jr. (2000a) Crisis Management Briefings (CMB). Large group crisis intervention in response to terrorism, disaster, and violence. In: International Journal of Emergency Mental Health, 2, 53-57.
Everly, G.S., Jr. (2000b) Pastoral crisis intervention: Toward a definition. In: International Journal of Emergency Mental Health, 2, 69-71.
Everly, G.S., Jr. (2000c) The role of pastoral crisis intervention in disasters, terrorism, violence, and other community crises. In: International Journal of Emergency Mental Health, 2, 139-142.
Everly, G.S., Jr., Benson, H. (1989) Disorders of arousal and the relaxation response. In: International Journal of Psychosomatics, 36, 15-22.
Everly, G.S., Jr., Boyle, S. (1999) Critical Incident Stress Debriefing (CISD): A meta-analysis. In: International Journal of Emergency Mental Health, 1, 165-168.
Everly, G.S., Jr., Flannery, R.B., Jr., Eyler, V. (in press). Critical Incident Stress Management (CISM): A statistical review of the literature. Psychiatric Quarterly.
Everly, G.S., Jr., Flannery, Jr., R.B., Eyler, V., Mitchell, J.T. (in press). A comprehensive, integrated multicomponent approach to crisis intervention. Advances in Mind-Body Medicine.
Everly, G.S., Jr., Flannery, R.B., Jr., Mitchell, J.T. (2000) Critical Incident Stress Management: A review of literature. In: Aggression and Violent Behavior: A Review Journal, 5, 23-40.

Everly, G.S., Jr., Horton, A.M. (1989) Neuropsychology of PTSD. In: Perceptual and Motor Skills, 68, 807-810.
Everly, G.S., Jr., Lating, J. (Hrsg.) (1995) Psychotraumatology: Key papers and core concepts in post-traumatic stress. New York, Plenum.
Everly, G.S., Jr., Mitchell, J.T. (1992) »CISD and the prevention of work-related PTSD.« Paper presented to the Second NIOSH/APA Conference on Work-related Stress, Washington D.C.
Everly, G.S., Jr., Mitchell, J.T. (1999) Critical Incident Stress Management (CISM): A new era and standard of care in crisis intervention. Ellicott City, MD, Chevron.
Everly, G.S., Jr., Mitchell, J.T. (2000) The »debriefing controversy« and crisis intervention. In: International Journal of Emergency Mental Health. 2, 211-225.
Everly, G.S., Jr., Piacentini, A. (1999) The Effects of CISD on trauma symptoms: A meta-analysis. Paper presented to the APA-NIOSH Work, Stress and Health 1999: organization of Work in al Global Economy conference, Baltimore.
Everly, G.S., Jr., Rosenfeld, R. (1981) The nature and treatment of the stress response. New York, Plenum Press.
Figley, C.R. (Hrsg.) (1985) Trauma and its wake, (vol.1) New York, Brunner/Mazel.
Flannery, R.B., Jr. (1998) The Assaulted Staff Action Program. Ellicott City, MD, Chevron.
Flannery, R.B., Jr. (1999a) Treating family survivors of mass casualties: A CISM family crisis intervention approach. In: International Journal of Emergency Mental Health, 1, 243-250.
Flannery, R.B., Jr. (1999b) Critical Incident Stress Management (CISM); The assaultive psychiatric patient. In: International Journal of Emergency Mental Health, 1, 169-174.
Flannery, R.B., Jr. (1999c) Critical Incident Stress Management and the Assaulted Staff Action Program. In: International Journal of Emergency Mental Health, 1, 103-108
Flannery, R.B., Jr., Anderson, E., Marks, L., Uzoma, L. (2000) The Assaulted Staff Action Program (ASAP) and declines in rates of assaults: Mixed replicated findings. In: Psychiatric Quarterly, 71, 165-175.
Flannery, R.B., Jr., Everly, G.S., Eyler, V. (2000) The Assaulted Staff Action Program (ASAP) and declines in Assaults: A meta-analysis. In: International Journal of Emergency Mental Health, 2, 143-146.
Flannery, R.B., Jr., Hanson, M., Penk, W., Flannery, G., Gallagher, C. (1995) The Assaulted Staff Action Program: An approach to coping with the aftermath of violence in the workplace. In: L. Murphy, J. Hurrell, S. Sauter, and G. Keita (Hrsg.) Job Stress Interventions (199-212). Washington, D.C., APA Press.
Flannery, R.B., Jr., Penk, W., Corrigan, M. (1999) The Assaulted Staff Action Program (ASAP) and declines in the prevalence of assaults: A community-based replication. In: International Journal of Emergency Mental Health, 1, 19-22.
Foa, E., Keane, T., Friedman, M. (2000) Effective Treatments for PTSD. New York, Guilford.
Fowler, D.E., McGee, R.K. (1973) Assessing the performance of telephone crisis workers, The development of a technical effectiveness scale. In: D. Lester and G.W. Brockoop (Hrsg.) Crisis intervention and counseling by telephone. Springfield, IL, Charles C. Thomas.
Freeman, K. (1979) CMHC responses to the Chicago and San Diego airplane disasters. In: Technical Assistance Center Report 2 (1), 10-12.
Freud, S. (1913) Further recommendations on the technique of psychoanalysis. In: J. Strachey. The complete psychological works, vol. 12, New York, Norton.
Friedman, R., Framer, M., Shearer, D. (1988) Early response to post-traumatic stress. In: EAP Digest, September – Oktober, 45-49.
Gengenbach, O. Statement der Sb*E*-Bundesvereinigung »Stressbearbeitung nach belastenden

Ereignissen e.V.«, im Rahmen des Workshops »Stress im Katastrophenschutz« an der AKNZ, Bad Neuenahr-Ahrweiler, 2000
Girdano, D., Everly, G.S., Jr., Dusek, D. (1993) Controlling stress and tension (4. Aufl.) Englewood Cliffs, NJ, Prentice-Hall.
Gist, R., Lubin, B. (Hrsg.) (1989) Psychosocial aspects of disaster. New York, John Wiley, Sons.
Graham, N.K. (1981) Done in, fed up, burned out: Too much attrition in EMS. In: Journal of Emergency Medical Services, 6 (1), 24-29.
Graham, N.K. (1981) Part 2: How to avoid a short career. In: Journal of Emergency Medical Services, 6 (2), 25-31.
Greden, J.F. (1974) Anxiety or caffeinism: A diagnostic dilemma. In: American Journal of Psychiatry, 131, 1089-1092.
Greenstone, J.C. (1993) Critical Incident Stress Debriefing and Crisis Management. Austin, Texas, Texas Department of Health.
Häcker, J. (2001) Sachgebiet S7 »Psychosoziale Unterstützung« – wie die Erfahrungen von Eschede verarbeitet wurden. In: Müller-Lange (Hrsg.) Handbuch Notfallseelsorge (250-256), Edewecht, Wien, Stumpf & Kossendey.
Harvey, J.H., Orbuch, T.L., Chwlisz, K.D., Garwood, G. (1991) Coping with sexual assault: The role of account making and confiding. In: Journal of Traumatic Stress, 4, 515-532.
Heider, J. (1974) Catharsis in human potential encounter. In: Journal of Humanistic Psychology, 14, 27-47.
Heinman, M.F. (1975) The police suicide. In: Journal of Police Science and Administration, 3 (3), 267-273.
Helzer, J., Robins, L., McEvoy, L. (1987) Post-traumatic stress disorder in the general population. In: New England Journal of Medicine, 317, 1630-1634.
Herman, J., van der Kolk, B. (1987) Traumatic antecedents of borderline personality disorder. In: B. van der Kolk (Hrsg.) Psychological trauma (111-126) Washington, DC, American Psychiatric Press.
Herman, J.L. (1992) Complex PTSD. In: Journal of Traumatic Stress, 5, 377-392.
Herman, J.L. (1992) Trauma and Recovery. New York, Basic Books.
Hersen, M., Barlow, C. (1976) Single-case Experimental Designs, Oxford, Pergamon.
Hobbs, M., Mayou, R., Harrison, B., Worlock, P. (1996) A randomized controlled trial of Psychological debriefing for victims of road traffic accidents. In: British Medical Journal, 313, 1438-1439.
Hoff, L.A. (1978) People in Crisis: Understanding and Helping. Menlow Park, CA, Addison-Wesley Publishing Co.
Holmes, R. (1985) Acts of War: The behavior of men in battle. New York, Free Press.
Holmes, T.H., Rahe, R. (1967) The social readjustment rating scale. In: Journal of Psychosomatic Research, 11, 213-218.
Honig, A. (1991) Cerritos air disaster: Psychological effects. Paper presented at the First World Congress on Stress, Trauma, and Coping, Baltimore, MD, May 1991.
Horowitz, M. (1976) Stress response syndromes. New York, Jason Aronsom.
Horowitz, M.J. (1976) Diagnosis and treatment of stress response syndromes: General principles. In: H.J. Parad, H.L.P. Resnik and L.G. Parad (Hrsg.) Emergency and disaster management: A mental health source book. Bowie, MD, The Charles Press Publishers.
Jasnoski, M., Holmes, D., Solomon, S., Agular, C. (1981) Exercise changes in aerobic capacity and changes in self-perceptions. In: Journal of Research in Personality, 15, 460-466.
Jenkins, S.R. (1996) Social support and debriefing efficacy among emergency medical workers after a mass shooting incident. In: Journal of Social Behavior and Personality, 11, 477-492.

Johnston, S.J. (1993) Traumatic stress reactions in the crew of the Herald of Free Enterprise. In: J.P. Wilson and B. Raphael (Hrsg.) International hand-book of traumatic stress syndromes. New York, Plenum Press.

Jones, D.R. (1985) Secondary disaster victims. In: American Journal of Psychiatry, 142, 303-307.

Kahn, M. (1966) The physiology of catharsis. In: Journal of Personality and Social Psychology, 3, 278-286.

Keller, K.L. (1991) Stress management for emergency department personnel. In: Topics in Emergency Medicine, 70-76.

Kenardy, J. (2000) The current status of psychological debriefing. In: British Medical Journal, 321, 1032-1033.

Kenardy, J.A., Webster, R.A., Lewin, T.J., Carr, V.J., Hazell, P.L., Carter, G.L. (1996) Stress debriefing and patterns of recovery following a natural disaster. In: Journal of Traumatic Stress, 9, 37-49.

Kennedy-Ewing, L. (1988) Operational and training guide for the Critical incident stress management program of Delaware County, Pennsylvania. Media, PA, Department of Human Resources.

Kentsmith, D. (1980) Minimizing the psychological effects of a wartime disaster on an individual. In: Aviation, Space, and Environmental Medicine, 51, 409-413.

Kilpatrick, D.G., Saunders, B., Amick-McMullan, A., Best, C., Veronen, L., Renick, H. (1989) Victim and crime factors associated with the development of crime-related post-traumatic stress disorder. In: Behavior Therapy, 20, 199-214.

Kliman, A.S. (1975) The Corning flood project: Psychological first-aid following a natural disaster. In: H.J. Parad, H.L.P. Resnik and L.G. Parad (Hrsg.) Emergency and disaster management: A mental health sourcebook. Bowie, MD, Charles Press Publishers.

Koordinierungsstelle Einsatznachsorge (Hrsg.) (2001) Hilfe für Helfer, Einsatznachsorge nach dem ICE-Unglück in Eschede 4. Juni 1998 bis 31.12.1999, Dokumentation – Modelle – Konsequenzen.

Kraus, H., Raab, W. (1961) Hypokinetic disease. Springfield, IL, Charles C. Thomas.

Kraus, R.P. (1997) Randomised controlled trial of psychological debriefing for victims of acute burn trauma: Comment. In: British Journal of Psychiatry, 171, 583.

Kroes, W.H., Hurrell, J.J., Jr. (Eds) (1976) Job stress and the police officer: Identifying stress reduction techniques. Washington, DC, U.S Department of Health, Education, and Welfare (Pub. No. NIOSH 76-187)

Lang, P. (1971) The application of psychophysiological methods to the study of psychotherapy and behavior modification. In: A. Bergin and S. Garfield (Hrsg.) Handbook of psychotherapy and behavior change. New York, Wiley.

Langsley, C., Machotka, P., Flomenhaft, K. (1971) Avoiding mental health admission: A follow-up. In: American Journal of Psychiatry, 127, 1391-1394.

Lazarus, R., Folkman, S. (1984) Stress Appraisal and Coping. New York, Springer.

Lee, C., Slade, P., Lygo, V. (1996) The influence of psychological debriefing on emotional adaptation in women following early miscarriage. In: British Journal of Psychiatry, 69, 47-58.

Leeman-Conley, M. (1990) After a violent robbery. In: Criminology Australia, April/ May, 4-6.

Lindemann, E. (1944) Symptomatology and management of acute grief. In: American Journal of Psychiatry, 101, 141-148.

Lindy, J.D., Grace, M., Green, B. (1981) Survivors: Outreach to a reluctant population. In: American Journal of Orthopsychiatry, 51, 465-478.

Lipton, M.I. (1994) Post-traumatic stress disorder: Additional perspectives. Springfield IL, Charles C. Thomas Publishers.
Maslow, A.H. (1970) Motivation and personality. New York, Harper & Row.
Mayou, R.A., Ehlers, A., Hobbs, M. (2000) Psychological debriefing for road traffic accident victims: Three-year follow-up of a randomised controlled trial. In: British Journal of Psychiatry, 176, 589-593.
Mc Gee, R.K. (1974) Crisis intervention in the community. Baltimore, University Park Press.
McCarthy, M. (1988) Stressed employees look for relief in workers' compensation claims. In: Wall Street Journal, April 7, 34.
McFarlane, A.C. (1988) The longitudinal course of posttraumatic morbidity. In: Journal of Nervous and Mental Disease, 176, 30-39.
McGeer, E., McGeer, P. (1988) Excitotoxins and animal models of disease. In: C. Galli, L. Manzo and P. Spencer (Hrsg.) Recent Advances in Nervous System Toxicology (107-131) New York, Plenum.
Meichenbaum, D. (1994) A clinical handbook/practical therapist manual for assessing and treating adults with post-traumatic stress disorder (PTSD) Waterloo, Ontario, Institute Press.
Meichsner, I. (2002) Falsche Versprechungen. Angebot für Trauma-Opfer macht möglicherweise krank, In: Kölner Stadt-Anzeiger, 10.9.2002, 16
Miller, A. et al. (1988) Stress on the job. In: Newsweek, 25.4.1988, 40-41.
Miller, L. (1999) Critical incident stress debriefing: Clinical applications and new directions. In: International Journal of emergency Mental Health, 1, 253-265.
Miller, S. (1994) Reaching Out to Our Own. In: Marines, June, 9-10.
Mitchell, J.T. (1976) Rescue crisis intervention. In: EMS News. Baltimore, MD: 4 (3), 4.
Mitchell, J.T. (1981) »Acute stress reactions and burnout in prehospital emergency medical services personnel«. Paper presented at the First National Conference on Burnout. Philadelphia, PA.
Mitchell, J.T. (1982) The psychological impact of the Air Florida 90 disaster on fire-rescue, paramedic and police personnel. In: R.A. Cowley, S. Edelstein and M. Silerstein (Hrsg.) Mass casualties: A lessons learned approach, accidents, civil disorders, natural disasters, terrorism. Washington, D.C., Department of Transportation (DOT HS 806302)
Mitchell, J.T. (1983) Guidelines for psychological debriefings. Emergency management course manual. Emmitsburg, MD, Federal Emergency Management Agency, Emergency Management Institute.
Mitchell, J.T. (1986) Teaming up against critical incident stress. In: Chief Fire Executive, 1 (1), 24; 36; 84.
Mitchell, J.T. (1988) »CISD Introductory Remarks«. Workshop Handout Baltimore MD, University of Maryland Baltimore County.
Mitchell, J.T. (1988) Development and functions of a critical incident stress debriefing team. In: Journal of Emergency Medical Services, 13 (12), 43-46.
Mitchell, J.T. (1988) The history, status and future of critical incident stress debriefings. In: Journal of Emergency Medical Services, 13 (11), 49-52.
Mitchell, J.T. (1991) Demobilizations. In: Life Net, vol. 2, (1)
Mitchell, J.T. (1991) Law enforcement applications of critical incident stress teams. In: James T. Reese (Hrsg.) Critical incidents in policing revised. Washington, DC, US Department of Justice: Federal Bureau of Investigation.
Mitchell, J.T. (1992) Protecting your people from critical incident stress. In: Fire Chief, 36 (5), 61-64.
Mitchell, J.T. (1992) Comprehensive traumatic stress management in the emergency department. The Emergency Nurses Association: Monograph series. 1 (8), 3-15.

Mitchell, J.T., Bray, G. P. (1990) Emergency services stress, guidelines for preserving the health and careers of emergency services personnel. Englewood Cliffs, NJ, Brady Publishing.
Mitchell, J.T., Resnik, H.L.P. (1981) Emergency response to crisis. Bowie, MD, Brady Publishing. (republished Ellicott City, MD, Chevron Publishing, 1986)
Mitchell, J.T. (1983) When disaster strikes ... The critical incident stress debriefing process. In: Journal of Emergency Medical Services, 8 (1), 36-39.
Mitchell, J.T., Dyregrov, A. (1993) Traumatic stress in disaster and emergency personnel: Prevention and intervention. In: J.P. Wilson and Beverly Raphael (Hrsg.) International handbook on traumatic stress syndromes. New York, Plenum Press.
Mitchell, J.T., Everly, G.S., Jr. (1993) Critical incident stress debriefing (CISD): An operations manual for the prevention of traumatic stress among emergency services and disaster workers, First Edition. Ellicott City, MD, Chevron Publishing.
Mitchell, J.T. (1994) Too much help too fast. In: Life Net, a publication of the International Critical Incident Stress Foundation, Inc., 5 (3), 3-4.
Mitchell, J.T., Schiller, G., Eyler, V., Everly, G.S., Jr. (1999) Community crisis intervention: The Coldenham tragedy revisited. In: International Journal of Emergency Mental Health, 1, 227-238.
Moran, C., Britton, N.R. (1994) Emergency work experience and reactions to traumatic incidents. In: Journal of Traumatic Stress, 7 (4), 575-585.
Müller-Lange, J. (1994) »Wenn es brennt, ist es immer schon zu spät...« Was tut die Kirche im Katastrophenfall? In: Brandschutz 48,3, 153-155.
Müller-Lange, J. (1999) Facetten des Krisen- und Katastrophenmanagements In: Rettungsdienst, 22, 7, 644-647.
Müller-Lange, J. (2001a) Einsatznachsorge. In: Müller-Lange, J. (Hrsg.) Handbuch Notfallseelsorge, Edewecht, Wien, Stumpf & Kossendey, 264-284.
Müller-Lange, J. (2001b) Seelsorge in Extremsituationen. In: Müller-Lange, J. (Hrsg.) Handbuch Notfallseelsorge, Edewecht, Wien, Stumpf & Kossendey, 57-82.
Müller-Lange, J. (2001c) Notfallseelsorge – für den Notarzt ein hilfreiches Glied in der Rettungskette. In: Zeitschrift für medizinische Ethik, 47, 165-172
Müller-Lange, J. (2002) Jahrhundertflut in Sachsen: S7 hat seine Bewährungsprobe bestanden. In: Rettungsdienst 25, 11, 68-73.
Nakanomiya, J. (1975) History of war medicine in Japan. In: National Defense Medical Journal, 22, 67-73.
Newman, E.C. (2000) Group crisis intervention in a school setting following an attempted suicide. In: International Journal of Emergency Mental Health, 2, 97-100.
Norman, E., Getek, D. (1988) Post-traumatic stress in victims of physical trauma [Abstract]. Proceedings of the 15th Annual National Teaching Institute of the American Association of Critical Care Nurses, (671) Newport Beach, CA, AACCN, 671.
Noy, S. (1991) Combat stress reactions. In: R. Gal and A.D. Mangelsdorff (Hrsg.) Handbook of military psychology. Chichester, John Wiley and Sons.
Nurmi, L. (1999) The sinking of the Estonia, The effects of Critical Incident Stress Debriefing on Rescuers. In: International Journal of Emergency Mental Health, 1, 23-32.
Ochberg, F.M. (1991) Post traumatic therapy. In: Psychotheraphy, 28, 5-15.
Olney, J.W. (1978) Neurotoxicity of excitatory amino acids. In: E. McGeer, J. Olney and P. Mcgeer (Hrsg.) Kainic acid as a tool in neurobiology, (95-122) New York, Raven.
Orner, R. (1994) Intervention strategies for emergency response groups: A new conceptual framework. Paper presented at the NATO conference on Stress, Coping and disaster in Bonos, France.

OSHA. (1996) Guidelines for Preventing Workplace Violence for Health Care and Social Service Workers – OSHA 3148-1996. Washington, D.C., Author.
OSHA. (1998) Recommendations for Workplace Violence Prevention Programs in Late-Night Retail Establishments. – OSHA 3153-1998. Washington, D.C., Author.
Parad, H. (Hrsg.) (1965) Crisis intervention: Selected readings. New York, Family Service Association of America.
Parad, L., Parad, H. (1968) A study of crisis oriented planned short-term treatment: Part II. Social Casework 49, 418-426.
Patrick, P.K.S. (1981) Health care worker burnout, what it is, what to do about it. Chicago, IL, Inquiry Books (Blue Cross/Blue Shield, Assoc.)
Pennebaker, J.W. (1985) Traumatic experience and psychosomatic disease. In: Canadian Psychologist, 26, 82-95.
Pennebaker, J.W. (1990) Opening up: The healing power of confiding in others. New York, Avon.
Pennebaker, J.W. (1999) Opening up: The effects of traumatic disclosure on physical and mental health: The values of writing and talking about upsetting events. In: International Journal of Emergency Mental Health, 1, 9-18.
Pennebaker, J.W., Beall, S. (1986) Confronting a traumatic event. In: Journal of Abnormal Psychology, 95, 274- 281.
Pennebaker, J., Susman, J. (1988) Disclosure of traumas and psychosomatic processes. In: Social Science and Medicine, 26, 327-332.
Post, R. (1992) Transduction of psychosocial stress onto the neurobiology of recurrent affective disorder. In: American Journal of Psychiatry, 149, 999-1010.
Pugliese, D. (1988, May) Psychological pressures, media: Israeli Defense Forces confronts soldiers' frustrations. In: Armed Forces Journal International, 28.
Pynoos, R.S., Goeenjian, A., Steinberg, A.M. (1994) Strategies of disaster intervention for children and adolescents. Paper presented at the NATO conference on stress, coping and disaster in Bonos, France.
Raphael, B. (1986) When disaster strikes: How individuals and communities cope with catastrophe. New York, Basic Books, Inc. publishers.
Raphael, B., Wilson, J.P. (1993) Theoretical and intervention considerations in working with victims of disaster. In: J.P. Wilson and B. Raphael (Hrsg.) International handbook of traumatic stress studies. New York, Plenum Press.
Raphael, B., Wilson, J. (Hrsg.) (2000) Psychological Debriefing. Cambridge
Rapoport, L. (1965) The state of crisis: Some theoretical considerations. In: Howard J. Parad, (Hrsg.) Crisis intervention: Selected readings. New York, Family Service Association of America.
Ravenscroft, T. (1994) Going critical: GMB/Apex and T&G Unions 1994 survey of occupational stress factors in accident and emergency staff in the London Ambulance Service. London, GMB/Apex and T&G Unions.
Reese, J.T. (1987) A history of police psychological services. Washington, DC, U.S. Department of Justice, Federal Bureau of Investigation.
Reese, J.T. (Hrsg.) (1991) Critical incidents in policing, revised. Washington, DC, U.S. Department of Justice, Federal Bureau of Investigation.
Reese, J.T., Horn, J. M. and Dunning, C. (Hrsg.) Critical incidents in policing, revised. Washington, DC, US Government Printing Office, 1991.
Richards, D. (1999, April) A field study of CISD vs. CISM. Paper presented to the 5th World Congress on Stress, Trauma, and Coping, Baltimore.

Robinson, R. (Hrsg.) (1986, August) Proceedings from a conference on dealing with stress and trauma in emergency services. Melbourne, Australia.
Robinson, R. (Hrsg.) (1991) Discussion paper, Australian Critical Incident Stress Association, Team accreditation. Melbourne, Victoria, Australia.
Robinson, R. (1994) Follow-up study of health and stress in ambulance services Victoria, Australia, Part I. Melbourne, Australia, Victorian Ambulance Crisis Counselling Unit.
Robinson, R.C., Mitchell, J.T. (1993) Evaluation of psychological debriefings. In: Journal of Traumatic Stress, 6 (3), 367-382.
Robinson, R.C., Mitchell, J.T. (1995) Getting Some Balance Back into the Debriefing Debate. In: The Bulletin of the Australian Psychological Society, 17 (10), 5-10.
Roemer, L., Borkovec, T. (1994) Effects of suppressing thoughts about emotional material. In: Journal of Abnormal Psychology, 103, 467-474.
Rogers, O. (1992) An examination of critical incident stress debriefing for emergency service providers. Unpublished doctoral dissertation, University of Maryland.
Rose, S., Bisson, J. (1998) Brief early psychological interventions following trauma: A systematic review of literature. In: Journal of Traumatic Stress, 11, 697-710.
Rosenman, I. (1984) Cognitive determinants of emotion. In: P. Shaver (Hrsg.) Human Stress (ix-xi) New York, AMS Press.
Roth, S., Newman, E. (1993) The process of coping with incest for adult survivors. In: Journal of Interpersonal Violence, 8, 363-377.
Rubin, J.G. (1990) Critical incident stress debriefing: Helping the helpers. In: Journal of Emergency Nursing, 16 (4), 255-258.
Rueveni, U. (1979) Networking families in crisis: Intervention strategies with families and social networks. New York, Human Sciences Press.
Salmon, T.W. (1919) War neuroses and their lessons. In: New York Medical Journal, 109, 993-994.
Sapolsky, R., Krey, L., McEwen, B. (1984) Stress down regulates corticosterone receptors in a site specific manner in the brain. In: Endocrinology, 114, 287-292.
Schnitt, J.M. (1993) Traumatic stress studies: What's in a name? In: Journal of Traumatic Stress, 6, 405-408.
Scurfield, R.M. (1985) Post trauma stress assessment and treatment: Overview and formulation. In: C.R. Figley (Hrsg.) Trauma and its wake: The study and treatment of post-traumatic stress disorder. New York, Brunner Mazel.
Seligman, M.E.P. (1995) The effectiveness of psychotherapy. In: American Psycholgist, 109, 993-994.
Seligman, Jean (1994, September 26) Cops who kill themselves. Newsweek 124, 58.
Selye, H. (1956) The stress of life. New York, McGraw-Hill.
Selye, H. (1974) Stress without distress. Philadelphia, Lippincott.
Selye, H. (1976) Stress in health and disease. Boston, Butterworth.
Selye, H. (1980) The stress concept today. In: I.L. Kutash, L.B.Schlesinger (Hrsg.) Handbook on stress and anxiety: Contemporary knowledge, theory and treatment. San Francisco, Jossey-Bass Publishers.
Shalev, A.Y. (1994) Debriefing following traumatic exposure. In: R.J. Ursano, B.G. McCaughey and C.S. Fullerton (Hrsg.) Individual and community responses to trauma and disaster: The structure of human chaos. Cambridge, Cambridge University Press.
Silver, R.L., Boon, C., Stones, M.H. (1983) Searching for meaning in misfortune: Making sense of incest. In: Journal of social issues, 39, 81-102.
Sinyor, D.S., Schwartz, S., Peronnet, F., Brisson, G., Seraganian, P. (1983) Aerobic fitness level and reactivity to psychosocial stress. In: Psychosomatic Medicine, 45, 205-217.

Slaikeu, K.A. (1984) Crisis intervention: A handbook for practice and research. Boston, MA, Allyn and Bacon, Inc.
Sloan, I.H., Rozensky, R.H. Kaplan, L., Saunders, S.M. (1994) A shooting incident in an elementary school: Effects of worker stress on public safety, mental health and medical personnel. In: Journal of Traumatic Stress, 7 (4), 565-574.
Small, R., Lumley, J., Donohue, L., Potter, A., Waldenstrom, U. (2000) Randomised controlled trial of midwife led debriefing to reduce maternal depression after operative childbirth. In: British Medical Journal, 321, 1043-1047.
Smith, J.R. (1985) Rap groups and group therapy for Vietnam veterans. In: A.S. Blank, S.M. Sonnenberg, J. Talbott (Hrsg.) Psychiatric problems in Vietnam veterans. Washington, DC, American Psychiatric Press.
Smith, K.J., Everly, G.S., Jr. (1992, Dec) A structural model and configural analysis of the relationship between stressors and disease among accountants. Paper presented to the Second NIOSH/APA Conference on Occupational Stress, Washington DC.
Solomon, Z. (1986) Front line treatment of Israeli combat stress reaction casualties: An evaluation of its effectiveness in the 1982 Lebanon War. In: Israeli Defense Forces Journal, 3 (4), 53-59.
Staff report (1984, July) Glenn Srodes, 79 dies, Chief of Staff of Hospital. Pittsburgh Post Gazette. Pittsburgh, PA.
Sternbach, R. (1966) Principles of psychophysiology. New York, Academic Press.
Swanson, W.C., Carbon, J.B. (1989) Crisis intervention: Theory and Technique. In: Task Force Report of the American Psychiatric Association. Treatments of Psychiatric Disorders. Wash. C.C., APA Press.
Taplin, J.R. (1971) Crisis theory: Critique and reformulation. In: Community Mental Health Journal, 7, 13-23.
Taylor, A.J.W., Frazer, A.G. (1982) The stress of post disaster body handling and victim identification work. In: Journal of Human Stress, 8 (12), 4-12.
Thompson, J., Suzuki I. (1991) Stress in ambulance workers. In: Disaster Management, 3 (4), 193-197.
Tindall, J.A., Gray, H.D. (1985) Peer power: Becoming an effective peer helper. Muncie. In: Accelerated Development, Inc.
Trimble, M. (1981) Post-traumatic neurosis. New York; Wiley.
Tritt, P. (1984) Mayflower (Denver, CO) Critical incident stress debriefing team protocols. Denver Colorado: Swedish Hospital System, Paramedic Training Program.
Tritt, P. (1986) Considerations in developing a critical incident stress debriefing team (handout material for team training) Denver Colorado, Mayflower CISD Team.
Turnbull, G., Busuttil, W., Pittman, S. (1997) Psychological debriefing for victims of acute burn trauma. In: British Journal of Psychiatry, 171, 582.
Turner, S.W., Thompson, J., Rosser, R.M. (1993) The kings cross fire: Early implications for organizing a »phase-two« response. In: J. P. Wilson, B. Raphael (Hrsg.) International handbook of traumatic stress syndromes. New York, Plenum Press.
van der Hart, O., Brown, P., van der Kolk, B. (1989) Pierre Janet's treatment of post-traumatic stress. In: Journal of Traumatic Stress, 2, 379-396.
Viney, L.L. (1976) The concept of crisis: A tool for clinical psychologists. In: Bulletin of the British Psychological Society, 29, 387-395.
Wagner, M. (1979) Airline disaster: A stress debriefing program for police. In: Police Stress 2 (1), 16-20.
Wagner, M. (1979) Stress debriefing – Flight 191: A department program that worked. In: Police Star, 4-8.

Watchorn, J. (2000, August) Stress debriefing – Flight 191: A department program that worked. In: Police Star 4-8.

Wee, D.F., Mills, D.M., Koehler, G. (1999) The effects of Critical Incident Stress Debriefing on emergency medical services personnel following the Los Angeles civil disturbance. In: International Journal of Emergency Mental Health, 1, 33-38.

Weller, D., Everly, G. (1985) Occupational health through physical fitness programming. In: G.S. Everly, Jr. R. Feldmen (Hrsg.) Occupational health promotion (127-146) New York, Macmillan.

Wessley, S., Rose, S., Bisson, J. (1998) A systematic review of brief psychological interventions (debriefing) for the treatment of immediate trauma related symptoms and the prevention of post traumatic stress disorder (Cochrane Review). Cochrane Library, Issue 3, Oxford, Update Software.

Western Management Consultants. (1996) The Medical Services Branch CISM Evaluation Report. Vancouver, B.C., Author.

Williams, T. (1993) Trauma in the workplace. In: J.P. Wilson, B. Raphael (Hrsg.) International handbook of traumatic stress syndromes. New York, Plenum Press.

Willkomm, B. (2001) Critical Incident Stress Management. In: Puzicha, K.J. et al. (Hrsg.) Psychologie für Einsatz und Notfall. Internationale truppenpsychologische Erfahrungen mit Auslandseinsätzen, Unglücksfällen, Katastrophen (99-105). Bonn, Bernard & Graefe.

Wilson, J.P., Raphael, B. (Hrsg.) (1993) International handbook of traumatic stress syndromes. New York, Plenum Press.

Wilson, J. P., Harel, Z., Kahan, B. (Hrsg.) (1988) Human adaption to extreme stress: From the holocaust to Vietnam. New York, Plenum Press.

World Health Organization (1992) International classification of diseases, tenth edition. Geneva, United Nations.

Yalom, I. (1970) The theory and practice of group psychotherapy. New York, Basic Books.

Yandrick, R. (1990, January) Critical incidents. In: EAPA Exchange, 18-23.

Das Taschenbuch
für PSNV-Mitarbeiter

Sie begleiten Menschen, unser Praxisbuch begleitet Sie!
Nach einem einheitlichen Schema gibt es Hinweise für die spezifischen Einsatzsituationen wie z.B. Überbringen einer Todesnachricht oder Räumung: Wie reagieren Betroffene? Was sollten Sie als Begleiter tun bzw. vermeiden? Welches Fachwissen ist relevant? Konkrete Formulierungshilfen und Praxistipps bieten Ihnen Unterstützung während des Einsatzes. Für besondere Herausforderungen wie z.B. Kinder oder Schuldgefühle enthält es umfangreiche Hinweise. Relevante Informationen in einheitlicher Struktur und handlichem Format!

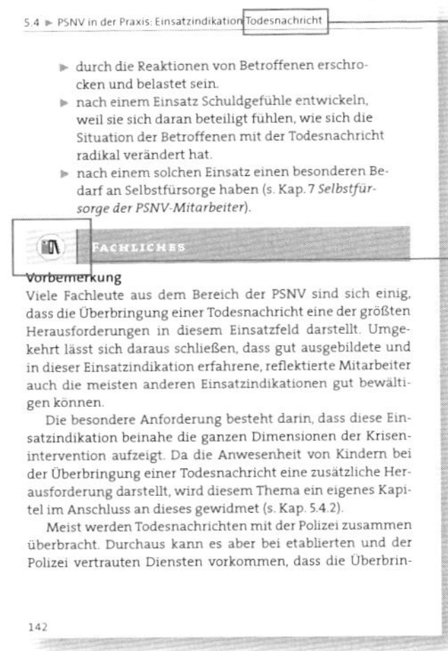

5.4 ▶ PSNV in der Praxis: Einsatzindikation Todesnachricht

▶ durch die Reaktionen von Betroffenen erschrocken und belastet sein.
▶ nach einem Einsatz Schuldgefühle entwickeln, weil sie sich daran beteiligt fühlen, wie sich die Situation der Betroffenen mit der Todesnachricht radikal verändert hat.
▶ nach einem solchen Einsatz einen besonderen Bedarf an Selbstfürsorge haben (s. Kap. 7 *Selbstfürsorge der PSNV-Mitarbeiter*).

FACHLICHES

Vorbemerkung
Viele Fachleute aus dem Bereich der PSNV sind sich einig, dass die Überbringung einer Todesnachricht eine der größten Herausforderungen in diesem Einsatzfeld darstellt. Umgekehrt lässt sich daraus schließen, dass gut ausgebildete und in dieser Einsatzindikation erfahrene, reflektierte Mitarbeiter auch die meisten anderen Einsatzindikationen gut bewältigen können.
Die besondere Anforderung besteht darin, dass diese Einsatzindikation beinahe die ganzen Dimensionen der Krisenintervention aufzeigt. Da die Anwesenheit von Kindern bei der Überbringung einer Todesnachricht eine zusätzliche Herausforderung darstellt, wird diesem Thema ein eigenes Kapitel im Anschluss an dieses gewidmet (s. Kap. 5.4.2).
Meist werden Todesnachrichten mit der Polizei zusammen überbracht. Durchaus kann es aber bei etablierten und der Polizei vertrauten Diensten vorkommen, dass die Überbrin-

142

sortiert nach Einsatzindikationen

Piktogramme für Basisinfos

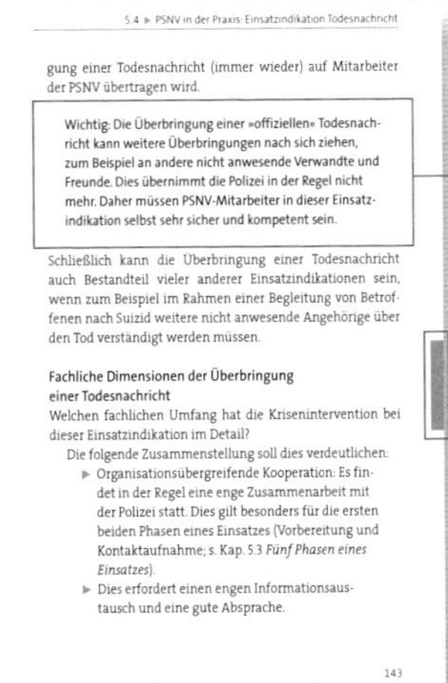

5.4 ▶ PSNV in der Praxis: Einsatzindikation Todesnachricht

gung einer Todesnachricht (immer wieder) auf Mitarbeiter der PSNV übertragen wird.

Wichtig: Die Überbringung einer »offiziellen« Todesnachricht kann weitere Überbringungen nach sich ziehen, zum Beispiel an andere nicht anwesende Verwandte und Freunde. Dies übernimmt die Polizei in der Regel nicht mehr. Daher müssen PSNV-Mitarbeiter in dieser Einsatzindikation selbst sehr sicher und kompetent sein.

Schließlich kann die Überbringung einer Todesnachricht auch Bestandteil vieler anderer Einsatzindikationen sein, wenn zum Beispiel im Rahmen einer Begleitung von Betroffenen nach Suizid weitere nicht anwesende Angehörige über den Tod verständigt werden müssen.

Fachliche Dimensionen der Überbringung einer Todesnachricht
Welchen fachlichen Umfang hat die Krisenintervention bei dieser Einsatzindikation im Detail?
Die folgende Zusammenstellung soll dies verdeutlichen:
▶ Organisationsübergreifende Kooperation: Es findet in der Regel eine enge Zusammenarbeit mit der Polizei statt. Dies gilt besonders für die ersten beiden Phasen eines Einsatzes (Vorbereitung und Kontaktaufnahme; s. Kap. 5.3 *Fünf Phasen eines Einsatzes*).
▶ Dies erfordert einen engen Informationsaustausch und eine gute Absprache.

143

Wichtiges in Merkkästen

Orientierung durch klare Struktur

Psychosoziale Notfallversorgung (PSNV) – Praxisbuch Krisenintervention

von Alexander Nikendei

- 1. Auflage 2012
- 500 Seiten
- 10,5 × 14,5 cm, Fadenbindung
- strapazierfähiger Kunststoffeinband
- durchgehend vierfarbig

Best.-Nr. 477 · € 24,00

S+K
Stumpf+Kossendey Verlag

Bestellen Sie jetzt direkt in unserem Online-Shop:
www.skverlag.de/shop